抖音商业

任祥义　吴春波　著

中国商业出版社

图书在版编目（CIP）数据

抖音商业 / 任祥义，吴春波著. -- 北京：
中国商业出版社，2023.7
ISBN 978-7-5208-2538-2

Ⅰ. ①抖… Ⅱ. ①任… ②吴… Ⅲ. ①网络营销Ⅳ.
① F713.365.2

中国国家版本馆 CIP 数据核字 (2023) 第 126606 号

责任编辑：杨善红

中国商业出版社出版发行
（www.zgsycb.com　100053　北京广安门内报国寺 1 号）
总编室：010-63180647　编辑室：010-83125014
发行部：010-83120835/8286
新华书店经销
北京虎彩文化传播有限公司印刷
*　*　*
710 毫米 ×1000 毫米　16 开　33.75 印张　484 千字
2023 年 7 月第 1 版　2023 年 7 月第 1 次印刷
定价：89.00 元
*　*　*　*

序

本书的各章节内容已经写好一段时间了，由于新冠疫情的原因拖了几个月。在出版之前，一直想针对书中的内容写点什么，想和读者朋友有一个沟通，说明一下写这本书的初衷。

最早是想写一本关于企业如何做抖音的书，写了一阵子发现有些商业逻辑需要较长的篇幅去做铺叙，不像是教人做抖音一类的知识分享，再想去修改时发现，这已经是多年形成的思维方式和写作风格。

想凭借自己对互联网、品牌、经济学与管理学的一些理解，写一本教大家如何做抖音的书，这就是初衷。是什么引发这样的初衷呢？主要是刷抖音的时候，发现很多人想利用抖音创业，想通过短视频商业改变自己的命运。抖音平台上分享类似知识的人很多，但从商业源头进行分析的很少，对现代商业发展的底层逻辑认知也比较模糊。看到众多创业者陷入茫然无序的博弈中，看到更多的中小企业和商家在信息化面前暴露出来的无所适从，心中已经种下了写这本书的种子。

写这本书的时候，心中一直没有离开三个方面的思考，一是普通人在这个时代如何赚钱，二是新时代财富的底层逻辑是什么，三是在信息化时代如何去经营一家企业。这三个方面的内容，都是以思考如何做抖音为中心展开的，也有少许学术上的讨论。无论你是一个创业者、商人还是企业家，围绕这三个问题去读这本书，相信会有所收获。

有一个题外话，就是房地产之后，服务业中的金融证券等高端服务业，在给予中产者更多投资渠道的同时，让更多的人通过股权形式参与社会财富分配。至于人工智能、互联网、新基建、大健康，以及与整个 IT 发展最密切的数字经济，这些都将成为新的财富生态中最耀眼的部分。然而对大多数普通人而言，与大平台共生的各类服务业的发展，却变得越来越重要，总之就是一句话：让更多的人有钱或者至少让更多的人充分就业。这不仅仅是一个商业理想，更是大家时刻都要面对的一个社会现实。

在未来很长一段时间内，实现共同富裕的最佳途径是提供更多的就业机会。用投资+就业的逻辑去促进消费是一个社会对共同富裕相对长远的思考。在存量市场，增加就业最好的办法是在延长供应链的同时，尽可能地分散交易。这一点和国家高质量发展的战略不谋而合。我们所要追求的，不仅仅是财富的增长，同时还要考虑整个社会的就业。

抖音去中心化的逻辑让抖音平台正在创造更多的就业机会。

作为一个个体，不仅要弄懂这个时代，更要弄清楚这个时代的机会与入口。如果你还相信读书能改变命运，不妨从读这本书开始。

谨以此为序。

任祥义 吴春波

Contents

·目录

本章导读

第一章中你读到的一切业已发生，这一切还正在有序地进行，并将重复出现。

平台的兴起，不仅改变了人类社会分工的组织形式，同时也改变了人类财富的形成模式。

我们每个人都可以从人类社会价值的变迁中认识财富，发现自己的财富可能。

企业家要学会像管理平台型企业一样去思考，因为所有的企业都将成为平台型企业。对于中小企业而言，向平台型企业转型，不仅是行业竞争的需要，也是新时代财富积累模型变化的结果。

如果人类财富是一个代数题，在后工业化的财富游戏中，信息技术与信息资源的优势同样为少数人或者少数企业所占有。只是，其中还有一些缝隙，这是普通人的机会。

也许本书的每一句话都与你无关，但它的每一段文字，却在影响着许多人的命运。

Chapter One

人类社会的价值变迁

价值是时代的产物，也是时代的结果。在空旷的原野，号声响起，每一个方向的人都能感受到号手在面向自己，遒劲有力，仿佛能洞穿未来，而号手真正的方向只有一个，那就是仰起头，向上！我们置身于信息化和互联网的汪洋大海中，不断地经受一波又一波时代变革的冲击，我们能感受到的方向和时代的真相之间往往不在一个维度，直接导致了大多数企业和个人付出再多的努力都是徒劳，最终只有少数人能够成功。如果不能够看清时代，就无法定位自己。今天我们就要来梳理这个时代的独特性，大家一起来不厌其烦地浏览商业变化的过程，尽可能地不放掉变化的每一个细节，分析其中的偶发性和必然性，希望从中发现新商业的底层逻辑和一般规律，帮助每一个人或者每一个企业找到属于自己在这个时代的商业定位。

我们跨入了小康社会，回顾近 40 年的发展，对个人和企业而言，在发展中有太多的机会因素，正是因为这些机会因素的存在，一些商业的成功看起来十分普遍好像又充满着许多偶然性。当我们认真去考察这些偶然性的时候，我们却又发现这些偶然现象的背后，充斥着某些必然规律。我们的市场从站起来到走起来，直到跑起来，今天跑得越来越快，我们开始感受到所有的操作越来越复杂，所有的动作越来越吃力。市场竞争越来越激烈，做企业难，做商业难，有的行业甚至困难到让许多过去小有成就的中小企业老板开始怀疑人生。

传统机会型企业成长的空间似乎变得越来越小了。从供给侧结构性改革的去产能到高质量发展的价值主义，从高质量发展的价值主义到长期主义，这一切其实我们并没有太多的准备，正如昨天的成功一样，一切仿佛在被时代推着走。

中美贸易冲突如约而至，有人说这是大国竞争的必然，也有人说是一些大国惯用的伎俩，而我们依然要砥砺前行。我们的两个一百年规划，国家对社会主要矛盾的论述，我们对经济发展与社会发展方向的把握，从来没有像今天这样清晰、明了、自信和笃定。

千千万万的中小企业、万万千千充满梦想的创业者和正在商海驰骋的一些行业头部企业，我们面临的不仅是要换赛道，还面临着要换赛场。价值主义不再是口号式的存在，长期主义也不是在潮流中被趋势裹挟着的安慰剂。我们的步伐要变，我们的姿势也要变，而不变的是我们这个民族千百年来内在的宽容、中庸、自强和自信。

长期主义若能成行，那么长期主义的方向在哪里？价值主义如若存在，价值主义的价值锚定在什么地方？过去太多的市场机会让一些创业者认为创业如此简单，太多的创业成功和过往的财富积累让一些人变得非常自信，甚至有些人认为自己能够在商业上一直掌控未来。然而，这两年在身边常常会听到这样一句话，过去靠机会赚到的钱，在不久的将来会凭借实力亏出去。

越来越多的人开始意识到，在企业经营和商业交往的过程中，常识是需要坚守的最后一道底线。为什么越来越多的企业家和行业大咖也开始关注起常识来，因为几乎在整个商业领域，大家被一些非常识的东西带节奏太久了。各种商业奇迹与离奇的商业表演，人们在看热闹的同时，很少有人会将其背后的真实目的讲出来。然而，当我们开始盯着生活和生意中的常识看时，突然发现常识变得陌生了。在充满竞争的商业世界，不投机是常识吗？在流量为王的商业竞争中，物美价廉、诚信经营、匠人精神和不刷单是常识吗？很多常识摆在企业家和商人面前的时候，竟然成了两难的选择。

现在有一个流行的观点，一些人认为BAT（百度、腾讯、阿里巴巴）

等一些大型互联网平台的兴起，只是源于对西方互联网模式的模仿，没有太多的原创。很多人认为这种成长只是因为中国人口众多而形成的巨大消费市场，在饱餐改革红利的同时，从一开始就对实体经济产生巨大的冲击与伤害。甚至有些学者开口就攻击现在的一些大型互联网平台，认为今天商业领域的一些困难都是这些平台的兴起与贪婪造成的。事实果真如此吗？人类的发展从来不是只停留在一个维度，太多的巧合背后存在着某种必然的规律。厚德载物，一切源于天道人心。

由信息化发展带来的大一统的网络文明和东方式的集体主义以及超强的繁衍能力在21世纪初相遇了。信息化和工业化融合之际，信息效能一再被释放，价值和人口数量连为一体被重新定义，超大的网络结构和系统能力理所当然地成为社会价值的一部分，背后还蕴藏着数以十亿计的用户习惯。

传统工业化时代的市场逻辑和小农社会的小商小贩与自给自足的农业生产一道，脚底的冰层已经开始融化和坍塌，长期的同质化竞争甚至低质生产竞争积累的经营压力像巨额库存一样，堵得整个商业界都喘不过气来。就算是没有互联网对商业的冲击，大家的生意照样不能这样一直地做下去。对更多的淘客和网商而言，如果回过头去，不再和商业地产争夺商业利润，线下商家又能活下来多少，又有多少消费者会为了养活一个硕大的线下商业群体而长期去买单？互联网带给整个社会的是真正的效率，并正在把几千年因为信息不对称而形成的商业水分彻底拧干。到了今天，互联网和电商已经成为一种大家在广泛应用的传统行业。

我们要做的，也许只是需要给时代这个牛市穿上一条牛鼻环。在信息化野蛮增长的过程中，我们也能够看到资本的影子，甚至看到资本在加紧捆绑信息列车，有巧取豪夺之嫌。然而这一切相对于信息化带来的社会进步，可以说不值一提。

有一个现实问题我们必须面对，那就是平台与资本的结合，特别是机器人与人工智能的广泛应用，在提高社会生产力水平和增加财富的同时，导致更多的行业将被取代或者经营者的经营空间被压缩，太多的人在失去原来的岗位之后，根本没有机会找到新的参与社会分工的入口。

让更多的中小企业了解信息化发展的历史脉络，并且一起来认清互联网环境下新商业的主要规律。了解这些规律之后，我们就有机会让千千万万中小企业也能够利用信息化的工具与方法，为自己的企业赋能。中小企业最容易做的，首先是通过自己的专业优势与平台抗衡；其次是中小企业还可以利用这些规律，把自己打造成为一个可以和大平台竞争的小型平台或者子系统。当更多的中小企业有能力分享到信息化带来的巨大红利时，相信一定会形成更加良性的互联网新商业生态。同样，会有更多的自由职业者回到新的工作岗位。

有了现代的气象学后，任何一个气象台几乎都有能力知道一两天甚至一两周的天气情况，我们想知道明天的天气情况不用再去占星，而是随手打开手机。有人富了，大家一看这些人大都是依靠机会富了，所以成功学、风水学和千百年来的人各有命、富贵在天等思想一直很流行。对于个人而言，成功很多时候有太多的偶然因素，然而对于一个个动辄有成千上万人就业的行业，我们只要看清了信息化时代人类财富的整体脉络，就能够预测几乎所有行业未来的发展方向与发展路径，并且找到这个行业发展突破的焦点。

只要弄清现代财富的底层逻辑，对于每一个个人和企业，都有一次重构财富的机会。在互联网时代，就会有人对你说，我们可以把传统行业在互联网上重做一遍，到了数字化时代，又会有人对你说，一切行业都有可能通过数字化的思维和模式重新做一遍。当你深入学习并了解信息化时代的新商业逻辑之后，你会发现，这些话不是时髦的观念，而是真实的正在发生的现代商道。

信息化时代最典型的财富特征之一是知识成为智本，智本取代了资本。和工业时代的能源一样，智本将和信息一道重新改造一个又一个行业，并在此基础上重构人类财富。

在没有穷尽宇宙的秘密和人类自身的秘密之前，科学主义依然是人类认识世界的第一选择。近两百年来现代科学的发展为人类创造了巨大的财富，更重要的是让我们从不可知论和经验主义的泥潭中彻底解放出来，更加有信心地热爱生活并探究真相。

20世纪中叶，现代管理科学伴随着西方工业化的进程得到了充分发展。改革开放以后，我国在引进外资和先进生产技术的同时，积极引进并学习工业化社会先进的管理思想、管理经验与管理方法。

当下，由于各种原因，有少数人试图通过文化认知去否定科学和科学主义，或者通过朴素的哲学思辨去否定现代逻辑学，这显然是不合时宜的。特别是在管理科学上，我们刚刚有了起步，并且取得了市场经济的巨大成就，在这个时候，管理科学只能加强，不能懈怠，更不能否定。

虽然科学不是真理，但是科学一直走在人类积极主动探寻真理的道路上。文化是一种认同，文化是特定历史阶段人类基于自身认识的一种价值确定。文化同时是一种沉淀，具有极强的时代属性。从某种意义上讲，科学也是为文化服务的，但这里有一个前提，那就是文化对科学的包容。科学可以做出一些对未来发展趋势、规律上的判断，解决经营中的一些不确定因素，而文化一般是解决商业组织中的人心和决心问题。打个比方，文化就是人类忠诚的战士，而科学就是战士手中的枪，在行军的道路上，战士不能因为路途太远而把枪扔了。不包容科学的文化往往最后只剩下迷信。

40余年来，我国经济改革取得了巨大成就，工商业体系不断成熟，经济总量快速增长。目前，商业环境正在发生剧烈变化，信息化与互联网对当前经济发展带来了巨大的冲击，一些传统的西方管理学的观点已经不能适应新形势下经济发展的需要，企业经营过程中出现许多亟待解决的新问题。一方面要及时回顾西方管理学在国内几十年的应用实践，另一方面总结和归纳信息化与互联网之下新商业的特点和规律，不断升级和完善我们的管理科学，建立符合中国市场特色的管理科学与管理文化，一切显得非常重要和紧迫。

我们希望总结出来的规律性，不仅能够解释信息化时代一些相对复杂的商业现象，更重要的是，能够通过这些规律性的认识，指导更多的中小企业，在科学地制定企业战略的同时，利用好新型的互联网平台与工具，系统地架构企业的现代商业模式与经营管理模式。

科学与伦理是一对孪生兄弟。除了对科学思维和科学逻辑的信仰（科学伦理），科学内容本身是一个不断被证伪的过程。而伦理不同，伦理是一定社会阶段出于人性和人类社会属性而产生的认同与信仰。例如，科技让资本更加集中、社会生产规模化和标准化，从而在导致财富向少数人集中的同时，让很多人失去原有的岗位。而伦理则出于人性中善良的愿望要求大家都有饭吃，同时实现人的自由与平等。因此，伦理常常以一种信仰与价值理想评判的方式去维护一定的社会关系和社会秩序。

我们在现实的生产生活中同样面临两个问题，一是如何利用科学拥有更高的企业效率，不断增加社会的整体财富；二是如何通过伦理价值让更多的人有班上和有钱赚。信息化为个人赋能，让更多的人有自由选择工作的条件，中小微企业能够分享到信息化发展的红利，拥有更多的工作岗位供大家选择，这一定是科学与社会伦理共同作用的结果。在这个过程中，东方伦理文明的优势也将得到充分的体现。

农业社会的核心生产资源是土地，主要依靠学而优则仕或者战争功勋来获得，只有很少一部分是通过工商业活动获得。到了工业社会，资本在社会资源分配中起到了决定性的作用，基于信息不对称的商业机会也起着十分重要的作用。在传统商业中，任何一种利润模型会因信息不对称的逻辑停留在一定的资源与区域层面，从而让市场上同一个行业的竞争主体之间处于一个相对平和的状态。

信息社会来临，以信息不对称为中心的商机正在消失。传统商业依靠商机赚钱，你只要掌握不对称的商业信息就可以赚钱，这种赚钱方式在信息化社会越来越困难。传统工业依靠资源和资本赚钱，你只要通过资本占有一流的技术、人才或资源就可以组织规模化生产来赚钱。在信息化社会，随着资本向智本的转化，算力和算法开始走向台前，工业资本在社会发展中的影响力也被逐渐弱化。

信息化系统的力量、平台的力量和算力的发展，导致超级平台型企业的全面崛起。平台型企业拥有超强的资源能力、资本能力与系统能力，太多的中小企业根本无法用行业的信息不对称和行业资源能力与之抗衡。几乎所有行业有利润的地方都被平台型企业一网打尽，这已经成为一种普遍的商业现象。在这个阶段，对于中小企业和商家来说，依靠运气赚来的钱，大多数会凭借实力亏损出去。这里的实力主要是指在传统经营中养成的思维惯性。研究新商业的发展趋势，寻找新兴企业的底层逻辑，已经成为新时代创业者和新一代企业家的必修课。

对于一些大中型企业而言，过去在市场上往往是抓大放小，只吃肉不喝汤，而面对更加激烈的市场竞争，这一切正在发生变化。面向烦琐的经营细节，通过平台、系统和数据的能力，把过去大企业不想做或者做不好的事情变成简单而有质量的事情。这正是目前许多大企业在寻求战略突破的过程中首先要考虑的重点。为什么要这样做，除了抢占市场份额，更多的是每个企业的客户都在变化，客户的上下游逻辑也在发生变化，只有把行业的大小客户尽可能地培养成为企业的长期用户，大中型企业的经营风险才能得到一定的控制。

长期主义的方向在哪？在社会发展趋势上或者趋势的延长线之上。价值主义要锚在哪里？锚定在信息化带来的新商业生态中。难者不会，会者不难。一切改变，从接受开始：复杂的世界，简单的法则，系统的方法。因为看到，所以相信这是客观唯物主义的结论，这里的看到是指规律。这也是未来企业家的常识。

◆ 第一节 语言的诞生

人类是什么时候开口说话的？17 世纪之前盛行“神授说”，世界上很多国家有关于语言诞生的神话传说。17 世纪后转变为“人创说”，语言研究者提出了手势说、感叹说、劳动说、社会契约说等多种假说。在语言起源过程中，劳动起到了决定性的作用。

现代语言学家认为人类语言的形成从100万到150万年前开始，语言也是人类在生活实践中不断自我训练的产物。从语言到文字是一个漫长的过程。远在公元前14世纪，我国古代已经有相当发达的甲骨文文字体系了，此前还有漫长的文字历史。在地球上，只有几种文字比汉字早，最出名的是古埃及文字和两河流域的楔形文字。古埃及人认为他们的文字是月神、计算与学问之神图特（Thoth）创造的。古埃及文字和楔形文字，早在公元前三千年左右已经很发达了，它们记录了古埃及、古巴比伦、古波斯等王朝绘声绘色的生活。

最早的人类应该是群居的高级动物，语言的出现，让人类之间有了更丰富的情感交流与更深刻的爱的表达，人与人之间在生产与生活中有了更多的商量与协同。而这种商量与协同，正是人类社会价值与财富的某种起源。

人的想法可以通过语言直接表达出来，而表达出来的内容是由语言的材料（声、形、意）组成的，而且这些内容和表达者的想法常常高度地符合和统一，并且和被交流者理解的意义往往也是契合的。这就像现代计算机信号交流的二次握手一样，两者之间神奇地一致。

随着计算机语言的出现，人类社会的信息交流与机器计算进入了一个新的阶段。20世纪40年代计算机刚刚问世的时候，程序员必须手动控制计算机。德国工程师康拉德·楚泽是当时最早想到利用程序设计语言来解决问题的人。只要轻敲几个键，一整段代码就可以使用了。随着C语言、Pascal等结构化编程语言的诞生，程序员可以离开机器层次，在更抽象的层面表达意图。在人与计算机之间，出现了清晰的计算机语言。

语言是劳动的产物，却又反过来影响生产劳动的组织与协同，成为生产力发展和生产关系进步的重要因子。

这是一个最好的时代，传承和进化百万年的人类语言与诞生不到一百年的机器语言开始在人类世界共同存在。我们毫不怀疑的是，当人类进入知识经济和数字化时代以后，语言思维之下的人类知识与技能将成为人类新财富形成的关键动能和重要材料。

◆ 第二节　工具的革命

在人类学上，人被定义为能够使用语言、具有复杂的社会组织与科技发展的生物。能够创造和使用工具，成为人类与其他生物的主要区别之一。

200 万年前，人类学会制造石刀、石斧与石锥等生产工具，我们称之为“旧石器时代”。大约 5 万年前，人类发明弓箭，人类社会进入了新石器时代。1 万年前，种植业开始成为人类赖以生存的新兴产业，农业社会开始形成。与此同时，人类开始掌握炼铜技术，从新石器时代走向青铜器时代。4000 年前左右，铁在社会生产中广泛应用，生产力进一步发展，人类进入铁器时代。

农业社会的生产工具仍然是初级的工具。工具的特点主要表现为人身体局部功能的有限延伸，是对人类体力劳动有限的缓解，它并没有从根本上把人类从繁重的体力劳动中解放出来。

科学是人类所积累的关于自然、社会与思维的知识体系，而技术是科学在生产生活中的广泛应用而形成的实践经验与能力。科学技术在发展的同时促进了工具的进步，工具的进步反过来又扩大了人类生产生活的实践范围，因此促进了社会的全面进步。

一、蒸汽机

蒸汽机是将蒸汽的能量转换为机械功的往复式动力机械。蒸汽机的出现曾引起了 18 世纪的工业革命。直到 20 世纪初，它仍然是世界上最重要的原动机，后来才逐渐让位于内燃机和汽轮机等。

1765 年蒸汽机的发明和使用是第一次产业革命的标志。作为人类新型劳动工具，蒸汽机实现了能量之间的转换，促进了生产工具的机械化。蒸汽机让更多的能源动力走进了人类的生产生活，和农业社会相比，社会生产力有了更大的发展。当蒸汽机带动纺织机械时，一位工人可以同时巡回看管几十台机器，而每台机器的运转速度更是大大加快，生产效率成十倍、成百倍地提高。

蒸汽机的发明和广泛使用，让英国、法国和德国等一些国家超越传统的农业帝国，成为第一批世界级工业强国。

二、电力

19 世纪后半叶，法拉第发现电磁感应定律，在法拉第定律基础上，人类发明了发电机和电动机。电力技术的使用提供了比蒸汽技术更为强大、更为方便和廉价的动力。内燃机与电力技术的广泛应用，直接带动了冶金、电气、汽车、船舶等产业的发展，实现了人类社会的第二次产业技术革命。

第二次产业技术革命让人类从繁重的体力劳动中摆脱出来，人类打破了传统的自给自足的自然经济，更加专业化的分工成为工业社会生产的基本特征。专业化的分工带来了更加广泛的商品交换，因此在工业社会出现了以商品的经济联系为纽带，以组织商品生产和流通的企业为主体的现代企业形式。企业成为调动社会资源，组织社会生产的主要载体。

电力的应用彻底地改变了传统农业社会的社会系统。电力的发展，工业化带来城市化快速发展，城市规模不断放大，城市逐渐成为人类生产、生活和商业活动的核心场所，成为人类居住的主要区域。

电力的出现，不仅具有传统工具与动力的作用，更重要的是从一个新维度重塑了社会财富。把社会财富从土地转移到人类的矿产和资源的同时，通过电力和各类电器的发明创造，让人们从占有土地的财富内卷中解放出来，通过更加细致和更复杂的社会分工，在做大社会财富蛋糕的同时，让更多的人从农民转变为工人，从地主转变为工厂主。电力不仅用灯光点亮了人类的夜晚，还帮助人类发掘了土地之外的第一桶金矿。

对于电力和人类之间的关系，特别是人类财富的关系，有一个有趣的现象。人类在改造自然和适应自然的过程中，对力的了解和应用几乎贯穿了人类发展史的全过程。从驯化生物到机械力，从煤炭到石油再到核电，更多的能源和资源在为人类提供更好的生存环境的同时，把人类从繁重的体力劳动中彻底地解放出来。我们知道，除了少数满足人类新陈代谢的食品，大多数能量的消耗都转化成各种动力用来改善人类的生产条件和生活环境。

在这个过程中，有个非常有趣的人类财富现象出现了。一方面，满足人类生存新陈代谢的能量消耗占比越来越小，而用于满足衣、食、住、行、游乐等人类生活条件改善的能量消耗越来越大。以电力为中心的各种电器的应用，为人类美好生活创造了各种条件与环境，电器的应用，反过来又培养了人们对舒适生活的巨大需求。另一方面，经济学上的需求是具备购买能力的人类欲望，电力的发展和电器的发明成就了更为复杂的社会分工，而这种分工让大多数工人能够以工作的方式获得一定的工资报酬甚至占有一定的社会资源，这就在一定程度上突破了传统农业社会以土地为中心的财富内卷，让工业时代更多的人得以体面地生存。

以上人类财富形式我们暂且称之为工业社会财富的三多模式，一是更多的能源与资源，二是更多、更细的社会分工，三是更多、更复杂的人类需求。在这个三多模式中我们发现，当资源开发和人类需求对应起来时，才创造了现实的财富价值。有了这个认识，我们就不难理解现代信息化社会一些大型平台快速获得巨量财富的底层逻辑了。平台通过海量的用户控制了财富的市场需求一端，从而改变了传统财务对平台型企业的估值模型，开始用多少活跃用户去计量某个平台的价值。当然，平台还同时具备了整合上游能源和资源与优化社会分工的另外两层价值。

三、资本（股市）

资本在经济学上是指用于生产的基本生产要素，即资金、厂房、设备、材料等物质资源。在金融学和会计学上，资本通常用来代表金融财富，特别是用于经商、兴办企业的金融资产。

资本的工具属性所体现的方面非常多，金融工具和金融市场是现代经济发展绕不开的一个话题。从宏观看，股市是一国的重要金融市场，是经济运行的血液，股市健康有利于促进社会资本的有效利用，经济资源的合理配置，因此促进国家宏观经济的发展。从具体看，国家可以获得财政收入，企业可以筹集资本，个人可以获取股票投资收益。

1609年，由于股票交易越来越频繁，荷兰人成立了世界上第一个股票交易所——阿姆斯特丹证券交易所。股份的优点十分明显，在分散经营风险的同时，让一些如航海、大宗贸易等项目得以有序开展。股份公司的成功经营和迅速发展，让更多的企业效仿，在荷兰和英国掀起了成立股份公司的浪潮。到1695年，英国成立了约100家新股份公司。

如果说蒸汽机和电力是人类生产中力的变革，而电力的出现特别是电器的应用让人类产生了更多的作业单元、更细的社会分工，在促进工业社会形成的同时出现了现代企业。而资本的出现，无疑是现代企业的一种新型的企业组织动力或者组织形式。资本的介入，让一些单个企业资金和资源很难实现的生产形式成为现实。从更大规模的航海到更大规模的工业化组织生产。在这个意义上，我们把资本从一个生产要素的角度上升到社会生产的一种组织工具的层面。

资本和蒸汽机与电力不同的是，资本不仅仅是组织生产的一种工具，还代表一种先进的生产关系，而蒸汽机与电力是代表工业社会一种先进的生产力。

股票市场起源于荷兰，发展于英国，成熟于美国。一直到今天，美国的金融市场和金融工具依然是美国经济发展的核心动力之一和参与全球竞争的战略手段。

资源的稀缺性是现代经济学的一个重要的假设前提。随着资源和资本的结合，规模化、标准化、系统化生产的相继出现，人类社会财富在工业化时代又进入了一个新的内卷状态。

在对抗人类财富内卷这个问题上，农业社会的人们为了获得更多的土地一般依靠在战争中取得功勋或者通过考试获得功名，再者就是在商贸中获得，但这种比例在1%以内。在工业社会特别是电力的出现，工业生产与现代商业成为人们获得财富的主要通道，而资源与能源直接成为某种财富形式，成为被分配的对象，一些工厂主或者白领也通过工业化的社会分工取得财富，工业社会的工人的生存环境与农业社会的农民相比得到了改善。资本成为一种参与工业生产的组织形式的同时，也成为一种获得财富的手段。在良好的工业生态之下，产业白领的比例最多达到 30%。在这之后，股市的出现与股份的存在，让更多的人在工业化社会以股民的形式获得了一些分配社会财富的机会。由于金融资本的介入，资本主义发达国家白领阶层在工人阶层中占比超过 50%。然而，一旦整个社会分工失去活力，生产衰退造成股市萧条，股民也就很难从股市中受益。

1990 年 12 月 19 日，上海证券交易所成立。截至 2021 年 12 月 31 日，境内股票市场上市公司合计 4697 家。全球中资上市企业共 5000 余家，总市值超过 120 万亿元。

四、信息化（互联网）

进入 21 世纪后，信息已经成为第一生产要素。信息化大约从 20 世纪 50 年代中期开始，其代表性象征为“计算机”的出现，以信息技术为主体，创造、开发和应用知识。

信息存储与读取的基本原理是物理学中的电磁感应。1820 年奥斯特发现电流通过导体时，导体周围会产生磁场；1831 年法拉第发现导体的磁通量发生变化时，闭合回路会产生电流，后来的麦克斯韦，综合了这些看法和规律，创立了电磁场理论。1887 年赫兹在实验中证实了电磁波的存在。电磁波的发现，成为有线电通信向无线电通信的转折点，也成为整个移动通信的发源点。

人类社会正在向信息时代过渡，有学者把信息化称作人类社会的第三次浪潮。第一次浪潮是农业社会，社会生产以农业为主，关键依靠人的体能和牲畜的力量；第二次浪潮是工业社会，工业化是社会生产的主要形式，关键依靠机械与能源动力；第三次浪潮是信息社会，与前两次浪潮不同，不再以人的劳动力和机械动力为主，而是以信息与算力为主。在第三次浪潮中有一个特点，就是信息化在为人类生产赋能的同时，也在为个人赋能。在第三次浪潮中，信息成为与物质和能源同等重要的资源，成为组成新时代财富的一个重要维度。

在这里有一个值得全世界关注的命题，那就是信息的发展会不会像电力催生众多电器应用一样，导致更细的社会分工，最终让更多的人有了新的岗位。能否在此基础之上，也产生工人对部分数据资源的占有与处分的权利，从而让更多的人从农业社会、工业社会的财富内卷中解放出来。是不是更多的分工和对应的信息资源与算力的参与就一定意味新财富的增加。换句话说，如果未来信息化、数字化以及算力或者某种知识系统有一万万种分工的可能，在改善人类环境和每个人的生活的同时，创造了现实的市场需求，在这种情况下，信息是否可以与土地、能源、资源和资本一样，被定义为未来财富的重要组成部分。

在理论上，资源、分工和需求三者对应的时候，就会形成人类商业意义上的新的财富形式。

在计算机诞生之前，信息在人类社会一直存在。信息是指音讯、消息、资讯等，泛指人类社会传播的一切内容。人类通过获得、识别自然界和社会的不同信息来区别不同事物，认识和改造世界，信息也是现代通信系统传输和处理的对象。1948 年，数学家香农在《通讯的数学理论》的论文中指出："信息是用来消除随机不定性的东西"。

如果我们把信息化看作是继农业社会和工业社会之后的一类的社会阶段，我们把信息化理解成为社会学上的一个泛概念。在这种情况下，我们就会把 21 世纪初快速发展的互联网、移动互联网、云计算、物联网、大数据和人工智能，甚至近两年刚刚开始发展的数字化建设等，全部理解成为信息时代的组成部分。

信息化应用最多、最广泛的工具形式是应用软件和操作系统，特别是客户端的应用软件和人机交互系统，我们也可以把这些泛称为信息化工具。在人们常规的理解中，系统主要用来支撑硬件和平台，软件主要用来服务用户。随着计算机技术的进步特别是语言应用的成熟，信息化工具越来越多，操作也变得更加简单、方便和实用。云端和人工智能的发展，传统意义上的系统和软件的边界在不断向外拓展，能否从量变发展到质变，从而改变现有软件和系统的核心属性，暂且不得而知。

每一次工具的革命都会促进人类文明的一次巨大变革。语言本质上也具备工具属性，但语言拥有其他更强的社会属性，我们把语言单列出来，主要是因为语言在人类生产生活中的重要组织作用，特别是在人类财富形成过程中对生产关系的重要影响。另外，资本本身也是社会资产与财富的一种表达形式，由于其在人类生产活动中具有极强的组织属性，特别是资本背后的金融工具与金融市场对社会生产和生活的促进、调节与管控作用，我们把资本、蒸汽机、电力和信息化一道，放在工具的革命中来了解。毫无疑问，这些因素和信息一样都是近现代社会财富的基石，并且必将影响到人类商业更加深远的未来。

◆ 第三节 信息化的发展应用与底层价值

如果说语言是人类成千上万年实践的产物，而资本和电力的产生是近两百多年的事情，我们清楚地认识到工具的革命带来社会财富甚至社会文明的整体变化。毫无疑问，信息化也是人类进程中的一次巨大变革，而我们正在置身其间。如果给这一阶段予以时间意义上的划分，一是后工业时代，二是信息化或者数字化时代。此时此刻，信息技术还在突飞猛进地发展，日新月异。

要么电子商务，要么无商可务。30 年前听起来有点搞笑的一句话，现在看来是正确的。在大的时代趋势面前，企业和商家如何看待这个时代，如何规划处在这个时代的自己？只有看清趋势并且通过趋势洞穿百年，我们才会非常严肃地对自己讲，我们所处的时代的企业和商家都是信息化的一部分。

工业化已经成为历史，我们正在向数字化社会迈进。任何人、任何企业在看清时代趋势后，都应该明确自己的时代使命，别无选择。因为信息化和紧接着到来的数字化代表着这个时代的意义。就是在你目前的行业，哪怕你已经做到第一名，请你迈开自己的脚步，向数字化时代迈进。

一、信息爆炸

20 世纪 80 年代出现了“信息爆炸”一词。对于漫长的人类历史，信息从未像今天这样呈指数级增长。英国学者詹姆斯·马丁统计，人类知识的倍增周期，在 19 世纪为 50 年，20 世纪前半叶为 10 年左右，到 80 年代末几乎已到了每 3 年翻一番的程度。新理论、新材料、新工艺、新方法和新系统的不断出现，使知识老化的速度加快。近 30 年来，人类产生的信息已超过过去 5000 年信息生产的总和。

信息时代有三大定律，即摩尔定律、吉尔德定律和麦特卡尔夫定律。这三大定律共同勾勒出了信息技术发展的规律。

第一定律：摩尔定律，即微处理器的速度每 18 个月翻一番。这意味同等价位的微处理器速度变得越来越快，同等速度的微处理器会变得越来越便宜。几十年来，集成电路的发展历程令人信服地验证了它的正确性。摩尔定律是人类信息化时代的算力定律，而这一定律能让人们感受到信息时代的速度。

第二定律：吉尔德定律，即在互联网发展的 20 多年里，主干网的宽带每 6 个月增加一倍，其增长速度是摩尔定律预测的 CPU 增长速度的 3 倍。吉尔德定律是人类信息化时代技术基础设施的成长定律，而这一定律让人们看到信息化发展的巨大空间。

第三定律：麦特卡尔夫定律，即网络的价值同网络用户数量的平方成正比，也就是说，N 个连接创造出 N×N 的效益。麦特卡尔夫定律是人类信息化时代的用户价值定律，而这一定律让人们看到了信息化背后巨大的平台财富。

20 多年来，多少人因为这三大定律创造了新的世界，成就了伟大的事业；多少人因为这三大定律开辟了新的战场，取得了巨额的财富；又有多少人因为忽视这三大定律的存在而错失良机。三大定律是21世纪初的人类财富密码，也是世界竞争的钥匙。我们已经在第二和第三大定律上取得了绝对的优势。

很多人认为，日本失去的20年是广场协议带来的结果。而事实上，在20世纪80年代，日本在电子、家电、汽车等领域占据绝对的优势，然而随着平台型企业的兴起，中、美、韩在全球或者区域平台型企业的逻辑之下新兴产业都得到了扩张，而日本却在固守原来的优势产业，失去了平台型企业发展的战略机会。对照三大定律，能够发现其中的一部分玄机。

今天，人类开始面临海量的信息，到目前为止，人类获取信息的形式有搜索、分类导航、流媒体、问答、双方与多方沟通、标签识别和算法推荐等形式，这些形式都已经在商业应用中得到快速发展。

知其然，知其所以然。我们都知道这是一个信息爆炸的时代，也是一个财富爆炸的时代，对于中小企业主和自由职业者而言，了解一下这个时代财富的基础逻辑，不仅能够看清他人在这个时代风口成功逆袭的姿势，还能够给自己发展的道路和未来的选择增加理性和智慧。眼看他起高楼，眼看他宴宾客，眼看他楼塌了，这是农业社会的成败逻辑，也是一种投机与博弈逻辑。我们有许多企业和商家随着20世纪40年代发展大潮兴起，当面临信息化的时代商业与现代企业的竞争局面时，我们的经营定位、管理思想与经营策略，一定要随着时代的变化而发生变化。昨天的经验往往成了今天发展的绊脚石，故步自封不可取，了解时代的常识更为重要。

40年来，我们在学习与跟踪世界先进技术并且创新发展的同时，也在引进发达国家先进的经营思想和管理经验。然而，时代的发展远超我们的想象，我们已经在很多领域取得了一些优势，同时也遇到了一些新的问题。未来的路怎么走，我们自己发展的特点和经验亟待总结，经营思想和管理方法需要创新。

信息爆炸的过程也是信息冗余和信息垃圾化的过程。当某条信息在人与人之间传播时，很多信息会被再加工和再传播。一般情况下，信息传播的范围越广，接收的人越多，这条信息的价值越大。在这个过程中，我们无法排除人们为了实现商业价值的目的不断复制同一信息，并且在相对固定的范围内重复传播，而接收者只能一次次被动接收却无法拒绝，其实这是在浪费更多接收者的时间。这样，我们可以得出一个信息价值的原始公式：信息的价值 P= 信息的体积 V ÷ 信息的密度 R，也就是 $P=V/R$。当信息密度小于 1 时，传播的范围越广，信息体积越大，信息价值越大；当信息被过度传播，信息的密度大于 1 时，信息重复传播次数越多，信息的价值越小。

新媒体的出现，在推动全球经济快速发展的同时，也产生了基于信息流量的存储权、所有权和话语权之争，涉及社会政治、经济和安全等诸多领域，一些新的社会信息伦理与应用规则在悄然形成。

二、生产组织重构

生产组织一般以经营结果为目标，生产者对所投入的资源要素、生产流程以及产出品进行有机、有效结合和管理运营。从社会学的角度看，所谓组织（Organization），是指一个具有明确的目标导向、清晰设计结构的活动协调系统，同时也是一个和外部环境保持密切联系的社会实体。正如器官组织离不开细胞，社会组织离不开人一样。

组织重构是现代企业管理科学的一个概念，2005 年李 · G. 鲍曼和特伦斯 · E. 迪尔共同创作了《组织重构》一书，作者从结构、人力、权力和文化四个角度分析了企业组织的架构模式和重构的可行性。我们今天讲的生产组织的重构是基于信息化因素的系统理解，分为宏观的重构和微观的重构两种。我们把因为工具、资本和信息的进步带来社会生产关系或者主要生产主体的变化理解为宏观的重构，而由此引起的生产单位如企业内部经营的变化看作是微观的重构。自 2010 年以来，信息网络化带来的平台经济、马云提出的小而美组织、海尔的小微组织，以及阿米巴经营等在国内的快速发展，都可看作是宏观与微观的同步重构。

生产力水平不同会影响生产关系变化，导致生产模式不同，生产组织形式也会产生很大差异。劳动工具的进步、资本的参与，对生产关系产生了深刻的影响，并且在不断地重塑社会生产的组织方式。从手工作坊到工业企业化，从小农经济到农业产业化，从股票的出现到现代意义上公司的形成，直至托拉斯一类组织和全球平台型超级企业的出现，无一不是生产组织重构的结果。

人类最早的经济组织是以血缘关系连接起来的氏族，氏族就是一个原始的生产单位。伴随生产力的发展，在氏族中出现了以生产资料私有制为基础的家庭，这时的家庭也是一个生产单位。奴隶制产生以后，大批奴隶在奴隶主强制下开展劳动，奴隶主的一个庄园、一个家庭、一个作坊都是一个生产单位。

随着生产力的发展，商品贸易的增加，14 世纪开始在欧洲地中海沿岸城市出现资本主义的生产方式，我国同时期也出现了资本主义萌芽。其实我国早在南宋时期手工业就非常发达，有的官方织布厂用工就达到千人。生产工具的进步带来社会分工优化的同时，也对社会生产组织形式进行了一定的宏观重构。

在信息化时代，生产组织的宏观重构主要还表现在能源、材料、生物等社会生产关键领域，新的信息技术促使产业发生改变，工业化与信息化融合已成为科技进步的必然。

在生产组织微观重构方面，一般来说，现代生产组织内部主要包括组织结构、组织授权、工作环境、岗位职责和组织效率五大因素。信息的流转和控制过程与企业的组织结构紧密联系，信息过程的优化是企业组织优化的重要手段。

信息在生产组织的微观重构中主要起到什么作用呢？一是与生产和产品相关的知识功能，二是基于共识的生产沟通管理功能，三是基于生产流程需要的流程和制度协同功能。通过信息化完成企业内部组织重构本身就是对企业组织运营的系统性升级，包括业务流程、作业制度、部门设置、岗位设置、各类支撑运营的管理制度（如绩效考核、财务制度、行政制度等）。通过信息化或信息系统改善现有的业务流程、组织结构和制度，优化企业各环节的能力和运作标准，不断缩短企业产品、服务与客户需求的距离。

有一种现象值得关注，信息技术有助于企业的组织结构从垂直型向水平型、从层级式向网络式转变。企业占有一定量的信息资源后，利用现有的具备一定行业共识的信息化系统，在经营管理方面会更具柔性。

企业组织微观重构的结果是什么呢？长期看，组织内部的管理费用减少，企业成本降低，有利于提高产品质量、提升服务水平，确保交货时间和提高供应链反应速度，等等。

2014 年，海尔集团战略推进的主题为“企业平台化，员工创客化，用户个性化”。在组织演变中，小微企业成为基本单元。在组织结构方面，海尔集团摒弃了传统的自上而下、由一层层中层管理者向员工下达命令的金字塔组织结构，取而代之的是海尔集团自创的一种组织结构。

三、业务流程重组

从某种意义上讲，生产组织重构和业务流程重组是现代企业经营管理的一体两面，而一体正是企业生产本身，一面是生产的组织者和操作者，另一面是生产的流程和对象。信息化时代来临以后，许多基于生产线的经验将通过信息化固化下来，并且进行有益的流程化改进与复制，而一些有利于生产效率的规则在新的生产设计中实现人、机、物、料、法的无缝连接与再塑。让人欣喜的是，一些相对复杂甚至烦琐的工作将通过信息化被分解和标注为简单的操作动作，更多地被随后的智能化与自动化算法取代。

业务流程重组（BPR）是 20 世纪 90 年代美国的管理学大师迈克尔·哈默和詹姆斯·钱皮提出的一种管理思想。业务流程重组通常定义为通过对企业战略、运营流程以及支撑它们的结构、系统、政策、组织进行重组与优化，达到工作流程和生产力最优的结果。从定义中我们不难看出，业务流程重组是信息科学和系统科学在工业化生产中的必然应用。信息技术的发展特别是计算机应用系统的发展，让这么多的因素同时在生产管控中得到平衡和优化成为现实的可能。

信息化在业务流程重组（BPR）中发挥什么作用呢？我们知道，业务流程的改造不可能凭空而起。一是要通过信息化对市场客户的需求和满意度进行采集和统计分析；二是要通过信息化对现有的业务流程进行复盘和再设计；三是要通过信息化全面集成先进的制造技术并且进行二次应用设计；四是要通过信息化系统集成管理模块，从而实现企业经营在成本、质量、服务和速度等方面的综合性改善。

美国的 IBM、科达、通用汽车、福特汽车等先后推行 BPR，事实证明，这些大企业在实施 BPR 以后，几乎都取得了巨大成功。

从 1999 年起，海尔开始进行流程再造，实施了“并行工程”，使海尔“美高美”彩电在产品设计上打了一个漂亮的速度战。按原有的开发程序，产品从设计到整体投放市场需要 6 个月；按国际最快的产品开发程序，需要 3 个月，而海尔“美高美”彩电仅用了 2 个月。

后工业化时代的工业生产领域，生产小组织化和定制化与无人工厂成了一个十分清晰的方向，基于算法更加精细与更加复杂的系统逻辑在业务流程中开始得到应用。

四、生产工具智能化、自动化

如果说业务流程重组是信息化环境下企业生产的软件系统更新，那么生产工具的自动化与智能化，就是信息化时代企业生产的硬件设施升级。这正是传统工业化与信息化时代工业生产的主要区别之一。

一般来说，生产工具的自动化包括元件的自动化、仪器仪表的自动化与生产设备的自动化三个方面，其中被大家广为知晓的是生产设备的自动化。工业自动化设备是众多自动化产品的统称，自动化设备在制造业特别是食品生产线、电子电器生产线、生物与化工生产线、各种包装生产线中广泛应用，同时在现代农业、现代物流等行业发挥着重要作用。

生产工具的自动化与智能化是工业生产自动化的前提和基础。自动化强调在整个生产过程中，尽量减少人的体力劳动，由机械设备和各类自动化装置来完成生产。智能化则强调通过计算机对复杂信息进行处理，更多地代替人的脑力劳动。自动化更加容易超越人的体能极限与作业空间环境的局限，成十倍、百倍地提升劳动效率；而智能化则更容易超越人的精力因素和作业动作因素，开展更加精细的制造。

2013年的汉诺威工业博览会上，德国正式推出工业4.0这个概念。实体物理世界与虚拟网络世界融合，产品全生命周期、制造全流程数字化以及基于信息通信技术的模块集成，将形成一种高度灵活、个性化、数字化的产品与服务的新生产模式。

芯片制造被认为是现代工业技术领域的皇冠，了解芯片行业的一些概念和现实情况，我们会对工具自动化与智能化有一个更深层次的理解。

芯片的最新制造技术是纳米级操作，所谓的“纳米”是米的10万亿分之一，这大概就是一个原子大小的10倍。华为设计并由台积电制造的麒麟9000芯片是最高端的手机芯片，它是5毫米芯片，一颗小小的芯片，就有153亿个晶体管。

制造一颗芯片需要太多的技术支持，这些技术大多掌握在美国手中，部分掌握在欧美国家和德国、日本、韩国等国家手中。制造一颗芯片从头到尾上千道工序，需要用到几十门学科的前沿知识，用到的制造设备有精密光学仪器、精密化工仪器、精密机床等。关键步骤要用到世界上最先进的智能制造设备光刻机，目前全球在这个领域最顶尖的是荷兰的ASML（阿斯麦）。当美国宣布禁止华为等企业使用相关的技术专利时，我们的芯片就会面临卡脖子的困境。

有人问，欧美占据芯片制造的优势，又形成了全球基于芯片应用的产业生态，难道我们会一直受制于人吗？其实大家也没必要过度紧张，当摩尔定律在芯片制造上失效的时候，欧美芯片制造业的优势会越来越小。目前摩尔定律已经在IT行业失效，也就是说，芯片制造已经进入了行业的天花板阶段，后来者的追赶只是时间的问题。加之更多芯片应用在成熟制程上，我国已经占据了相对优势。

自动化工具的水平是国家科学技术水平的重要标志之一。我国工业自动化设备发展已取得巨大成就，但仍然存在着附加值不高、竞争力不强等问题，高端机械产品特别是高端机械设备大量依赖进口。一方面受制于传统择业观念的影响，真正的从事制造业的技术型人才十分短缺。另一方面，我们整体的工业自动化发展甚至整个工业化发展起步晚，在技术储备、人才、产业资源和国际市场竞争等方面并没有形成优势生态。

随着我们更多一线制造业的崛起，加上信息技术和工业技术的不断融合，我们会渐渐地把现有的产能优势与市场优势转化为技术强势直至品牌强势。智能制造战略对我国而言，意义深远。

五、社会价值模型

沟通产生价值。语言不仅仅是人类思维的工具，也是人类思维的载体，到了信息化时代，同样也是信息化的载体，无论机器语言如何变化，都是以人类语言思维的内容为内容，以人类语言的形式为信息化的初始。工具的变革提升了人类的生产效率，并改善了人们的生活。

迄今人类所知的各种物理现象所表现的相互作用，都可归结为 4 种：强相互作用、电磁相互作用、弱相互作用和引力相互作用。而今天的力学已经在统一场的理论之下得到了整体的论述，并且形成了比较完美的理论模型。我们会发现，正如科技是第一生产力的表达一样，工具的变革对社会财富的影响是巨大的。而这种影响背后隐藏着人类认识自然、利用自然和改造自然的一般规律。如果农业社会的工具的变革如石器、铁器的应用对财富的影响是加法，那么在工业社会工具的变革如蒸汽机、电力和资本对人类财富的影响就是乘法。以此类推，信息时代由信息因素参与形成的生产力和生产组织关系对人类财富的影响，几乎和信息发展的底层逻辑惊人地一致，竟然也是呈指数级的增长。换个说法，信息爆炸的时代，也是人类财富爆炸式增长的时代。

什么是社会价值？社会学和经济学对社会价值从不同的角度都有论述，社会价值不仅仅是一类与人们生活息息相关的物质和精神利益，同时也表现为一种人类可积累、可传承、可利用的整体财富。从人类发展史中我们发现，从起初人类和自然的相处，通过各种手段和自然界交流能量而消费环境的同时，构建了人与人的社会群体关系。

随着工具的进步和社会生产组织的出现，一条清晰的社会分工与生产力发展脉络展现了出来。从原始社会发展到今天，人与自然的关系外化出两个角色，一个角色是政府，也就是社会管理者，一些西方学者研究认为这是父权的表达；另一个角色是企业，也就是社会生产力进步导致社会分工的结果。我们会发现，人类社会的社会价值是一个相对稳定的四面体。这个四面体由人(P)、自然资源(R)、企业（E）和政府（G）四个角色组成,每三个要素又形成一个面。这就是一个完整的社会价值模型。而这个四面体的体积大小则由形成四面体的六条边决定。

在现有的社会治理体系里，根据人、自然资源、企业分工（科技）和社会管理（政府）的丰富程度和活跃性，一眼可以看出某一个国家的发展优势与发展类型，也容易发现发展的短板。比如，资源主导型的如沙特和澳大利亚，政府主导型的如新加坡，企业主导型的如日本和意大利，还有人口主导型的如印度。这种可分析的例子很多，也有几个因素发展都比较强势的。归根结底,社会价值是指人类改造和利用自然的总和,而财富是这些价值的一个阶段性的计量和结果。这也是农业社会和工业社会财富增长速度不同的最好的解释模型。

当信息化时代来临以后，人与人之间、人与自然资源之间、人与政府之间、政府与政府之间、人与企业之间、企业与企业之间，这些组织之间和组织的微观元素之间，突然多了一个信息的维度，出现了系统性的互动。这也是信息爆炸带来人类财富指数级增长的核心逻辑。信息化对人类财富而言，的的确确是一类高维的存在。

如果用某种关系表达人类的财富，同时试着对财富通过计算的形式进行切割成为某种可以计量的最小的财富颗粒，当然这种颗粒的财富单元只在我们对财富的思考与社会分析计量中存在。也许我们在可能获得财富密度的同时，更加深刻地理解信息元素（数据与数字化）在人类未来财富中的重要价值。

当我们抛开政府的权力功能，只把它看作和企业一样的社会分工的管理功能时，我们可以识别出人类财富（文明）目前有三个不同的坐标参照系。一是我们人类所依赖的生存资源、环境和与之相对应的一定的生存能力，这也是我们在农业社会和工业社会一直秉承的财富坐标；二是我们改造自然的能力坐标，也就是我们的知识体系与科技体系，也是后工业化时代的财富坐标；三是以人的自身成长和自身文明为坐标体系，人类的发展进步与个体素质的成长、人际交往等的总和，是人类财富的核心体现，是人类物质文明、制度文明与精神文明的总和。目前社会上越来越注重知识与信息化财富逻辑和人本的财富逻辑，许多企业把人的成长作为企业的终极目标和核心考核指标。对财富的参照系坐标的理解，会从更多的角度去分析社会进步的方向，去理解人类社会发展中一些冲突与矛盾的根本所在。金山银山，比不上绿水青山，是新时代的财富观，是三个坐标维度的财富观的统一，振聋发聩，引人深思。

经过 200 多年的曲折发展，40 多年的改革开放，我们再次站在世界发展和人类财富文明的 C 位，而在这个时候，在错综复杂的世界大势与激烈的国际竞争面前，战略方向显得尤为重要。

早在 2011 年 2 月 17 日，当时的美国总统奥巴马与硅谷多家科技头部企业的负责人共进晚餐，探讨了美国的就业、创新和教育等问题。参与晚宴的高管可谓硅谷高技术企业的“全明星”，包括苹果、谷歌、雅虎、思科、甲骨文、推特和遗传技术 (Genentech) 等公司的董事长、创始人，以及斯坦福大学校长、凯鹏华盈高级合伙人。白宫新闻秘书卡尼日前表示，高技术企业是美国创造力、创新能力和领导地位的最好体现。

为什么要举 2010 年左右的例子，因为无论国内还是国外，信息技术的发展与应用在 2010 年左右几乎是一个代际的分水岭。

◆ 第四节　平台的兴起

随着互联网的快速发展，一些 IT 企业依据自己的先发优势，不断攻城略地。互联网企业相互之间的业务领域交叉重叠越来越严重，比如国内的 BAT 在各自的核心领域具备强大的用户优势后，不断地向外扩张自己的业务边界。同时，信息化导致企业和企业的边界越来越模糊，企业和行业的边界也开始模糊，行业和行业的边界不断被打破。企业竞争完全超出了原有的边界甚至行业的边界，而带有 IT 基因的后来者也毫无例外地参与到跨界竞争中来，这就是平台之间的战争。

我做的是传统企业，还是一个中小微企业，一不做互联网，二不做电商，讨论这些问题和了解这些知识对我们有什么作用？每个时代的企业有着每个时代的特征与商业的底层逻辑，也有着每个时代的管理特点和不同的经营思维。在信息化时代，企业“知道”往往比做到更重要，如果不去了解平台型企业的特征与运营规律，不去了解互联网时代的商业常识，我们大多数中小企业就无法应对来自不同维度竞争的冲击。

一、平台是什么

平台字面上的意义是指舞台、某种工作环境、操作条件以及具备一定平面空间的活动场所，可以是特定的功能，也可以是不确定的功能。在很多时候，一个能够自洽的环境系统和组织都能称为平台，比如单位或公司或者一份工作，甚至可以衍生到一个能量超大的个人。

我们这里讨论的平台，是现代经济学组织意义上的平台，是指在信息化条件下，特别是互联网和移动互联网发展的过程中，因用户聚集而形成的具备内外连接属性和一定交付功能的网络环境或系统环境，并且还包括其线下的各种能力外延。一般情况下，平台具备两个以上支持系统、多用户群、双边或多边市场的特点。从某种意义上讲，平台也是现代经济中基于信息化应用的一类超级组织。

如果说，从语言到工具到信息化是人类价值变迁的正常演进过程，那么平台的出现，是人类商业基因在信息化过程中突变出来的一种“怪兽”，一个平台型企业的年产值轻松超过地球上80%的国家，一个平台的用户数常常超过一个世界人口大国。

二、平台的形成

平台是信息化发展到一定阶段的必然产物，平台经济也是信息化时代特有的一种经济现象。平台是在互联网商业竞争中逐渐形成的，从邮件开始，到后来的门户网站，全社会都沉浸在新奇的快乐中，很多人也预感到人类在信息化时代将面临一次巨大的变革，但是在那个时候，谁都说不清楚这种变革的影响到底是什么，有多大。

从Web1.0到Web2.0，一个利用Web的平台，由用户主导而生成内容的互联网模式出现，正因为普通用户的自由参与，一个互联网用户应用的雪球被越滚越大。

互联网发展史上，和人类发展史上工具的作用一样，互联网工具的变革是各类平台兴起的导火索。在互联网的发展初期，不管是门户网站，还是后来的App、小程序，我们都没有注意到谁将是平台，谁不是平台，谁能存活下去，谁将会被淘汰。经过20年左右互联网的发展，各大门户兴衰起伏的过程以及各大平台崛起与搏杀的经历给了我们许多启示，我们几乎能够感受到它某种底层逻辑的存在。

超大数量的用户聚集，人们使用信息的习惯，大量对信息化的新生需求，而一切用户需求和习惯几乎和人类信息技术的发展保持了有趣的步调一致。首先是具备超量用户的搜索引擎率先成了平台，而拥有搜索引擎的公司自然而然地成了平台型公司。紧接着淘宝培养了海量的买家和卖家，双方在平台规则保证下有序运行，有了支付宝这样的工具，解决了支付和信用问题，什么都能买得到，用户聚集，品类丰富。淘宝自然而然成了平台。

支付宝不仅押中了线上支付的发展，更是创新了支付手段，新型支付超越时间与空间的限制。后来有了蚂蚁金服，并因此推出了一系列金融产品与服务。毫无疑问，支付宝是一个巨无霸式的平台。

海里有一种奇怪的生物海鞘，能够通过出芽的形式自我裂变出下一个海鞘。如果没有社会政策方面的制约，一些超大的平台几乎会拥有像海鞘一样的能力。

腾讯系和阿里系一样，从一两个支配型平台不断洐生出一些新型平台。有人说这种现象是资本在商业上垄断的结果，其实不然，这应该是信息化入侵三百六十行的一种商业自然现象。

京东电商是传统价值在商业信息化上成功的典范。美团和滴滴应运而生，让人与商业服务的信息化逻辑提升到了一个新的高度。京东的成功说明传统线下 B2C 的价值是可以通过互联网在线上重塑的，京东物流更是从商业应用的角度建立一个效率改善的自洽平台。我们也不难发现，这类平台的建设不仅仅需要巨量的用户，更需要借助巨量的资本，才有可能把传统的分散的物流集中到一个企业模式之下。同样的道理，美团和滴滴的形成表面上看是一个通过系统进行商业撮合的交易中介行为，而其本质是通过信息化对原先分散的行业资源进行社会化重组的一个过程。

随后是短视频时代的来临，大家都看好短视频的同时，今日头条截胡了移动端百度新闻的流媒体逻辑。更让人诧异的是，抖音出现了。

三、平台的功能

很多人都想通过平台的功能去分析平台的本质，而一个巨大的平台出现以后，它不仅仅有商业的功能，往往还具备一些社会功能。平台在发展的过程中，常常对一些新的系统和工具进行有选择的开放，比如在自身的平台让别的系统搭建服务，或者让自己的用户给一些新的系统共享，在这个时候，平台往往会利用自己的支配地位，促使一个新的平台的诞生。还有一种情况，也就是一个功能型的平台，向另一个功能型的平台转换，这一点在 QQ 上十分明显，当微信出现以后，QQ 的交流作用开始向一些中小学生转移，成了普通人传送资源的工具。一群年轻人长了几岁，突然又转向了哔哩哔哩一类的平台。弄清平台的来源固然重要，更重要的是要弄清平台的功能。

（一）平台中介说

电商平台作为中介，连接买卖双方。平台具备中介的功能属性，但平台的价值属性远超传统的线下中介。不仅仅是平台具备超量的用户增加了买卖双方撮合交易的成功率，更重要的是，平台也提供给双方更多的工具。哲学上有一个观点是整体大于部分之和，把布料和纽扣放在一起，布料还是布料，纽扣还是纽扣，但人们把它们缝成衣服，一个新的功能与价值就产生了。

（二）平台市场说

平台是一种虚拟或真实的交易场所，平台本身不生产产品，但可以促成双方或多方供求之间的交易，收取恰当的撮合费用或赚取差价。毫无疑问，市场是平台的核心功能，但在这个功能的基础上，互联网制造的概念被提出来了。互联网不仅可以为市场提供成熟的产品，还是行业原料、供应链、生产技术、仓储甚至生产流水线的供应方，同时也具有非常重要的生产组织者的功能。

（三）平台媒体说

商业的博弈不仅仅是资源和技术的博弈，更多的是市场层面的博弈，在没有互联网之前，是广告、品牌和渠道等的竞争，而有了互联网之后，不论是互联网电商平台，还是搜索平台、自媒体平台，商业竞争直接转变为平台流量的竞争，也就是我们常说的眼球竞争。互联网从诞生那一天起就给我们两个选择，一是中心化平台的流量，二是私域流量。很明显，媒体价值也是流量价值非常重要的部分，但肯定不是全部。平台的组织重构和效率价值在某种意义上大于媒体流量的属性。

（四）平台工具说

为什么会有工具说？从搜索工具、聊天工具、支付工具到美团、滴滴等 App 应用的兴起，我们可以把这些看作应用工具的崛起，甚至可以说智能手机也是工具的一种。这样更容易理解像苹果和谷歌这样的公司成为巨无霸的逻辑，甚至我们也可以把一切电商平台或者钉钉这样的工作平台理解成为一种工具。这种说法没有什么太大的问题，但是系统工具和平台之间，还有一个元素，就是巨量的会员或者用户。这样表达想说明什么呢？由信息元素设计出来的系统工具被用户广泛喜欢，甚至直接能给这些用户带来快乐、效率或者价值。

（五）商业生态说

电商平台不仅仅从市场交易的角度改造传统市场，同时还在影响更多行业的供应链和生态链。这种改变不是沙漠中的绿洲现象，而是地球村式的改变，因为农业社会和工业社会就没有超量的信息源和以计算为主的财富逻辑。在市场领域是这样，在生产和管理领域，BPR 和 ERP 悄悄地生长，直到阿里云、腾讯云、华为云这些云平台的出现。

延长了供应链和分散了交易，都是在某种意义上提升了产品与服务的品质，增加了就业机会。从这个意义上讲，平台型就业是未来就业的主要方向之一。

（六）用户中心说

信息化的初衷是什么？信息对称。而信息爆炸首先带来的不是信息对称，而是人类商业更多的信息资源矿藏，更多的黄金和钻石。平台的超量用户的特征让我们往往认为平台的核心属性是用户聚集本身。你会发现一场客户超多的大型演唱会或者用户超多的一趟趟地铁不具备商业平台的功能。所以，要准确地理解这个用户中心，它是指一批用户具备非常广泛的需求，而这个平台能够便捷而且长期多次地满足用户。当人们有了更多的平台或信息工具之后，就会出现更多被感知、被理解、被接受或者被服务。

我们在前面分析电力的应用促进人类财富变化的时候得出了一个结论，资源能源、分工只有和人类需求对应起来，才会形成人类商业上的新财富模式。这个意义上讲，平台上的用户的本质是一种需求，是商业财富来源的一方。基于这样的认识，大型平台在较短时间内积累了大量财富的现象就十分容易理解。

当然平台还有更多的功能，相信还会有形形色色的平台出现，这里不一一阐述。总结起来只有一句话，各种信息因素在促进平台成长。

四、平台型企业

我们日常所熟悉的那些平台背后的公司当然是一个又一个平台公司，也是平台型企业。

购物中心是商家和消费者的线下交易的场所。消费者免费来逛，购买商家商品或服务，商家要给购物中心交租金，品牌方在广场打广告，这个购物中心也是平台。但我们不能把这个购物中心称作平台型企业，因为它的运营基本脱离了信息化的用户因素。一旦购物公司把自己的业务和线上的业务结合起来，或者采用更多的信息化系统来完成供应链的工作，能够超越一般形式的线下交易而形成对更广泛的会员用户服务，我们就可以把这个购物中心理解成为一个平台型企业。我们之所以把亚马逊和开市客、盒马生鲜看作是平台型企业，也就是这个逻辑。

什么是平台型企业？平台型企业是指搭建一个信息的生产、发布及互动的平台，提供一些基础服务，以增值服务为营收来源的企业。平台型企业有三种，即资源型平台企业、流程型平台企业、产品型平台企业。

在信息化时代，99% 的经营性企业都可以成为平台型企业。未来的很多行业边界会越来越模糊，传统的以专业技术、劳动对象等分工的企业边界将会消失，无论是资源型企业、服务型企业还是产品生产型企业，一个企业的经营活动只是一个社会信息活动的一分子，当大家都在高速路上的时候，你的马车是无法上路的。

很多企业一听说平台型企业，会感到恐惧，因为大多数老板都看到过一些平台兴衰的过程，特别是激烈的竞争和投入大量的资本来博弈。这是对平台型企业最大的误解。平台型企业不仅仅是一个商业模式，更是一类经营思想和经济组织。平台 + 农户的模式是农业社会化的一个必然过程，平台＋自由职业者的模式是更多社会服务业的选择。在一个企业内部，小组织化也是平台思维的结晶。信息化的系统能力，让相对烦琐的工作和流程分步实现，甚至更加精细化、标准化。

更重要的是，在大型平台盛行的今天，中小企业如果不展开联盟或平台化的私域用户的共享，你的流量在哪里？你的企业设计能力在哪里？你相对独立的资源又在哪里？你的品质和效率又如何形成？甚至可以问一句，你的员工在哪里？如果你说你是独一无二的私房菜，一天只服务一桌客人，那你在线下已经形成稳定的口碑并拥有自己的私域用户了。

电力出现之前，汽车、洗衣机、电灯在农业社会是无法想象的，而电力应用在汽车上之后，马夫在嘲笑这个笨重而缓慢的机车的同时，多多少少担心未来的生计。如果当时的管理者只会使用拉闸一招，随后的二次工业革命和城市化都将暂停。电力的出现，在把劳动力从更多繁重的人类生产生活中解放出来的同时，也产生了更多的人类细分工作与更多的职业岗位。

一般平台是由超量用户、主要功能系统、平台小工具三个方面组成的。一些中小企业在搭建平台的过程中，虽然大多数不具备系统的开发能力，但是市场上有很多系统服务商。在这种情况下，我们直接可以把中小型企业平台理解成为私域用户＋企业子系统＋超级产品与专业化的服务。为什么称为子系统呢？这种系统不追求大型平台的完整和强大的系统功能，只要能够满足企业日常生产经营的要求就可以了，一是可以对接大的平台系统，二是隶属于一些公共的开放平台。中小型企业平台一般不再需要什么平台工具，企业自身的产品与服务替代了大平台工具超值服务。

当平台型企业成为社会企业的主要模型之后，我们发现平台型企业不仅具有原来社会分工中的商业属性，而且具备了很强的社会属性，甚至在某些时候，平台成为一种公共物品或者一种新的人群生产与生活的场所。当平台型企业成了社会最重要的组成部分之一时，我们发现原来对企业的一些政策和法律及其背后的伦理也在发生变化。比如，原来企业利润最大化的逻辑必须全面置于社会价值之下，或者企业的股东能否在平台上超越社会大众获得更多的平台资源等诸多问题，包括判断企业存在的核心价值以及与当前共同富裕时代价值的关系，都值得重新思考。

在信息化高速发展的今天，传统行业的经营模式不断为资本、智本和用户平台所取代。一方面，更多资本的涌入，把传统的买卖与实时交易变成了对市场资源的占有与垄断，许多中小企业因无法对抗资本的入侵而举手投降；另一方面，由于信息快速发展，信息充分对称导致今天任何一个有钱赚的行业，像一大块肉一样，被一群饥饿的狼盯着。

平台型企业有什么好处呢？一是效率高，规则在平台上运行，企业与合作伙伴之间的商业关系相对稳定，减少了不必要的营销与信用成本；二是成本低，把烦琐的交易流程与复杂的产业链进行系统化简化，产品与服务标准化，用户需求直接明了，缩短了交易流程，减少了交易时间和交易成本；三是风险小，平台把原来众多参与竞争的主体转化为合作的商业生态，形成共享利润的行业生态模式，只要行业价值链不断增值，所在平台上的企业就会产生合理的利润。

在信息化的带动之下，大多数企业都将转化成类似平台型的企业。企业从参与社会分工生产、提供各种产品转化成为提供各种社会服务，一个社会整体的商业属性也会发生一次巨大的变化。不仅行业和行业之间的边界会变得模糊，连企业和企业之间的边界也会变得模糊。一个企业虽然具备特定的优势和价值，却往往不再专注于一个单一的长期目标，内部小组织化在很多企业开始成长。与此同时，员工在企业和企业之间加速流动，一部分类似自由人的员工在企业之间活动并通过一种相对稳定的交付方式获得报酬。客户一般通过各种平台游走于平台上的企业之间，或者仅仅限于一两个平台上的企业已经完全满足了客户的长期需求。对平台而言，产生消费的客户是平台的用户，对平台上的企业而言，这些源于平台的单次购买行为属于企业自己的客户。平台上的企业要想把这些平台上的用户稳定下来，就需要通过粉丝与品牌，或者通过二次开发的子系统把他们吸引到自己的私域中去。

信息化平台的发展和紧随而至的人工智能及电力的出现非常相似，

随着成千上万同质化的小商小贩关门打烊，一定会有智能化的现代制造业和更高端的服务业兴起，会有更多的新岗位等着人们广泛参与。这里面会不会出现和电力一样的划时代的产业和财富意义，值得期待！当你漫步在一个现代风格的街道，此时拥挤的门店生意固然清淡，然而你却常常找不到一个让你歇脚的地方，车库咖啡、3W、众享空间、蜜雪冰城等新商业形态出现，共享、众筹等平台商业思维出现，会在更多的领域给我们更大的启示。开放空间注定会让人类更加舒适，而平台用户化和会员化会让各种开放空间与共享空间成为可能。

在信息化广泛应用之前，以资本为中心的平台型企业开始出现，比如大型的商业地产公司或者贸易公司，如中化、万达、苏宁、红星美凯龙等，信息化特别是互联网的出现增强了这些平台的系统能力和影响力。在韩国仅一个三星集团 2021 年营业收入占 GDP 的比重就超过 20%，前十大财团占 GDP 比重更是超过 70%。虽然财富的过度集中会引起一些社会阶层的不满，但这些财团无疑是韩国国际竞争力的重要组成部分。如果这种企业的组织形式本身是参与国际竞争必备的系统形式之一，对平台型企业的支持也就成了一个国家参与国际竞争的一个重要策略。而通过国内法对巨型平台型企业的管理和控制，无疑需要有一个长期有效的发展原则，并转化为宽严有度的经济政策。同时，这种原则必须有社会基础的价值理论作为企业社会伦理方面的支持，从而减少来自人为因素对企业发展的偶然性干扰。

◆ 第五节　大数据时代的来临

人们常常把信息和信息工具混为一谈。现代意义上的信息是指计算机出现以后，能够通过计算机存储并运算的信息资源。而在计算机物理逻辑和信息资源之间以计算机语言搭建起来的存储和运算的桥梁我们称之为语言或系统，也是我们常常说的信息工具。

信息是如何转变成价值的呢？信息转化为价值的主要路径有两种，第一种是通过对信息的占有展开思考并进行生产和生活的决策和管理，这是人和外部形成信息对称化交流的一个过程；第二种是计算机语言和现代数学进行完美结合，形成算力的一个过程。算力的进步把人类大脑从复杂的计算中解放出来。人们不仅能够通过云计算解决一些需要大量运算的问题，还能够克服人类的自然身体属性的劣势去处理大量烦琐的计算，同时针对海量信息也就是大数据进行系统的运算和处理。在计算机算力的基础上，针对人类社会的科研、生产和生活的具体目标，展开形形色色的自洽式系统开发，从而十倍或百倍地提高整个社会效率，同时产生社会组织和生产资源重构的各种价值。

如果说语言的形成让人类社会有了社会组织的基础，铁器的出现让人类有了私有的财富，那么蒸汽机的出现就意味着现代资源型财富社会的开始，电力的应用和资本的出现为人类积累了更多的财富。信息爆炸带来了财富的爆炸，而信息又和财富共同形成了一个个叫“平台”的财富怪兽。而这一切，游戏才刚刚开始，因为大数据才刚刚开始。

IBM 执行总裁罗睿兰认为，“数据将成为一切行业当中决定胜负的根本因素，最终数据将成为人类至关重要的自然资源”。如果说信息时代的信息本身是材料，那么由信息设计的系统就是发动机，而数据则成了信息社会真正的发展动能。人们对海量数据的挖掘和运用，预示着新一波以算力为代表的生产力将崛起。

近年来大数据在商业领域中的应用价值越来越明显。电子商务、O2O、物流配送、新媒体、新零售等正在利用大数据开展新业务，创新运营模式。沃尔玛通过数据挖掘重塑并优化了供应链，阿里、京东等则通过对海量数据的掌握和分析，为用户提供更加专业化和个性化的服务。大数据正在重构很多传统行业，许多企业都开始运用数据分析手段优化管理流程，通过对消费者行为的大数据分析，开拓企业决策、产品预测，优化市场营销的手段和范围。

大数据的前提是巨量信息资源，这种信息资源一般无法在一定时间内用常规软件工具对其内容进行抓取、管理和处理。根据目前的人类实践，这些信息资源需要人们在学习研究、生产生活中提前做一些结构和习惯准备以便于更好地获取和归集。大数据技术，是指从海量的信息数据中及时获得有价值信息的能力。目前的大数据的技术有大规模并行处理数据库、数据挖掘、分布式存储和计算、云计算等。

分布式计算是大数据发展中的关键之一。分布式计算的出现，快速解决了传统数据库无法胜任海量数据处理的问题，与此同时，随着一系列深度智能的技术和工具不断发展，数据应用的种类越来越多，数据也开始变得更加敏感和重要。

国内 Hadoop 已经广泛应用于金融、电信、制造、能源以及医疗健康领域，而这些领域每天都有数以亿计的数据产生，对于大数据资产的存储、挖掘、分析等流程都会涉及用户信息安全。个人征信、消费者画像、通信数据、快递单号、医疗卫生数据、人脸识别等数据一旦泄露，对社会公民以及企业本身带来的危害是巨大的。数据信息安全的严重性、迫切性已经远远超过其他的传统安全。在目前错综复杂的国际环境下，当今主权国家所面临的所有非传统安全威胁不断加剧，形势逼人。

如果信息改变了效率，那么大数据首先要改变的就是规则。数据就是人类社会新的石油资源，一个国家拥有数据的规模、处理和应用数据的能力是综合国力的重要组成部分。从某种意义上讲，数据已经成为继陆权、海权、空权之外的另一种国家战略资产。

大数据时代一定是东方时代，因为东方民族文化基因中的大一统的思想是平台整体属性的精神体现；十四亿多人口与统一大市场是形成超级平台的用户基础；长期奉行的中庸文化是生态商业共存、共生、共享的价值信仰。大数据与个体小数据的对称，是以人为本的圆心与圆的对称，你可以从中感受到包容、含蓄、圆润的东方之美。

本章导读

读完第一章，你大概率会理解人类新财富的组成内容和形成方式，也就是了解钱在哪里的问题，从而便于一个企业制定自己的财富战略。读完第二章，你大概率会理解现代商业的核心逻辑，你会感受到钱在抖音上。

抖音的出现，不仅仅是一个短视频企业在同类企业竞争中胜出，也不仅仅是一个短视频平台在同类平台竞争中胜出，而是互联网商业演进的一种结果。在这种结果中，包含着许多互联网思维的底层逻辑的胜利，同样这种思维也在一定程度上代表现代商业未来相当长一个阶段的核心逻辑。

对于大多数人和大多数企业而言，我们也许无法再去打造时代的平台，而当我们了解这些商业平台演进的过程，我们会在其中发现一些规律性的东西。而这一类认知，会让我们搭上新商业时代的航班，进而实现自己与企业的商业梦想。

平台型企业的兴起，是现代商业的一次重大突破，甚至会成为人类商业的主要模式。对大多数中小企业而言，要么走进平台，与平台共生；要么建立自己的企业平台系统，与狼共舞。

大型平台成长的基因对每一个企业而言，也是未来生存的优势基因。对于千千万万个中小企业而言，要学会像平台一样活着。

Chapter Two

互联网思维下的商业的演进

“创新理论之父”约瑟夫·熊彼特说过这样一句名言：“无论你把多少辆马车连续相加，也带不来一列火车。”如果没有蒸汽动力的出现，人类无论如何也想不到会有火车这个东西，更不会想到有一种道路叫铁轨。

新生代是指在电子环境之下出生的一代，对他们而言，信息生活是一种常态。90后或00后的孩子出生时，家人常常把摇篮放在电视旁，一家人一起看电视，一旦电视剧中间的广告声音响起来，几个月的孩子会显得异常地开心。当时光匆匆来到21世纪，只要有一部智能手机，就可以把一个一两岁的孩子放到一个地方让他自己玩去，他会不哭不闹地待上半天，沉浸在一个人的世界，新新人类好像是电子产品天生的玩家，一会儿就把智能手机的功能捣鼓个遍，准能找到自己喜欢的东西。有什么样的环境，就有什么样的人类。

原来以为，在信息化方面，老年人和年轻人之间会有代沟，现在看起来，也不是那么一回事，只要条件一成熟，整个社会就同步跨进了信息社会。20世纪80年代初，我们县城只有县第一中学有一台电脑，而且放在生物实验室里，平时把窗帘拉上，用厚厚的毛毯一样的东西盖上。开机的时候等上半天，在漆黑的屏幕上跳出一串串英文字符，很多同学一边远远地看着，一边惊叹着科技的神奇。以至于后来更多的地方有了计算机的时候，大家内心还有一种不敢去碰键盘的敬畏感。到了2020年，你会发现七八十岁的老年人都用起了智能手机，不仅补齐了电脑的短板，而且玩起微信和抖音也能做到孜孜不倦，甚至很多老人也直接参与到短视频的创业中了。

国内企业对互联网商业的实践经历了一个比较曲折的过程。2008 年前后类似阿里巴巴的 B2C 平台成千上万，有垂类的、综合的、信息撮合的，各行各业都有，最后除了阿里巴巴等少数企业做成功，其他都销声匿迹。2015 年前后 App 开发与推广是新一轮时尚的创业项目，很多创业者吸取了 Web1.0 的教训，一步一步开展测试和投入，最后的结果是数以百万计的 App 出来以后就死亡了。大街上充满扫码送礼品的推广人员，很多大学生毕业以后直接参与到这个绞肉机一样的行业中来。而进入应用阶段，这些设计出来的东西，很多时候没有测试上线就夭折了，日活用户超过百人的 App 万分之一都不到。毫无疑问，这些项目大部分计入了某个年度企业的产值里，最后随着微信公众号与小程序的兴起一切又烟消云散。

传统企业和商家在多次尝试互联网商业失败后，老板和高级管理者最终达成了共识，大家几乎一致认为，传统行业无论如何都不能碰互联网。你身边的老板和高管中就有类似的经历和看法。在这种情形之下，你还会发现一个十分有趣的现象，很多传统企业和商家对互联网的态度，要么十分自信而独自孤独地在尝试，要么就坚决不信。

除了少数大型平台的创业者，什么样的人能够成功地进入互联网商业呢？第一批成功的淘宝客是从学校毕业时没有更好的出路，只好选择网络创业的那些年轻人。而这一批创业者和互联网之间好像天然地融洽。

在产品同质化的今天，90% 以上的企业要么乐于停留在寻求社会资源或者政府补助的层面，要么只好在市场营销与渠道竞争中无限内卷。让传统行业普遍焦虑的是，互联网带来的商业变化是革命性的，它不是一种变通，也不是一个循序渐进的过程。当我们面对“双十一”一天几千亿的成交额，这是一个需要巨大的线下团队才能够实现的数字，背后又涉及支付、物流等宏大的支持系统。传统行业变与不变，不是一种选择，而是要面对一种碾压式的毁坏与进步。对于大多数传统企业的经营者而言，面对这样的趋势往往无所适从，因为大多数时候根本不知道从哪里着手寻求突破。

几乎所有的企业都可能受到来自互联网跨界的打击，当然也有太多的企业拥有通过信息化重塑的机会。企业除通过互联网平台加强自己的企业营销外，还可以利用来自网络的技术资源，让自己成为一家类似平台的数字型企业。如果仅仅想利用互联网平台营销，获得更高的效率和生存下去的能力，最终还是要回到低级竞争的老路上去。所以，问题的关键还是看企业能否和平台连为一体，成为新型的“平台+”企业，或者脱胎换骨成为一家平台型公司。这些观念在很多传统行业人士看来太出格了，一开始常常无人相信，大家往往一边在喊着“狼来了”一边心里想着“狼不会来”，一直认为狼真的来了的那一天，首先吃掉的也不会是自己。

大量企业向互联网发起冲击失败的原因是什么呢？主要原因之一是一开始就学错了对象，同时也定错了方向。传统企业一上手，就想和初始的互联网门户网站或平台一样，创业者一开始就想拥有一个垂直的甚至综合的大大小小的商业帝国。这就好像一个人刚拿到了一张跨海大桥的图纸，就扛起一根木棍走到海边四处呐喊，逢人便说这就是互联网。当有人真的相信并且把钢筋水泥运来的时候，却不知道桥墩应该建在哪里。所以，这种失败根本没有什么经验可谈。

当BAT纷纷迈向成功的时候，在强大的榜样力量的诱导下，跳到海里的人越来越多。你走在任何一个大城市的巷口听到的电话，可能每三个人中就有一个在讨论互联网创业。为了专门接纳这些梦想者，有大量的创业类咖啡馆开业。在这个时候，又有谁去在意互联网商业的底层逻辑呢？在互联网发展的早期，一些学者、企业家、企业高管等根据自己对互联网现象的理解，发表对信息化和网络发展的各种观点。盲人摸象的故事在这里最能说明问题，如果我们不能睁开眼睛，我们每个人所能感受到的只是互联网这个庞然大物的一个部位。

多年互联网商业发展历史让我们认识到，能够在互联网时代生存下来并且得到快速发展的一定是平台型企业，或者至少是“平台+”企业，它的形成和发展的逻辑与传统的基于工业化社会分工的企业完全不同。

直到今天，传统企业如何向互联网企业转型，或者如何最大化分享信息化和互联网带给传统企业的红利，还存在各种各样的观念，值得深入地探讨和实践。

我们玩一款游戏首先要弄清这一款游戏的规则与玩法，弄清楚这款游戏有哪些装备，更重要的是要了解自己在游戏中可以选择的角色，以及玩出不同结果后对游戏参与者的奖惩。杰克维尔奇说过，做企业就是做游戏。在信息化时代做企业，首先要了解这个时代商业的底层逻辑，并且找到最合适自己的角色与玩法。

在信息不对称的时代，我们可以依靠机会或者资源活着，而在信息对称的时代，我们依靠的最佳方案是平台、数据和系统的能力。而这个时候的常识，归根结底就是一个眼界的问题，因为它往往能决定一个企业的决策模型。近来很多从事商业的朋友聚集到一起更多地提到“常识”一词，那么互联网时代的商业常识有哪些呢？我们先来了解一下互联网时代商业的十大思维。

要弄清楚一个人的性格最好从他的童年入手，想搞明白一件事也最好从它的最原始的状态开始研究。当你看清它的每一个发展过程，再深入了解这些发展过程中体现出来的属性，就会有很大概率得出它的成长路径和理解它的作用规律。现在很多人在研究信息化和互联网之下的商业模式，往往是从一个现有的发展阶段或者商业片段出发，得出一个又一个新的概念。这些人为提出的概念形成一阵风之后，最后不了了之，再换一个新的概念，如此往复。很多人在追风的过程中疲于奔命，花了不少钱财，浪费了不少时间，更多的是让太多的中小企业和创业者失去了自信和斗志。这已经成为信息化时代特别是互联网发展中大多数企业和个人的一种通病。与其一直处在人云亦云的状态，不妨花点时间，把信息化发展以来的商业模式从头到尾梳理一遍。

自 2000 年以来，如果你有一两次跟对平台的机会，或者几次用对平台的机会，你大概率已经成为行业的佼佼者。

看似偶然的一切，其间已显示某种必然的联系。而企业家或者商家对一个时代的商业认知，往往要从了解这些已经显示出来的必然联系开始。

◆ 第一节　十大互联网思维

什么是互联网思维？互联网像水和电一样，进入了我们生活的方方面面。从互联网应用看，互联网思维有连接思维、用户思维和平台思维。连接思维是人人连接、物物连接和人物连接，平台思维有 B2B、B2C、C2C、C2F 等交易平台，也有 SAAS、LASS、PAAS 等应用平台，工业互联网开发与应用平台，等等。很多企业研究互联网，如同一条条鱼研究网一样，怎么也逃脱不了被割韭菜的命运。要弄清互联网思维，就必须弄清楚马云在想什么，马化腾在想什么，李彦宏在想什么，因为这些互联网大佬不仅有对互联网的深度思考，还在长期创造性地应用互联网，并且一直在架构互联网的商业模式。他们的创意和想法在一定程度上代表着“互联网”思维。互联网思维还有“互联网 +”、云计算、大数据等思维。

互联网思维不是商业文化，更不是商业艺术，而是现代商业的一种思维科学，也是人类现代商业价值的底层逻辑之一。

一、连接思维

2014 腾讯全球合作伙伴大会在海南博鳌召开。在大会召开前一天，腾讯公司公布了由腾讯公司董事局主席兼 CEO 马化腾致业界合作伙伴的一封信。马化腾在公开信中强调，“互联网将更多连接用户的需求。微信、QQ 都是在做连接器，在人、设备、服务之间形成智能的连接。腾讯的使命是成为互联网连接器，连接一切。”

我们认真思考会发现，连接一切是信息本身的基础属性和信息发展的主要目标，也可以说是信息的底层价值之一。

人人连接是什么？人人连接不就是 QQ 和微信的底层思维吗？它就是

沟通平台的基础。当人人连接的沟通得以实现时，沟通的内容就会在平台之上，人与人的关系也会在平台上再现，所以公众号、朋友圈形成了小众媒体和私域的价值。而服务号和小程序自然而然成了一些企业传输信息和管理会员的顺手工具。

人物连接是什么？人和商品的连接天然形成了一个商城，再加上物与人的连接，就成了典型的 C2C 平台。美团、滴滴这些商家和用户撮合的工具，它的本质就是人物连接。

物物连接是什么？物联网、智慧农业和城市大脑的出现，让我们豁然开朗，这不就是典型的物物连接吗？

腾讯占据了连接一切的赛道，可见这家优秀企业的战略眼光和商业野心。如果要谈商业思维，把连接思维放在第一无可非议。但连接思维对企业、商家和个人的意义在哪里呢？

对企业、商家和个人而言，连接思维在信息化时代带给我们三大价值，一是拓宽了我们的事业边界，让我们能够瞬间接触到更多的资源和人；二是提升了我们的沟通效率，所见即所得让我们可以轻松梳理我们身边的各种关系；三是节省了交易成本，特别是有助于一些小企业和商家建立属于自己的私域应用，做好自己的强客户关系管理。在一定意义上，连接思维在企业私域的应用中对抗了中心化平台对传统经营者用户的入侵。

二、用户思维

在互联网平台型企业的逻辑之下，几乎所有消费者都有可能在某一个平台上被定义为用户。当一个泛概念的消费者和一个企业的产品建立连接的时候，也就是完成买卖的交易行为之后，这个一般市场意义上的消费者，就变成了某个行业的某个企业的客户。而当这个客户通过稳定的路径到达一个平台，通过这个平台完成商品交易行为，并且长期享受这个平台与商品交易相关的服务，这个客户已经满足用户的一般特征了。而当这个客户多次购买平台的商品，或者多次使用平台的服务以后，这个客户已经从一个消费者变成平台的使用者，成为一个合格的平台用户。

把潜在的消费者转化成购买企业产品的客户，再把一般的客户转化成为企业长期的用户，是横亘在现代企业经营中的两道坎。无论是吸引公域流量，还是把公域流量转化成为企业的私域流量，其本质上都是为了解决这个问题。

用户思维对企业有什么意义呢？互联网的发展已经打破传统的信息不对称的壁垒，因为信息更加透明，这让用户因为对企业生产、渠道甚至行业拥有更多的知情权而获得了更大的主动权。用户思维是把客户转化成为用户，消费者的体验就显得非常关键。客户用户化、私有化、会员化是当下企业参与平台竞争的主要手段。企业把生产的经营权甚至设计和决策的一些权利让渡给用户，得到的是用户的参与度和黏性增强，从而降低了企业的决策风险和渠道开发与维护成本。

现代企业家必须明白，用户不是天上掉下来的。用户思维也是信息化的一种必然的结果。一是信息化的发展，让传统的商业交付变成一对多的快捷的系统交付与平台服务；二是在商品的交付过程中，通过信息化给予消费者更多的服务，或者赠送各类赠品，把本来属于一家一家企业的客户留在平台上面成为平台的用户；三是企业和商家必须做出反击，通过渠道下沉、精准服务、O2O 的方式，把属于自己的客户抢回到自己的私域中来。而这一切，就是商业上的以用户为中心。

平台划定用户边界或者吸引用户的能力从哪里来？一边是信息化带来的商业效率，一边是平台上各种小工具带来的商业便利。而企业端想赢得用户最好的办法是开发高品质的产品或者精准而细致的技术服务。用户思维可以促进企业站在用户的角度去开发适合用户的产品，去满足用户更高一级的需要，比如多样性、定制化的需求等。这些都是用户思维的体现，当然值得企业与商家去学习和应用。

我们在讨论电力的发展和电器的发明带动人类社会分工变化的同时，一方面开发利用了更多的自然资源与能源，另一方面改善了人们生产条件与生活环境，创造了新的人类需求。当人类需求和资源相对应出现时，就增加了新的社会财富。

当技术发生巨大变革时，就会创新性地产生一些新的财富模式，并且通过新的社会分工把人类从农业社会和传统工业社会的财富内卷中解放出来。在这个讨论中，有一点已经被现代经济学广泛接受，就是资源的稀缺性和人们需求之间的对应是现代经济学的一个重要的假设前提。其实这个假设前提向前再走一步，就可以给出人类财富的边界。我们通过这个认知，识别一下为什么互联网平台具备巨大的获取社会财富的能力。因为互联网平台的形成是以超量用户聚集为前提条件的，现在再看这种超量用户的聚集，它就是组成财富的与资源能源对应的另一面，就是人类需求的归集。平台上用户的聚集当然地导致了巨大的需求聚集，突破了传统商业的渠道分销逻辑，也就是说这些平台上的用户需求可以突破传统商业的空间渠道，直接在平台上被充分满足。这也是互联网平台能够产生巨额财富的根本原因。也正因为如此，用户才是现代平台渠道价值的原点。

21 世纪初财富第三定律即麦特卡尔夫定律指出，网络的价值同网络用户数量的平方成正比。也就是说，用户和用户之间，会通过在平台的聚合创造超越所有用户需求相加的价值。当超量用户聚集之后，不仅仅是用户需求的聚集，对人类生产与生活的组织，也必将产生结构性的革新。这也从另一个侧面证明，平台型企业是人类财富未来主要的展开模式。

三、平台思维

我们把平台作为人类现象级的价值形式在第一章做了探讨，而这一节主要是把平台作为一种商业思维来分析。平台因用户聚集而形成的具备内外连接属性和一定交付功能的网络环境或商业环境，并且还包括其线上线下外延的能力。

人们常说，泥泞路上的奔驰跑不过高速路上的夏利，说明平台很重要。一个杯子，5 元钱从景德镇批发出来，加上 2 元钱的运输费用与物流仓储费用，15 元卖出去，去掉场地费和销售人员的工资，还能赚 5 元。在信息化时代，客户发现 1 元钱的泥巴加上 1 元钱的煤就烧成了杯子，开始想办法讨价还价。生产杯子的厂家越来越多，卖杯子的商家也越来越多，在这种情况下，传统渠道加价的生意越来越难做。当杯子卖不出去的时候，商家想办法，让 2 元钱成本的杯子加上 1 元钱的咖啡，28 元一杯卖出去，这个行为被称作跨界，大家一起买杯子做咖啡馆叫众筹，把家里的杯子放到咖啡馆叫共享，买个专用的杯子就是私人定制，放上一台钢琴，让用户一边喝咖啡一边听音乐娱乐一下，就是增加用户体验。这个咖啡馆场景就是平台。

如果没有超量的活跃用户，再多的杯子、再好的咖啡、再优美的琴声都于事无补。那么超量的用户是如何形成的呢？有的是社会原有的整体功能的优化与替代，比如微信的社交功能，通过微信这个工具，不仅节省了电话费，而且保留下了沟通者更多的资料和沟通信息；有的是用户习惯的长期培养，电商平台提供各种交流、宣传展示和方便交易的线上工具，还一步一步地完善交易规则和物流服务。在对传统商业的平台替代的过程中，平台方还常常通过资本介入进行商品的低价促销，采取各种方式和线下渠道开展一场场你死我活的竞争。我们把这一切理解为超越传统商业的附加价值。在这种情形之下，我们就更容易理解平台形成的底层逻辑了，也就是平台形成的三大基础属性，那就是超量的用户 + 效率优于传统行业的系统功能 + 小工具或者其他能够培养用户习惯的附加价值，三者缺一不可。一个平台形成之后，会不断增加新的属性，也就是在平台上开发新功能，以便于平台侵蚀各行各业的一些应用，我们也可以直接把这种现象理解成为“互联网 +”的关键能力。

买杯子的是客户，喝咖啡的是用户，平台离不开用户。我们发现一个平台型企业至少有两个子系统叠加，并且通过转换参与者的角色，让更多的人参与进来，并且通过一定的方式形成价值，根据重要性或者贡献来进行商业价值的切割。

通过上面的例子我们不难发现，在信息化时代，商业的价值源于商业结构的重组和创造，而不是一种信息不对称的投机行为，也不是一种依靠传统优势资源推销产品与服务的行为。

平台型企业的兴起，总有一些人大讲特讲什么“资源整合”，把一些返红包、异业联盟的折扣卡一类当成万能的商业模式进行传播，这种把消费者当傻子的商业模式，其实是对现代商业底层逻辑的一窍不通。因为激烈的商业竞争的存在，很多人无法从底层去分析平台型企业崛起的内在因素与社会价值变迁的底层逻辑，往往道听途说或盲人摸象，一些貌似有道理的商业臆想能给企业和商业经营带来真正的价值吗？肯定不能。

平台思维和“资源整合”最大的区别是什么呢？中间差了一个平台超量的活跃用户。一是海量用户的聚合能力，二是通过信息化系统为用户提供各种实用工具与价值服务。举个例子，一个小型的有机肥生产厂家找到一个水果生产基地，把原来花多少营销成本都销售不出去的肥料通过成本加上适度利润的方式提前交付给果农使用，并通过一个大型平台预售的方式把第二年的水果提前卖出去。平台、果农和肥料厂家各得其所，好像是一个非常完整的闭环。那么，其中的关键是什么呢？就是有一个能够把水果卖出去的平台。而一个平台的形成，超量用户的聚集、用户习惯的培养，绝不是单一的一个小型的有机肥厂家能做到的。

平台思维对一般企业和商家的要求是什么呢？当然是超级产品与服务。当你的有机肥具有一流的科学指标并且对水果生产有益，而超级水果能给平台上的客户带来更好的用户体验，并且让平台获得更好的口碑，平台因为优质水果的稀缺性必然和水果基地合作。在这种情形下，平台用户、平台运营者、果农、基地与肥料厂商都会从中受益。

对普通的企业和商家，平台型思维有什么启示呢？除了要和超级用户平台进行合作，尽可能地去分享超级平台的公域流量，中小企业可以把自己的企业变成一个有价值的子平台，把自己企业的价值分享出去。打铁还需自身硬，在和超级平台合作的同时，中小企业可以采取超级产品 + 子系统 + 私域用户的方法来开展业务活动。

小企业能否把自己当作一个平台去经营呢？当然可以。平台思维对企业的影响是多个方面的，当我们把自己的企业当作一个平台去经营，我们经营的思路也会发生根本性的变化。一是企业会从封闭的企业内部循环体系中走出来，不再盯着自己生产线上的仨瓜俩枣，而是从用户的角度去发现市场的真正需求，发现市场上更多的值得我们生产或者销售的产品，甚至出于对对手产品的认同，寻求新的产品开发与经营路径；二是可以通过平台 + 内部组织的形式，在公司内部开展更加开放的小组织化经营。

中小企业对平台思维存在两大误区，也是两个大坑，这是今天企业和商人首先要避开的。一是想到平台思维就去对标现有的大平台，想套用大平台经营理念与经营方式来经营自己的企业。二是设计自己的经营方案时漏掉超级用户形成的困难，假想或者假设已经有了一大批忠实用户在等着自己，过分地相信自己的产品，等等。在现实面前，梦想和情怀是支撑不了现象级的商业逻辑的。在现实生活中，你会听到很多有创业梦想的人给你讲互联网创业项目，把项目前景描述得多么宏大与美好，又是如何坚定地相信自己的产品。其实我们都知道，假设的前提是不能作为项目的依据的，一是聚集用户的成本远大于一般产品的销售；二是一个产品如果十分优秀，在现实市场上一定是有很多消费者对它认同的，销售本身是不会有什么太大的问题。

中小企业的平台和互联网平台最大的区别是超量用户。很显然，对于一个中小企业而言，企业平台的主体属性肯定是围绕自己的主业展开，但是在行业内部组织起来一定量的用户是一件非常困难的事情。在这种情形下，和平台型企业合作的优点就显露出来了。对于基于人类分工而形成的中小企业来说，优秀的子系统和私域用户是对抗公域平台中心化流量的最佳路径。

如果 20 世纪主导经济的主要形式是公司，那么 21 世纪影响经济的核心模式一定是平台。表面上平台有一家独大的嫌疑，而在其底层逻辑上是更多的透明资源、更加精细的人类分工、组织协同与更高的系统效率。中小企业要么参与到平台上面来，要么通过平台型企业的思维构建与大平台相对独立的子平台和子系统。相反，如果没有平台思维，中小企业获取资源的能力、组织生产的效率、维护用户的成本与平台型企业根本不可同日而语。

四、“互联网 +”

2014 年 11 月，李克强出席首届世界互联网大会时指出，互联网是大众创业、万众创新的新工具。其中“大众创业、万众创新”正是此次政府工作报告中的重要主题，被称作中国经济提质增效升级的“新引擎”。

“互联网 +”是两化（信息化和工业化）融合的升级版，将互联网作为信息化发展的核心特征提取出来，并与工业、农业、商业、金融业等服务业全面融合。通俗来说，“互联网 +”就是“互联网 + 各个传统行业”，但这并不是简单的两者相加，而是利用信息通信技术以及互联网平台，让互联网与传统行业进行深度融合，创造新的发展生态。

“互联网 +”不仅比传统行业多一个维度，同时也高一个纬度。比如，从冰到水，从水到水蒸气，业态结构不一样，能量级也不一样。全球“互联网 +”优秀的企业有两个，一个是苹果公司和它的 IOS 系统，一个是谷歌公司和它的安卓系统。当年乔布斯用女性化的设计加上相对封闭的系统，因为硬件和软件的自洽性产生一流的用户体验，通过苹果手机占领各行各业的应用。与此同时，谷歌公司通过安卓系统适配全球的硬件，通吃苹果以外的所有应用场景。这两个企业是典型的“互联网 +”性质的企业，这种“互联网 +”都是定位在操作系统层面。

国内的微信和支付宝是定位在框架应用层面的“互联网 +”，两者在不断地开阔自身的领域。小米手机在产品前期是对标苹果的，但很难走到语言应用层面的竞争。这也是中国企业在互联网建设前期没有一个属于自己的操作系统的缺陷。

“互联网 +”的应用，必然导致行业的跨界与商业结构的重塑，同时还要跨维，形成高维结构和效率能力对低维传统商业的直接覆盖。与此同时，“互联网 +”从一开始就具有平台型的思维逻辑，必然以平台服务与超量用户为基础。

“互联网 +”的本质是信息化对世界的一个深度重构的过程。如果说搜索的应用、平台的发展与电子商务的发展，多多少少还能看到传统社会组织和商业模式的影子，而“互联网 +”的出现，使一切都在快速改变，三百六十行将会得到重组。

五、流量思维

成也萧何，败也萧何，流量思维是成就电商平台的法宝，也是让世人对电商充满诟病的主要原因。

电商出现以后，传统营销思维不断向电商流量思维转变。传统电商模式的本质还是广告模式，核心都是把流量转化为广告收入，中心化的大流量是所有互联网平台型企业的追求。越来越多的营销人认为，谁能获得流量，谁就能取得商业竞争的优势。为了得到流量，各行各业从SEO 优化到刷单，有的甚至不择手段去引流，直接导致流量成本越来越高。

自媒体本来可以以内容取胜，但在商业利益面前，自媒体很快就投降了。商业进入快餐时代，大家都放弃了长期价值输出，刷单在电商领域做托的行为和低价竞争成了商业竞争的常态，全网最低价的比价形式彻底地破坏了传统商业生态。

在互联网的世界里，中心化和去中心化的竞争一直是存在的，当中心化的平台占据绝对优势时，只要掌握流量就能掌握用户。流量价格的上升让所有到互联网上的创业者有了获取流量的冲动，互联网上的创新精神让这个行业每隔一段时间就有新的流量资源被开发出来。目前，互联网上的主要流量一般分为四类。

一是搜索流量。当搜索平台成为人们寻找资讯的主要入口时，人们在日常生活中释放出大量的搜索需求，从而形成了以关键字为中心的搜索流量。搜索引擎为了让搜索平台更多地变现，就在搜索结果上植入商业广告。

二是购物流量。像淘宝、京东一类的电商平台，超量的 B 端客户和C 端客户形成了一个完善的线上交易场所。这些购物平台上的流量是购物流量，而这些流量一般情况下是非常精准的，大多数流量具备购物习惯。

三是社交流量。像微信这样的社交平台，拥有巨大的客户群体。社交流量与商业流量有一定的距离，所以无论百度还是腾讯，都很难通过自身的平台像海鞘一样成长出一个电商平台来。很多互联网的研究者直接把这类平台型企业说成没有电商基因。

四是娱乐流量。抖音等短视频平台的出现，让以短视频为中心的娱乐流量占据了流量的半壁江山。抖音采取去中心化的流量内容推荐逻辑，有可能对中心化的流量电商产生一次革命性的影响。

流量几乎是金钱的代名词，有学者和商家提出了流量货币化的说法。流量货币化，指的是各种平台流量进入交易市场的过程，以流量货币为载体设计相关的应用场景，围绕着流量货币的发行、流通和回收进行循环。

这种流量货币化的说法中的流量一开始是特指运营商的网络流量，是源于电信基础设施形成的网际传播能力。后来直接用到了电子商务领域，从消费者或者用户的角度，这种流量的本质是消费者或者用户在开放的互联网上停留的时长。流量越高，代表浏览的人次越多，浏览的时长越长。而这种由人次组成的流量是可以通过某种商业手段转化为商业交易量的，这就是电商环境下流量货币的真正价值。

在流量时代，品牌没有死。品牌表现的形式发生了变化，在这两年兴起的会员模式，用户思维，还有粉丝经济，都是品牌最新的表达形式。从某种意义上讲，中心化的平台流量正在向去中心化的平台流量和一些私域流量转化。除了建立像小程序、朋友圈一类的私域用户，新兴的自媒体是商业流量去中心化另一个最大的阵地。

自媒体是互联网流量绕不过的一道坎，很多时候它是众多中小企业的希望所在。从平台型企业出现的第一天起，企业如何在平台上获得商业流量问题是互联网关注的焦点之一，千百万中小企业要么抱薪救火，花钱在互联网平台上购买流量做推广和优化，要么寻求自媒体解决方案。

原来中央电视台一播放，全国人民都在看，我们称之为大众传媒，从大众传媒到分众传媒，从分众传媒到小众传媒到自媒体，是互联网带来的媒体革命。微博和微信的出现，标志着人类进入自媒体时代，自媒体和传统媒体相比，面对的观众更窄，人数更少，但互动更多，沟通层面更加深入。你若想在众多的自媒体中脱颖而出，你的内容就显得十分重要。新奇与知识更容易吸引更多的粉丝关注，没有一流的价值与感官体验，就没有好的自媒体。大咖和大 V 的出现，一下子让许多自媒体重新开始具备了大众传媒的属性。

自媒体不是新生事物，海尔的砸冰箱与联想的出书，都是 30 年前的自媒体式操作。营销界开始有人用自媒体打造个人 IP、企业 IP 和文化 IP，如故宫、孙悟空、迪士尼等自带流量的 IP。

六、大数据思维（云计算）

大数据思维是基于现代信息技术进步并且依据完善的技术手段，对特定属性的信息资源全部或近似全部占有，并进行整体的系统分析的一种数据利用逻辑。大数据和云计算几乎是一对孪生兄弟，面对信息资源，一个负责打包，一个负责称重。

大数据思维一般包括全量思维、容错思维、相关思维和智能思维四种属性。基于人类生产生活中产生的信息有限性和目前人类采集信息、存储和交流信息的完整性，加上计算机算法技术的进步带来超量的算力，人类特定属性数据的全量计算已经成为可能。例如，2020 年人工智能首次精准预测蛋白质三维结构。大数据的应用与人类创造和使用其他工具一样，价值和效率依然是其核心环节。

大数据的发展离不开云计算带来的全面信息的聚合和分步式算力的跨越式进步。云计算是什么呢?

一个中国留学生在美国摆摊，他没有带计算器，卖东西的时候，习惯地抬头望天，通过心算找零。美国人不太精通算术，看到这样的场景十分吃惊，纷纷掏出计算器验证，发现这个学生算得都对，大家抬头望着天上的云，惊恐地问道，这难道是传说中的云计算?

IBM 的创立者托马斯活森曾经说过，全世界只需要五台电脑就足够了，它可以为全世界提供所有的计算。而微软的出现让个人电脑风靡全球，于是有人想把更多的计算机联合在一起，分布式协同运算，这就是我们今天说的云计算的来源。

云计算是通过互联网提供的硬件和软件服务的统称，通常以大型数据中心或服务器集群为中心，将多台计算机或服务器的资源汇集在一起，形成高性能的网格计算。它涵盖了从远程服务器提供的云存储空间到云中的基础架构各方面。

云计算有三大特点，一是虚拟化技术，在计算机与计算机之间确定一个协同规则，打破每一台计算机的计算边界；二是动态可扩展；三是按需部署。一个企业的服务器要安装很多软件，数据有时还会损坏丢失，但企业一旦上云，这些问题都会迎刃而解。

云服务分为三类，一是基础设施即服务（IAAS），二是软件即服务（SAAS），三是平台即服务（PAAS）。无论是公有云、私有云，还是城市云、商业云或者大型的企业云，这些信息基础设施都是在抢占云计算的话语权。产业互联网和人工智能的出现，让云计算越来越热。

云计算是为大数据服务的。我们不仅要掌握这些大量的信息，还要对这些数据进行专业且有效的处理。大数据已经成为目前国家和企业重要的战略物资。当数据资产成为企业的核心资产以后，数据管理必然成为企业的核心能力。大数据不仅仅让企业的营销更加精准，更重要的是，让企业的决策能够占据先机，与此同时，也让企业的运营更加科学、高效。

七、迭代思维

技术的快速迭代导致产品与服务的不断升级迭代，而产品的升级又满足了消费者新的需求，并通过为消费者提供不断创新的服务，与消费者建立了用户一样的关系，把消费者长期圈在属于自己的商业鱼塘。

产品迭代是在企业和市场用户之间、产品和消费者之间实现双向重复反馈过程中的一种商品改进活动，其目的通常是逼近用户所需目标或结果。这种无限逼近用户需求的能力就是用户价值，也是未来大多数企业生存和发展的基础。每一次对过程的重复称为一次“迭代”，而每一次迭代得到的结果会作为下一次迭代的初始值。

突然有一天，你会在抖音上刷到赵家班墙里墙外的歌剧版，赵本山大叔一改乡土形象，穿着白衬衫、打着红领结，唱起微风吹拂柳树尖，典型的东北大舞台维也纳版本，让人耳目一新。

迭代思维有三大逻辑，一是试错逻辑，快速试错成本最低；二是微创新，不断寻找市场的突破口；三是增强用户体验，表达用户主张。在信息化时代，新兴企业试错的成本比传统企业要低得多，不仅仅是原来占用系统信息的成本因多次开发利用降了下来，而且现在新品开发一般可以应用计算机建模实现，对外形还可以通过 3D 打印来实现。快速迭代是现代企业经营的法宝，一是对抗产品同质化带来的客户选择盲区；二是对抗信息化带来的客户认知变化而形成的客户流失；三是适应新技术，通过新技术的应用和用户之间形成长期有效的连接。当然，市场中也有不断变脸的产品，更多的是套路。从 PC 端到移动端，迭代一直在发生，少一点套路，多一点迭代，企业才能在信息化阶段生生不息。

在用户经济或者粉丝经济时代，产品迭代是留住消费者的最佳选择。当一个果粉买了一个苹果 4 手机，用了不到一年的时间，听说市场上要上市苹果 5 手机，这些果粉会争先恐后连夜去排队购买，希望自己第一时间拿到新版手机。如果有谁在第一时间买到新版苹果手机，就会十分自豪。和苹果 4 比起来，新版手机功能几乎没有什么太大的变化，而作为一般的消费者，苹果 4 也完全可以满足自己的日常需求。这就是产品迭代体验给粉丝带来的影响。除了产品营销上的消费心理在起作用，更多的是苹果销售已经实现了品牌的外化功能，满足了大部分消费者的品牌消费需求。在盲从的消费市场面前，如果用户对苹果失去了新产品序列上市的期待，苹果公司的巨额的销售业绩通过什么来实现呢？毫无疑问，这种微创新的产品迭代给电子消费品带来了巨大的复购市场。

传统行业的竞争大多数立足于规模和服务，但传统行业的市场需求和前景总体是受限的，同质化竞争越来越严重。新兴的产业虽然发展空间巨大，但同样要面临产品迭代的压力，新兴行业中的企业如果今天不能够制造出更加先进的东西，明天就会面临倒闭的风险。新兴行业在产品的主体基因不变的前提下，不断地增加来自市场需求的消费观念的变化。有了更多的信息化手段，几乎所有产品都可以通过用户导向不断更新迭代。一款新产品推出后，需要及时迅速地收集用户需求，几乎无缝隙地实现产品功能规划、外观设计、用户体验的迭代。

基于传统力学和机械力学设计出来的工具类产品也许要用几十年或者几百年，而基于信息化设计出来产品与工具也许只能维持几个月甚至几天或几个小时，也有的在设计过程中就被新的理念与新的方案取代。在新工具与新产品快速迭代的影响之下，生产方式和生产组织也常常发生改变。

在农资市场，也有类似的现象，值得销售从业人员研究。每年都会有一些新的概念性特肥和微肥上市，也有许多仅仅是换了一下配方，换一下包装，在渠道上设计一下诱惑渠道商的价格分配方案，年复一年地去收割市场。这种迭代本质上是一种形式和渠道意义上的迭代。在这种产品迭代的过程中，因为没有过硬的技术支撑，很多厂商所谓的新产品往往风靡一时之后无疾而终，主要原因是同质化竞争严重。苹果公司只在几个企业、几个产品之间竞争，而农资要在太多的厂商和作物之间竞争。另外，市场教育成本太大，让农户相信一种作物解决方案，最少需要三年的时间，这对需要通过市场营销赚快钱的企业而言，这个时间跨度根本是无法接受的。

八、共享思维

有一个错误的观念一直在流行，认为共享是物权的有偿让渡，把一方闲置的资源不是通过直接买卖的形式而是通过低价格的形式转让出来，从而让某一方或多方经营并从中获利。这是典型的租赁或者委托管理的行为，其与共享几乎没有什么必然的联系。

共享需要有两个底层逻辑支撑，一是把不可分割的事物在一定的主体间进行无偿分享，二是把可分割的事物在一定的主体间进行共同利用。

在无偿分享和共同利用的过程中产生了新的价值，而这种新的价值源于主体间的共同拥有。

共享经济的五个要素分别是：闲置资源、使用权、连接、信息、流动性。共享经济关键在于如何实现最优匹配，实现零边际成本。共享主要是解决共享技术和共享架构规则问题。闲置资源只是大多数人谈到共享时的一种直觉，而事实上可以参与共享的资源类型非常多，除了有形的资源，还有品牌、专利、生产线、仓库、厂房等一系列的资产和资源。在共享经济的逻辑中，一般涉及使用权的期间内合作，而不涉及所有权的让渡或者使用权的长期分割，否则，就成了市场上现有的租赁和委托管理等形式了。

信息化是共享经济组成和组织成功的新要素。一方面共享是传统上财富道德观念，就是大家共同享有；另一方面，共享是信息化时代一种崭新的经济组织形式，而这种组织形式彻底地超越了传统的委托管理和租赁的经济逻辑。

从某种意义上讲，共享是新经济的一种组织模式。就好像在不影响一个果园产值的情况下，让游玩的人来观赏初春的梨花盛景，或者公园的鸽子由游人来喂养，而孩子在亲近鸽子的同时，做了鸽子饲养人员的工作。

共创是共享的前提条件，如果没有价值上的共创、结构上的改善和风险上的共担，就不会存在真正意义上的共享。回过头来我们再看一些闲置的资源的利用，不是被低价拿出来以降低创业者资产责任的门槛，而是通过信息化或者系统化，让同类的用户聚集或者同类的需要出现，从而让这些闲置的资产又有了新的实现价值的机会。

这种共享的存在，关键不在于闲置的资产本身，而是共享信息平台和系统的出现。共享平台不仅实现了需求的撮合，更重要的是平台往往提供了新的规划、规则和系统甚至工具的支持，成为某种意义上的新商业主体。你把闲置的资产拿出来，他把系统搭建好，无论经营得好坏，在短期内都不影响资产的原有价值和长期的存在方式。而在现实经营中，一旦产生资源或资产安全上的风险和收益上的冲突，共享的链条就很容易被打破，大家都会归结于人与人之间的道德风险或者市场的经营风险，而很少有人去总结，这种模式如果不创新和创造价值，整个共享的设计方案本身就十分脆弱。

当弄清共享的底层逻辑之后，我们会突然发现，共享不是几个人围在一起聊天后灵感突发，把各自的家具搬到一起的做法，也不是低成本的商业投机，或者不想担当责任的一种松散型的合作，更不是一种共享的名义的套利行为。

共享在两个方向上有巨大的开发价值，对未来的企业经营有非常强的参考意义。一种是系统与数据的共享，准确地说是一种信息资讯的关联分享；另一种是会员的共享，是目标客户与市场的共享，也是一种平台的商业共享逻辑。

满街的小黄车和小蓝车，为什么一直有人诟病，并且在经营中出现困难，很多人把它称为共享模式，实际上这是对共享的误解。每次收费一分钱，也是市场上一种分次支付的交易行为，只是自行车从一个个人消费的财产变成了企业交付的个人交通工具了。而在这种自助的自行车共享中，只有腾讯和阿里为了争夺线下支付的入口和培养用户的习惯，做出大额的投资行为，这本身是一种精准的广告行为。这种行为里创新了商业的价值。从某种意义上讲，阿里和腾讯对小黄车、小蓝车的参与使用，并且因此让用户受益，这才是一种真正意义上的共享。当理解了这个经典的案例，你就会发现，由于信息化的发展，会有更多的基于大数据应用和会员共享的模式被设计出来，并且也会具备巨大的商业价值。

在同质化产品与服务竞争的市场之下，共享还有一层内部变现的逻辑，就是通过共享平台，把一些无法直接通过市场交易变现的产品与服务拿到平台上来，让共享的会员共同消费。这种想法和做法具备一定的合理性，存在的困难有两个，一是初始平台建设的难度，基于传统商业逐利的特点，通过一些非商业的手段很难在短期内建立一个多用户并能高品质交付的平台；二是共享平台无法建立人们对产品的信任度，特别是对平台价值的认同。因为无论你把自己的产品和服务放在哪里，在大多数人的心中，人们对产品利润的追逐与自私的心很难改变。

九、免费思维

天下没有免费的午餐，要么你吃了别人剩下的，要么你被别人卖了，那个卖掉你的人为卖你而买了单。“羊毛出在牛身上，让猪买单”好像是最能诠释免费模式的本质。事实真相并非如此，免费模式是用户思维和流量思维的变形。免费的也是最贵的。

一些平台通过补贴、免费等方式，在不同的人群间跑马圈地，把消费者培养成为平台用户后，通过长期价值进行薅羊毛。这样的方式不一定是全免费，也有可能是低价补贴。免费为更好地收费埋下的伏笔。每个顾客甚至包括我们自己在内，可能都喜欢占便宜。这里所谓的便宜，指的是以相同的价格买到更多的价值或者说相同价值的东西花更少的钱就可以买到。这种占便宜的心理会上瘾。更多的时候，针对某一个个体在一个特定的交易上，比如某一次交易，这种占便宜是存在的，但从长期看，这种免费和低价行为只是一种促销手段，或者是培养用户习惯的一种方式方法。

360 杀毒软件免费，那么它是如何盈利的？通过免费的模式在和同行竞争中取得绝对的优势，当 360 有了超量的用户之后，自然获得了某些商业的话语权，同时也获利了巨大的流量。在电子商务时代，流量本身就意味着财富。

某打车软件免费请全国人民坐车，它是如何赚钱的？当大多数人养成了通过软件打车的习惯的时候，感受到信息撮合带来的便利，平台就有了这个行业的话语权，巨大的用户群体是新财富的主要来源。

在流量思维的影响下，一般企业和商家都会把流量品和利润品形成一种销售 AB 组合，让低价的 A 甚至赔上一点钱的商品作为流量品，以此来吸引更多的消费者，最好是把这些消费者带到私域中来，比如微信群、社区团等，然后再把利润品 B 推给他们。在这个过程中，要想有好的转化，一是要提高利润品的性价比，二是要通过流量品捕捉到精准的人群。

这些很多是营销技术上的免费模式，而像360杀毒软件一样，通过竞争PK掉一个软件行业，然后形成一个用户平台，并且拥有海量的客户，这种属于平台建设过程中的免费模式，从本质上已经是对销售行业的人、货、场进行重组的一个过程。

另外，免费思维不是占便宜的思维，如果仅仅是便宜，在目前信息如此透明的商业环境之下，无论什么先进的商业模式都不会走得太远。对于平台或厂商设计的那些虚假的免费链接，通过根本无法完成的任务或特小概率的优惠，层层套路消费者，并引诱消费者上当受骗的行为，一直是网络打击的重点。

十、无用之用

近些年常常听到两句话，第一句话是互联网普通人不能做，第二句话是互联网对我们的企业没有用。就在这种意识的影响之下，一些初出茅庐的年轻人通过互联网崛起，不断地跨界介入传统行业，也有一些企业在传统企业和互联网之间不断试错，一步一步地成为行业的明星企业。当然也有像董明珠这样的传统企业大佬，从不认同互联网到一步一步成为网红企业家的精彩历程。

《庄子》上有这样一个故事，有一棵树长在路边，伐木的人看到了，摇摇头走了，这棵树长得不直，打不出好的家具；烧炭的人看了看，也摇摇头走了，这棵树质地疏松，烧不成好炭。就是这样的无用之材，200年后，这棵树长成了参天大树，有上千只鸟在树梢上栖息，有上百头牛在树底下吃草，过往的行人在树底下纳凉，这就是无用之用。无用之用是平台的特点，很多时候实为大用。

平台型企业在建设的过程中往往有一个悖论，如果不从第一个用户开始赚钱，平台建设是需要烧钱来维护平台的成长的，为了培养用户习惯而没有实际的替代价值的平台，投入多少钱都于事无补；如果不通过巨额的资本投入培养超量的终端用户，平台在同行的竞争中想取胜也非常困难。互联网对企业而言，不仅仅代表流量，更代表效率。

◆ 第二节　互联网对商业影响的本质

如果说 20 世纪什么事情影响最大，除了上半叶第二次世界大战之外，就是互联网的诞生。自 20 世纪 60 年代末互联网的诞生，到 20 世纪 90 年代以后风靡全球，互联网整整走过了 50 年的时间。

我国与互联网几乎同步快速发展的有几件大事，一是市场经济的崛起，2001 年加入 WTO 组织；二是城市化带动房地产行业的兴起，一半左右的人口通过城市化到城市居住；三是我国经济快速发展，经济总量不断提高，2021 年我国 GDP 超过 18 万亿美元成为世界第二大经济体，14 亿多人于 2021 年全面进入了小康社会。这背后有着什么样的力量呢？1988 年提出的“科技是第一生产力”无疑是最好的回答。当然，这更是一个政治、经济、外交、文化等全面发展的时代成果。

我们要问，信息化特别是互联网在我们商业发展的过程中，起到多大的作用呢？只要横向比较一下就可以理解，世界 500 强的前列，有一半以上是由 IT 企业组成的。我国也不例外，信息化及其相关产业在国民经济中的占比越来越大。互联网一类新兴的平台，几乎充斥着人们生产生活的每一个角落。

互联网对商业影响的本质是什么呢？一方面要回到信息作为生产系统工具的进步和对生产资源的优化上来，互联网对生产力和生产关系都产生了一定的影响。另一方面，信息化很多时候对生产力和生产关系之间的这种调整已经超过工业化时代传统资本的力量。我们可以看到，互联网和信息化不仅仅提高了人们的生产效率，同时还优化了社会商业中的组织逻辑和存在形式。

互联网对商业的影响主要涉及以下几个方面：一是通过信息媒体的变革影响商业流量的形成与方向；二是通过各类信息系统提升企业生产

效率；三是互联网平台在改变人、货、场交易模式的同时，改变人们的交易习惯；四是通过信息元素与互联网结合、人工智能等提升人的素质，在为人赋能及形成巨大价值的数据资源的同时，提升社会资源的整体利用效率。

在经济发展的宏观和微观之间，互联网为人们架起一座看得见、摸得着的桥梁。换句话说，除了新能源、新材料和生物科学，由于信息科学的进步产生的各类系统应用，对经济宏观发展的影响，也能够被普通大众在日常生活的微观环境中切切实实地感知到。

一些传统行业的头部企业，利用现有的资源和渠道优势，并不是迫切希望信息化和互联网给整个行业带来多大的改变。对大多数头部企业而言，行业一天不发生变化，它们就一直占据着行业的资源优势。在这种状态下，掌握新商业底层逻辑的行业中的小企业才有一次弯道超车的机会。

信息化发展的时间刚好和我国改革开放、经济体量快速扩张的时间交叉重叠，各行各业都在快速成长，常常会扰乱我们发展信息化的视线。过去成功的结果又不断影响着经营者的心智，把行业趋势的成功常常看成是企业家自己的个人能力，大多数企业养成了一种长期安于现状的状态。也就是这种安逸的状态，让很多传统行业和头部企业失去了分享互联网发展红利的动力，同时也错过了创新发展的战略机会。

互联网发展有让人兴奋的成功，也有让人沮丧的失败。在互联网对商业的改造过程中，不缺支持者，也从来不缺少消极对待者甚至反对者。一部分人欣然接受了来自信息化的挑战，不幸的是，由于没有弄清互联网商业的基本逻辑，在创业前期，像传统商业一样去炒作和投机，结果是几乎全军覆灭。

企业家和商人根据自己的感知做出的传统商业行动往往会有所斩获，这种全军覆灭的情形在传统商业活动中基本是不可能出现的。比如，跟风去开个饭店，照葫芦画瓢一样在高速上开个加油站，甚至在夜市摆上一个长桌子做手机贴膜，用低价的房租在城市的巷子深处挂一个美甲的牌子，等等。不知从哪一天起，这种凭借看别人生意好跟着干的习惯做法不管用了。

在信息充分的市场环境下，现代商业和传统商业的底层逻辑完全不同。传统商业更多的是在社会分工后，商品在一个信息不完全对称的空间进行交易，无论是产前的市场规划、产中的生产组织和产后的商品销售，都充满了对市场原料供应、人员、生产组织和市场需求的不确定性的博弈。而信息化时代的互联网上的商业交易行为与之正好相反，互联网商业虽然也是基于社会分工形成的商业交易，但交易的空间与前提条件是信息透明，甚至客户和具体需求都是清晰的。在这个意义上，现代商业想利用信息不对称形成的商业投机优势，不会再有更多的发展空间。在这种商业逻辑之下，人们发现用户中心、共享、私域、众筹等新商业的手法，几乎都与价值的创造和价值的分割相关，而与传统的生意机会博弈无关。

互联网有其自身的存在规律，传统商业的机制、规则和习惯，很大一部分在互联网时代将会被改变或者直接消失。信息对人类的影响涉及方方面面，从信息存储到传输，从软件到硬件，从网站到移动端的各种应用，直到物联网与云计算大数据的应用，现象繁多，企业更多。

企业和商家如何适应互联网时代的发展呢？关键是要弄清互联网带来的商业变化的底层逻辑。一系列互联网思维不仅是对信息化产生的源头进行的分析，也是这几十年来互联网自身的发展规律的总结。就像一个观众已经看完了乡村庙会戏台上演的所有魔术表演，如果他第二周、第三周一直出现在戏台下的观众席，他能看到的一定是同样的表演在一周又一周地重复进行。结合前一章人类科技进步产生的工具变革对生产生活的影响，我们也会像那个庙会上一直观看马戏团表演的观众一样，很快就能发现信息化和互联网的一般规律。

互联网平台出现之后，企业家们并没有直接拿平台来做慈善，而是乐于采用一些技术手段垄断信息或者垄断流量来赚钱。搜索引擎的广告排名让你看到的并不是基于固定算法的结果，显然这和传统的商业逻辑中逐利的手法是一致的。中心化平台的流量销售和你看不到朋友的朋友圈一样是一类信息茧房，这些都是聪明人设置的财富游戏。这些应用没有影响到信息在生产组织、消费组织中其他的功能与价值。存在的就是合理的，一些依靠机会赚钱的传统方式在互联网上依然存在，所以它们在今天依然具备一定的合理性；而这些依靠信息不对称的商业行为越来越难，这些商业将不断地被淘汰，所以这种淘汰传统商业的现象本身，也是合理的。

互联网思维不是从天上掉下来的，更不会在短期内消失。在互联网发展初期就有人提出，互联网时代要么电子商务，要么无商可务，现在看来，这样的说法是非常有道理的。对于大多数中小企业和商家而言，互联网无疑蕴藏着巨大的商业宝藏。互联网思维，正是开启新商业宝藏大门的一把钥匙。

◆ 第三节　中心化与去中心化之争

互联网商业平台的宏大的商业价值是中心化带来的效率；而互联网平台给传统商业带来最大的伤害，正是中心化带来的垄断与控制。几乎所有的网络平台，都是在企业的名义之下运行的，而网络几乎每时每刻都在做着超越传统企业边界的社会性事务。由于其带来巨大的社会效率和商业价值，人们在不断承受着来自网络的竞争压力，甚至可以说是某种意义上的剥削。

海量用户可以说是平台的自然属性，而且这些用户必须是活跃用户。所以互联网平台之间争夺的不仅是平台的用户量，还有平台用户的使用习惯，特别是平台用户在平台上的停留时长。如果是电商交易平台，还要考虑平均单个用户的消费能力。

BAT 等大型平台出现后，几乎所有的行业在原来的管理学垂直思想的引导下，各行各业的头部企业都想在自己的行业跑马圈地，在自己的行业内建立和 BAT 一样的商业帝国，一波一波冲击下来，无一成功，这样的情形一直持续到十年之后。之所以能够给你这种看似有道理的忠告，完全是站在一个分类思维与工业化分工管理的底层逻辑上直觉的产物，而根本不懂互联网形成的底层逻辑。

20 多年来，除了告诉你垂直机会这一类的外行专家对互联网创业者的影响巨大，还有告诉你互联网平台需要耗费巨额投资的另一类专家，甚至有的专家在某个大厂做某方面的工作。如果烧钱的逻辑是对的，QQ 就不会在没有巨额资金的条件下，用户却快速增长，而各种宣称投入几个亿的聊天工具也不至于一两个月就偃旗息鼓。烧钱和垂直，并不是互联网平台建设的必要条件，而告诉你这样做或者那样做的人，要么是凭传统经营管理的直觉去判断，要么就是在互联网创业的过程中经历过这样或者那样的惨败。就像一个人发现公鸡打鸣不久太阳就从东方升起，然后告诉你没有公鸡天就不会亮一样，开始对公鸡顶礼膜拜。

一开始赚到钱的门户一眼看去有太多的垃圾广告与混乱的信息，与我们已经形成的美学思维也完全对不到一起。垂直失灵了，美学失灵了，甚至烧钱也失灵了，最后终于像发现了神功秘籍一般发现了用户对于平台的价值。用户也没有那么神奇，一些创业者不断花钱引流，听各种各样的通过互联网整合的课程，四处去安装 App，最后一批批用户累积形成后，突然发现根本无法形成自然流量，也就是说根本没有商业意义上的活跃用户。

用户固然重要，通过一定的促销手段似乎可以得到一些用户，如果你的鱼线上本身没有钩子，当鱼饵被吃光的时刻，也一定是鱼群散了的时刻。用户流量是用户习惯的结果，而用户之所以能在一个平台上停留，一定是因为这个平台会长期给用户带来价值，或者这个平台拥有这个用户必须使用的功能。很多传统企业老板向平台型企业转型时，常常讲我有了海量的用户以后会给用户带来多大的价值，殊不知这种企业海量的用户一直存在于老板一厢情愿的假设中。就是你所有商业逻辑都是对的，而海量用户可能从一开始就根本不存在。换句话说，哪怕是你烧钱烧出海量的用户，当你真正伸出镰刀去收割的时候，你就会发现，韭菜根本没有长成。这是99%互联网创业者失败的主要原因。

你看到的现象原来离真相之间，还有万水千山的距离。每个人都会在自己的认知框架内十分相信自己所理解的事物，这也是互联网创业者面临的最大认知障碍。用户流量是什么呢？用户流量的本质源于平台初始就具备的用户价值。比如，QQ是交流的工具，主要是熟人之间交流；微信是交友的工具，一半是熟人一半是陌生人，而朋友圈多多少少具备自媒体的价值；抖音是娱乐的工具，同时也是新的社交工具，主要是在陌生人之间，同时又有一定的标签属性。搜索和购物平台一样，一定是解决了用户现实生活中的某一个问题。从这个角度看，系统千千万万，具备大众工具属性才可能是平台流量的基础。

钉钉是一个想法很好但是项目之初十分尴尬的产品，钉钉以办公作为基调想去打击微信的交流逻辑，显然用户没有那么高大上，用户不一定主动理会，你拥有再好的想法和功能都于事无补，平台还需要通过营销活动来推动，这就是互联网平台形成的底层逻辑。而当疫情防控期间孩子要上学、白领要居家办公时，像钉钉这种专业的服务平台无疑出现了一次用户超级增长和一次良好用户习惯培养的机会。从某种意义上讲，只要你做好准备，机会总会垂青你。即使没有疫情的影响，钉钉也可以长期去做，毕竟有着巨大的软件使用价值。

说了这么多，只讲了中心化用户和流量的来源，也就是说，中心化的形成需要海量的用户，而海量的用户形成需要平台自身的工具价值。

那么普通企业怎么办？是不是所有需要流量的企业都要为平台打工。在公域平台之上，我们也会看到平台上的私域价值一直是存在的。为什么要这样呢？因为平台上的产品是有差异的，品牌也是有差异的，平台上的客户的喜好是有差异的。客户最终决定买什么产品，更多的时候还是受到这些差异化的影响。一些高品质的产品和品牌，一直自带流量。很多线下品牌自身是有流量的，不想到线上去倾销，主要怕全网最低价对品牌解构。所以，无论是博客还是直播间，品牌运营一般采取的是相对稳健的手法。

除了在公域流量获得流量，品牌还可以通过线上线下的传播来获取流量。传统企业通过自身的品牌私域去对抗平台的中心化流量，我们也可以理解成为大多品牌主动去中心化的主要手段。所以，一些社区营销、社群营销和客户关系的应用越来越多。

抖音出现了，中心化的流量逻辑让渡给去中心化的内容逻辑，每个商业游戏的参与者都可以通过自己的内容获取更多的流量分配。这种去中心化的流量分配机制，具备巨大的挑战性。

◆ 第四节　个人价值时代的来临

个人价值的崛起，是信息化为个人赋能的结果。

在农业社会，以家庭为主体的小农生产是主要的生产方式，因为生产工具简单，而生产动力主要依靠人和牲畜的力量，无论井田制还是后来的私田出现，农业生产力和农业生产关系处于一个稳定的状态。

由于机械的广泛应用，工业社会分工更细，标准化的工业生产对人的组织生产要求越来越高，这样就出现了成百上千的工人共同服务一条生产流水线的现象。

信息时代来临，我们会发现，虽然传统的大型流水线生产还在生产中起到主导作用，一方面企业内部出现了小组织化生产与交付的现象，另一方面企业外部出现了更多的自由职业者。

当个人掌握更多的信息资源后，个人的决策能力是在全量信息或者优势信息条件下做出的。人与人的差异不大，个人开展工作的社会价值目标会非常清晰，工业化之下的管理逻辑对个人的工作影响不大，甚至有负面的作用，会影响到个人工作的积极性和创造性。在前面讲到过从90后和00后小孩在看电视和面对智能手机时的反应和能力可以看出，生活在电子信息环境下的孩子，对这种一直存在的环境会有天然的适应性。

大型平台对众多行业进行了深度改造，企业平台化的逻辑十分明显。

在这种情形之下，出现了平台 + 员工的平台型组织模式。比如，猪八戒一类的设计师平台，形成了一整套系统的生产设计交付流程和价格机制；又如，美团 + 骑手服务模式，滴滴 + 司机 + 用户服务模式。大量平台型自由职业者的出现，对我们现行的人力资源逻辑提出了巨大的挑战。无论从职业伦理上，还是从法律法规上，都需要去进行深度的思考。

工业互联网和机器人的广泛使用，让人从体力劳动和烦琐的脑力劳动中解放出来，去做一些创意性和服务类的工作。“黑灯工厂”出现，生产型企业开始大量使用机器人，而个人必须寻找出适合个人的工作。

抖音等平台的应用，开启了一个直播间面对所有用户进行销售与服务的可能性，出现了一个网红主播销售额大于一个上市公司的情形。

人类定制化需求和标准化产品之间正在发生变动，发挥个人的创造性，满足年轻人的多样化需求，对社会生产组织向小组织化和自由职业者的倾斜十分明显。

信息化的支持与赋能是人类自我生产解放的一个过程，也是个人崛起的基础。2009 年，任正非在华为销服体系奋斗颁奖大会上呼唤：让听到炮声的人呼唤炮火！让一线直接决策！“让听得见炮声的人来指挥战斗”实质为组织的决策权力下沉问题，它不仅涉及指挥者的个人管理风格的调整，还涉及组织的机构改革与深层次的组织文化建设等各方面问题。

◆ 第五节　从百度到阿里

从网络黄页到搜索引擎是整个互联网的一大进步，有了搜索引擎以后，我们可以在浩瀚的网络资源中找到对自己有价值的信息。搜索引擎看起来十分神奇，它是由三个原理决定的，第一是同心原理，亚洲有一个人想到一个问题，在非洲、美洲或者欧洲会有人想到同样的问题；第二是点击原理，一条信息被浏览者点击越多，它的排名就越靠前；第三是大家所关注的就是你想要的，这是一条社会心理学原理。平台为了自身的利益，往往在搜索结果中植入广告，植入的广告越多，用户的搜索价值越小。一些企业为了迎合搜索引擎，不断地做优化，大量增加网络冗余信息。企业在搜索引擎推广以后，转化率越来越重要。

1999 年年底，身在美国硅谷的李彦宏看到了中国互联网及中文搜索引擎服务的巨大发展潜力，怀着技术改变世界的梦想，他毅然辞掉硅谷的高薪工作，携搜索引擎专利技术，于 2000 年 1 月 1 日在中关村创建了百度公司。

在百度的发展史上，有一些可圈可点的战略决策。一是从 B 端走向 C 端，将为企业提供搜索工具的服务转向为全网网民的搜索服务，这种转化让搜索平台拥有超量用户成为一种可能，也是百度平台化迈出的关键一步。二是在百度发展的过程中，一边打造优秀算力的搜索平台，一边向音乐、知识等内容建设出发，把用户从一般的搜索习惯逐渐转化成喜好百度内容的优质用户。

百度在美国纳斯达克上市后不久，百度对竞价的搜索结果进行了反思，提出了“凤巢计划”，在搜索的结果上对用户做出了精准价值相关的处理。百度在进军移动互联网时率先提出了流媒体思维，随后进军 AI 领域。

1999 年，马云在杭州城郊湖畔花园小区的家中成立阿里巴巴，阿里巴巴集团的首个网站名称是英文的全球批发贸易市场阿里巴巴，同年阿里巴巴集团推出专注于国内批发贸易的中国交易市场。

2003 年 5 月，购物网站淘宝网于马云公寓内创立，淘宝网被定位为 C2C 购物平台。2004 年，支付宝在此背景下应运而生。C2C 业务是阿里巴巴完成原始客户积累的重要砝码，淘宝网的兴起也标志着阿里巴巴 B2B 到 C2C 业务转型的开始。2016 年 10 月，在阿里云栖大会上，马云在演讲中第一次提出了新零售。

2014 年 10 月，蚂蚁金服正式成立。蚂蚁金服旗下有支付宝、余额宝、招财宝、蚂蚁聚宝、网商银行、蚂蚁花呗、芝麻信用等子业务板块。

阿里云创立于 2009 年，是全球领先的云计算及人工智能科技公司。

在商业的应用上，百度向左，阿里向右，一路狂奔。百度一直以商业资讯为基础开展全网商业流量的分发工作，而阿里巴巴一直以线上商城系统为基础开展线上商业的交易服务。

不能说阿里巴巴曾经没有过搜索引擎的梦想，因为阿里巴巴于2015年并购了雅虎中国，虽然那个时候的雅虎中国还是资讯类门户网站，但搜索的确是雅虎中国核心的功能；也不能说百度曾经没有过电商的梦想，因为百度先后尝试过有啊、糯米等电商平台建设。当阿里巴巴、百度这样的平台跨向对方领域的时候，很少有成功的案例，学者们认为这是企业商业基因的问题。背后真相也十分简单，是受平台逻辑与用户属性影响的。比如，阿里巴巴的B2B到C2C是企业实践的结果，应该说是当时企业生存下去的唯一通路，这一点和百度从B2B到C2C有异曲同工之妙。

支付宝之所以能够像海鞘一样从淘宝平台滋生出来，主要是支付宝在为淘宝提供有价值的、必需的甚至是可以独立的支付工具的同时，支付宝具备了对整个电商更强的开放性。支付宝的用户和淘宝的用户有惊人的一致性，却进一步优化了淘宝的购物体验。更多的互联网应用场景被设计出来，支付宝一步一步向更广阔的金融平台发展，也是一种商业应用上的必然。

2008年，淘宝通过ROBOTS文件率先屏蔽了百度爬虫对淘宝内容的抓取，在当时引起淘宝小商家很大的怨言，放在十年前看，这一定是马云做过最正确的事情之一。如果当时采取放任的态度，而百度选择优先抓取淘宝的内容，结果是什么呢？结果是有购物需求的用户第一时间的习惯选择一定是百度而不是淘宝。当淘宝有了海量的用户之后，在淘宝站内加强购物搜索，然而这已经和依赖站外搜索有了本质的区别。但从流量的角度，淘宝的本质和百度的流量交易在商业上没有什么区别。

因为离商业用户更近，所以阿里巴巴的商业帝国目前比百度要大一两个量级。如果抛开支付宝在商业上的新生价值，那么双方在商业应用的底层逻辑上，依然是一对孪生兄弟，一个掌握系统而另一个控制流量。

阿里云的发展，得益于阿里系拥有了更多的商业交易数据、真实的场景和现实的需求。百度在人工智能和大数据方面，依然有着不可低估的实力与远见。

◆ 第六节　从腾讯到抖音

1998年到2000年，20世纪最后三年内，百度、阿里和腾讯相继成立，拉开了中国互联网大厂竞技的大幕。如果说在商业领域，百度通过技术向左，在于发现一切，而阿里通过系统向右，让天下没有难做的生意。而能称得上信息化迭代正统的，那就是决定连接一切的腾讯。因为在电话费相对高昂的岁月里，QQ是率先利用网络技术向通信行业发起冲击的。我们认为一个类似电话和传呼一类的替代品，原来是一个可以结晶成为未来平台的王者。

腾讯开发并投资的主要板块有社交、金融、娱乐、软件及工具、开放平台及云平台五大核心板块。如果一定用现在的业务板块来定义腾讯公司，腾讯是一家社交平台型公司？腾讯是一家科技公司？腾讯是一家投资公司？如果说阿里的发展还围绕电商平台基因在扩张，那么腾讯扩张的底层逻辑又是什么呢？其实这种逻辑不是大多数中小企业可以适用的，因为在超级平台、超量资本与一流技术的前提条件下，有太多的可能已经超出了我们传统商业认知的范围。但有两点非常清晰的价值值得学习，一是QQ和微信是腾讯发展的基石，二是腾讯一直在投资可以通过信息技术赚钱的娱乐、金融等产业。虽然腾讯和百度同样不具有电商平台的基因，但腾讯开放式的投资战略在电商和相关领域取得了骄人的成绩。

QQ的源头环境是基于PC电脑的互联网，其还是在传统通信的基础上实现了连接你我功能，而且前期因为流量或者费用的问题采取了文字沟通，QQ起步时是典型的熟人交流工具；微信产生的源头是基于手机和移动网络，微信看起来是熟人交流工具，而朋友圈的媒体属性又让微信拥有一定陌生人之间的商业价值。在人人连接基础之上，群的开发应用又强化了人与人的私域逻辑。张小龙曾经说过用完就放下的想法背后是连接一切的工具，因为其更加简约的连接属性，才有在其基础上开放小程序和增加各种子系统应用的可行性。如果有一个更像苹果的产品，那就是微信。

当支付宝出现两年左右的春节之夜，一场红包大战把电子钱包推到前台，人们竟然不需要任何担保的方式选择了对一个红包的好感和对一个电子余额的信任。随后，微信钱包的小额支付一夜之间风头超过了已经有巨大用户的支付宝。一个让马云头疼之后的绝妙创意和对金融法律担心很久的应用，在腾讯团队的操作面前，用零钱的心理抢了大众的钱包。当浏览微信成为主要场景的时候，人们很不情愿关掉聊天窗口，再去打开另一个软件去支付一碗牛肉面的钱，或者去支付一位数或者两位数的车费。反过来就不同了，人们大多不愿意拿着一个钱包去聊天。一直到后来钉钉的出现，阿里总算用办公场景扳回了半局。

抖音是横亘在 BAT 面前的一座大山，包括京东、美团、滴滴等企业，都要一起想办法来翻越这一座大山。马云先生一直讲用望远镜都看不到的对手，原来不在二维世界里。

有一部手机和一个号码就可以上抖音，不花一分钱就迅速拥有一个三维世界，十亿人开始在抖音上生活、工作和学习。很多人还认为抖音只是网红的天地，很多人还在想抖音和传统平台一样依靠流量赚钱，当人设在三维世界出现，财富必将得到重组。如果互联网是李彦宏的时代、马云的时代、马化腾的时代，那么抖音将开启三维的个人时代，也就是你我的时代。

如果只从媒体与社交属性上看，QQ 是熟人的关系，微信是一半熟人一半陌生人的关系，而抖音则完全是陌生人的关系。

◆ 第七节　元宇宙的星辰大海

元宇宙是什么？元宇宙是未来人类的摇篮。

当扎克伯格把Facebook更名为Meta，就开始有人说元宇宙是虚拟世界，是一种精神鸦片，也是一种精神内卷，并声称只有探索真正的宇宙才是人类的星辰大海。我们无法去猜测持有这样观念的人是基于什么样的认知或出于什么样的目的，但至少有一点是清晰的，元宇宙是一种综合技术，是信息化时代下未来十年甚至更长久的应用技术。它将是信息应用技术的制高点。

离开对元宇宙的研究，根本就不会有什么真正意义上的星辰大海。首先，元宇宙离不开基础的数学、物理学，离不开新兴的信息技术的进步。而人类算法的更新与算力的提高，正是人类改造世界，迈向星辰大海的必由之路和核心能力。

从目前来看，元宇宙至少涉及虚拟现实、区块链、脑机交互、人工智能、物联网感知技术，还有生物信息、云计算与大数据等多学科的尖端研发和应用。

想象一下元宇宙对每一个个人赋能的应用场景，通过元宇宙技术，我们会在互联网上拥有一个超级的“我”，我们把他叫小巫，小巫通过人机学习与人巫交互迅速提升“我”作为一个社会人的能力。小巫是与全网互联互通的以“我”为中心的区块链数据中心，也是大数据中的以“我”为中心的“我”的小数据特征集合的新兴“智人”。小巫会通过物联网走进万物的体内，并在万物之间实现巫巫互联。代表每个人的小巫会因为整个网络的赋能而成为超人，并且为我们每个人服务。

小巫出现以后，所有的中心化平台将会被重置。比如，我的小巫可以和鞋厂厂长的小巫进行交流，并根据我的习惯与需要主动发起交易，和饭店老板的小巫下订单安排我们的午餐，同样也可以和设计师的小巫交流，一切都是具备生物学体验下和全量数据之下的最佳决策。在这种情形之下，人类的财富也将被重置。

元宇宙为我们每一个人赋能，增强人类理性的决策，在众多复杂的社会生活场景之下开展优选与协同。比如，福岛核电站事故中一批又一批勇士进去排除故障，那是以人的身体健康甚至是生命作为代价的。如果在元宇宙的时代，每一个代表人的机器人或者智能工具都能进去处理，并且向外传输信息。

我们每个人都是现实生活中的大巫，而虚拟世界的“我”是一个小巫。小巫见大巫，如影随形。现在有物联网、移动互联网，我们终极的诉求是什么呢？我们将实现现实空间向虚拟空间的彻底穿越，在万物互联的基础之上，必然会出现以个人为特征的“巫联网”。小巫在，你就在！小巫将超越生物学的原理对人类的囚禁，带着人类的智慧和灵魂，带着你和我走向更加广阔的宇宙和更加深远的未来。

当我们每个人在虚拟世界拥有一个代表自己的影子——一个智慧的超人时，我们的手机、各种中心化平台，甚至人类自己，将有可能被重新定义。在你我他三个人称代词之后，人类将诞生第四个人称代词“巫”。巫的意义就是“我的一切”，一个以“我”为中心的世界。而元宇宙正是这个世界的技术基础。华为、阿里、腾讯和百度拥有一些元宇宙技术的储备，但不知道是否有扎克伯格一样的野心。而抖音在目前看来，有着元宇宙应用的天然基因。

虚拟现实不仅是用来玩游戏的，也可以为现实世界建模，并且训练我们自身，支撑人类走向更加深远的现实空间。区块链技术也不仅仅是用来发行虚拟货币的，更大的功能是在大数据中建立相对的有价值的小数据模块，为我们每一个人的特征加密，可以说是虚拟人类的DNA，当然还会有更多的应用。物联网感知技术和生物信息技术中，还有许多埋藏在物质宇宙之中的世界秘密，我们称之为规律和科学，这些研究与应用是人类突破现实内卷的技术前提，而不是精神鸦片。

有了小巫之后，我们每个人都有可能像爱因斯坦一样去思考，也有可能像巴菲特一样去行动。在元宇宙时代，科技必将再一次呈现出爆发式发展，而人类将更加卓越和幸福。

本章导读

抖音是现代商业的天选之子。

抖音背负着时代使命而来，从新的商业空间、体验到算法、用户与流量价值，最后回到新商业 DNA，是实体商业复苏的一种必然选择。

我们不会成为张一鸣，但是我们还是需要通过了解抖音的来龙去脉，发现新时代的财富路径。

当你深刻地理解为什么是抖音，或者时代为什么会选择抖音时，相信你会增加一些与抖音为伍或者与抖音共舞的信心与勇气。更有意思的是，那些没有太多商业认知的草根网红，却是最先在抖音平台之上和抖音一道见证成功的一批人。

第三章的内容是让你了解未来的钱长什么样。这会让我们看清楚什么是真正的财富风口。

Chapter Three

为什么是抖音?

早期人类在感知自然时，将自身的属性不自觉地移到自然之上，形成以己观物、以己感物的拟人与神话思维。相同的理解力和想象力，相同的生存环境，让一个个几乎完全相同的故事在若干个彼此相距遥远的地方自行出现。

东方民族是一个极富想象力的民族，从嫦娥奔月到夸父逐日，孙悟空一个筋斗云十万八千里，拔一根猴毛变成一群猴子猴孙，在这些感人的神话故事中，充满着一种人类对科技进步的期待。

当互联网时代来临时，每一个平台兴起的背后仿佛都有一个神话般的故事存在。人类进化有百万年的历史，而拿一个手机就可以通过视频通话“面对面”交流，也就是这几年的事。

近水知鱼性，近山识鸟音。当我们深入了解互联网的发展历程以后，我们会有一些直觉上的东西出现，甚至能比较精准地总结出互联网商业发展的一些规律。像下围棋一样，人们在长期的实践中会总结出一些围棋定式，当我们发现互联网商业发展的一些规律，我们的任务就是要把这个规律归纳出来并说清楚，说出来让更多的人知道，最好能应用到更多的新商业模式的建立中，或者在企业经营中被更多的人利用。国内互联网快速发展这二十多年里，太多的企业受到了互联网的冲击，生存空间变得越来越小，只有很少一部分企业能够在经营中直接分享到互联网发展的红利。弄清成功者与失败者之间的差别，才有可能弄清楚未来的发展方向。

远古的时候我们的祖先把一些动物驯化成家畜或者家禽，一定也选错过动物或者失败过N次，到了农业社会选择适合人类栽培的种子，也一定是经历了很多的尝试。个体的一次次失败，往往是人类整体走向成功的基石。今天，当我们在信息社会寻找新的商业模式的时候，我们一样会在不断的试错中进步。在这个过程中，经验和直觉往往是我们自信前行的动力，也常常是羁绊我们向前的一种力量。

很多时候再多的文字也阻止不了像互联网初期或者App初期那样无序的竞争与浪费，但让更多的人了解新商业的底层逻辑和经典案例依然十分重要。让我们一起探讨，为愿意静下心来阅读的人在新商业的竞争中点上一盏微弱的灯。

2011年，微信的出现让所有人眼前一亮，随后便获得了巨大的成功。在视频赛道，业内大多数人一开始都有一个良好的预期，但到底影响有多大，以什么样的形式显现出来，一直是业界关注的重点，也有很多资本开始投资视频赛道。从长视频到中视频和短视频，类似的项目受到了很多投资人的青睐。谁会成为未来的王者呢？今天看似答案很明确，然而一开始却十分模糊。

为什么人们对视频的赛道会有如此强烈的预期呢？一方面，因为从文字到图片，从图片到视频，在网际传播的信息有巨大的区别，每一个信息维度的提升，其中的信息量会提高数十倍甚至数百倍，对计算机的处理能力特别是网际的传输能力也提出了更高的要求。另一方面，从文字到图片，因为传播的信息形式与信息量不同，人类的应用场景也大不一样。由于人们浏览习惯的影响，视频几乎百分之百地接近人们日常生产生活场景本身，所以视频的应用场景越来越广，可以开发的应用价值也越来越大。这也是5G来临时视频受到投资界青睐的主要原因。

图文时代的搜索引擎有百度，社交平台有微信，电商平台有淘宝、天猫、京东，本地服务有美团，在短视频和直播时代，会有什么样的平台会在竞争中取胜呢？它们是从旧平台升级而来，还是和图文平台一一对应的新平台，或者就是一种更新的商业模式和一些更新的玩法呢？新平台的出现给整个商业又会带来什么样的影响呢?

好像一夜之间进入了全民抖音时代。有人问，抖音成为移动互联网的真命天子，有什么缘由呢?一是生当其时，很多长视频和中视频甚至一些小视频不温不火，主要是生不逢时。原来流量成本很高，4G的出现，在流量成本降低的同时，网络的速度大幅增加，让互联网从图文的二维迈向了视频的三维，抖音成了三维互联网的典型代表。二是逻辑正确，抖音之所以能火起来，除了一流的产品理念，全民娱乐、全民创意是其发展之根。三是15秒到60秒的快餐文化，以及一流的用户体验。当然，这些只是我们看到的现象，其背后还有更深层次的互联网发展规律。

字节跳动布局了整个短视频链条。通过西瓜视频、火山小视频、抖音和Flipagram，字节跳动想要押注短视频行业的每一个市场。

植物中的竹子和动物中的鸣蝉都十分特别，竹子在地底下形成笋的时间也许需要几年，而一场春雨之后冒出头来就开始疯长；据说蝉蛹在地底下漆黑的空间要生存三至五年，破土而出的时候就蜕掉地底下带来的壳，生长出透明精美的羽翼而飞上枝头。

我们在现实生活中，常常会遇到各种各样的创业者，他们怀揣一个多年的想法，经过岁月的加固成为事业信念的家园，却很少去考虑内心的项目与现实时代的距离，加上经常听到一些成功者的故事，他们往往变得更加坚定。同样也有一些类似的企业家或者创业者，坚守自己对商业的经验理解与直觉判断，喜欢听与自己观念自洽的讲座。在人类进入信息化时代之后，个人创业成功的概率理论上是越来越小。对大多数跟随者而言，只是需要寻找到下一个金矿的入口。你只管待在那里，自然会有人带你成功。

◆ 第一节　抖音的诞生

抖音于 2016 年 9 月 26 日正式上线，原来的名字是“A.me”，2016 年 12 月 22 日的版本迭代中，正式更名为“抖音短视频”。

和微软、微信这些天生和信息化融为一体的名字类似，抖音也是一个极具信息化色彩的名字，不仅容易记忆，而且让人们对短视频有一种非常快乐的联想，仿佛在短视频中大家一起嗨起来的感受。当一个名字能够让人一下子和一个行业联系在一起，在企业平台化经营时代，这本身就是一个好的开始。

抖音是一款致力于以拍摄发布 15s/60s 音乐创意短视频为主的移动社交软件，至 2022 年 3 月，日活跃用户已经超过 8.6 亿，成为网络传播史上的一大奇迹。

短视频社交软件的定位，是抖音能够迅速崛起的关键因素。随着现代人们生活节奏的加快、智能手机的应用、4G 的推广和普及，抖音满足了一般用户的参与感、短视频双向沟通的真实性和快捷性，而这种简单快捷的社交方式，正是超量用户产生的基础。

虽然抖音上线后平台采取了多种多样的自我营销的手段，但还是视频社交定位这个天然的主体功能，才是抖音超量用户形成的真正基础。也只有超量用户结合新社交的功能，抖音平台的流量才是鲜活的流量。

抖音的母公司是今日头条。今日头条借助其核心算法优势，在流媒体时代的新闻资讯领域取得了巨大的成功。今日头条的核心算法其实就是对用户投其所好，通过识别用户的浏览内容，洞察用户的喜好，然后不断分配相应流量。这种算法让草根的创作者发布的内容也有爆火的机会，发布者也可以从中获得可观的收益。而将这一算法复制到抖音之上，让每个内容创作者都有可能成为焦点。直接面对 C 端的短视频社交属性让抖音有机会拥有超量的用户成为平台，而讨好用户的算法让这种机会成为现实。

抖音算法的一小步，是未来新商业的一大步。有了大型的互联网平台之后，平台型企业通过手中中心化流量的优势向各行各业发起了冲击，因为资本和效率的纬度差异，大多数传统企业根本无法与平台直接抗衡，甚至整个行业开始沦陷，可以说，天下商业苦平台久矣。在这种情形之下，一个去中心化的短视频平台横空出世，通过去中心化的算法，为实体企业和实体商家带来了通过制作内容去获取流量的渠道。也就是这种相对公平的逻辑的存在，使企业和商家在抖音平台上宣传企业的同时，还可以通过抖音的思维展开更多的工作。

短视频一开始就具备极强的娱乐属性，抖音从音乐创意短视频这个细分方向切入，融入音乐元素以吸引住来自一、二线城市年轻、关注时尚潮流、爱新鲜、敢尝试，对视频质量要求高的一群人。抖音从音乐切入和当年苹果从音乐切入有异曲同工之妙。在智能手机刚刚出现时，人们对手机的期待没有太多的概念，有很多人把智能手机当作是传统手机和电脑的结合。难道智能手机也是用来打电话和像PC机一样办公用吗？当苹果把智能手机和音乐播放器结合在一起以后，人们才发现智能手机的生命是娱乐。当然，视频的娱乐逻辑在短视频出现之前一直存在，但剪辑与专业拍摄和搞笑段子多多少少有B端的思维，而C端的参与者更喜欢的是一个很短的视频加上美妙的音乐，并且足以自由表达想表达的内容和心境。

音乐是人与世界沟通的通用语言，数千年来各个民族都在自己的圈层之间对音乐有了发展和沉淀。音乐本身不仅仅是信息交流的手段，也是人类巨大的信息资源和信息财富。当音乐能够通过信息的方式储存和传播，让更多的人在音乐间精神消费和体验、交流以后，音乐的普遍性和超量性就和抖音这个工具及其使用工具的人之间产生了巨大的黏性。此外，音乐和图文之间早就有了深度的交集，成为人们精神体验的主要形式，恰恰在这个时候，内容在人们心目中的价值直接影响到用户的浏览时长，同时通过用户浏览习惯触发的数据推荐机制，好的内容与用户浏览习惯无疑是干柴烈火，一触即燃。

手机和音乐的组合在技术端算不上什么创新，而在用户端形成了巨大的反响。这里面包含一个非常重要的商业启示：技术固然重要，而要想建立一种商业模式，来自用户的体验和真实需求更为关键。

我们再回到平台组织的三个维度看，即超量用户 + 具备主体功能的平台系统 + 能够增加用户黏性的小工具和增值服务。抖音短视频平台的社交主体功能十分清晰，音乐的小工具价值明显并且是海量资源针对海量人群，最终赢得了超量用户，毫无疑问契合了这三个维度。由于主体功能是这个时代崭新的体验，超量的用户就像非洲大草原的斑马一年一度的迁徙一样，从一个超级平台转到另一个超级平台。

◆ 第二节　从一维到三维

信息发展引起事物维度的变化是方方面面的，空间中加入了一个时间的维度，一切都可能发生巨变。信息的准确性、相关性和完整性是信息的基础属性。而信息存在的时间、内容和形式是一种关于信息识别的方法，而我们要讨论的，是信息存在形式的变化，并由此变化引起的信息工具的发展和信息价值本身。

在信息引起的众多的维度变化中，社会价值、商业模式和信息工具三个板块是关注的焦点。一是从人类社会价值分析，从农业社会到工业社会再到信息社会，在人、资源、企业和政府的四个要素中，增加了信息的维度，并由此引起了社会效率的快速提高和社会财富的快速增长；二是在现代商业模式中，信息化引起了生产力的进步和生产关系的变化，特别是企业组织资源的能力和生产效率的提高，一大批现代平台型企业产生；三是平台型企业与传统企业比较起来，信息化因素带来社会生产组织变化的同时，产生了电商一类平台型渠道巨大的市场覆盖能力。

人类信息处理和应用从零维到三维是一个不断进化的过程。一般来讲一个声音信号或者单独的字词是一维的信息，图文是二维信息，视频则是三维信息。这些信息必须通过信号的方式传输出去，被接收者识别成为和信息源几乎百分之百相似的信息。

电报是零维，是点到点收发逻辑；电话、邮件是一维，通话可以以语音的方式持续进行，邮件在网络间以数据的方式传输；论坛、图文平台是典型的二维，电商和交流平台是二维图文典型的应用形式；视频是图文之后的三维虚拟空间，最大的特点不仅是视频创意与内容，还有主播等各种人设在三维空间形成。

从一维到三维的信息应用，表面上是维度的差异，本质上是信息容量和传输容量的差异，也是人们能够应用的场景的差异，是人类生产和生活时间和空间上的一种突破。信息应用的过程和电子的发展和应用是分不开的，电子的发展除了给这个世界带来了生产生活动力的革命，也带来了信息发展的起源，并且促使科学研究人员更加努力地去研究微观世界，通过物理基础理论的突破和应用造福于人类。

从电报在航海、商业和战争中的应用，到电话的广泛应用，给人类远距离的交流带来了巨大的方便。而图文传输与计算机的出现，极大地提升了人类交流和生产组织的效率，短视频时代的来临，无疑为这个世界缔造了新的成长空间。

2022 年年初发生的俄乌战争中，移动网络被广泛应用，自媒体第一次让人们感同身受并且让更多的人参与表达真实的感受，也是最大限度地介入了信息战与媒体战，在某种意义上还在影响着战争的走向。

如果说电报和电话在人类的生产和生活中起到的是辅助作用，而互联网和人工智能的发展，这种系统能力已经成为生产资源整合和生产组织的主要动力，而数字化时代的来临，几乎可以覆盖人类生产生活的全部。除了人类伦理需要隐讳的信息，一切信息将大白于存储空间，而其仿真的像素完全超越人类的感知。与此同时，有许多政策、流程和规则、新的伦理需要完善，基于且只基于为人类文明服务的逻辑逐步形成。

除了通过维度来了解信息应用的手段和形式，大家更多的是从流量的代际来理解，比如1G时代的电话，2G时代的短信，3G时代的图文，4G时代的视频，再到5G时代的人工智能等应用。随着传播信息技术与能力的提升，人类利用信息解决生产生活的场景越来越多，价值也越来越大。在信息化时代，有比三维信息更符合人们视觉分辨与声音识别的感官数据吗？在知识时代，有比三维视频更能满足人们知识交付与传播应用的手段吗？

凭借超量的平台用户，抖音已经成为三维互联网的主要代表。对国内中小企业和商家而言，在以二维资讯为主的互联网时代，你可以不到互联网上来，在传统电商快速发展的时代，你还可以不到互联网上来，而当三维互联网来临的时候，你还不到互联网上来？这是一个电报的距离？这是一个电话的距离？这是一个网络的距离？不，这是一个世界的距离。

互联网人人要用，抖音人人会用。在三维的抖音互联网时代，一个人把自己的事业做到抖音上，一个企业到抖音上来经营自己的生意，是一件自然而然的事情。因此，对于太多的个人和企业而言，不要为过去的认知所困扰，否则会失去与时代共舞的机会。

◆ 第三节　人类体验的商业价值

人类思维与自然界或者宇宙间的自洽因素，让人类认识自然的过程成为解释自然逻辑的本身。

互联网出现以后，网络上滋生了大量的信息，人们根据传统的习惯去浏览网络资讯，当时就有一种像黄页一样的网址之家。搜索引擎的出现，让人们大开眼界和大呼神奇。而现实中这种神奇的算法的本质，却是人类体验的自身。搜索引擎是三个原理共同作用的结果，一是同心原理，在亚洲有人想到一个问题，在非洲或者美洲会有人想到同样的问题，因为最初被互联网爬虫程序抓取的资料是千千万万个创作者自己上传到网络空间的；二是点击原理，任何一条信息，如果浏览的人越多，说明感兴趣的人就越多，搜索引擎就可以把这条信息排到其他信息的前面；三是心理学原理，就是大家所关注的，往往就是你所想要的。搜索引擎就是基于这样的认识通过程序识别浏览者的喜好而开发出来的，而后在此基础上进行了更多维度的识别,以改善人们的体验。原来我们大呼惊奇的东西，它的底层逻辑是我们自己的行为与喜好。

就是这样类似的底层逻辑，英文搜索有了GOOGLE公司，其市值超过了万亿美元，中文有了百度公司，市值也达到了数千亿人民币。

无独有偶，移动互联网出现的初期，百度率先提出了流媒体的概念，而李彦宏准确地讲解了用户浏览智能手机的瀑布流的习惯，又有数以亿计的PC端用户加持，今日头条一上线便后来居上，实现了对百度新闻的反超。用户体验无疑又来了一次超常发挥，把标签和算法直接用到用户推荐中来，根据浏览者的喜好推送给他相同类型的资讯。

不仅仅是浏览者，更重要的是创作者。移动端的创作者和PC端是不一样的，PC端更多的是一些专业人员，而移动端是从草根开始的。谁拥有了创作者，谁就拥有了平台用户的核心价值。当创作者因为一个大众喜欢的内容被推荐上了热门，并因此受益的时候，创作者自然就会知道下次还会写什么。而当浏览者不断在平台上看到自己喜欢的内容，当然乐此不疲地在平台上停留。从本质上讲，用户浏览抖音的习惯，就是抖音流量分发的基础，也是大家喜欢到抖音平台创作并发布内容的前提。

人类体验这一次垂青了抖音。字节跳动就这么成功了，是的，就这么成功了，当然字节跳动公司的员工做了很多努力，如果没有这一条作为平台的基础，我们可以想象一下，字节跳动会这么成功吗?

人不能两次踏进同一条河流，在互联网平台的逻辑之下，成功是不可复制的。错，当三维取代二维成为一种最新的平台应用的时候，这种逻辑在短视频上得以应用，并且再一次获得成功。因为应用是现象级的，今日头条作为新闻应用虽然占据移动时代新闻资讯类的超级市场，但和短视频应用的未来比起来，不在一个重量级。短视频无疑会在更多的领域产生更广泛的应用和更大的价值。然而，就是几乎同样的内容推荐逻辑，从一个平台直接转到另一个平台而获得成功。如果有人怀疑不是基于用户体验的推荐逻辑起了决定性的作用，去问问那些抖音的短视频创作者，他们正在为什么而努力，他们为什么要这样干。

在平台上的人类体验就是用户体验。用户体验是平台型企业关注的重点之一，只有具备一流的用户体验，才有可能形成超量的用户聚集。凡事都有两面性，“信息茧房”“沉迷效应”是智能算法的一种结果，对用户也是一种潜在操控。同时，平台用户价格、销量等敏感信息被平台用来谋取自身利益的做法值得进一步考量。因为在社会学的逻辑上，群体往往是无意识的，而且群体的智力是小于个体的智力的。更重要的是群体中的个体具备极强的趋众属性，这也说明一个平台迅速崛起或者迅速消失，本身就是群体体验的结果。当香农在 20 世纪提出信息论的时候，是否想到当人类穷尽所有手段去掌控这个世界的确定性的时候，是否忽视了人类情绪本身。有意思的是，人类会在明知大家都知道的情形之下，因为喜好，在日常生活和商业中依然主动选择谎言。利用人性的贪婪、懒惰和集体无意识去设计商业模式，或者利用标签、算法和大数据去杀熟，正在引起越来越多的人的反感，相信也会受到反垄断等一系列政策的打压。

人类体验不仅仅对平台用户的聚集产生影响，甚至影响了传统商业本身的结构。

在 B2C 平台，每年都有“6·18”和“双十一”这样的电商造节，这类电商造节的内核就是增强用户体验的一种商业促进行为。我们会发现一个现象，就是一个晚上有数千亿的商品得到销售，不是一个平台，而是在多个平台都拥有不错的交易结果。这是一种什么样的商业行为呢？

可以肯定地讲，无论是天猫上的商品还是京东上的商品，没有一件是通过阿里和京东的团队吆喝出去的，这些巨额成交量的商品都是用户在各大平台上一件一件选走的。传统分销路径的销售行为，在平台上显然已经不适用了。平台更乐于通过算法，让用户想到的时候便能见到，当下完成交易。而通过现代物流又能快速得到。更让人吃惊的是，平台还可以通过大数据帮助用户提前想到。

从理论上讲,99%的消费者不是产品专家,在商品同质化的今天,体验经济走上前台也是商业发展的必然。然而我们最担心的不是通过产品体验来决策是否购买,而是平台让消费者失去了购物的决策能力,不断地产生了对平台推荐机制的依赖。有一点可以放心的是,市场的基本识别与平衡机制还没有失灵,否则那么多B2C的平台也不会销声匿迹。说得简单一点,市场上劣币驱逐良币的现象是消费者本身的需要,并不是由平台和系统的规则造成的,好的产品对平台而言,不是在做减法,不是在消耗平台的流量,而是在做加法,是在增加平台的黏度。从这一点看,企业到抖音上创业,做好自己的产品依然是一种王道。

在平台经济时代,用户体验对于中小企业来说更加难能可贵。中小企业对产品的细分、用户的细分和服务的专业性,是一般平台本身无法比拟的。表面上中小企业的获客成本比平台高,而事实上中小企业把消费者转化成用户的能力更具专业性。为什么大多数中小企业没有这样的感受呢?主要是因为长期以来,企业在不断增长的市场需求面前,很少彻底或者完全考虑到客户的感受。在同质化非常激烈的情形之下,能卖一批是一批,企业很少去考虑将普通的消费者转化成为长期的用户。另外,大多数中小企业技术基础薄弱,产品研发能力不足,很难生产出能够长期占据市场份额的产品,也不可能花大价钱去开发一个留住客户的私域系统,企业只好通过加价分销的方式尽可能地锁定传统销售渠道。在信息化的今天,这种竭泽而渔的商业形式就失去了市场竞争力。

信息越来越对称的市场,用户体验的价值越来越大。传统的商业定位理论在实践中却遇到了巨大的困难。为什么会出现这样的情况呢?传统定位理论是基于消费者的市场细分,在某种程度上把消费者定义为没有判断的人群,而通过大量广告和渠道营销触达消费者,让其自然购买。随着消费者了解的产品信息越来越多,接触的同质化商品越来越多,经受来自不同平台与商品的一再教育,消费者开始深度关注产品本身,比如出现了相同爱好的消费群体。与此同时,消费者在平台的培养下,减少了购物决策的主动性，购物的习惯变成了想到就见到的线上搜索与浏览模式。在这种情况之下，很多通过定位理论发展的线下品牌开始消亡而逐渐退出市场，相反，一些通过强势产品在圈层间流通的小众品牌逐步得到发展。我们看到的微商和社群电商的发展，就是这种情况。

客户体验这四个字，足以让一个中小企业成长成为一个优秀的公司。对千千万万中小企业而言，一方面要提升产品的竞争力；另一方面要把产品通过服务的形式，通过公众号、小程序等私域工具为产品使用者赋能，把消费者转化为用户。归根结底，向平台型企业发展，对中小企业而言是一条非走不可的道路，而其中的用户体验是这条道路是否通达的关键所在。

人类的体验为什么会拥有如此大的威力呢？在信息不对称的时代，大家往往是在一个局部的范围内去选择商品，一个区域的销售往往无法影响别的区域，从整体上大家依然处于一个盲选的状态，我们称之为信息不对称。而到了信息化时代，消费体验是被全网感知的，所以全网比价与全网最低价首先成为互联网电商的主要促销手段。

“我可以算出天体运行的轨迹，却无法算出人们内心的疯狂”，这是牛顿 1720 年投资英国南海公司股票失败后的感言。当年这只股票从 128 英镑上升到 1000 英镑以上，人们丧失了理智开始疯狂地投机，科学家牛顿也不例外。在这场击鼓传花的游戏中，谁都不会相信自己是最后的接盘侠。在这个过程中，信息是否对称已经不太重要，理性的认知因素也会被抛在一边，贪欲的膨胀和趋众的心理刺激让人欲罢不能。从这里我们就可以理解在信息如此对称的时代，为什么依然有很多人对不着边际甚至无厘头的项目一再追捧。当信息对称了，人类的认知之间依然千差万别，人们更多地相信自己认知中愿意相信的，而不愿意去面对理性光辉之下的真相。在现实生活中，许多经济学家的预测成了人们茶余饭后谈资中的笑话。

资源通过社会分工，达成与人类需求之间的对应关系，是人类财富关键的形成模式。而平台是由海量用户的聚集形成的，进一步讲，这些用户的需求首先是通过消费体验展现出来的。这就是人类体验在商业上的价值，只是在信息不对称的时代，这种体验只在局部区域之间慢慢传播，而到了信息平台上，这种用户体验的反馈几乎是瞬间的事。

人类体验的价值是巨大的。无论我们企业的产品在线下还是线上出现销售困难，首先需要去市场了解一下用户的真实体验，不能让内部反馈和认知局限影响了企业的产品决策。当然，如果想到电商平台特别是抖音平台打造爆品，就一定要去了解用户真正喜欢的是什么，而不是我认为我的产品是最好的，差之毫厘，谬以千里。

◆ 第四节　算法的意义

人类从众多动物中进化成人，更多的是脑力的因素。古希腊物理学家阿基米德说过，给我一个支点，我可以撬动整个地球。而真正能撬动地球的，只能是人类的智慧。

什么是算法？算法是基于一定预期的已知元素和运行逻辑而达成优选结果的有效数字路径，运行逻辑和路径都是算法的一部分。计算机上的应用程序一般是由数据结构和算法共同组成的。

算法越来越重要。算法将改变未来商业的走向。在信息化和智能化时代，一分资源、二分渠道、七分算法。从某种意义上讲，算法是未来企业经营的战略选择。

一流的算法能释放超强的算力。算法是计算机算力进步的需要，在计算机里，算法是针对某种数据和期望结果之间的优选路径，比如某些数学方法或公理的应用。算法在图形图像处理、人工智能、复杂网络、复杂控制和海量数据处理等方面十分重要。从某种意义上讲，当人类进入数字化时代，算法就有可能全面表达人类最为复杂的、最高效的生产关系，而与之相关的算力将是数字化时代人类社会核心的生产力形式。

随着大数据时代的到来，人类在寻求算法结构上不断突破，而算法结构上的突破，往往也是由于数学或者计算机物理科学的突破。

1936年，英国数学家及计算机科学家图灵提出被称为“图灵机”的计算数学模型，图灵机是现代通用计算机的理论基础。1943年，美国数学家香农和图灵在贝尔实验室探讨了“人工智能”的可能性。1956年，明斯基、麦卡锡、香农等13位科学家在美国达特茅斯学院召开会议，算法由此进入人工智能时代。

任何人都希望自己的算法更快，所需的资源更少。那么如何才能让自己的算法更优呢？主要有两个方向：一个是尽量简化不必要的操作；另一个则是直接打破常规，创作一个新的算法。

算法是计算机在生产生活中应用的需要。完善算法技术，规范算法应用，才能让科技更人性化地服务社会，让数字生活更多彩、更美好。

互联网出现的同时，一些系统软件在企业经营中或者行业层面得到广泛的应用，主要有ERP管理软件、财务软件、生产管理软件、生产设计软件、营销软件等。中小企业适应这些软件的使用过程漫长的。这里不仅有系统软件自身发展成熟的一个过程，更多的是企业级用户及其员工熟悉、接受以及习惯养成的一个过程。

一个新生事物的出现，必然伴随一大批反对者，因为站在员工的角度，大多数人都不愿意改变现状，除非某种改变能给自身带来巨大的收益，而且这种收益是当下就可以兑现的。而事实是系统在优化企业生产流程和提高效率的同时，让大多数人开始感觉到自己变得不太重要。

局域网的应用更是如此，比如在农村的商业上，上一个收银系统都非常困难，店主出于各种考虑会推迟这种对自己看似有益的行为。很多厂商也一样，更喜欢在一个相对无序的不确定市场销售自己的产品，这样才能在更多的竞争者中拿到可怜的那一部分信息不对称的利润。局域网的应用无疑对银行最具吸引力，小额的存取业务让柜台往往应付不过来，20世纪90年代初银行开始大量招工扩张还是赶不上市场的需要，人工的票据交换占据银行间往来人员的大量时间，而这些行业本身就需要业务流程和财务的规范。从网络通存通兑到24小时的ATM服务，再到全国银行间无纸化电子业务的开展，银行门口排队的现象越来越少，直至门可罗雀。行业和行业之间或单位之间在这次信息化变革中偶尔会有几个代差，一个代差在 5 年左右。在这些行业和企业的个性化应用中，基于现实生产与服务的算法越来越多，也越来越重要。

大型网络平台与各种工具出现以后，对基于更大用户和更大数据的算力要求越来越高，算法也越来越重要。一个非常典型的案例就是当线上火车售票系统刚开始运营时，近亿的用户同时在线，一下子让原来设计的网络不堪重负，购票者打开网页经常看到等待的空白页面，有时还会出现宕机故障。而随着一些大型互联网公司的介入,问题很快得到解决。

5G 网络出现以后，原来互联网的图文数据逐渐被三维的视频数据取代，人工智能同样获得海量数据处理能力的支持。随后是产业互联网、云计算、智能制造等一系列概念的提出，而这些概念的背后，无疑是算法与大量应用模型的进步。这些系统的应用不仅仅完善了制造环节，同时也优化了生产资源与人力资源的组织环节，常常把传统生产推向更高的效率、更加精细化的业务流程和更加智能化的生产管理。

算法是平台系统发展的需要,也是为平台服务的。平台意义上的算法，是为满足平台具体目标的一种常规设计，是通过逻辑达成的优选或者有效的路径。

平台型企业出现之后，商业的组织形式发生了巨变。一方面互联网电商得到快速发展，网络销售占据整个社会消费的比例在逐年增长，加上一些线上和线下融合的新零售板块，电商占比已经超越了门店销售。而随着近二十年房地产的快速扩张，临街店面的一些商用房的面积更是大幅增长，电商和线下商家两者之间的商业业绩反差十分明显。平台在带来线上商业快速增长的同时，互联网制造的概念也出现了，这表明发布生产任务、组织生产资源和提升生产能力这些目标都可以通过互联网来实现。在这种情形之下，“平台 + 企业”“平台 + 商家”“平台 + 自由职业者”的平台型发展模式开始出现并得到快速发展。

给用户打上标签，为购买者加上算法，是大型平台最容易也最乐意做的事情。我们在用户体验中讨论过利用人性来赚钱的算法，然而对更多的平台而言,算法常常用于平台之间的竞争。如果不能让用户长期受益，用户在不同平台的算法面前，最终会根据自己的真实感受做出有利于自己的选择。

商业平台一旦和算法结合起来为用户服务，就具备了传统的企业根本无法比拟的优势。近二十年流量为王的电商发展就说明了一个问题，在互联网发展的大趋势面前，单个的企业是无法和趋势对抗的。中小企业只有适应时代的发展，尽可能地掌握信息化系统工具，在发挥自身优势的同时，以子之矛，攻子之盾。

从今日头条到抖音短视频，算法起到了举足轻重的作用。如果说传统的互联网平台只在某个局部影响了工业生产和商业流通，那么短视频和直播时代的到来，使几乎所有的行业将会同时出现在现实和虚拟两个空间。在数字化时代我们会将之称为数字孪生现象，而且这两个空间的概念在商业上的边界越来越模糊。紧随而来的人工智能与智能制造和智慧大脑等一系列应用，都将表明抖音将成为人类应用信息化的又一个分水岭。与此同时，我们可以得出一个结论，算法对人类生产生活的改变将起着决定性的作用，而对企业而言，算法的竞争将成为企业间新的战略竞争。

在信息社会，算法无处不在。在被信息化改造过的生产资源、生产组织和业务流程之下，算法的优劣将决定平台型企业经营的好坏。几个甚至一群类似的平台出现以后，经过一个阶段的竞争就会发现大多数同类平台从市场中退出，很多时候我们简单地理解为平台资源能力和经营策略问题，而仔细分析其中的细节就会发现，算法在其中的影响越来越大。

算法一般不会固定在一个稳定的结构上，因为超量的用户会让一个固定的算法迅速产生内卷，因此抖音推流算法的变化是正常的。算法的依据是两个需求，一是平台的需求，算法要为平台吸引用户、留住用户和创造价值；二是用户的需求，只有满足用户需求的内容才能吸引更多的用户到平台上来。

算法是一个企业在数字化经营过程中的阳谋，而玩法却成了一个企业在数字化经营过程中的阴谋。在数字化经营的逻辑之下，做法就是一个企业基础运营系统的本身。想把一个企业做好，在数字化时代，最好首先找到所在行业最佳的算法，其次要搞懂所在行业最新的玩法。从某种意义上讲，算法将成为未来企业的关键战略。

算法时代意味着生活平台化、社区模块化和生产智能化的开始。在算法时代，经营者要学会把经营结果前置的同时，通过系统能力规避商业操作中的流程风险。捕鱼的机会成本太高,要学会在自己的鱼塘中养鱼。一句话，尽可能地提升企业的数字化经营能力而不投机。

◆ 第五节　用户的争夺

如果短视频的趋势你也预见到了，并且通过过去的经验也能够把长视频和短视频的适用做出战略上的区分，那你就能做出一个像抖音一样的超级平台吗？显然不行。就像我们今天大家都在讨论的人工智能和元宇宙一样，虽然我们了解了它的机制，甚至能够感受到人工智能和元宇宙成长的方式和路径，但是仍无从下手。换句话说，就是现在着手去做，成功率又有多少呢？

一个超级平台的形成，往往是时代的因素和互联网商业规律共同作用的结果。一个平台型企业，往往是在商业精英引导下成长起来的。资本和管理人才在目前的商业环境中并不稀缺，能看懂未来的人也不少，但具备智慧看清未来的同时躬身力行把这种创新的事情干成的企业家并不多。从短视频时长定位到社交定位、界面选择，再到与音乐的结合、去中心化的算法、娱乐属性，直到自媒体属性的取舍，走错其中任何一步就是不掉进万劫不复的深渊，也会被同行者立马超越，从而失去成为新一代商业王者的机会。

抖音平台在新一轮的用户争夺中取胜了。像抖音这种超大型平台的背后蕴藏着大量的人类商业进化逻辑，弄清这些逻辑才是让更多的中小企业实现经营升级和享受互联网红利的有效通道。

超量用户是平台核心三要素之一，无论是平台与平台之间的迭代，还是中小企业在迈向平台型企业的成长过程中，用户的争夺永远是主要内容。

一、买方市场和卖方市场

改革开放初期，由于我国人口多，轻工业还处在发展阶段，许多商品在国内一直是供不应求的卖方市场，当时买家电还要等商场计划。随着改革的深入，东部沿海地区经济得到长足发展，长三角、珠三角和环渤海湾经济区迅速崛起，大量的轻工业产品进入市场，到了 20 世纪 90 年代，我们开始从卖方市场一步迈入买方市场。进入买方市场的同时市场制度与现代企业制度在国内悄然兴起，现代营销学与现代品牌学开始有了用武之地。从小商品市场到专卖店，从大型商场的出现到专业化的大型专业市场的出现，国内经济呈现一片欣欣向荣的景象。与此同时，众多区域品牌、行业品牌和渠道品牌快速成长，一些厂家和商家在国内市场扩张阶段赚得盆满钵满。

有个十分有趣的现象，人们在讨论买方市场和卖方市场的时候，往往从宏观的供给和需求去研究，而在经济的微观世界，在局部市场，买方市场和卖方市场的现象一直存在。在互联网电商出现之前，局部的买方市场和卖方市场并没有因为宏观的变化而发生多大的变化。因为我国幅员辽阔，厂家的产品一般会在省域或者全国招商布局，线下铺货是厂商作为卖方普遍的操作行为。当商品到了县区或者直接到了终端商超与小店，买方会自发去选择商品，在这个时候，一个堆头往往会有多个厂商的产品。在这种情况之下，终端消费的总量往往是稳定的，因此有的商品在堆头会出现滞销的现象。随着市场同质化竞争的加剧，很多厂商就会认为原来的渠道与终端销售不利，很多行业开始出现渠道下沉的现象。这种渠道下沉的本质是卖方推动的一种商业行为，让自己的商品不断地靠近消费者。电商出现以后，商品从某种意义上和消费者之间实现了零距离接触。在这种情形下，消费者的消费选择往往是由流量决定的。

在大型的流量平台出现之后，标签和算法的结果就是同频买家的集合，是线上一个无形的买方市场。这一点一定要引起现代企业经营者的注意。只有理解这一点，企业才能知道如何去开发适销的产品参与线上市场的竞争。

二、流量成本

在互联网时代，流量竞争是用户争夺的起点。随着电商平台的快速发展，流量为王的时代成为商业的核心特征，电商企业利用平台流量对传统行业不断挤压。购物流量、搜索流量、娱乐流量与自媒体流量，几乎所有的流量都参与到电商的转化中来。平台基本上都依据客户竞价的方式分发流量，最后导致流量成本越来越高，有时候线上获客成本甚至超过了线下门店的获客成本。在这种情况下，O2O 的商业模式与新零售参与到新商业的竞争中来，平台从流量的竞争逐步走向用户的竞争。

三、平台型企业的客户类型

在大型平台上，客户主要有两种，一类是处于平台终端的超量用户，也就是具有一定消费习惯的平台使用者；另一类是购买平台流量与服务的企业和商家，其实这才是典型的平台客户。平台用户越多，平台的价值越大，这样会让更多的企业客户到平台上购买流量和服务，而平台的客户越多，平台的收益越多，平台收益增加，才会有能力开发更好的工具为用户服务，为用户提供更多的平台资源。对于平台而言，争夺用户的竞争是平台之间竞争的关键所在。

四、用户和平台的关系

用户时长的竞争是用户竞争的中心环节。随着互联网人口红利的消逝，移动电商增量的天花板已经越来越清晰，想要继续保持增长，平台将长期处于存量争夺和精细化运营的阶段。存量的争夺就是在争夺用户在某一个平台上的时间，平台精细化运营就是为了无限延长用户使用平台服务的时间。

五、私域用户是中小企业的一次机会

前面说过，中小企业的发展方向是平台化的经营。中小企业竞争的方向同样也是用户的竞争，这种竞争可以直接理解成为私域用户和平台用户之间的竞争，而竞争的关键最后还是回到了用户体验。

当中小企业拥有一个适合自己企业发展的子系统之后，应该把更多的精力放在产品与服务的提升之上，在更小的范围内服务好自己的用户。换句话说，在特定条件下，服务的用户越少，客户黏度越高，企业利润越高。

对于千千万万的中小企业而言，在大型平台的碾压之下，不必过分焦虑，因为平台之间的战争更为残酷，毕竟每个平台的生死存亡背后是巨额的投入和众多的利益相关者。而中小企业面对新商业潮流，要学习新的经营思路，如果没有味精就不会做饭了，那么你就是一个要被时代淘汰的厨师。在商业的森林里一群人遇到一只老虎，要么一起打上去，要么一起跑，你只要不是跑最后的一名，就可以继续把游戏玩下去。

抖音本身也是一个中心化的平台，而它对流量的推送逻辑是去中心化的逻辑，这对千千万万中小企业建立自己的用户粉丝群而言，不仅仅是商业流量的成本洼地，无疑也是经营升级的一次战略机会。

◆ 第六节　流量与商业价值的矛与盾

一、流量，从产品到商品惊险的一跳

流量真的有价值吗？古往今来，从人类的第一笔商业交易开始，都涉及三个元素，就是交易的人、货、场。什么是商业流量呢？商业流量的本质是人。所以在很多时候，没有人和合适的交易场所，产品无法变

成商品。如果交易是商品的必要因素，那么流量在一定程度上就是有价值的，说白了，就是渠道和流量本身也具有商品的价值。

如果渠道因为参与者本身竞争的因素，导致渠道的成本过高，那么在商品中的原来产品的价值占的比例就小了，对消费者来说，无疑是一件不划算的事情。在同一个商品之中，流量与产品的自身价值是一对矛盾体。流量越大，某个或者某类商品物以稀为贵，导致价格虚高；当商品出现价格虚高后，形成的交易流量必然降低，经营者常常会通过降价或者全网最低价来吸引更多的消费者。

在电商逻辑之下，有流量才有明天，才谈得上产品体验、交互设计、参与感与用户黏性等问题。以感性的娱乐节奏吸引客户，解决触达率问题；再以卓越的产品体验黏住客户，解决复购问题。这就是"互联网+"新营销的一种逻辑。如果没有流量，产品就无法达成商品销售，如果流量成本过高，商品中的产品价值占比就会太低，对消费者和生产产品的厂家都是一种伤害。有了流量就有了一切的逻辑，肯定是错的，商业需要流量，但商业永远不等于流量。如果没有流量思维，你根本无法进入电商的激烈竞争中，如果你只是坚持流量思维，从某种意义上讲，你将失去商业竞争的能力。

二、流量交易与流量转化

传统电商平台是中心化的流量平台，一方面，厂商以客户的方式参与平台流量竞价，参与平台流量交易，同时又通过自己的产品与服务交付给平台的用户。在这个环节上厂商与平台之间事实上已经形成了一个联盟。另一方面，商家想尽办法在把流量转换成用户交易额的同时，争取更大的利润空间，有时候会毫不吝啬地降低产品的生产成本和产品的品质。而在这种交易中，受到伤害的往往是作为终端消费者的用户。用户体验不好最直接的反应是给一个商家做了一个差评，或者不再购买同一商家的产品，有时也会开始对平台产生怀疑。因为我国人口众多，平台具备超量用户，消费者购买产品的过程仿佛买彩票一样选择大小。虽然平台也有商品销售的评测体系，而且这些体系有消费导向的能力，但是大家又会想方设法去把评价的外观做好，以此来销售自己设定好利润逻辑的产品。

三、低端消费者居多

在同质化产品的今天，厂商如果没有销售，再优秀的产品质量和再高效的生产线都于事无补，在厂商和平台的博弈过程中，厂商不可能成为赢家。同样，因为厂商不可能成为赢家，消费者自然也不可能成为赢家，导致平台最后也不会成为长久的赢家。也正是因为这种流量和商业价值矛盾的存在，才会出现用户在不同的平台上迁移的现象。

这是一个多输的现象吗？一个劣币驱逐良币的市场如果能够长期存在，一定是有一大群消费者在用脚投票。低端的消费者太多，导致很多商品不得不用最低价去长期参与新商业的游戏。由于流量竞争导致的商业内卷的现象在 C2C 的平台上随处可见，而这种现象在抖音平台上，会因为去中心化的推流算法和通过对内容的不断归零受到一定的遏制。但无论如何，在很长的一段时间内，低端消费者始终是大众化平台的重要特征之一，反过来平台如果不去讨好这些消费能力较弱的低端消费者，平台的活跃性自然而然也会受到影响。

四、高质量产品的困境

在传统电商平台上，高质量产品自然要面对流量困境。但是，随着算法的发展，平台还是会尽量提高撮合效率，让对的人购买对的产品，否则平台的用户体验就无法保证。流量的价值不仅需要转化，更需要合理的价值实现，如果不考虑平台的生态逻辑，最终会导致平台流量枯竭而出现多输的局面。

一款优秀产品通过流量的博弈成为爆品时，更多的模仿者会参与进来。这种竞争会导致电商平台很难有一款长效的爆品，然而这对更多的中小企业而言，一季或者一年有一两款这样的产品出现并且操作成功，就足以生存和发展下去。在这个时候我们自然会深思,是流量成就了爆款,还是爆款成就了流量，答案无疑是后者。

抖音平台出现以后，短视频和直播间无疑会改良这些问题，在直播间竞争非常成熟的状态下，任何一个直播间的打造都会有更多的人设成本，并且短视频和直播间主要是以内容获得流量，这种流量会根据规则经常性地归零。在这种情况下，流量和商业价值会在一个又一个直播间内部与外部公域竞争之间达成某种平衡。让一个直播间持续地火下去，是一个十分值得研究的课题。

当前，太多的传统行业和太多的企业生存都很困难，只有少数企业依然活得风生水起，主要原因是什么呢？其实只要深入研究信息化时代，特别是流量时代商业的底层逻辑，再去分析一下传统企业的经营模式，就会发现 90% 以上的传统企业在信息化过程中将失去竞争力。这主要是由传统企业的商业模式决定的。在传统行业中的企业，一般同时兼有两大功能，一个是生产功能，另一个是销售功能。在信息不透明的时代，区域与区域人群之间的信息是相对闭塞的，所以一定企业的产品在一定的区域总有客户，在这种逻辑之下，一个行业会有千千万万个主体生存下来。

到了电商时代，无论是生产的盲盒状态还是区域市场之间的闭塞，都被信息化打破，在电商平台上销售产品进入全网最低价的比价逻辑。生产的逻辑是通过信息化获得最好的技术和最好的资源生产最好的产品，而销售的逻辑是通过电商平台把整个市场上产品价格最低、性价比最高的产品卖出去。在这种情况下，一个具备生产和销售功能的企业要同时拥有两种非常矛盾的逻辑，一是低成本逻辑，二是找到适合销售产品的逻辑。当企业为了销售自己的产品时，根本无法适应市场上选择产品的逻辑。所以，当企业一门心思销售自己生产的产品时，采取各种手段促销，最后掉入亏损的泥潭。

这种现象在成百上千的企业中天天发生，一边是老板埋怨销售人员卖不出去产品，一边是销售人员埋怨企业的产品没有竞争力，一边是生产线在埋怨企业的投入不足。你在调研中会发现，最后生存下来的企业只有两种，一种是以生产为中心的企业，产品随行就市，几乎不考虑销售的问题；另一种是以销售为中心的企业，一门心思地寻找市场上所有适销的产品，不太在意这个产品是谁生产的。

然而在现实中，我们遇到太多的有执念的创业型老板，发现生产和销售的底层逻辑变了，还要保持各种情怀去坚守，一次一次寻找战术上的突破最后却往往于事无补。这样的企业，在抖音平台上，想活下去更加困难。企业不能通过情怀去坚守，改变得越快，离下一次成功越近。

◆ 第七节　商业 DNA 的分裂、复制与重组

DNA 携带有合成 RNA 和蛋白质所必需的遗传信息，是生物体发育和正常运作必不可少的生物大分子，DNA 在生物间广泛传承。商业的 DNA 是一种形象的说法，是指每一种商业组织或者商业模式在产生和发展的过程中显示出来的传承关系或者特征联系。我们这里主要是讨论平台型企业的商业 DNA 及其可以识别的一些规律或者特征，并对其他经济组织或者一般企业提出可供参与的信息。

一、平台型企业的 DNA

平台型商业的 DNA 有哪些呢？一是互联网属性，超链接、社交和媒体是互联网基因的表现；二是平台属性，系统、用户和超值服务是平台基因的表现；三是企业属性，分工、组织和融合资源是企业属性。在这么多平台的基因属性中，平台型企业独特的基因应该是超链接、海量用户和社会化组织三个方面。

二、平台型企业的多平台分裂的形式非常值得研究

微软公司在发展的道路上，有两个操作值得学习，一是在三十年前就开始了软件捆绑硬件的操作；二是在发展的道路上，不断地收购一些新

兴的应用软件，给企业的核心板块挖了一道宽宽的护城河。

阿里巴巴平台先后分裂出淘宝，培育了天猫，分蘖出支付宝，发展出钉钉、阿里云等一大堆超级平台。从阿里巴巴到淘宝是一个平台自我成长的过程，其余的都是平台裂变的结果。不难看出，这些产品的中心思想是围绕商业应用开展的，核心是增强用户体验。当天猫从淘宝独立出来后，“双十一”的造节运动起到了非常重要的作用。从阿里的电商基因看，背后是人与商品的连接。

腾讯的核心基因是社交和游戏，背后的逻辑是连接人与人。

字节跳动一下子推出了一系列产品，主要与新闻资讯、视频有关，而其核心的基因却是媒体与用户关系的算法。当然，短视频娱乐无疑是抖音的核心基因之一。其背后连接的是人与人的升级版即人与人及其空间体验的链接。

三、找出平台基因的意义

一是我们要学会与平台和平相处，在尽可能了解平台的同时，利用不同平台以及它们的优势为自己的企业服务；二是通过新平台的基因找出商业发展的主要方向，不断地学习平台基因的生成逻辑，把自己的企业改造成为小型的类平台型企业。

在谈到人类体验对商业的影响时，我们的结论是人类体验很多时候对商业的发展起到决定性的作用。我们把人类体验的商业价值和平台的DNA结合起来，就能够解释多年来大家讨论的一个互联网基因问题，那就是百度是搜索基因、阿里是电商基因，而腾讯是社交基因，国内初始的三大平台在经营的过程中都建立了自己平台的护城河，然而在发展的过程中，都试图进入过对方的领域，最终在平台分蘖这一块没有成功的案例。

难道平台型企业的发展逻辑也受到传统行业垂直与细分经营的逻辑影响吗？显然不是。我们会发现，任何一个平台都离不开基础用户，而基础用户是基于基础的需求来到不同属性的平台上。购物的时候上阿里系，找信息的时候上搜索平台，社交的时候用微信或者 QQ。我们发现，这些用户本身是可以重复的，然而在选择进入某平台的时候，他们都是带着某种需求或者可以说是贴着标签进入的。当他们的目标达成时，这些用户大多数会选择离开平台。

而当一个大型平台打算跨领域经营时，无非是想利用自己平台上的超级流量，进行二次转化，并且在一个新的领域形成一个新的平台。然而，我们会发现，当一个搜索用户在搜索平台出现之后，我们想引导他进入购物平台时，就必须引出一个新的二级购物属性的链接。同样，当一个购物用户我们想让他进入一个社交属性的平台时，也必须导出一个二级链接。在这个时候，我们会发现，这个二级链接的本质是分类，是一种细分和区隔，这种体验好不好已经不重要，而这种细分让大多数用户在二级链接出现时就已失去了活力。加上用户的心理定位和用户体验的影响，搜索平台做不成购物，购物平台做不成社交，社交平台做不成搜索，就变得十分正常了。

抖音会不会是一个例外？一个企业或者一个平台在发展中会遇到各种各样的问题，面临各种各样的选择，而决定最终结果的往往是其中几个关键的选择。

四、从新营销到新零售，是中小企业迈向平台型企业的必由之路

中小企业开展新营销的本质是 O2O 营销，利用互联网的超链接、媒体和社交功能为中小企业市场营销和渠道赋能，实现线上线下双向互动。而企业新零售的本质是私域会员对抗平台对用户的掠夺，包括社交零售、社群零售和社区零售。

通过对平台商业基因的分析，我们可以得出这样的一个结论，中小企业在对抗平台的过程中，用户争夺会进一步导致渠道下沉。有人要问未来十年商业的财富逻辑是什么？对大多数人而言，可以这样回答，一是抖音平台逻辑与抖音思维下的企业逻辑，二是中小企业平台化导致的社区新零售等。

大型的中心化电商平台纵使拥有万亿的销售额，也只能止步于线上，就算线下发力，也只是为线上引流的入口，而以私域获客为中心的社群（包括团购）却止步于社区或者社群。去中心化、以娱乐或内容获取流量的抖音，在打破了网络原居民和线下商业移民的界限的同时，激发了每一个个体在信息时代的商业潜能。这种能力不是单向的，而是双向的，每一个消费者都将成为新商业的参与者。

本章导读

我们能够追问多少细节，就有可能把握多少机会。

看透抖音，就像当你在一条大河里游泳，你已经完全了解彼岸的距离，你游过去的时候，不会因为看不到岸而慌张。

谈的是抖音，实际上讲的是一个商业世界；讨论的是一个世界，也只是在讲抖音。

那么多新闻媒体到抖音上来，说明什么呢？

把所有的商业通过互联网再做一遍？把所有的社会活动通过抖音重新做一遍？

你了解抖音的底层逻辑后就会发现，无论什么时间做抖音都是对的，而且做抖音对企业而言，收益较为明显。

Chapter Four

抖音的底层逻辑与发展趋势

抖音底层逻辑的形成，不仅是信息技术在人们生产生活中广泛应用的一种结果，也是抖音短视频平台在众多视频平台中脱颖而出，在激烈的市场竞争中取胜的一份经验。在抖音的底层逻辑中，不仅有信息技术特别是互联网商业发展的因素，同时也有市场自我演进与自我选择的因素。

一方面短视频之前的各种互联网商业应用不会在短期内消失，另一方面抖音短视频平台的应用场景会越来越多，占据用户的在线时长比例也会越来越高。抖音能否代表三维互联网，在不久的将来取代传统互联网成为移动互联网的主要应用，或者带着整个互联网进入元宇宙阶段，还有一些不确定性。然而有一点是不用怀疑的，传统平台中现有的很多应用，还会在各种场景中长期存在，并且也会在三维互联网的主要场景中不断出现。一些行业人士认为，传统电商凭借巨大的体量、强大的功能和系统的完整性，以及传统社交平台超大的用户群体和优秀的用户体验，抖音平台无法将这些应用直接取而代之。换个角度看，这也说明了平台上的用户习惯在互联网商业中的重要性。

从本章开始，我们将从平台的微观层面，分析抖音的功能、算法和应用的一般逻辑，主要是让到抖音上创业的人对抖音平台有一个整体的认识，让更多的创业者从抖音的底层逻辑中，找到在抖音上发展自己事业的正确路径。另外，还有一个更宏大的想法，就是通过对抖音应用层面的调查与分析，把互联网发展特别是抖音成长过程中存在的商业思维认真总结一下，以便于推演到现实的企业经营中，让更多的中小企业从中受益，从而分享到信息技术进步与互联网平台发展的红利。

◆ 第一节　短视频的应用逻辑

短视频的逻辑是信息技术的发展和市场竞争实践共同作用的结果。信息技术的发展进步，特别是5G的出现，让信息高速、大载荷传输成为可能。随着手机的普及，人们随时随地拍摄视频成为常态。

抖音去中心化的推荐逻辑，在创作者看来是非常公平的，根据创作内容分配平台流量，对创作者来说是一种极具诱惑的激励。于是很多新媒体人和普通创业者开始转战抖音平台，在创作了大量大家喜闻乐见的内容的同时，出现了不少大众喜爱的草根网红。由于抖音短视频的制作成本低、内容丰富、形式多样、用户浏览方便，而且几乎是零成本观看，抖音受到越来越多的用户青睐，最终从众多的视频平台中脱颖而出。与此同时，超量用户带来了巨大的平台流量，从而吸引了更多的企业、商家和个人到抖音上开启自己的创业之旅。

最初，个人和企业到抖音、快手等短视频平台创业，常常处于一种无所适从的状态。有讲流量非常重要，有讲算法非常重要，有讲拍摄技术非常重要，有讲视频内容非常重要，还有讲变现的商业模式非常重要，还有讲供应链非常重要，然而做了一段时间后，大多数人却没有什么实际收益。

到底什么是做好抖音短视频创业的关键呢？我们要从短视频应用的底层逻辑着手，找出短视频特别是抖音应用的一些商业属性，最终让到平台创业的人做到有的放矢。

一、时长

从PC端到移动端，从长视频到长、中、短视频并存直到短视频脱颖而出，主要是由三个方面的原因决定的。一是带宽的发展，让快速的视频传输成为可能的同时，电信流量的价格也在快速下调；二是移动应用，让人们可以在智能手机上花费大量的碎片化时间；三是当短视频成为社交平台时，短视频要适应超量社交用户的浏览习惯。从 15 秒到 5 分钟或者更长，抖音短视频的时长也存在一个不断测试的过程，这个过程不仅仅是寻找用户应用习惯的过程，也是在培养一批批用户的同时，根据不同用户陆续推出不同时长应用的过程，比如剧情号、中视频计划等。

在图文二维时代，微博和微信是头部的自媒体平台。自媒体平台和传统媒体最大的区别是发布者也是浏览者，创作者也是用户。这种大众化发布前期的内容必然是草根的，发布的形式肯定不能是长篇大论式的。浏览者也一样，根本没有过多的时间或者注意力去关注那些长篇幅的文章与内容。同时，微博、微信也具备社区的交流属性，更不可能用长篇的文字去交流创作者和浏览者之间的意见和情绪。所以，微信、微博的文字限制在 100 字到 200 字之间。当时国外有一个最能体现社交属性的应用是阅后即焚（Snapchat），平台秒刷秒焚的设计因为太契合年轻人的社交心理而快速成长。

随着资讯快餐时代的来临，大量的信息充斥着人们的生活。有人统计，人类的注意力持续时间下降到了 8 秒，在如此短的时间内吸引住浏览者的注意，这对创作者提出了更高的要求。

什么样的时长是短视频的最佳时长呢？除了满足算法，短视频想要表达的内容、目标受众和所要达成的目标都有一定的影响。一般情况下，知识点分享类在 45 秒到 90 秒，创意广告类要短一点，在 15 秒到 1 分钟，产品和服务推荐类，一般在 1 分钟到 2 分钟。再长一点就会让浏览者不安，对一些项目介绍类，最好也控制在 2 分钟到 3 分钟。当然，这些都不是绝对的标准，对垂直人群而言，有价值的短视频，10 分钟到 20 分钟也会为大多数人接受。

因为长视频和短视频的差异，一个账号应该根据自己的账号的特点和想要针对的目标群体来确定自己短视频的长短，并且灵活运用技巧来应对平台的分发考核机制。短的要像“前不见古人，后不见来者”一样语惊四座，长的要像《滕王阁序》一样腾挪跌宕、字字珠玑。

时长不仅仅对创作者有影响，也对作品在平台上的推荐机制有一定影响。为了达到良好的完播数据，让自己的短视频推送给更多的人浏览，缩短时长常常是有效的。但这也有一个限度，因为短视频的长短和表现内容的多少往往是成正比的，如果只考虑形式上的短而无法把想表达的意思表达清楚，让浏览者看完以后云里雾里，这样的视频不会有什么价值。一条短视频没有实际价值的结果是什么呢？那就是不会有人通过你的短视频关注你，短视频无法给你带来新的粉丝。有些只让浏览者一刷而过或者一笑而过，符合了抖音人工智能考核的节奏，偶尔有些流量，却无法赢得自己的粉丝，自己的账号也很难有价值定位，创作者更难形成特定的人设。没有价值定位和特定人设的账号后期的变现转化也十分困难。

弄懂了“短”这个逻辑，你就会明白短视频平台这个称呼的意义，它不仅仅是用户需求，更是用户的习惯和潜在的用户价值。而在这个小小的逻辑的背后，其实是一个时代的特点与一个社会的选择。

另外，平台会把不同时长或者不同类目的短视频放在不同的标准下去赛马，所以视频时长本身对流量的影响也是相对的。随着人们习惯于在抖音上浏览，抖音上短视频的时长在不断地增加，从短视频到中视频，再到一定的长视频，这是一个重新认同的过程。

二、形式

短视频的出现极大地丰富了新媒体的广告形式，也创新了不少线上经营的商业模式。短视频的类型很多，如搞笑类、明星达人类、颜值类、美食类、时尚类、娱乐类、文化旅游类、知识分享类、亲子生活类、运动健康类、动漫类、萌宠类、科技类、音乐类、情感励志类、剧情类、街坊探店类，等等。

这些分类都是以赛道的形式出现的。赛道一明确，想要创作的内容也就会变得清晰。很多小白创业者到抖音上很难直接开始工作，主要是在这些清晰的赛道类别中找不到自己的定位。一上手就想把短视频当作卖货或者让自己成为网红的工具，这种想法不但不具备现实的操作性，而且根本无法通过一个人的努力达成想象中的商业目标。

通过创作形式，我们还可以把短视频创作分成五类。

第一类是真人出镜类，主要适合知识分享、教育、测评和生活技巧和商品体验分享一类。

第二类是过程展示类，主要适合美食、美妆、健康运动，以及某些有趣的产品或设备工艺。

第三类是叙事类，主要适合文化旅行、情感生活、音乐、萌宠等，也适合大家常发的生活日常，部分商业的创业项目也可能通过这种形式系统展示和吸引垂类人群。

第四类剧情剧场类，适合美女、帅哥、明星搞笑、家庭情感和剧情剪辑和小创作。

第五类就是创意类，这一类应用比较广泛，也有更多的适用空间，很多的大型活动与项目宣传都属于这一类。

虽然短视频的拍摄随时、随地、随意的原则，但也有相对固定的存在形式。只有深度了解这些存在的形式，我们才能领悟短视频的媒体属性及其拍摄逻辑，再结合抖音平台上的粉丝浏览习惯和推流机制，找到属于自己的流量密码。

三、功能

短视频是抖音账号的主体内容之一，主要有以下四大功能。

一是媒体流量的功能。也是自媒体的展示和宣传功能，通过优秀的短视频吸引大量同频人的兴趣与关注，并为创作者积累大量的视频粉丝。

二是账号定位的功能。短视频通过发布的内容展示账号的核心价值与能力。通过短视频开展人设宣传与定位的工作,也是账号定位的一部分。

三是商业社交功能。通过短视频与粉丝用户一对多的长期有效沟通，也可以通过短视频开展长期有效的产品使用方法和效果展示，可以公开的操作流程与售后服务等，知识分享类短视频这方面的功能十分突出。

从某种意义上讲，通过短视频卖货也是短视频的商业社交功能的体现。

四是为直播间引流。在为直播间引流的同时，为直播间定位并梳理了同频的人群。所以，主播在直播之前一般要通过短视频进行预告和宣传。

四、推荐机制

用户浏览抖音平台的逻辑是抖音推荐逻辑还是用户关注逻辑呢？推荐逻辑意味着把你的短视频作品首先推荐给陌生的人，陌生人的浏览权重比较高。关注逻辑是首先把你发布的短视频推荐给关注你的人，意味着粉丝权重比较高。打开抖音，我们首先看到的是推荐频道，所以抖音目前核心的分发机制是推荐机制。从社交属性上讲，抖音陌生人的社交属性更强一些，并且有十分强的媒体传播属性。推荐逻辑决定了流量的分发机制，而关注形成粉丝的逻辑与新媒体的订阅机制本质上是一致的。

关注是粉丝机制，社交属性强，推荐接近订阅机制，媒体属性强。我们从这个逻辑上突然发现，抖音不仅仅是一个社交平台，也是一个自媒体平台。随着抖音平台的发展，我们会在不同时期、不同频道与不同应用场景，看到抖音对这两个属性的平衡。

平台会给浏览者打上标签，这种标签叫用户的喜好标签，因为用户的喜好不同，所以用户标签是千人千面的。与此同时，抖音平台还把创作内容也打上标签，这种标签叫创作者标签。当一条视频通过创作者发布以后，平台会根据用户的喜好进行分发。在抖音里，系统会通过你发布的短视频的内容和特点，把视频分享给有可能喜欢类似视频的浏览者。根据用户喜好来推流，比如微博等新媒体的订阅，更加智能化，平台因此也将掌握了更多的主动权。

平台根据视频播放量的不同设计了八大流量池，每一个流量池有不同级别数量的播放空间，初始流量池是200人到500人，也就是说，即便没有粉丝的账号发布的作品，平台也会把视频随机推给一些人浏览，并观察浏览者的表现。平台根据每一条视频的完播率和完播的时长、点赞、转发与评论的数据来判断用户对视频的喜好程度，并以此作为根据对视频进行打分，从而决定是否让这一条视频进入下一个流量池，也就是是否推送给更多的用户去浏览。进入同一个流量池的视频再一次进行比赛，通过用户浏览的时长、点赞、评论、转化和完播率再进行评价，然后决定是否进入下一个更大的流量池。这就是抖音算法中流量分配的赛马机制。

有许多短视频的制作非常简单，一两个动作却有巨大的流量，其实只要仔细分析，你就会发现这些视频从开始的一两秒就抓住了人们眼球，通过视频内容和文案以及音乐的配合，通过起承转合的视频节奏，吸引关注，触发点赞，并且形成较高的完播率。

几乎同样的短视频，通过不同的账号发布，结果也会大相径庭，又是什么原因呢？这里就涉及每个账号的权重问题。财号有没有权重呢？有推荐机制和粉丝机制就一定有权重。因为不同的人群对不同的内容态度是不一样的，从而导致有标签就有权重，只是平台的说法不一样而已。平台在不同阶段根据自身发展的需要也会有不同的算法或者规则，这一点我们不需要推测或者猜疑，因为和内容比起来，其他的可以忽略不计。因账号不同导致几乎相同的内容发布后流量不同，主要原因应该是每个账号的粉丝人群不同。

当抖音平台用户达到一定的数量级（2022年年初达到8.6亿用户），而且创作者也比较成熟后，用户增长的速度就开始降低，而平台上各种应用在增加。为了优化平台上的用户体验与提高平台的商业价值，平台适时推出了铁粉机制。什么是铁粉机制呢？就是把创作者发布的视频先推给自己的铁粉，让70%甚至更高比例的铁粉打分决定你的短视频能否进入下一个流量池。就像一个孩子要参加一个公开演出之前，先在家里表演一下，让家庭成员先打打分，看看能否走得出去。

提升铁粉的权重，从某种意义上讲，是平台商业化的一个重要步骤。在平台内让创作者关注或者讨好自己的用户，让账号的垂直价值更加突出，具有一定平台内部私域化的逻辑。当通过铁粉打分出圈进入下一个流量池，作品的流量不再受到铁粉的影响，而是受到内容标签和用户的喜好等因素制约。

到抖音平台上创业或者宣传自己，最容易犯的错误是太关注流量数据和推荐机制，整天研究算法，甚至很多新人小白出现了平台打压自己的幻觉，在一些玄学大师的引导之下不停地更换账号。

如果有人要问，抖音推荐机制的本质是什么？那就是你浏览抖音的习惯。我们浏览的习惯源于我们内心所关注的内容，所以我们自己做抖音，一定要把更多的精力放在内容创作上。无论算法和推荐机制如何变化，平台需要内容价值留住用户和平台需要通过流量变现这两个底层逻辑长期不会变。

五、娱乐属性

从智能手机诞生的那一天起，智能手机的娱乐属性就成了超越社交对话功能的核心属性。在智能手机之前，俄罗斯方块在传呼机和小屏幕的老式手机上就有了。我们在前面也了解到，苹果和抖音都是通过和音乐的嫁接而让更多的用户参与进来的。再想想腾讯基于 QQ 开展的游戏业务，就会明白为什么娱乐能够在互联网行业发展过程中占据巨大的比重。

为什么是娱乐属性呢？一方面是现代人工作和生活的压力较大，碎片化时间用来娱乐十分容易实现；另一方面是工业化竞争十分成熟而且激烈，娱乐至死的躁动几乎充斥着社会的每一个角落。甚至有人称这是西方社会的“奶头乐”战略引导所致，娱乐大量占用人们的时间，让人们丧失思考的能力，沉迷的人不断沉迷，清醒的人保持清醒，人与人的差距，甚至阶层间的差距也越来越大。“奶头乐”理论有一定道理，然而更多的时候是一种社会发展过程中自然出现的现象，其实也是目前社会生活与生产环境的某一方面真实写照，其中也与社会物质相对丰富有关。

娱乐属性是抖音平台的第一属性。娱乐属性除了要去开发适合抖音平台的各种应用，更多地要从短视频的创作者那里获得。正是因为抖音平台的娱乐属性的特征，所以短视频能够引起浏览者的兴趣并点赞关注。一句话，你的短视频内容最好能够给别人带来快乐。如果流量真的有密码，那么这就是一个非常重要的流量密码。

正因为娱乐属性是抖音平台的第一属性，所以商业属性、社交属性在抖音平台上只能属于次生属性。我们经常说的抖音是个人逻辑，就是从抖音平台的娱乐属性推导出来的，因为娱乐服务的目标用户是个人。另外，正因为娱乐属性是抖音的基础属性，抖音平台需要更多的内容创作者创作优秀的内容以吸引更多的用户到平台上面来，并把用户留在平台上更多的时间，因此内容是抖音平台首先要考量的因素，所以我们常说抖音是一个内容平台。

个人和企业到抖音上创业最容易犯的两个错误，一是通过各种娱乐过分追求流量，有了流量之后却难以变现，过度娱乐的同时导致账号人设混乱；二是像硬广告一样生硬地在抖音账号发布产品广告，最终导致用心拍摄的短视频的浏览次数很少。这是两个相对极端的情况，却在现实中经常发生。这两种都不可取，想要在自己的赛道上入镜，无论是商品宣传，还是日常生活展示，或是一些行业知识讲解，首先要用心去寻找属于自己赛道的喜感和娱乐感。

六、知识属性

三维的短视频应用对人类最大的价值是什么？最大的价值就是对人类知识的改造与传播。这种对人类知识超越时空并且毫不失真的应用与传播，能够让知识无处不在。

人类的识别系统是通过眼耳鼻舌身意，感知色声香味触法，三维视频的应用离这些感官的深度再现与传输已经不远了。

我们已经进入一个知识时代，又称为智本时代。当人类从宏大的动力体系进化到信息体系的时候，准确地讲也是进化到知识体系，三维短视频与直播的社会价值开始变得越来越大。

知识有一个特点，不像是一个苹果，分享给两个人一个人只能分得半个苹果，而知识分享给两个人则拥有了两份一样的知识，并且在拥有了知识的共识之后，社会的价值结构因同步协同而得到重新优化。无论是生产组织本身还是组织资源的能力，都会从人们的知识分享中受益。

当抖音想引导日常应用的时候，张同学的抖音账号的粉丝数量暴涨，当抖音想引导健康小知识的应用的时候，刘畊宏的一条视频涨粉了400万，多少个宅男宅女跳得累倒在床上双腿麻木。

在图文的二维时代，知识的应用需要学习者主动去搜索，而到了抖音时代，更多的知识领域的专家上线，有做论坛的，有做短视频的，有做直播的，一个宏大的知识体系形成的同时，用户标签又为这些活生生的知识找到了更为广泛的应用和更多的同频用户。2021年，学习频道已经成为抖音的主频道之一，而且浏览者可以根据自己的喜好定制自己喜欢的知识。

对于创作者而言，如果娱乐属性是创作短视频要关注的第一属性，那么知识属性就是创作短视频理应要关注的第二属性。因为在你的短视频中，如果有一定的知识属性，它的背后就有价值的积累与沉淀，随着短视频在更多的人群中传播，娱乐更多的人的同时，浏览者将获得更多的知识价值。这也是一个账号能否长期经营的关键所在。

在抖音上有一种知识诅咒的说法，知识诅咒就是一个短视频越是正儿八经地讲一些知识，视频的流量就越少，其实要辩证地去看这种现象。这主要是因为平台上的用户到平台上的第一时间是娱乐的，很少能够静下心来去学习一些知识。但在现实的操作中，也有一些专业的适用性强的知识短视频流量非常高，账号也做得不错。因为专业，这种账号的变现能力往往非常强。这里面的诀窍需要创作者多看对标账号，在自己的实践中不断去发掘。如果大家都能够忘掉知识诅咒甚至忘掉流量的逻辑，用心去学习真正的知识，一定会得到平台的重视。甚至，平台会去优化学习和知识频道。

在知识经济时代，短视频的知识属性至少有两个层面的意义。一是通过抖音平台传播知识，影响更多的人，从而影响人的娱乐、生产与生活，这是知识本身价值的传播与应用。二是生产知识、科技知识、信息化的系统知识等，将成为架构数字化商业模型的算法基础，最后成为一个自由职业者或者一个企业能力的一部分。

七、社交属性

很多人一开始会忽视抖音的社交属性，因为一开始抖音长的样子更像是媒体。然而当我们在抖音上待了一段时间后发现，我们好像认识了更多的人，也有更多的朋友通过抖音认识了我。其实，抖音的社交属性是常常被大家忽视的一个巨大价值。当钢筋水泥和繁忙的工作和生活把我们限制在一个很小的空间里，人与人变得相对冷漠的时候，抖音平台为我们开启了一条同频陌生人之间非常有价值的社交通道。

QQ 是典型的熟人社交，微信则是从通讯录上升到网络上的熟人社交开始，却增加了一半的陌生人，所以微信又具有自媒体的属性，这也是一些人在微信上开展微商的价值所在。微博与微信相比更接近媒体，但已经是一种鲜明的粉丝逻辑了，也就是不断把公域向私域去引导的媒体逻辑。所以，微博上出现了一批具备私域属性的大 V 或个人 IP。

关注之后成为铁粉、评论与点赞、加入粉丝团与私信功能，都是抖音的社交属性。在直播间，公屏其实是优秀的社交场所，通过直播间打榜你可以获得更多的粉丝，通过连麦可以一对多地深度交流，通过公屏可以发表自己的观点。由于抖音的标签功能，你会快捷地找到一些同频的人。在前面我们讨论平台形成的过程中发现，超量用户是平台形成的基础，在抖音娱乐与自媒体属性之外，将社交属性作为中心定位的时候，意味着一个超量用户的短视频社交平台开始形成，这也是社交定位对抖音平台最直接的价值。

抖音上有一个美颜功能，是针对人们爱美的自我表达与社交心理，活生生地在人类社交的灶底添了一把爆燃的柴火。

很多老师教你如何做抖音的时候，常常会谈到网感。除了一直从事电商工作或者跟踪互联网发展的人之外，大多数人如何获得网感呢？最好的方法就是大面积地拆解抖音上面的成功账号，这些成功账号的短视频和直播间，一定会告诉你网感是什么。而我们今天要做的，不是拆解抖音上的账号，而是要拆解抖音和短视频商业模式本身，形成一个相对完整的短视频时代商业思维逻辑。

我们了解抖音的商业底层逻辑之后，我们再从抖音平台回到抖音工具属性上面来，我们就会脱离平台流量与中心化的限制，让抖音成为我们日常生活和商业上的多功能小助手。在通过抖音学习很多知识的同时，认识很多志同道合的朋友。

八、表演属性

基于流量形成与流量价值的底层逻辑，我们会发现，在抖音上发布的短视频，不应该是我们想说的，而是浏览者喜欢听的，不是要表达什么真理，而是让用户开心的内容。同样为用户提供的产品和服务，不应该是我们仓库有什么产品和品牌，而是用户喜欢什么或者正在抢购什么。

群体决策往往是被某些行业意见领袖带节奏的结果，但这种形式长盛不衰，人们常常称之为羊群效应。有技巧地讨好用户已经不是一种促销或者示弱行为，而是短视频流量形成的一种策略。

在抖音平台，一些优秀的才艺主播长红长火而不缺流量，因为平台需要优秀的才艺主播通过娱乐内容把用户留在平台上。

从情景剧本到商业文案，从镜头感到肢体语言，表演属性是短视频和直播间都离不开的一种成分。当你面对猫眼一样的相机镜头，你要像面对几十人甚至成百上千人去演讲，这本身就是一场表演。虽然没有学过表演的人可以拍摄短视频或者开直播，多多少少还是要了解一些表演的知识。

一是要找准自己的角色，因为表演是从角色扮演开始的，哪怕是自己演自己，也要把自己要表演的角色在大脑中先过一遍。

二是要有镜头感，镜头感不是一直盯着镜头看，而是要忘记镜头的存在，把镜头作为交流的对象。

三是要入镜，就是要进入角色，演得自然，让自己舒服的同时，还要把握视频的节奏。镜头感和入镜说起容易做起来难，需要几百次甚至上千次的训练。

四是要通过眼神引导自己的身体语言，自然地表达，确保眼神、语言和身体行为的完整统一。

五是要学会从对口型和提词器开始，通过多训练，最终实现离开对口型和提词器。

在短视频创作上，对口型虽然被一流的创作者非议和排斥，平台也鼓励更多的原创作品，但对于大多数鲜有才艺的主播而言，对口型不失为一种不错的做法。一个广东歌手唱红南方的一首歌，一个北方歌手学会了到哈尔滨去唱大多数会火。基于平台去中心化的流量思维，平台更多时候也不想捧红某一种全国式的歌星，一旦捧红一位头部歌星，这个歌星就具备了超强 IP 的流量基础，就会反过来制约平台的发展。我们弄清这个小众圈层的传播逻辑以后，就可以通过这个规则来打磨我们自己的短视频，在模仿对标账号的基础上，适度加上自己的表演，就可以超越平台对抄袭与搬运的考核，并且得到广大粉丝的认同。

在刷抖音的时候，有时我们也会遇到一些类似玄学的直播间，这类直播间以干货为名的较多。一听起来就觉得分享的知识有悖常识，但这类直播间往往有很多的观众，这又是为什么呢？实际上这些所谓的玄学操作也是直播间留人的一种表演逻辑。在直播间，你最好讲粉丝喜欢听的话，而不是你认为正确的知识。大家用碎片化时间来刷抖音，很多人都有一种投机的心理，假如你做成一件事需要认真地做好十个步骤，基本上当你讲到第二步的时候直播间的人就跑光了，但是如果你说睡觉也可以赚钱的话，就会有很多人对你讲的话感兴趣。

有的时候，主播讲的话引起了争论也会给直播间带来好的互动数据，平台会因为你的互动数据好而再次给你推流。我们也可以这样理解，其实有些主播自己也知道讲的是骗人的玄学，但不讲这些东西根本无法留人。所以在直播间，几乎所有的玄学背后都是直播间的套路，这些套路的本质是表演。

我们理解短视频与直播间的表演属性之后，就能理解抖音上为什么有那么多的新奇特，有那么多豁出去的网红。为什么有很多火爆的直播间，原来都有表演的成分。虽然平台在逐渐规范一些行为，但一个以泛娱乐为中心内容的平台，表演无疑是少不了的成分。

我们理解了这些之后再到抖音上创业，要想办法也给自己一个可以表演的人设定位。当然,所有的表演都要围绕自己的赛道和商业定位展开。

无表演，不抖音。传统的品牌常常被平台的流量逻辑解构，要么用全网最低价促销，要么开展宠粉活动，加上传统线下的品牌活动参加的人越来越少，传统广告效果也越来越差。在流量时代，品牌的逻辑开始向会员与私域流量变化，品牌一定要具备一定的人设属性和表演属性，向商业 IP 与网红产品发展。在这个逻辑之上，品牌只讲一个故事的时代结束了，品牌要学会常常讲更多的系列故事才能长期获得流量。

◆ 第二节　算法驱动

把垂直的信息推荐给合适的用户，无疑提高了用户浏览和检索的效率和质量。用户标签和平台算法的结合，无疑是平台用户体验的一种提升。这本来是一件好事，但是这样的大数据处理方法，往往也会成为某些平台杀熟的一种手段，在社会上造成许多不良影响，遭到一些人的诟病。大多数大型平台出于优化用户的体验，一般不会任由这种现象发生，平台企业必须在短期利益和长期价值之间做出取舍。

在计算机领域，算法就是系统的计算路径和方法。在商业领域，我们理解的算法是在计算机算法的基础上，结合企业生产模型和商业活动中具体的商业模型，从而形成的高效的、系统化的、数字化的生产路径、方法和商业应用系统。

无论算法与算力如何进步，最终都离不开人。因为算法和算力都离不开现实生产和生活的具体模型，而这些模型的形成，人的主观观念与情绪常常也是决定性因素。在平台型企业内部，有些时候平台系统的核心算法和商业模型的算法两者之间的界限十分模糊。当我们在讨论算法的未来价值和社会价值的时候，我们尽可能地把算法理解成为可以在更多主体上能够得到更广泛的应用。

把算法的范围理解得更加广泛一些，平台型企业成为商业的主流之后，算法不仅在工业生产领域变得十分重要，也是优化商业资源，提高市场效率的重点环节，甚至已经成为平台与平台之间、企业与企业之间的主要竞争模式与各自的核心竞争力。从某种意义上讲，未来的国家和国家之间，算法与算法的竞争也会成为国际竞争的主流。

平台内部，和算法对应的一般有自然流量与付费流量两种。这里的自然流量一般是不考虑算法因素的，当我们只把抖音当作空间工具去使用，不考虑其流量的商业价值时，流量就是一种自然流量。付费是对抗平台流量算法的一种手段，也是电商平台常常使用的方法。企业做抖音时，有经验的投手一般会建议企业对自然流量好的短视频内容加大付费投流，以助力爆款短视频的产生。

一、算法与社会效率

算法和社会效率是典型的正相关关系，也就是说在正常情况下，企业算法越强，社会效率越高。在数字化时代，能够超越传统工业社会和农业社会生产动力结构的应该是算力。算力是指对信息化时代信息数据的处理能力，而算法则是对数据的处理和应用的方法及其模型。算力是一种新的生产力，而算法可以说本身就包含一定的生产组织或生产关系。

宏观上，互联网平台的算法无疑影响着平台的效率。算法通过平台改变了整个生产组织、资源组织与生产管理和智能生产等各个环节，也改变了整个社会商业流通的结构和效率；微观上，抖音平台的算法让更多的人发挥了创造力，去中心化的推荐算法，让商品再一次从中心化的流量回到现实的内容制作中来，让更多的普通创业者和实体商家能够通过自身的内容创作获得更多的流量。

凡事都是相对的，算法被用来开展行业垄断和商业杀熟，自然而然就会扼杀一个社会的创造性，从而降低了整个社会的生产效率或者社会价值。

二、算法与价值

在数字化时代，算力的本质是一种社会生产力，算法中往往也蕴藏着一种新的生产关系。当企业拥有了先进的算法，相当于拥有了一种财富或者创造财富的能力。

平台垄断流量对商业会产生一些负面影响，在这种情形之下，抖音去中心化的平台逻辑应运而生。去中心化的流量推荐给实体企业和商家带来了更多的曝光机会，对抖音平台自身的商业生态产生了很大的促进作用。在传统电商中，全网最低价逻辑和全网比价逻辑只能让劣质的商品驱逐优质商品。抖音标签与算法机制的出现，企业可以通过优质内容和优质产品获得更多的商业流量，商品销售中劣币驱逐良币的情况在电商领域将得到很大的改善。

三、核心算法及其权重变化

超量用户是超级平台形成的基础。我们来分析一下，抖音在定位为短视频社交平台之后，是什么助力抖音平台超量用户形成的呢？除了和音乐嫁接产生极强的娱乐属性，抖音对创作者作品推荐的算法起到了决定性的作用。平台用户积累的过程和晶体生长的过程差不多，晶体成长初期是要率先形成晶核，并且以此为中心将高密度的面继续向外拓展。抖音推荐的核心算法，就像晶体结晶过程中的晶核一样，是整个平台用户快速聚集的基础。

我们发现，这种算法击中了多年来中心化平台流量垄断的弊端，当人们不需要太多的互联网技能，仅凭一部智能手机拍拍短视频就可以上网创作的时候，一个让普通人和传统企业分享信息化时代红利的底层逻辑彻底形成了。也正是这种去中心化的流量推荐逻辑符合了商业变革的需要，才让抖音平台从众多的短视频平台中脱颖而出。所以我们判断，在很长的一段时间里，抖音推荐算法一般不会有太大的改变。

随着平台用户发展到了天花板的阶段，加上平台对商业利润的追逐，平台会根据自身发展的需要和平台上用户、流量以及其他资源的情况，不断地优化算法。主要体现在三个方面,一是对用户增长和用户价值有利，二是对平台商业化有利，三是要在不同平台竞争中取胜。

在这种情况下，不断变换和探索短视频和直播间垂直属性，甚至推出一些新的机制，比如铁粉机制等。在这个过程中，算法在整个机制中的权重因子会发生一些变化。

在电商领域，算法和标签是一对孪生兄弟。当平台上不断出现工具智能化以后，一些统计型和策略型的数据分析手段被应用到电商运营中，用户的人群标签常常会被算法滥用，基于人的经验和习惯决策的空间越来越小，在这种情况下，供应链和选品以及售后的各方面都引起了电商运营人员的注意。所以从某种意义上讲,算法对平台整体的价值是巨大的，而对平台上面的运营者或者购买流量的平台客户而言，了解算法只是经营中间的重要环节之一。

在算法和标签面前，千人千面的问题很快就得到了解决，一个再小众的标签，算法参与之后，都能够准确地把这些人找出来，成为一个足够大的人群。这也是抖音平台小众品牌形成的基础逻辑。但是对于平台上的商家而言，是讨好算法还是讨好用户呢？当然是讨好用户。因为讨好用户的逻辑只有两个：一是制作好的内容，二是选择好的产品。这两点本身是抖音平台算法的基石，也是兴趣电商转化的基础。而去讨好算法，一是很难找到算法变化中的那个点位，二是找到的那个点位，在很短的时间有大量的商家涌入，也会让这个点位失灵。这也是很多专业机构在平台上操作也会亏损的主要原因。由此我们也就可以理解为什么通投拉满的投流形式，也带不动所有盘，最后还是由创作的内容和商品的质量决定，回到人、货、场的基础商业逻辑上找出口。

四、算法对 SEO 的态度

平台初期，算法对 SEO 应该是友好的。因为抖音平台的创作者有时有两个身份，有时有三个身份，比如同时拥有创作者、用户和平台客户的身份。为了让更多的人参与到抖音上来，就要让更多的创作者和客户、用户有机可乘。在这个阶段，平台对内容针对性的优化是包容的。

平台上超量用户已经形成，抖音显露出了自身去中心化的强烈特征。最直接的表现是抖音上所谓的爆款只是 48 小时左右，而淘系头部品类常常占位一个月甚至更长时间。

也有人认为，平台的算法一般处于盲盒状态，加上现在有太多的付费流量需要转化，付费分发肯定是中心化逻辑，去中心化的平台也只是一个说法而已。

随着抖音搜索的用户习惯的养成，抖音数据资源量和抖音搜索的量正在快速同步增长，针对抖音搜索的 SEO，无疑也是大家关注的一个重点。

五、从算法到平台生态

基于平台生态的算法已经是一种平台型企业的经营思想了。正如我们前面讲的，算力是信息化时代的生产力，平台的算法也是一种生产关系。

毫无疑问，互联网平台型企业和工业化时代的传统企业逻辑结构已经完全不同了，工业化时代下的企业的依据是社会分工，需要的是一个社会环境和市场，而互联网之下的企业的依据是用户价值，需要的是一个平台、一个系统和一个商业生态。

我们不难发现，无论是社交平台、电商平台，包括像支付宝这样的工具，作为平台型企业诞生的基础，几乎都在取代一个甚至多个行业的横向应用。我们的社会就是一个大的平台，只是在信息化时代，某些应用通过信息化手段迁移到平台上面来了，在这种迁移的过程中，仿佛形成了许多新的商业板块。新生的平台虽然有超量的用户，但还是要和传统商业功能一样，和平台之外的各种主体和资源产生着各种各样的联系，这就是平台的生态。

从淘宝购物到网络生活直到互联网制造，整个互联网平台的生态也是一个不断发展的过程。

抖音去中心化的算法让更多的中小企业和商家看到希望，抖音平台能否与几千万企业和商家共同形成一个三维的新商业生态，是一个十分值得期待的问题。

有一个有趣的问题，那就是在成熟的商业生态下，算法会不会故意让你摔跤？不会的，理想状态下算法不作假，也不站队。也就是说，无论你懂不懂标签和算法，也无论你懂不懂投流的技巧，只要你能够清晰地告诉平台你在销售什么产品和提供什么服务，然后大胆去花钱投流就好了。结果要么证明你的选品是对的，要么证明你是一个商业上的笨蛋，连消费者喜欢的商品都选不好。

◆ 第三节　玩出新花样

抖音只是给了你一个舞台和一套灯光音响，如何表演和表演什么节目都是你自己的事。

什么样的人在抖音上最容易赚钱？一定是利用抖音的规则不断创新抖音赛道和抖音形式的人，或者在某类抖音赛道上占据头部的人。这些人为什么能够赚到钱，就是一个词，会玩。

当我们刷抖音的时候，会遇到不同类型的直播间，其实这些直播间的主题不同，直播间的内容也不一样，但是直播间的功能是一模一样的，并且直播间的流量算法也是同一个规则，只是要遵守平台规则的重点略有不同。所以我们可以得出这样的结论，在同一种算法之下，可以创新各种各样的玩法，这也是抖音平台的有趣之处。

一副牌有 54 张，我们拿到手中之后，就会有 N 种玩法，参与者根据自己的喜好制定并适应相应的规则，形成不同的牌类游戏。而在这些牌类游戏中，从 A 到 K 的排序和红心、方块、黑桃、梅花的基础逻辑一般不会变化。抖音有了去中心化的算法和关注、点赞、评论、转发和直播间打赏、连麦等基础机制之后，就出现了不同赛道的应用和玩法。一般情况下，抖音会根据不同赛道加上一些辅助的功能，但是抖音的基础算法和公共功能大多不会改变。创世主通过微观的粒子创造了一个宏观的世界，而创业者们则可以通过去中心化的算法和短视频、直播间的形式创造一个新的商业世界。

一、娱乐带来流量

抖音是一个泛娱乐平台，娱乐属性是抖音流量产生的源头。抖音的流量首先是娱乐流量，然后是社交流量，再后是一定量的商业流量，最后产生了搜索流量。通过抖音流量的变化，我们不仅可以看到抖音商业化的发展过程，也能深度理解如何掌握短视频商业化的底层逻辑。

和传统电商相比，抖音具备天生的娱乐属性，和电商的购物流量比起来，娱乐流量好像没有购物流量来得精准，但在标签和算法的作用下，娱乐流量可以立即转化为更加精准的购物流量。

在人类传统的商业中，娱乐一直是天然的存在，在古老的交易市场就存在各种杂耍，例如，《清明上河图》就描绘了当时工商业繁荣的场景。直到现在的中心城市的大型商场，也往往有电影城和嘉年华。因为传统的购物有情绪上的即时消费，所以传统电商平台开始造节，“6·18”和“双十一”就是这样被各路电商平台打造出来的。

无论个人还是企业到抖音上创业，都要牢记抖音的娱乐属性，通过娱乐属性去占领商业流量的制高点，有才艺的表演才艺，没有才艺的联合才艺共同表演；与此同时，做企业就是做游戏，还要利用娱乐思维和游戏思维去做企业，未来的大多数企业都将是平台型企业，要想方设法通过满足客户的情绪价值而和用户形成一个价值共同体。

随着工业化、标准化生产日趋成熟，人工智能快速发展，企业生产中的许多工作岗位将为人工智能所取代，而人们的工作性质和工作内容也会发生巨大的变化。在这种情况下，平台型企业将成为社会生产生活最重要的组织方式，形形色色的新服务业也将得到快速成长。在我国，信息咨询、金融等服务行业依然存在巨大的市场空间和发展潜力，也是很大一部分人参与社会劳动和社会财富分配的良好形式。

服务业的发展，是普通劳动者参与到社会生产中的最重要一环，可以说服务业将是未来 30 年国内大多数人就业的主要方向之一。从某种意义上讲，信息化技能和信息化素养，将是未来员工参与社会职业的基础能力。没有参与社会职业的能力，就无法参与到现实的社会分工中去，从而没有社会分工的收入。失业者因为没有收入就没有办法变成合格的市场消费者和平台用户。一旦因为技术的进步导致参与社会分工的人越来越少，就会在市场上因为失去合格的需求者而导致大量产品成为仓库中的垃圾，最终无法形成合格的人类财富。很多时候人们把服务业和传统制造业对立分离开来看，认为服务业是财富在人与人之间交付，不像传统制造业一样能创造财富。这是经济研究中非常容易发生的一个严重的误区。服务业特别是高端服务业，比如人资培训、金融和数字化服务，将处于未来高端制造业的前端，甚至是未来高端制造业的基础和生态。更重要的是，服务业同时也是高端制造业能否通过更广泛的商业分工，成为满足大多数人需求的重要因素。从这个意义上讲，信息化、数字化和服务业能否催生更多的高级蓝领和白领阶层，将成为经济领域一件非常重要的事。

娱乐感、获得感和愉悦感是服务业的基础指标。把技能、知识、娱乐在服务业上有效结合起来，是未来创业者的一个重要方向。

二、三维自媒体

从大众传媒到分众传媒，再到自媒体，互联网带来了媒体的巨大变革。从各种门户网站到资讯网站，再到博客，直到移动端的微博和微信，自媒体像潮水一样涌过来，令人目不暇接。

我们前面也探讨了媒体属性是抖音的一个重要属性。抖音短视频是天然的三维自媒体，从媒体到互联网，再到抖音上来，是一个必然的过程。从大众传媒到分众传媒，再到自媒体，互联网的连接属性、互动属性已经对媒体进行了较为彻底的改造。

我们发现，很多大型媒体都已经接入抖音，包括一些省级地方媒体已经在抖音平台长期运营。像媒体一样运营我们的抖音账号，对所有想来抖音的创业者都应该是一种启发。或者，直接在抖音上创建一些垂直的行业媒体，是不是一条又一条可行的创业通路呢?

在自媒体向三维升级的过程中，很多地方性的传媒公司会被淘汰，巨额的流量成本是大多数小公司无法承担的。在这种情况下，小的传媒公司最好的做法是转战抖音、快手、视频号这样的平台。抖音的媒体属性还是比较强的，视频号的社群属性比较强，两者的结合是一个不错的选择。

三、平台自我营销

你第一次听说抖音的时候，有可能是谁谁谁直播睡觉一个晚上赚了十几万，也有可能是某首歌突然火了，像《我是一只做梦的蝴蝶》一样传唱，还有可能是听说身边的某某某成了网红。

这种草根逆袭的故事听多了，自然就有了想到抖音上创业的冲动。当我们发了一大堆短视频之后的某一天，我们突然发现自己还不如一条鱼，某个抓鱼的账号动辄几十万上百万粉丝，这是什么原因呢? 当你开始思考的时候，你已经踏上了抖音创业之路。

有很多现象级的账号是抖音自我营销的结果，在不同时期，抖音根据自己发展的需要，要吸引更多的人群到平台上面来，往往通过平台自身的扶持形成现象级的话题。这些现象级的话题往往会在整个社会的特定人群中产生羊群效应，从而达成平台营销的结果。

我们会发现在不同的时段短视频或者直播间的流量是不一样的，很多人会怀疑是推流机制变化的结果。有的时候的确如此，而更多的时候是平台根据每个阶段性目标而设置的流量倾斜，比如购物节之前流量向电商倾斜。

我们不能把平台的自我营销当作平台规律来学习和研究。当然，如果你能够通过内容创新，成为下一波平台要推动的标杆账号，一旦你被平台选中，那么恭喜你，这应该比中一个几百万的彩票更有价值。

四、电商打榜的实质

在很多才艺直播间，打榜让你看得心惊肉跳，各种礼物满天飞，那可是真金白银在飘。

在海量用户的抖音平台上，站榜大哥是些什么人呢？除了少数情怀消费者以外，更多的是电商或者想在抖音上创业并建立某种人设的主播。他们打榜的动机是什么呢？在打榜支持主播的同时，获得更多的粉丝。说白了，站榜的本质也是一种商业交易，主要是平台的粉丝交易。另外，喊榜也是增加打榜大哥曝光度不错的手段，平台因为担心主播过度引导而导致围观的用户在那种激烈的氛围里迷失方向，对喊榜和打榜都做了很强的约束。当然，大型的 PK 直播间也会有一些回流票的玩法。

从双人 PK 到多人 PK，直播间也在尝试一些新的玩法。

五、各种剧本杀

在短视频中，剪辑的情景剧一直是广受用户喜欢的类型。除了剧情的吸引力，更多的是这些 10 分钟以内的情景剧刚好和人们碎片化的休闲时间融为一体，可以说是恰到好处。但是剧情号有一个缺点，就是容易侵权并且不容易变现。主要因为剪辑的剧情中没有创作者人设。相反，如果创作者出镜表演，往往会破坏原剧的情节和氛围。

在情景剧逻辑的基础之上，同时也出现了很多表演类的原创剧情节目，因为这一类节目一般是人们喜闻乐见的，所以播放量和点赞量自然比一般短视频要多出很多。加上创作者和表演者都是原创或者真人出镜，建立一个账号人设就相对容易。加上抖音对短视频最初的审核者是人工智能，而人工智能一般通过算法去给画面打分和通过浏览者的反馈判断视频质量好坏，从而导致许多类似的情景表演在很多的账号都能火起来。其实这和对口型的逻辑是一致的，一首好听的歌曲会通过不同的人传唱在不同的区域流行起来。

有了三维游戏之后，各种剧本杀在年轻人之间流行起来，角色扮演在生活中悄悄流行，而让更多的人去打发时间，或者减轻快节奏竞争带来的生活与工作压力。情景剧和游戏、生活结合，并且把线上线下联系在一起，就会催生出一些新的玩法。

六、元宇宙的测试

在直播间，你偶尔会遇到虚拟的机器人在直播，除了外貌和语音上和真人主播略有区别外，你几乎感受不到有什么别的差异。有人惊呼，主播这个职业也是不稳定的，甚至有被机器人取代的风险。从娱乐属性上讲，虚拟的机器人主播的知识储备和反馈的有趣程度或者才艺和装饰等方面，很容易超越人类。

当全黑屏打开一个三维时代，抖音无疑是离元宇宙最近的应用场景。无论是 VR 应用，还是人机学习，或是大数据资源方面，抖音无疑拥有最好的应用场景和实现条件。

2021 年，Facebook 公司宣布正式更名为 Meta，声称全面推进元宇宙，无疑是对元宇宙发展的高度认同。

在抖音早期的 A.me 的域名中，你也许能够感受到什么。

从大型互联网平台型发展与升级迭代过程中我们能够认识到，人类体验和生产应用促进信息技术得以广泛应用，反过来也会带动信息技术的再一次创新发展。一些通过掌握信息技术起家的互联网平台型企业，会不断地通过信息技术的进步拓展更广泛的应用领域，比如百度、腾讯、华为，而像阿里巴巴这样基于应用的平台型企业，最后的发展重点无一例外地走向技术引领。

因为传统互联网技术一开始是基于欧美的技术生态形成的，无论硬件还是软件，我们一直是处于追赶的梯队，而这种技术生态一旦形成，因为国际化的分工与应用会导致强者更强。我们因为有 14 亿多超量用户的存在，加上这 40 年来国内经济处于高速发展阶段，我们通过应用技术迭代不断地走到了互联网技术的前端，无论在硬件还是软件方面都得到了长足的发展。然而我们目前并没有能力直接从欧美的技术生态中独立出来，这也是我们在高端科技生产、研发和应用方面，特别是芯片上受到欧美遏制的主要原因。当然，这里也会有一个平衡，当我们的技术指数达到一定的先进指标的时候，我们一样可以取得国际合作的优势话语权。

元宇宙技术是一个综合技术，目前西方的投资公司对元宇宙已经相当关注，这也一定会引起国内行业头部企业的广泛注意。在量子计算、语音识别、语义传输、脑机交付、区块链、大数据、云计算应用等方面，国内也拥有一大批优秀的行业头部企业。

抖音平台是虚拟机器人最好的应用场景之一，而且抖音自身的三维形态，多多少少在暗示着信息化发展的某些趋势和路径。

七、本地生活

关于本地生活的竞争不是什么互联网新话题，而本地生活将成为抖音的核心玩法之一。在百度、阿里和腾讯快速成长的过程中，第一阶段几乎都是基于人类横向应用的大型平台，比如搜索、社交等。后来几乎整个社会都认为互联网平台会向垂直应用类发展，结果也几乎让所有人大失所望，因为除了地图等少量的几个应用，大多数垂直的应用已经消失在商业的长河中。第二阶段存活下来并且得到发展的恰恰是能够超越垂直的社区团购、餐饮类、同城信息等。我们已经认识到平台型企业形成过程中的底层逻辑，那就是需要有超量用户的形成机制的介入。

毫无疑问，只要超量用户的形成机制在短视频平台上依然有用，我们可以得出这样一个结论，就是本地生活无疑也是抖音一类的短视频社交平台的必争之地。现在唯一要考虑的可能是展现的形式、连接机制、解决方案和终端硬件一类问题。当然，平台是否也会像当年的搜索引擎一样，因为流量来得太容易，而失去了在本地生活深耕的基因和动力。

对于个人创业者和线下同城商家而言，抖音作为一个应用的放大器，无疑对线下和生意会起到非常强的助力作用。抖音平台为此开设了城市频道，并且还有美食等专业频道，这是同城商家的一次良好机遇。现在就是打开你的抖音账号，为同城服务的最好时刻。作为一个在线下开店的老板，你几乎不需要太多的准备，因为你在线下已经开设了一个门店，你几乎已经做好了在抖音上展现的全部准备了。

八、新营销和流量交易

新营销是移动互联网时代出现的概念，其本质是基于互联网超链接的一种深度分销。新营销的典型代表是三社营销，即社区营销、社交营销和社群营销。

当电商平台对传统行业产生巨大的影响的同时，各行各业基于超链接的商业自助行为在不断增多，但单个企业连接客户并且把客户培养成为用户的能力和平台根本不能同日而语。在这种情形之下，基于微信的社群营销与社交营销形式被众多行业广泛应用，直接表现形式是微商的兴起和一些营销软件的使用。

新营销的关键是通过自媒体和用户系统来降低企业的流量成本，包括通过互联网宣传企业的品牌或者在互联网渠道直接形成产品销售，本质上是一个从公域到私域的问题，抖音平台无疑是中小企业和商家开展新营销的新阵地。

在抖音平台上，企业和商家获得流量的方式很多。早期自然流量的成本很低，就是进入付费阶段，抖音流量成本也会比一般平台要低得多。而中小企业在抖音上开展新营销的关键是内容能力和变现能力的叠加，一方面是能够生产具备一定流量能力的短视频，另一方面是产品是否能够和抖音平台上的用户形成交易。如果能够通过一定的短视频传播把企业产品人群从抖音的用户人群中找出来，并且实现有效的转化，在抖音上开展流量交易花钱做推广是企业发展的一个捷径。

新营销的终极逻辑是新零售，是私域与会员的结合，也是中小企业平台化经营的底层逻辑之一。

九、N 类直播间

一万个人有一万个哈姆雷特，抖音有 N 类直播间。

一般来说，通过直播间的核心内容我们可以把直播分为才艺娱乐类、知识分享类、生活类和带货类四大类，但是从赛道和行业以及不同主播的风格的角度，可以说抖音有各式各样的直播间。

直播间就像在繁华的闹市给你一间门面房，或者在一个川流不息的大商场给你一个舞台，让你边表演边卖货。把直播间打造成什么形象，做什么杂耍，放什么音乐，吸引什么人群，卖什么样的商品，都是创作者自己的事。

直播间有什么好处呢？观赏更直观，展示更到位。一是现场感强，二是互动性强，三是人设清晰。

一般二维图文在互联网上传播的行业，几乎都能升级为抖音直播间形式，有少数行业受法律法规的限制不便于对外展示。如果你所在的行业营销非常重要，还没有人在做直播，或者还没有什么优秀的主播，那么恭喜你，这可能是你的一次提升的机会。

个人到抖音上来创业，可以多浏览一些形形色色的直播间，从中找到自己的灵感，同时也找出 10 个以上和你行业类似的直播间，认真去拆解，模仿与刻意训练，直到自己认为可以上场为止。

十、小程序

前有车，后有辙。抖音小程序的出现，是抖音商业生态中重要的一环。

2011 年微信诞生，2017 年微信才推出小程序。而小程度意味着平台对中小企业应用的一次生态开放，一是稳健核心平台，二是优化平台商业应用的生态。在小程序出现之前，微信平台对周边应用做过 N 次尝试，看看有没有在原来平台超级用户的带动下分裂滋生新兴平台型应用的可能。

微信、百度、抖音这些超级 App 的主要功能都不是交易，用户使用抖音的目标是获取内容，使用百度是为获取信息，使用微信是为了社交。

如何将平台原有生态与商业生态更好地衔接，不破坏用户体验与商业之间的防火墙，小程序就这样小心翼翼地诞生了。

苹果和谷歌是两个典型的“互联网+”的应用平台，是通过语言层面的全方位拓展。而微信和支付宝则更多地代表基于超量用户和应用框架层面的“互联网+”方面的应用。在平台上推出小程序，本身就是超量用户平台的一种开放的生态属性。

抖音对小程序的态度，应该和当时百度和微信对小程序的态度一样谨慎。我们可以直接感受到的是，抖音巨大的流量和三维直观的表现形式是众多在小程序开发应用上受益的厂商下一步关注的焦点。

十一、等你发现

听说要到抖音上创业，很多人会感觉到一头雾水，抖音上竟然还能创业？还有人一听说到抖音上赚钱，首先就想到要到抖音上唱歌、跳舞、搞怪或者直播带货。我们深入了解抖音的属性、算法和规则后就会发现，抖音是一种新的空间存在，或者是一种商业工具，或者是一个超大的人群，而具体要做什么，能做什么，主动权都掌握在创作者手中。

◆ 第四节　基于传统商业的核心应用

我们要在互联网平台型企业商业演进的过程中，透过现象看本质，找出一条对广大中小企业和商家有益的利用抖音平台的路径。

一般中小企业在平台化或者与平台之间建立良性生态的过程中，很难直接复制平台型企业成长的规律，但弄清平台型企业生长的脉络，借鉴的价值依然是巨大的。

如果传统的机会型商业的成功依靠的是企业家与老板们的经验判断和艰辛奋斗，那么在知识经济时代，单一的决策与某些个体的机会已经无法支撑企业长期的生存与发展。竞争对手将更加强大，市场节奏越来越快，经营对象越来越复杂，系统竞争已经取代了传统的资源竞争。单个企业的经营，已经渗透到市场的毛细血管，需要和市场的参与者也就是用户之间达成新的商业结构，在这个过程中，离开互联网特别是短视频这一类新兴的商业工具和商业平台，许多中小企业根本无法再去达成自己的经营目标。

一、突破时空的交流

传统商业存在一定的空间和时间的范围约束，不同商业主体之间的沟通成本占整个商业成本的比例越来越高。这种沟通成本，不仅仅是商品交易过程中消费者和商家之间的沟通、企业和渠道之间的沟通，同样也包括在生产过程中的资源组织行为和企业生产管理行为。

我们经常说白纸黑字，一般是指流程和意见、责任的表达形式，对于生产组织与正常的商业交易而言，视频和直播无疑更加直观、可重复、可学习和让双方或者让多方同步交流更容易。同时，这种交流突破了一定时间和空间的约束，大幅度地减少了采购、生产组织和生产管理甚至市场交易过程中的沟通难度和沟通成本。

视频除了直观，还可以重复播放使用，并且能进行一对多的标准化交流。如果沟通的内容涉及技术和知识的价值，这种价值可以在视频沟通中得到长期的有效推广。短视频是知识经济时代知识价值一流的存储方式与放大器。

当我们研究人类发展史的时候，我们只能通过考古的形式，在历史痕迹中做各种假设，而未来人类研究我们时，完全可以打开我们今天的视频进行各种回放。

传统的商业中充满太多的谎言和不信任，无疑增加了社会整体的成本，随着视频时代的来临，一直在盲盒中的商业将从多个角度得到解放，大多数企业将不再追逐信息不对称带来的商业机会，而是开发更多的因信息对称形成的社会商业的结构型价值，如平台价值、系统价值、用户价值等。

二、可视化

这里聊的可视化不是将数据图表化意义上的可视化，而是将生产生活的具体情节和内容通过拍摄转化成视频，达到可以现场观看和事后查看的效果。可视化是短视频应用最强大的功能。这种可视化突破了时间维度，也突破了空间的维度。

可视化的应用主要有三个底层逻辑，一是现场管理与应用，二是各种监控与真实的记录，三是各种突破空间属性的远程制作。

雅典的狄奥尼索斯剧场位于雅典卫城南侧，建于公元前6世纪，是希腊最古老的露天剧场。在这足以容纳17000人的剧场里曾经上演过无数场埃斯库罗斯、索福克勒斯和欧里庇得斯的悲剧作品及阿里斯托芬的戏剧作品。剧场依山而建，大得惊人，似乎凝结了天地大美之气。

当时光来到20世纪，电影和电视的出现，让一场直播有了数亿甚至数十亿人同时观看。可视化带来媒体和娱乐行业重大改变，也带来了人类生产生活方方面面的变化。当人工智能发展的无人化和生产过程的可视化结合起来时，一个鲜活的未来生产场景就展现在我们的面前。

三、视频与大数据

随着信息化发展的深入，大数据进入了人类的眼帘。从超量数据的收集、海量数据的处理，基于大数据的决策和管理模型越来越多，各行各业的应用也越来越广泛。

视频和大数据之间有什么样的关系呢？就单个信息而言，视频信息的数字化内容比图文信息高出一个维度，信息更加丰富，表达更加精准，同时对传输、存储和运算的要求也越来越高。整体而言，视频是大数据的数据材料，而且会成为越来越核心的、占比最高的数据材料，也将成为大数据中关键数据的重要组成部分。

视频和VR的融合，将改变人类现有的生产生活设计工具与模型方式，而这一切，又是大数据一个新的起点。

视频是天然的非结构化数据，和一般基于逻辑生存的数据有很大的不同。很多视频的价值密度不大，也会造成许多存储和运算的信息冗余和过载现象。相信随着信息技术的进一步发展，包括视频在内的所有生产与生活数据，将成为人类的一个小小的数据包。

四、视频与行业

视频已经进入媒体、娱乐、教育、医疗、安保、交通、生产管理与商业应用等各个领域，开始发挥越来越重要的作用。

有了智能手机以后，媒体发布形式全面向自媒体过渡，基于社交应用发展起来的超量用户平台基本上也是一个新媒体平台。因为视频本身的媒体属性强烈，抖音成了一个天然的巨型媒体平台，和今日头条的图文媒体一起形成了新媒体的两座高峰。没有用户和流量，媒体同样将失去价值。因此，你会发现很多电台、电视台、报纸、杂志，都在抖音平台上开设了自己的账号。

在电影和电视广泛改善人们娱乐生活之际，移动智能终端的出现，娱乐成为人们打发碎片化时间的主战场，我们从来没有像今天这样能够如此近距离地接触更多的明星和各种影视音响作品，还有太多给你带来快乐的网红达人。

教育行业无疑是视频发展的最大受益者。你几乎可以不花成本就可以搜索各式各样的知识短视频，或者驻足一些大师和达人的直播间。短视频加快了人们触达知识的节奏和密度。与此同时，也存在一个问题，就是在知识爆炸的时代，我们如何利用碎片化时间和知识成长达成有效协同的问题，碎片化的时间和碎片化的信息会让我们的大脑处于一种低效的浏览状态，更是让我们沉浸在一种对信息的贪婪状态，却无法进行有效的输出。

视频的应用空间和层面太多，也正是信息化给我们全社会带来巨大变革的一次全面展示。对很多从学校出来就面临商业竞争的毕业生而言，利用所学的知识从事电商是一种不错的就业路径，但是对少数有创造性的学生而言，脑洞大开的确非常关键，因为太多未来的应用等待年轻人去创造。

五、新零售

平台流量竞争激烈导致线上流量成本越来越高，很难覆盖小区的终端人群，并且为小区提供物美价廉的服务。传统电商平台在最后一公里也受到来自线下传统商业的反击。

个人通过各种新零售平台，开展轻资产运营，建立稳定可靠的税后收入，已经成为新冠疫情以来最大的财富共识。随着经济下行压力加大，传统行业赚钱越来越难，市场竞争更加激烈，商业逻辑正在发生改变。在这种情况下，我们发现几乎所有的三甲医院人满为患，一两个小区可以支撑一个大型商超，这些背后都是社区和会员的底层应用逻辑，也是来自终端的刚需逻辑。

我们在新营销的逻辑中发现，社区营销、社交营销和社群营销是新营销的重点，而新营销的本质是通过互联网实现了企业和消费者之间的有效连接，从而减少企业经营的流量成本。而新零售的本质是什么呢？新零售是基于 O2O 的新商业，比新营销更进一层，形成一个相对稳定的商业系统闭环，私域的商业会员是新零售的核心价值。主要的形式和新营销类似，有社区零售、社交零售和社群零售等形式。新营销是私域流量，而新零售是私域会员。

抖音短视频的出现，去中心化的内容流量分发机制为中小企业开展新零售提供了更为便捷的通道。把抖音平台上的抖音小店、蓝 V 账号、直播带货和精选联盟（分销）这些概念结合在一起，你会发现，抖音的商业逻辑中含有天然的新零售模式。

在平常的交流中，很多朋友对我说，你要多讲一些赚钱的方法，少讲一些商业的底层逻辑，现在的人大多需要你直接告诉他做什么和如何做。然而面对商业竞争激烈而又复杂的现实，每个人和每一个企业面临的状况不同，如果今天的企业家和商人不掌握现代商业的基础逻辑和常识，只告诉你一个放之四海皆准的公式，而当你面对一道道复杂的商业问题时，大多数是无解的。涉及商业成功的因素很多，在趋势面前，真正考量我们的是认知、眼界、常识和系统的能力，“一招鲜吃遍天”的时代已经成为过去。学习一个时代的赚钱路径和新商业模式，也是未来企业家和传统经营者的分水岭。

新零售是一种私域会员，更多的工作是把客户逐步转化成为用户的一个商业过程。在这个过程中，公众号、服务号特别是小程序就显得十分重要。我们在前面探讨中小企业转向平台化经营中也强调过，一是要和大型平台联动，并且应用大型平台上的子系统发展自己的企业；二是要通过子系统一类的系统工具为自己的企业服务，在提升企业系统能力的同时，形成一定范围内的私域用户群体。

◆ 第五节　抖音的变与不变

一个平台发展中的变与不变，往往是由平台自身的基因和属性决定的，同时也受平台成长过程中的大环境影响。

短视频是抖音平台的核心基因，而娱乐和社交是平台的典型属性，在平台成长的过程中，无疑受到两个方面的环境因素影响，一是网络从3G到4G直至5G的跃进，二是智能手机用户的快速增长。短视频存在的环境创造了抖音平台，而抖音平台却给了短视频一个全域的应用场景。如果说造成这种结果只选择一个原因，就是针对创作者的关于短视频去中心化算法。

抖音去中心化的算法不仅仅是抖音平台获得超量用户的基础，也是保持平台内容长盛不衰的原动力。更重要的是，这种算法已经在互联网领域发起了一场流量革命，是一场对传统电商中心化流量发起冲锋的变革。令人激动的是，在全球避虚就实的经济竞争大环境之下，抖音凭借创作内容获得去中心化流量的逻辑，正是线下饱受电商之苦的实体企业和商家一次全面反攻的机会。

我们不禁要问，平台会是那个屠龙少年吗？

有这样一个故事，大意是有条恶龙要求一个村庄每年都要给它献祭女孩，这个村庄每年都会有一个勇敢的少年去与恶龙搏斗，但是从没有回来过。

有一年恶龙又让村子给它献祭女孩，一个少年带着宝剑出发了。这时，村子里有人偷偷地跟在他的后面，想看看到底发生了什么。少年来到恶龙的巢穴，找到恶龙，并用宝剑杀死了恶龙，少年坐在恶龙的尸体上，看着龙穴里一地的金银财宝，最终他的头上长出了犄角，背后长出了翅膀，少年变成了恶龙。

向欲望屈服，曾经善良的勇士也会变成恶龙。

管理好平台型企业的欲望，可以说是平台型企业超越企业经营的商业哲学问题。

很多创业者看到抖音平台的超级流量而想到平台上面来，有的把熟悉的淘系付费的玩法平移过来，也有把微商或者媒体人的玩法平移过来。传统电商人对流量和平台之间的关系都有着深刻的认识，在不断的试错过程中很快会理解短视频平台并创造一些新的玩法。

在传统的电商平台，平台占有绝对的流量优势之后，要么和头部商家联合起来收割用户，要么和用户联合起来收割商家，要么和头部联合起来挤对同行，把电商圈活生生地玩成一个零和游戏，在平台和少数商家赚得盆满钵满的同时，大量商家和用户被无情收割。这显然是刚刚兴起的抖音平台不愿意见到的结果。

一、止步于娱乐、社交或短视频？

在平台基因面前，平台型的企业又会如何思考呢？从今日头条到抖音短视频，媒体与娱乐的属性是主导基因，核心的能力是算法能力。从目前企业产品矩阵和布局看，获取流量还是一种战略选择。我们也可以做出这样的判断，如果将一个平台分为成长期、发展期和成熟期，抖音平台正处于发展前期。

因为流量来得容易，而算法几乎是少数人的事，在商业化的进程中，因为流量变现太容易，平台会不会因此错过短视频应用的N次创新呢？当年的搜索引擎一直在电商领域没有太大的建树，最后大家以互联网基因的逻辑进行解读，这种道理是存在的，显然这种道理又不是全部，因为后来错过的不只是电商。而微信从QQ广泛应用的影子里成长，并没有因为灯下黑而失去光芒，阿里系则像高产的母猪一样，一连串生养出几个拥有超级用户的平台，其背后的原因值得深思。

我们判断人类已经全面进入平台型企业阶段，传统的公司化经营逻辑将越来越弱，因此我们在思考商业的时候会更多地去反思各种平台型企业的成长差异。这些差异与结论对下一步中小企业的平台化和系统化经营有没有帮助呢？相信会有。

二、核心算法不变

Google公司的老板发现搜索的结果中广告的价值太差后，随手把自己的看法写成字条放在公司的餐厅，公司一个技术小组就在次日凌晨5点前做了一个在搜索结果中对广告排名的新程序，Google公司只是微调结果，没有去改变搜索的算法。当百度搜索结果也遇到同样的问题时，百度推出一个“凤巢计划”，毫无疑问，百度同样也只是在广告方式上进行了微调，同样没有改变自己的核心算法。

抖音上的许多创作者会发现，平台的流量好像一月一小变，三月一大变。但可以肯定地讲，许多变化与抖音的经营目标有关，而对于抖音的核心算法，自然在很长的一阶段内不会改变。

天下熙熙皆为利来，天下攘攘皆为利往。抖音平台算法的变与不变，都是平台根据自身的发展和对互联网的理解做出的一些选择，那些都是平台决策者和工程师们的事情。我们只是想从平台的变与不变中，寻找出支撑普通人和大多数中小企业参与平台的合理思路，或者加深对平台的整体认知。无论是朋友还是对手，我们都要尽可能地去了解他，才有可能深度地与他合作或者竞争。

三、从矩阵到生态

从今日头条到抖音短视频，字节跳动一直在布局产品矩阵，字节跳动不仅希望在资讯、视频等方面有积极建树，还渴望在更多领域攻城略地。同时，字节跳动几乎不依赖于任何互联网巨头，持续打造完善自身的全产品生态体系，并延伸至几乎任何可触达的生活角落。除了“今日头条”“抖音”“西瓜视频”“火山小视频”等核心产品，其在资讯、教育、游戏领域都有非常多且细化的布局。

因为信息化发展的节奏远快于传统行业，而且平台型企业的底层逻辑是超量用户的逻辑，随着新平台的不断创新，平台之间的用户迁移现象时有发生，所以几乎所有的平台型企业都存在着一种替代危机，也是平台型企业的战略焦虑。

为了抵抗这种焦虑，平台型企业在技术不断创新的同时，常常采取投资收购的形式不断拓展自己的领域。特别是前些年 O2O 与新零售大战，为了抢夺线上线下资源，阿里和腾讯在互联网关联领域展开的全面收购。几年时间沉淀以后，我们发现对平台型企业而言，投资相邻赛道是不错的选择，而在社交、搜索、电商等领域，平台基因是平台型企业的护城河。

短视频从信息底层逻辑上同时具备了搜索、社交和电商的一些基因，所以抖音平台的出现，一定会引起传统互联网企业的高度关注。

商业生态是平台型企业发展的一种必然选择，然而要想形成像淘宝、天猫、支付宝和阿里云一样的平台生态，或者像京东电商与京东物流一样的商业生态，需要做好整体的战略决策的同时，还要找到各种类型平台企业成长的机遇期。

四、去中心化流量和用户的天花板

任何平台的用户都会有天花板，抖音平台也不例外。去中心化的内容推流机制为平台培养了超量的用户，然而无论如何，平台的用户都会很快触及它的天花板。

在达到用户天花板之后，去中心化和算法机制还需要坚持吗？是的，因为平台对内容的需求是长期的。但是不可否认的是，基于用户行为习惯的各种标签会越来越成熟，粉丝的私域价值也会不断增加，这种价值平台会直接对外出售，还是和创作者分享呢？从平台用户体验的角度看，和创作者分享会加强和优化平台的用户体验。所以，我们看到了抖音平台在2021年年底推出了铁粉机制。

基于流量的机制和基于粉丝的逻辑都不是普通创作者能够控制的，但有一点我们可以确信，在平台的赛马机制中，我们只要能够成为胜出的那20%或者10%就算是成功。因此，对于传统企业到抖音上来，不仅要控制自己的欲望，更要捂紧自己的口袋。

五、存量市场

抖音平台是存量市场竞争，这种说法是不全面的。无论在娱乐、广告营销还是电商领域，抖音一边在拓展新的用户市场，一边在和传统互联网进行存量市场的竞争。

短视频市场本身是一个巨大的增量市场，无论在资讯还是娱乐板块，抖音无疑在吸引新的用户的同时在创造新的价值。就是在搜索领域，短视频搜索和传统的搜索在底层逻辑上也有巨大的差异。

抖音教育并启动了最后一批网购者和互联网创业者。抖音之后，网购必然成为全民行为，网络创业也成为全民可以选择的方向。

谈到存量市场，不得不问一个问题，那就是抖音的未来能否突破传统BAT基因的诅咒，能不能跨越娱乐的边界，走到电商和社交的中心去。抖音平台能否做到自我开放和自我否定，也许是问题的关键，这或许是一个化蝶的过程。作为一个普通的创业者,要做的是紧跟抖音变革的步伐，不要错过每一次尝试的机会。

六、为实体赋能

短视频不仅仅是抖音的短视频，短视频是未来商业的短视频。而抖音的短视频，能否成为短视频的全部呢？能否为所有实体商业赋能，几乎是最关键的答案。

每一个现象级的超级平台理应有着自身的超级使命，百度开创搜索时代，阿里开创电商时代，腾讯开启社交时代，抖音短视频能否开启新商业时代呢？当电商流量遇到开花板时，O2O 被广泛提出的同时，马云提现了新零售，而新零售也只是解决了商业交易的渠道私域问题，也就是中和了线上线下流量入口的流量成本的问题，却并没有解决基于社会分工的企业生态问题。

抖音短视频无论是在形式上还是目前的去中心化算法上，都具备为实体企业赋能的关键价值。相信抖音能够开启一个崭新的商业时代。

七、青睐“三农”

近期“三农”账号流量出奇地高，是农村的画面感符合了抖音的推荐算法，还是抖音平台长期下沉的三、四、五线城市用户起到了推动作用，又或是平台上一、二线城市用户真有这个喜好，这些已经不重要了，说明抖音的团队拥有浓烈的“三农”情怀。

2021 年，抖音拿出亿级流量、百万 dou+ 等合计 12 亿流量资源，通过“入驻礼包”“农人积分榜”“新农人推荐”等多种活动，给予“三农”创作者流量包和 dou+ 奖励，帮助其解决账号启动和曝光不足等问题，让美好乡村被更多人看到。

特色农产品往往有地区标签，有的地方产苹果，有的地方产梨，有的地方产水蜜桃，有的地方产坚果……我们国家幅员辽阔，地大物博。直播和短视频的出现，把农产品从生长、收获到制作的全过程，一一呈现在消费者面前。在短视频和直播间，最大限度上消除了消费者食品安全的顾虑，甚至一些产品在直播间惟妙惟肖的表现，就让你有直接消费的冲动，于是直接下单了。

八、对新手小白的建议

我们经常会遇到一些新人小白或者类似宝妈一样的群体，或者一群没有资金、没有资源和没有技术与经验的三无人员，他们恰恰是在抖音平台上最迷茫的一群人。

抖音对许多人而言的确是改变个人命运的机会，但是在信息化时代，创业成功的捷径越来越少。对于没有任何知识和技能可供分享的普通人做抖音，大部分时间是在抖音之外寻找属于自己的竞争力，而后再回到抖音上来。如果一定要给些建议，那就有以下几点。

一是要从决定做抖音开始下决心勤学苦练，无论是普通的人，还是优秀的人,刻意训练是获得一项优秀技能的最佳通道。有个一万小时定律，是任何人从平凡变成世界级大师的必要条件。对大多数人来说这个定律是有效的，只是能够真正坚持的人很少。

二是要定好位，找好对标账号。个人在抖音上创业最大的捷径，就是找到对标账号后不断地学习、模仿和超越，而这个对标账号是平台上已经赚钱的账号，而且自己觉得能够胜任。首先是了解你心中的对标账号的变现方式你自己能否具体操作，同时对标账号的变现结果你自己是否满意，也就是你根据对标账号的方式去做，能否有足够的利润。当然，选择对标账号，往往也要从自己熟悉的领域或者兴趣中来。

三是不断提高自己的系统认知，要从常识开始提高认知。商业的本质是交换，你只有能带给对方真正的价值，才能从对方那里获得利益。

四是由简入繁和由易入难，先做容易的事和自己做得到的事情。把一个极小的细分类目做到极致，从制定可以达到的小目标开始。

五是从短视频开始，从好货分享、短视频种草，一步一步来做。在做的过程中总结经验，找出不足，不断完善自己。

每个人的境遇和需求不同，每个人的基础素质和条件也不同，对大多数人来说，把自己的时间有效地利用起来是获得一个新机会的起点。

九、今天什么样的电商容易赚钱

对许多新人而言，在抖音上赚钱的方式方法很多，简单地梳理一下，希望对新人做抖音有点启发。

第一是有竞争力的产品，当你通过短视频或者直播锁定一定粉丝与流量的时候，在粉丝喜好的产品中，你要有一款性价比高的产品，比如一些优质尾货，这就十分容易在交易中胜出。

第二是良好的供应链，只要拥有稳定的供应链，你不仅在产品成本上有优势，还会有长期的竞争力，这种逻辑下做抖音的利润不是来自销售利润，而是来自供应链的各个环节的规模。

第三是整合上下游和相关产业，比如表面上是做装修设计，实际上背后是一个建材装饰销售平台。最好能够通过公域向私域导流。

第四就是个人 IP 与品牌，有一个明确的人设或者不清晰的品牌，有一个忠实的粉丝群体，你在抖音上带着粉丝一边玩，一边赚钱。

第五就是超级主播，就是有才艺并且一直有流量，主播十分强，已经可以直接带动直播间飞起来的那一种。

十、全球视角

娱乐体验在商业中的价值是全球性的，今日头条和抖音的算法无疑会推动平台在全球市场开疆辟土。

字节跳动靠短视频迅速崛起，成为新一代流量巨头，抖音是其主力军。如今字节跳动大力开拓海外版图，国内短视频的用户增长已经逐步触及天花板，海外的短视频用户增长还有很大的空间。

◆ 第六节　去商业化的抖音应用

不是所有的东西都是可以拿来交易的，也不是所有的发展都是为了交易。平台型企业是一个新生事物，一个平台型企业参与的社会分工和近现代公司有着很大的差别。平台的功能与属性除了商业属性，还具有极强的社会属性。

无论是企业内部还是外部，对平台型企业和平台本身的认知是一个渐进的过程。一个社会既要鼓励平台的创造与创新能力，同时也要进一步考量基于互联网伦理与社会安全的各种关注。当然，更为重要的是，现代大型的平台或者平台型企业已经成为一个包罗万象的小社会和社会服务系统，随着更多的平台的兴起，超量用户的生产和生活显然对平台已经产生了巨大的依赖。在这种环境下，如何形成稳健平台与社会互动基础，在原有的市场关系下，一些新的有利于发展创新的做法与规则正走在来的路上。通过更多的伦理与基础规则的完善，保障企业型平台的健康发展，尽可能地减少舆情或者各种态度对市场经营者以及现象级平台型企业发展的影响。

对平台型企业自身而言，去商业化是一个非常重要的发展课题。在华为的科技引领并突破许多世界性的壁垒的做法上，我们看到了基础理论研究和长期的科技研发对单个公司发展的意义。当平台型企业积累了巨量的财富之后，虽然平台的发展都是依照目前的《中华人民共和国公司法》来行事，但是平台的发展与否对社会的影响又的确超越了现有公司法的范围。我们更希望去商业化不只是一种企业情怀与口号，而且是一些平台型企业从更加深远层面总结的生存之道和发展战略。

一、去广告化

广告本身是一种商业促销行为。在商业进入同质化竞争时代，广告在商业活动中起着非常关键的作用。

随着互联网的快速发展，门户网站、资讯平台和各类应用平台具备天然的广告媒体属性，人们在网络上形成了稳定的浏览习惯，个人的碎片化时间大多会在网上冲浪，从娱乐到购物，互联网以其特有的实时性、可视性与社交互动性成为使用最广泛的广告媒介。

在互联网媒体与电子商务流行的今天，流量成为广告媒体可以计量的代名词，流量竞争不仅仅是广告竞争的主要内容，更是成为互联网时代商业竞争的核心内容。一些中心化平台凭借自己超量用户的优势占据着商业流量，通过流量买卖从中受益，广告收入甚至成为一些互联网平台的主要收入模型。

过度的广告竞争对传统的企业生存业态产生了一定的破坏作用，劣币驱逐良币的交易场景在互联网商业中成为商品交易的常态，全网比价和全网最低价的形式让一些相对较小的互联网玩家和商家失去了和大玩家特别是资本玩家竞争的基础。

与此同时，过度的广告化对平台自身的用户体验也常常产生巨大的伤害。去广告化意味着平台型企业要在用户价值和平台收益、长期价值和短期收益之间做出平衡。一般大型的互联网平台型企业都有资本在背后支持，出资方对企业经营的压力往往让企业经营者在决策中偏向当期的报表需求。

去广告化同时也是平台去商业化的一种体现，更多地符合平台作为社会性应用的社会价值需求。现在很多净网计划在不断地规范互联网广告市场。对抖音平台而言，娱乐属性是根本属性，去广告化也是对企业接入互联网时创作内容的一种品质要求。

二、公共物品

有人说，抖音仅仅停留在短视频娱乐上，公共物品的概念在平台上价值不大。而事实上，众多新闻单位和事业机构入驻抖音的同时，抖音提供公共服务的逻辑就提上了日程。一方面，抖音可能通过类似的应用提升自身的公信力的同时，进一步完善平台的用户生态；另一方面，平台也应该在公共服务领域，建立清晰的标识机制和运营规则。

除了提供如通信、电力、自来水、管道、煤气等咨询服务，平台很多便民的小工具其实也是一种新型的公共物品，比如气象预报一类。这些值得平台型企业去研究和关注。

三、文化艺术

文化艺术有一部分商业属性，也有一部分非商业属性。平台型企业在引导文化艺术的商业化和市场化的同时，更要引导文化艺术的去商业化发展。通过平台支持的文化艺术的公益活动，更具有广泛性和操作性。

通过短视频的方式，促进文化艺术的推广和传承，建立文化艺术数据库，促进文化艺术在线传播，抖音短视频平台和直播间具备天然的优势。

2021 年我国进入全面小康元年，三个文明建设也进入新时代的发展阶段，文化艺术的发展是一个国家软实力的重要体现。平台型企业逐渐成为社会上最重要的企业形式，而一个成功的平台型企业对企业经营的战略设定也越来越多维度和多元化。

四、社会福利

互联网平台出现以来，也出现了一些与社会福利相关的公益平台或者商业平台。短视频在社会福利上的应用非常直观，影响力强、代入感强，聚集社会爱心的作用大。一些寻亲的互联网平台和慈善爱心平台正在发挥越来越强大的社会福利功能。在加强规划与行业监管的同时，短视频平台将具有越来越大的优势。

在知识经济时代，很多时候资讯会成为一种重要的人群价值。就像现在的开放大学平台，有很多对全社会免费的课程，这些课程有许多是优秀的大学老师录制的现场教学视频。只要你愿意，普通人也可以获得更加公平的受教育或者获得知识的机会。

抖音作为开放的短视频平台，在服务人们娱乐的同时，也会以指导人们生产、生活等方式为人们赋能，带给整个社会更多的福利。因为推荐机制毕竟和传统互联网的搜索机制不同，推荐因子的设计与浏览者行为的分析和培养以及智能干预，一定会有更加深远的社会福利价值。

五、公共事业

公共事业是社会重要的组成部分，在信息化时代，公共事业的一些功能可以在互联网平台上通过“互联网+”的形式得以实现。比如，网上开放大学门户，就有很多学科名师的课程，几乎一个手机号就可以免费学习各种专业知识与技能。

类似抖音短视频一样的超量用户平台，因为用户量的覆盖属性和人际互动的直接性，平台具备极强的社区属性和社会属性。在平台上通过小程序或者账号架构一些公共事业服务，常常起到事半功倍的作用。

抖音政务、抖音新闻等也是抖音平台上不可或缺的重要板块。

六、知识共享

知识属性是抖音短视频平台的重要属性之一。由于平台需要通过内容留住客户，加之平台搜索功能的发展，知识分享是平台的发展方向之一。

通过共享知识盈利还是去商业化，是平台的一种战略选择。对现有的一些原创视频，平台和创作者已经达成的协议是平台共享知识的来源和基础。在这些海量知识聚集的基础之上，形成一个新的三维知识共享平台，社会价值巨大，意义深远。

七、青少年保护

自互联网诞生以来，基于互联网的青少年保护工作内容越来越多。一方面要防止青少年沉迷网络，对各类网络经营者和网络内容有各种政策和法规约束；另一方面，平台型企业特别是娱乐类平台要做好青少年保护的规则设定和内容管理审核保障。

在防止青少年沉迷网络的基础上，通过互联网开展各种青少年益智活动和阳光辅导，为青少年的健康成长提供良好的网络环境。

一千个人就有一千个抖音，因为每个人手中抖音账号所看到的内容是不同的。从理论上讲，有了算法和标签护航，抖音可以从算法的角度建立青少年的浏览机制，根据年龄的不同适当干预青少年的浏览内容和使用时长等，成为青少年阳光生活和学习成长的好帮手。

八、环境保护

祖国的大好河山、繁华城市和美丽乡村，离不开环境保护的观念传播。宣传优秀案例，传播正能量，抖音短视频平台将发挥越来越重要的作用。

本章导读

在了解抖音的属性之后，我们再一次了解商业本身。

在流量时代，品牌是不是消失了或者不重要了，而事实上，品牌只是换了一个马甲上岸了。

没有人会为买一个产品去了解一个行业，信息透明并不代表信息对称。由于每个人的认知是不同的，在同样一个信息面前，不同人会给出不同的甚至相反的反应。

在流量为王的时代，你分分钟就可以360度了解到想要的产品及其相关的知识，而当你去参考一个平台为你提供某个产品的商业数据时，你已经成为商业化流量的一部分。

流量是一群有需求的人，娱乐常常是其第一属性。企业直接到平台上通过做广告的形式销售产品往往是行不通的。抖音平台上有太多值得看的、玩的和让人开心的内容，谁到平台上面来都不是为了看广告。

了解流量的前世今生，从财富的本源去理解流量背后的人类需求。在此基础上，认识信息化时代流量的形成逻辑和交易逻辑，让流量为自己的生意服务。

个人做抖音，出名更重要。

Chapter Five

公域流量与私域流量

如果问互联网时代，互联网商业博弈的中心是什么？答案只有一个，那就是流量。如果问互联网时代，企业最大的商业机会是什么？那就是在公域中搞流量，或者把公域中的流量引到企业的私域中来。这里的流量不是指移动和电信的数据流量，而是指促进互联网交易的商业流量。

流量为什么这么重要呢？我们在论述人类社会价值的变迁过程中，认为财富是在社会分工之下,社会资源与人类需求对应的结果。也就是说，社会需求是人类财富必不可少的组成因素，也正因为如此，平台有了海量的用户，聚集了巨大的需求以后，才有创造巨大财富的可能。流量的背后实质也是现实的需求，有了流量之后，大多数产品才能实现惊险的一跳，成为拥有交换价值的商品。

平台上用户的行为是平台流量来源的基础。公域流量一般是指平台流量，大型的平台常常具备很强的社会属性，大多数平台是由企业负责开发、管理和运营的，只有少数平台为政府和事业单位所有。

平台往往属于某一个企业，平台上的流量在常规意义上也是某个企业的流量，所以在这个层面没有公域流量一说。我们之所以把这些平台流量称之为公域，主要还是因为这些平台往往是开放平台，大多数企业和用户都可以入驻这些开放平台，并且在大型平台之上获得一些免费或者付费流量，通过流量转换达成自己的商业目标。

用户是平台的基础，而流量是平台的灵魂。海量的用户在平台上，平台通过类似子程序的小工具满足这些用户更多的需求，同时形成稳定的平台流量。由于平台性质不同，用户流量的属性也有区别。一般来说，平台根据自身的功能分为搜索平台、娱乐平台、电商平台、社交平台、自媒体平台和其他各种细分平台，同时根据平台上流量形成的场景和过程的差异，我们把流量一般分为搜索流量、娱乐流量、购物流量和社交流量四大类。

在这之外，一般线下广告流量和其他媒体流量也常常被看成是一种社交流量。把广告和媒体看成一对多或者多对多的一种商业社交形式未尝不可。对于一些行业的门户网站、公共的应用系统上的流量，只要这种流量是对外开放的，无论免费还是付费，我们一般也可以把它看成是公域流量。四大流量属性的划分，对研究电商和现代商业而言，具有很强的学术价值。特别是在市场营销学与广告学上，流量属性的划分，在商品和用户之间，找到了一种商业广告微观分析的依据和方法。原来我们经常说的广告的一半形成了消费，一半形成了浪费，广告主在做广告的时候，无法确定哪一半形成了消费，哪一半形成了浪费，有了流量的数据化定量分析之后，我们就会很清楚哪一部分流量被成功转化了，哪一部分被浪费了。

在平台上的流量营销通常是精准营销，这种精准营销在依靠系统分析工具的同时，还要做好客户画像。在电商平台交易的过程中，形成了许多行业数据分析和交易管理的工具。这些工具一般都是以用户、商业流量和商业转化的数据为基础的，再向前走一步就是大数据的智能化。这些数据分析的结果带来的是平台比你更了解你自己，我们生活在一大堆的信息或者数据洪流中，已经成为时时刻刻被感知、被监控、被分析的商业数据或者数据来源。

流量为王的时代，一切商业活动特别是商业竞争大多以获取流量为起点，以流量竞价为终点。在以往的经验中，有的企业是依靠看到某个商业机会成功的，有的企业是拥有某个技术能力成功的，有的是拥有了一定的行业资源成功的，有的企业是依靠政策成功的，还有的是通过匠人精神和团队拼搏成功的，而现在却眼睁睁地看着一批又一批贩卖流量的人成功了。

对流量为王商业现象的不解，其本质是对信息化导致企业经营决策逻辑变化的失察。在企业经营要素和经营方式透明的情形之下，用户需求是所有企业经营指针中最重要的方向。得用户者得天下。在连接一切的快节奏商业时代，获取流量是大多数企业获取成功的最佳通道。在一边倒的买方市场，企业资源、生产能力等和流量比起来，重要性完全不在一个量级。与此同时，用户的认知差异、情绪价值和行为习惯，在流量中也可以寻找到蛛丝马迹。

对流量属性的划分，是营销学的一次突破。流量属性的划分为我们重新认识各类平台的流量价值提供了依据，也为广大中小企业如何区别利用各大平台的流量提供了新的思路。与此同时，标签和算法，还会让我们通过一定的平台手段，让娱乐流量、购物流量、搜索流量和社交流量相互之间形成一种有效的转换。在公域流量中，把娱乐流量转化为精准的购物流量，或者通过在购物平台上增加短视频和直播的娱乐属性，是正在发生的一种平台之间的商业博弈。相信在不久的将来，社交流量和娱乐流量的增加，特别是创作者不断地增加三维的各种内容，搜索功能在三维的应用和搜索流量的博弈是值得期待的方向之一。

私域流量是什么呢？私域流量是指某个企业、某个商家或者某个个人甚至某个事物直接关联或者独有的流量。私域流量有两种存在形式，一种是平台公域流量中被某些个体独立拥有的流量，这种流量是公域流量的组成部分，又具备很强的私域流量的属性。比如，因为喜欢某个明星或者网红而到抖音平台上面来，长时间多次在某个账号或者直播间停留，甚至除了这个账号或者直播间，几乎不再浏览平台上别的内容。另一种是平台之外的私域流量。平台之外的私域流量也有着自己的载体，这些载体的形式是多样的，最常见的是微信朋友圈或者群。除了朋友圈和群是典型的私域流量的存在形式，自媒体账号、某个品牌，甚至临街店铺或者企业的展厅，都具备了私域流量的属性。

除了通过内容获得自然流量，企业和商家一般可以通过竞价的方式获得付费流量。随着竞争者参与的越来越多，公域流量的使用成本会越来越高。私域流量和公域流量比较起来，私域流量二次使用的成本会越来越低。只要自己的产品和服务具备竞争力，让私域中的用户体验好，私域流量的成本甚至可以降低到零。常常可以通过私域的客户去介绍新的客户，从而吸引更多的客户。而在公域平台之上，任何一个行业都会有多个竞争者，有的客户甚至不计成本去营销，当通过付费在平台上得到比较多的用户之后，又想方设法去薅羊毛，从而破坏用户对平台的整体体验。相反，企业和商家在一般情况下对自己的私域用户和私域流量会采取长期主义和保守的做法，只有少数人是做一次性生意的私域玩家。

在中小企业平台化的过程中，从公域流量中吸引一些流量到自己的私域中来是一个不错的选择。企业和商家一方面要学会在公域平台获得更多的流量，另一方面还要学会把公域流量的用户逐步引导到自己的私域中来。除了朋友圈、微信群，还有各种小程序与平台账号，都可以成为中小企业和商家的私域阵地。中小企业平台化的重点就是把这些手段和方法充分地利用起来，形成一整套获取流量、培养用户和转化成交的运营系统。

正因为私域流量对中小企业有非常多的好处，所以这也是大多数中小企业平台化经营的重点工作。

◆ 第一节　公域流量的来源

公域流量是平台型企业梦寐以求的东西。没有用户就没有真正意义上的平台，没有活跃的用户就只能是一个僵尸平台，而活跃的用户就是流量本身。一般情况下，公域平台的流量远远大于中小企业、商家或者个人的私域流量。这是由大型平台的海量用户的基础属性决定的。

公域流量是如何形成的呢？公域流量的形成要从平台形成的底层逻辑去理解。无论是搜索平台，还是电商平台，或是社交平台，平台的工具属性无疑是用户聚集的起点。随着用户的聚集，平台就会滋生超越原来工具属性以外的新的价值属性。平台上面的用户越多，就会吸引更多的不同需求的用户到平台上面来，形成平台的生态价值。在你来我往的过程中，平台保持了一种超量用户和超量交流的状态，形成了一个具备商业价值的流量源和流量池。

平台工具常常起步于对现实生活中一种行为的替代性应用，这种行为通常是日常生活中最通用的和最常见的。比如，微信取代一部分信息和电话功能，搜索引擎取代黄页，抖音小视频取代长视频和电视等。如果这种替代性的需求不具有普遍性和常规性，也就没有应用上的高频次，一个新平台就很难吸引海量的用户。很多企业基于传统经营与专业化分工建立起来的平台，一开始自以为行业垂直设计得非常完美，甚至也是现实商业中行业存在的一种刚需，并且花重金进行推广，最后往往没有达到初始设定的目标。主要原因是这一类行业垂直需求具有局限性，而平台的用户往往是从泛用户开始的。生活中简单的高频行为一旦通过信息化在线上成功改造，就成了平台形成与发展壮大的内核。建成一个海量用户的平台，就像在雪地里团一个雪球最后团成一个冰山一样困难，除了漫天大雪外，还要有足够的动力，最后还得处在合适的纬度和拥有足够的高度。否则，再大的雪球在阳光底下都会融化。

人类社交工具的演进一直是平台迭代的重要因素。从电报到电话，从电话到互联网，再到移动互联网，从语音到图文再到视频，层层递进的过程，也是信息技术和周边商业一同进步的过程。

大型平台早期形成的过程往往具备一些偶然性，最后取胜的平台，对其成功的原因我们都可以在事后找出合理的解释。其实在这些平台成长的过程中，更多的是充满着各种成长的风险与企业决策的偶然性。就像今天的百度搜索并没有成为传统电商的王者，我们可以找出原因并给予合理的解释，如果事实正好相反，我们同样可以给出相反的理由和结论。在复杂的商业现象中，找出一些关联因子还是十分容易的，但是只有找出其中起到关键作用的根本因素，才有现实的参考价值。就像公鸡打鸣之后天亮了，而公鸡打鸣并非天亮的决定性因素一样。

平台的发展过程中也有一些共同的规律。在平台主要功能之外，平台要为用户不断地提供更多的子系统或者小工具。这是平台不断地培养用户习惯和增加用户黏度的方式，也是持续增加平台流量的一个过程。

平台上大量的流量并不像我们想象的那样容易形成，除了平台核心功能的应用和平台的附加功能可以形成平台流量外，平台还会通过各种活动增加流量，甚至通过其他入口往平台上吸引流量。尽管这些活动的流量和平台主体产生的流量相比，常常微不足道。这样我们就会理解，为什么会从抖音平台上传出睡觉也能赚钱的故事，其实也是平台自我营销、赢得用户和获取更多流量的一种操作。

平台和平台之间，流量竞争一直是存在的。一个平台为了保证自己平台的流量优势，不断地垒建平台的护城河，在这个过程中，也少不了跨平台你死我活的竞争，3Q 大战就是一个例子。从长期看，功能性的平台兴衰往往很难通过一招一式去改变，而从 QQ 自我进化到微信，从 B2C 到 C2C，都是企业平台微创新的结果。而这些变革和升华的背后，都有流量的支撑或者都为创造更多的流量而努力。

抖音平台最初的流量来源于哪里呢？抖音平台最初是短视频娱乐流量，抖音的流量显然是互联网新型娱乐短视频工具广泛应用的结果。短视频出现以后，图文二维娱乐的体验感与社交表现和三维的视频娱乐与社交不可同日而语，人们碎片化时间沉浸在抖音上的娱乐感受远超过其他平台，在这种情形之下，抖音自然而然地占据了大部分流量。

企业和商家到抖音上创业，如何获得流量呢？首先要为抖音平台提供良好的内容，在为平台留住用户的同时，抖音平台会通过算法给你分配流量。与其说平台分配流量，还不如说通过浏览者浏览喜好和抖音平台的推流算法去和同一类创作者竞争流量。比如，某天抖音平台有 8 亿日活，如果平均每人在当天刷了 200 下屏幕，那么当天抖音就有 160 亿人次的公域流量。抖音会根据不同阶段对平台大的类目进行分配，比如分给企业自直播 60 亿人次，分给网红达人 20 亿人次，分给个人创作者 30 亿人次，最后留给各类活动 50 亿人次，当然在不同时期这种大的类目抖音分配比例是会有变动的。比如，在企业自直播的 60 亿人次中，平台会根据不同类目再进行分类，最后形成子类目的流量池。而创作者，一般会在这种类目下去竞争流量。当然，也会发生少数现象级的流量，那就是超越类目的流量账号，是平台上的一种特殊现象。

直播间流量的分配逻辑和短视频基本一致。但是短视频可以在直播前为直播间引流，产生一种共振的流量效应。

除了通过制作好的内容去竞争自然流量，企业和商家的流量来源关键就是付费流量。在商言商，对于大多数企业和商家而言，付费流量是一种经营上面的捷径。付费流量要遵循两个原则，一个原则是品牌营销或者创始人 IP 的营销逻辑，把动辄几百万上千万的广告费用流向抖音平台，肯定会达到事半功倍的效果。另一个原则就是付出去的流量费用要有项目或者产品去承接，而且在这个过程中，项目和产品产生的收入和利润能够涵盖流量付费的成本。对于企业的大笔投入，这两个原则要同时起作用。因为抖音几乎每次投流都会在同一视频或同一场直播不久后归零，而且再次发作品或开直播原来的投入已经无法再产生直接的影响。

在抖音公域流量上，搜索流量是近两年快速增长的流量，值得抖音创业者高度关注。

◆ 第二节　粉丝记忆

一条鱼儿的记忆是 7 秒，那么粉丝的记忆有多久呢？3 秒。抖音的逻辑是内容逻辑，流量的机制是去中心化的机制。在内容逻辑和去中心化的推荐之下，让浏览者成为粉丝有什么价值呢？如果无法依靠平台推荐让点了关注的粉丝再一次被看见，那么点了关注的粉丝从点的那一刻起就已经和这个账号说再见了。

抖音账号的粉丝有什么用呢？有的人认为在抖音上赚钱粉丝没有什么用，因为有太多的粉丝几十万的甚至过百万的账号停更了，主要是这些账号赚不到钱了。这种说法只是其中一个逻辑，而事实上，账号赚不赚钱受多个维度影响，粉丝只是其中的一个维度。粉丝多赚不到钱，其一是账号发布的视频和这些粉丝之间不垂直，发布的内容大概率推荐不到这些粉丝；其二是账号粉丝与商业变现的产品之间没有太大黏性，说白了就是粉丝是泛粉，很难转化变现。因为账号粉丝多，账号权重相对较高，发布短视频的时候一般会有流量，开直播的时候流量也会高一些。

2021年年底，抖音开启了铁粉机制，就是平台把创作者的作品首先分发给自己的铁粉去打分，然后平台根据铁粉点赞、评论、转发和流量时长的数据决定是否继续向外部圈层推流，说得简单一些，就像在现实生活中你的熟人看不看好你的作品，如果是你的铁粉都不看好的作品，平台一般不会再进行推流。表面上只是一个铁粉推流机制，本质上平台用户总量已经触及整个行业的天花板，平台要去深度开发粉丝在平台上的商业价值。从某种意义上讲，垂直也是一种相对的去中心化的逻辑，在行业区隔中从一定程度上确定账号私域的价值。而粉丝则是被打上用户喜好标签的一群人，再根据这群人设计了一个铁粉的机制，并且以此作为平台算法的一个重要形式，只能说明平台已经开始着力经营人群了。

粉丝记忆只有3秒，而粉丝权重依然存在，同时铁粉成了内容推荐的前置考核指标，这一切说明抖音需要稳健的算法的同时，也要追求高质量的内容。在这种底层逻辑的基础上，如果创业者任性地积累粉丝而不注重内容和垂直的变现逻辑，投入几十万甚至几百万用于涨粉，最后也可能因为无法变现而颗粒无收。

◆ 第三节　流量粉丝化的本质是私域

如果粉丝无法被激活或者无法变现，这个粉丝就是僵尸粉。换句话说，无法变现的粉丝只是一个流量，而且只是过去的一个流量。一个粉丝只代表他曾经点击关注过你，也许不会再刷到你的作品与你的账号。从理论上讲，一部分粉丝的习惯会影响更多的粉丝对你作品的态度。让粉丝成为僵尸粉，是所有人都不愿意见到的现象，所以想让自己的粉丝活跃起来，就要及时地开展与粉丝的互动，包括各种宠粉与护丝活动。在广告界有一个 7 次触达的原理，当一个人 7 次看到同一个广告就会在大脑中形成一个相对长的记忆。而在抖音上，粉丝留存和活跃不是依靠曝光与记忆来实现的，而是通过宠粉互动实现的。

当粉丝与你互动，对你来说就是你作品的基础数据，当粉丝开始为你付费，他就成了你的一个用户。所以，一个合格的粉丝应该是一个活在你的账号里的粉丝，你和他之间建立了一个相对稳定的连接。当你发布短视频时，他们有兴趣停下 3 秒来看你，当刷到你的直播间时，他们能为你驻足 10 秒以上，最好是 1 分钟以上。

虽然粉丝的记忆只有 3 秒，如果你的作品风格保持一致和内容相对垂直，就足够吸引他持续关注你。一旦他持续关注你，他就成了铁粉，成了你是否能够破圈的关键人物。

流量粉丝化的本质是什么呢？在公域中确定你的私域边界。在公域中，粉丝从某种意义上讲是为每一个用户提供了一个建立私域的形式，并且通过一定的规则，让这种私域（粉丝）为你服务。随着平台日活达到天花板，平台一定要向深度去开发平台的价值，这种用户和粉丝之间的连接，对平台大数据和平台生态的形成，甚至平台上每一个用户，都有着极强的数据价值。从某种意义上讲，流量粉丝化，特别是垂直流量的粉丝化、用户化，是一个账号是否具备变现能力的关键所在。

物以类聚，人以群分，流量粉丝化，无疑是人群的一种自然分类。而对于某一个用户，会根据自己的喜好、行为等参数，主动成为他人的粉丝或者被打上各类标签，这一切和现实生活中的人一样，被他人打上各种标签，从而形成一个多样化的社会。标签和人群分类是价值的起点，也是价值应用的终点，流量粉丝化与粉丝标签化，无疑提升了平台应用的整体价值。对中小企业而言，粉丝无疑是在线上开展客户服务的数据基础。

◆ 第四节　广告与流量

广告是广告，流量是流量。广告是广告主基于自己产品和服务制作的图文和视频作品，把这些广告作品通过各种媒介推送给目标人群，主要是为了达到宣传产品与服务、营销品牌和促进销售的目的。广告的本质是扩大商业沟通的范围，让产品最大限度地触达需求。流量是指在一个特定的时间内，一个媒体、一个平台或者一个私域，因为活跃用户浏览习惯形成的浏览数量。流量往往是广告的目标对象,流量的背后是用户，是潜在的顾客。

私域流量是一种可供企业和品牌多次反复使用的自主流量。在中心化媒体时代，企业开展品牌营销是获取流量的典型做法。明星代言、终端铺货、轰炸式广告等都是霸占消费者心智的重要形式。

制作广告时要考虑客户画像，找出目标人群的一些特点和喜好，做出引人入胜的广告作品，尽可能地发挥广告的作用，把花出去的广告费用赚回来，直至带来更多的利润。面对流量，企业和商家触达用户的形式是多种多样的，有广告、软文、其他图文资源，也有形式多样的活动，目标只有一个，就是引起用户的关注，占据客户的心智。

传统广告发布的媒介十分丰富，有报纸、电视、场馆、路灯和户外广告等，甚至一些小产品也可以用作广告媒介。有了互联网之后，广告开始流量化、用户化。信息化让广告和目标客户之间建立了更为精准的链接形式和统计路径,流量广告的意识深入人心。人们对流量的监测使用，让广告效果变得清晰可期——传统的广告将不再有真实的流量，而流量之下的广告将代表某种时尚与品质。

◆ 第五节　品牌即私域

品牌是指消费者对某类产品及产品系列的认同程度。品牌由知名度、美誉度和忠诚度三个外部维度组成。知名度是品牌的起点，显然是由广告和流量达成的结果，没有广告和流量作为支撑，美誉度作为用户体验的感知传播就不会发生，忠诚度作为用户的体验之后的二次复购就成了无源之水，无本之木。但是品牌商品与普通产品最大的区别是，一旦消费者触达品牌，就可能在消费的过程中形成强烈的消费体验与品牌认知，同时形成相对稳定的品牌记忆，这种消费心理体验往往成为消费者再次选择产品的重要依据。

品牌的本质是品牌拥有者的产品、服务能为目标受众带去高于竞争对手的价值。主要包括功能性利益和情感性利益。除以上两种利益之外，品牌还有一种明确的第三种利益，这种利益真实存在，却常常被品牌研究者忽视。第三种利益是品牌的社交属性，也就是通过品牌达成一定的社交利益。在流量时代，我们通过对商业流量的分析，更加接近商业价值的底层逻辑。品牌消费除了自我暗示而让消费者获得情感利益之外，消费者还会因为社会上的品牌共识而达成社交价值。因为共同喜欢某一类品牌或者共同消费某一类产品而成为某一品牌价值认同的相关者。同属于某一类商品或者品牌的粉丝，在流量与标签算法时代，品牌的社交属性将显得更加突出。

如果商品交易被理解成为社交的一个组成部分，进而把产品生产的社会分工也理所当然地理解成为社会的一种存在形式，我们可以从更深的层面把社会组织理解成为一种系统的沟通方式。我们就会发现，社会财富是产品和人类需求之间沟通的结果，社会沟通的形式决定财富的形式，几乎所有的生产与交易的沟通都是由人类需求引起的。在社会分工之后，现代经济学出现了合约理论，而合约则是基于双方甚至多方的意志表达。

进入互联网时代，讲流量不讲品牌，讲产品不讲营销，所有的营销操作仿佛都以引流为核心。流量对品牌的解构的本质是什么？是平台型企业对商业流量垄断的一种行为。从长期看，流量对品牌的解构对各行各业的发展是不利的，因为流量垄断必然导致对行业利益的收割和对行业正常生态造成破坏，这种破坏已经超过了平台给企业和消费者带来的便利性。平台往往从促进商业进步和社会发展的一方变成了一个利益垄断者。

在没有互联网平台之前，品牌就是品牌，从各种传统的广告媒体到产品再到口碑，品牌以多种多样的形式占据了消费者的心智。有了互联网之后，流量走上台前，品牌的通道在某种意义上为平台上的流量所解构。平台前期通过流量霸权屏蔽各种品牌的同时，使消费者形成对平台付费产品的依赖，平台后期直接通过算法和标签构建同类消费者的用户群，进而控制新商业人群。

在互联网平台上，品牌占据消费者认知的价值依然存在，因为更多的消费者依然会使用搜索引擎去搜索商品。王重老师《新网红品牌》一书指出，私域社群并不能彻底地代替私域流量，因为社群中的用户和粉丝也很有可能是活跃度和关联性为零的僵尸粉，而在公域中的铁粉，或者对品牌具备深度黏性的用户，却又是一个个实实在在的私域流量。

品牌在哪里？从表面上看，品牌在企业和商家手中，然而在本质上，品牌在用户那里，品牌存在于喜欢它的用户的心中。正因为品牌在用户一端，所以无论互联网流量多牛、平台的系统能力多强，都没有办法完全战胜品牌或者彻底淘汰品牌的商业逻辑。换句话说，无论有没有互联网或者有没有平台，品牌本身就是黏度很高的私域流量。

从以上分析我们可以得出这样的结论，无论在什么商业环境之下，品牌实际上只是厂商的一种私域。品牌对消费者不仅有理性利益和心理感性价值，还有鲜明的社交价值。流量在一定程度上影响消费者或者用户触达品牌的路径，却无法影响消费者对品牌的心智依赖。另外，毫无疑问，品牌会给企业和商家带来更多的商业利润。所以，无论商业形式如何变化，建立企业品牌依然是企业经营中的一个重点。那种说品牌已死的营销观念，并没有从流量的本质中，找出信息化时代商业向用户中心发展的底层逻辑。在新商业中，品牌已经转化为新零售形式下的会员私域或者 IP 一类的存在，传统的产品品牌逐渐让位给一些基于平台化经营的品牌。换句话说，没有品牌的底层逻辑做支撑，再多的流量都会在消费者的体验过程中消耗殆尽。

◆ 第六节　从内容到私域

私域运营能够帮助企业和品牌降低流量获取成本，增加商业竞争的优势。从内容到私域是私域流量形成的一个重要的通道。内容就是私域流量的重要来源，其成本相对于请明星代言、广告轰炸、抢占渠道等传统做法无疑会大幅降低。

内容不能当然地形成私域。因为在公域平台之上，也存在各种各样的内容，这些内容在不断地为平台吸引流量，而大多数用户在浏览这些创作内容的时候，并不会关注创作者是谁，常常也不会对发布内容的账号给予特别的关注。所以需要注意的是，私域运营要求必须将内容作为 IP 或者品牌形成的主要方法来看待，也就是要找出内容和私域之间的某种深度关联，并通过这种关联影响到浏览者。从美女到西施，中间缺少的是一段历史和一个让人心动的故事。

从内容到私域，实际上有两个路径，一个是 IP 路径，包括个人 IP、创始人 IP 和商业 IP；另一个是品牌路径，我们可以称作是以产品为起点的新网红品牌。

既然内容可以带来公域流量，那么同样可以带来私域流量，带来公域流量和私域流量的内容有什么不同吗？首先我们要了解内容的性质。一般而言，企业从产品到商品，从商品到品牌，一切可以对外展示的人财物及各种活动都可以称作内容。这些可以展示的内容，有的是特定企业和品牌所具有的，在宣传的过程中自然而然地会用私域的逻辑占据客户的认知，类似品牌认知。

如何能够通过内容形成私域流量呢？一是创作的内容要与企业产品垂直；二是在传播的时候就打上企业标签、产品标签或者品牌标签，直接打造企业级爆品。没有一般意义上的品牌属性或者企业标签，最多能称之为好产品，还是无法形成私域的流量。

通过垂直内容形成的私域流量的价值显然要比通过泛内容吸引的泛流量价值大得多。长期通过垂直的内容吸引垂直粉丝，实际上就是在打造一个具备 IP 属性和品牌属性的账号。

基于以上认识，通过短视频和直播的形式，打造网红达人和企业网红品牌，是符合从内容到私域的一般逻辑的。

◆ 第七节　按机会付费

当抖音平台的流量进入成熟期，付费流量就会成为常态。什么样的情况是抖音平台的流量进入成熟期，这里一般有三个标准，一是日活用户到了天花板，就是我国有 14 亿多人口，考虑多种情况，日活跃用户超过 8 亿就应该是天花板；二是每天平台的短视频创作和直播内容稳定，并且人均浏览次数与时长稳定在一个高位点；三是平台上付费客户量稳定，流量交易正常。

在流量交易上，平台一般会通过效果付费吸引更多的企业和商家来投流，然而在激烈的商业竞争中，任何流量只有通过商品和服务转化才能变现。因为商品的不同、客户画像的不同、流量属性的差异和转化方式与转化能力的差异，直接会导致企业客户在各大平台投流有赚有赔。

传统企业更加注重线下渠道和企业营销，主要还是因为企业在线下有一个长期的明确的预期。中小企业在线上平台开展的流量付费过程，总的来说是一个充分竞争的行为。当平台把一些标签化的流量聚集起来的时候，也会把大量的同行和竞争者聚集到一起。同行往往要么和你竞争，要么在线观战，看你会出现哪些漏洞。

虽然制作内容获取自然流量十分重要，但是通过付费获得流量才是企业和大的玩家的捷径。对企业而言，付费获得流量是一种简单粗暴而且十分有效的行为。付费投流有没有技巧？当然有，但是这些技巧和钱比起来，常常就是一张窗户纸的事。许多企业通过付费获取流量开展电商，经营失败的主要原因是没有捅破这层窗户纸。好的投手既要懂投流，更要懂行业。而无论懂投流还是懂行业，实战经验都是花一定数量的钱烧出来的。另外，运营和投手的学习能力、思考能力和领悟能力也十分重要。

打个比方，大家一起到山上卖饮料，山上有很多人需要喝水。这时候上山的方式有两种，一种是花时间自己爬上去，另一种是花点钱通过缆车上去。你坐缆车到了山顶，一群人喜欢你带上山的泉水，你卖了个好价钱，你就赚了。虽然你有钱付缆车费，但是你带的是糖水别人不喜欢喝，别人还是会等另外爬上来的商家。

从按流量付费到按机会付费，是流量运营的一个突破口，可以说是一种运营境界。传统的电商运营，一般习惯于按流量付费。按流量付费最大的好处是成本可控，而且流量的价值一般也在预期的范围内。按机会付费，不仅要对流量的性质进行深度的理解，还要在不同阶段对不同行业的流量成本进行一个预判，比如在抖音前期，流量成本极低，厂商只要有不错的内容和产品，就容易形成很好的转化。

付费流量的落脚点在转化能力，而流量的转化能力是产品选品、内容制作、主播直播、粉丝画像与运营共同作用的结果。表面上是按机会付费，本质上是按流量竞争的逻辑在付费，在这种情况下，成熟的运营和新手之间的差异就会很大。

◆ 第八节　突破私域屏障

对于任何一个企业、商家或者个人而言，突破私域屏障，让自己成为一个公域现象，是一件让人梦寐以求的事情。对企业来说，突破私域屏障之后就成了一个平台型的企业，而且企业产品、服务与系统本身就具备极强的工具属性和媒体属性；对于商家而言，也要像一个平台一样，把众多用户集中在一个平台或者一个系统内，形成一个足够量的流量池，或者形成一个类似迪士尼一样的场所 IP；对个人而言，从个人 IP 到网红再到达人，或者直接成为线上线下同步的明星类企业家如俞明洪、凡登、罗永浩等。

一些具备强势人设的明星，比如刘德华，是天然的流量源。能够成为大流量源的明星除了有比较好的公众人设，主要还是因为平时他们在长期地输出价值，和粉丝或者大众之间已经达成了深度的人设认知和黏性。我们会发现并不是所有明星到平台上来都有粉丝追捧或者有良好的商业转化，能够做到这一点的往往是少数明星达人。换句话说，许多明星在平台上的商业转化比不过一些新兴的网红，主要是粉丝喜欢网络的某种属性超越了对一些明星的识别，进而影响商业的转化。经常刷直播的人能够看到明星直播间和网红直播间的一些差异，草根之所以是草根，是因为他接地气。

私域很重要，但是企业经营也不能局限在私域之中。突破私域屏障对企业、商家和个人而言，是非常难的一件事。在大多数时候，垂直的粉丝和优秀的产品与优秀的主播是企业和商家或者个人变现的最佳路径。也只会有极少数产品、企业或者个人，有机会占据大众的心理，成为社会品牌或者成为占据大多数人心智的超级 IP。

在抖音平台上，当付费流量成为主流，通过付费去获得流量往往是首先要考虑流量的人群画像，企业和商家要考虑投流的成本，肯定是要把钱用在刀刃上。大多数企业想通过以小博大促进企业的发展和生意兴隆，然而这种想法和做法难度越来越大。从点赞、评论、转发和停留这些数据上看，获取泛粉相对容易，比如剧情号，虽然变现有一定难度，但在剪辑发布之后往往会吸引大量粉丝，并且因为剧情的吸引力，在某一个系列剧几集甚至几十集不断演绎之下，聚集的粉丝形形色色。

另外，抖音是从一个娱乐的短视频平台起步的，娱乐属性是吸引用户、产生超高流量的关键所在。如果要在平台上经营自己的事业，发布的内容中娱乐属性自然显得十分重要。一是平台需要创作者吸引用户在平台停留，二是创作者也需要更多用户对自己账号的关注。

在泛粉和精准粉丝与制作内容获得粉丝之间，是一个值得不断权衡的东西。一是要考虑垂直粉丝的价值，二是要考虑到粉丝聚集的效率。对于传统的超大型企业而言，最佳的方法是收购一些正在聚集超量用户的新兴平台。一些互联网初创型企业，往往被国外资本收入囊中，主要还是国内企业赚钱的基本逻辑是依靠资源、资本或者巨大的市场空间与发展机会，对一些创新型商业模式并不感兴趣，或者根本就弄不清新商业的基础逻辑，导致投一个亏一个，最后索性就不再参与。平台型企业虽然具备高发展与高回报性，但存在极高的竞争失败的风险。特别是电商前 20 年，大多数平台成功之前需要花更多的钱去维护平台超量用户习惯的养成。

传统的广告中，广告主虽然也会考虑潜在客户看到广告后的不同反应，从而选择广告发布的场景与决定广告的内容，但对谁最终会看到广告，却无法干预。而在互联网媒体上，平台却可以根据标签和算法做到精准投放。

中小企业平台化的过程中，一般都需要去建设自己的用户体系，在建设企业用户体系的过程中，常常会带上自己的子系统，以提升用户的体验或者增加维护用户的便利性，甚至直接给用户带来某方面的价值。

随着更多的优秀企业和专业人士到抖音上来，而抖音虽然是去中心化的内容推荐机制，但对于流量二八分配或者一九分配的法则，并没有被打破。少数创作者能够获得更多的粉丝和巨大的流量。在这种情况下，我们要考虑一下粉丝的精准度,同时也要考虑粉丝的数量。如果机会成熟,完全可以不断地突破原来的用户画像的界限,迈向更广泛的人群。

你成功后,首先要考虑的就是破圈。在更大的范围拥有你的影响力,才会拥有一个属于自己的商业堡垒。

本章导读

抖音就是为中小企业平台化经营而生的，抖音就是为中小企业数字化经营而生的，抖音就是为中小企业分享信息化红利而生的，抖音就是为中小企业全面复苏而生的，这些说法，都不为过。

抖音是企业的信息化工具，抖音是企业的用户平台，抖音是企业的销售渠道。企业是社会分工的产物，抖音是在信息化时代，把资源、分工和需求更加紧密、更加高效地联系在一起，所以对中小企业而言，抖音是迈向新商业财富的通道。

不要用胡萝卜去钓鱼，说客户喜欢听的，不是讲你想讲的。

平台型企业之争，将成为国际竞争之间的战略竞争。平台型企业将以其独特的超越国界的能力，在更大的范围内影响社会的发展。

你了解抖音的魅力后，一定会增加经营好企业的勇气。你会发现，当前优秀的商业往往是由算法决定的，而不再是商机下的宿命和不良交易的玩偶。

Chapter Six

企业和抖音

企业和抖音是一种什么样的关系呢？抖音将成为企业经营中必不可少的一部分。也就是说，很多企业都可以建设自己的抖音事业部，或者到抖音上经营自己的企业。这里只有一个前提，就是要看抖音下一步能否成为新一代的互联网的主要形式和核心平台，抖音的各种应用是局限在目前的抖音平台还是会更加开放。

抖音是信息化和现代商业演化的产物，企业和抖音的关系，不会仅仅停留在企业如何利用抖音，或者抖音平台能为企业提供什么样的服务上，抖音成长过程中体现出来的信息化与商业发展规律，以及抖音平台在未来形成的新商业生态，对抖音和企业之间的关系，将会起到决定性的作用。对企业而言，抖音成长过程中体现出来的商业逻辑，更加具备学习参考和应用的价值。

抖音归根结底是字节跳动公司的一个平台型产品，虽然它是一个具备极强覆盖能力的移动互联网平台，但是它的企业属性决定它的主要任务和核心功能更多的是商业博弈。只要是商业博弈，抖音平台就具有逐利性。我们谈企业和抖音的关系，通常也是指企业和目前短视频工具以及短视频平台发展之间的一种关系。通过对企业和短视频及其各类平台关系的理解，探讨和学习短视频时代商业应用的底层逻辑，并且回过头来用抖音的商业思维服务更多的中小企业。

基于这样的认识，企业和抖音的关系有三种情形，一是企业和短视频工具的关系，抖音就是一个企业以短视频为主要形式的新型的信息化工具，其本质是一种记录手段和沟通方式；二是企业和短视频平台的关系，抖音平台就是企业经营的信息资源的来源和获取流量的手段，是企业和客户之间的最核心的连接方式，其本质是营销手段；三是企业和抖音短视频平台形成的新商业生态之间的关系，其本质是资源平台和经营渠道。在这些关系中，越来越被看重的是抖音短视频平台积累的资源和用户，甚至是新的商业规则。

在抖音平台，中小企业和商家都能够通过自己的内容创造获得基础的自然流量，同时分享信息化带来的效率红利。有人会问，难道抖音就不会像其他中心化流量平台一样收割吗？当然会。但是抖音永远需要创作者用优秀的短视频内容帮助平台留住用户，所以对创作者来说，永远会通过内容创作获得一部分平台的自然流量。

平台型企业是信息化时代企业发展的一般属性。换句话说，中小企业在信息化时代想生存下去并获得更大的发展，必须具备平台型企业的一般属性。假设这种认知是新商业时代中小企业发展的必然规律，那么这种讨论就有着非常大的现实意义，对正在市场竞争中苦苦挣扎的众多中小企业而言，无疑是一条新的出路。从抖音去中心化的流量机制和内容推送的基本逻辑来看，在中小企业新一轮的系统化、平台化甚至未来的数字化转型升级过程中，抖音不仅会为其带来更多的商业流量，还会为其发展提供信息化工具和新的商业生态。

◆ 第一节　新工具之下的新商业生态

企业做抖音要有两个认知，一是对抖音的认知，二是企业对自己的认知。抖音对企业来说，是商业的流量平台，是品牌的传播平台，也是与客户和粉丝的交流平台，同时还是企业的一种新的销售渠道。企业短视频和企业直播间可以打造成企业 24 小时在线的客服中心。短视频可以种草，直播间可以卖货。企业对自己的认知，主要是指你的产品要销售给什么样的人，你的产品在同行中有什么优势，你产品的用户人群是否精准和客户画像是什么，他们喜欢看什么、听什么，有什么样的用户标签，等等。

如何把抖音平台上超量的用户吸引过来，变成企业自己的消费者或者粉丝，是企业利用抖音平台开展业务经营的关键工作。企业可以在抖音平台上销售产品，也可以在抖音平台打造人设，宣传企业品牌，同样也可以以项目的形式寻找合适的事业伙伴，也就是我们常说的渠道招商。企业不仅可以把抖音当作经营企业的工具，同时也可以把抖音平台及其整个生态作为企业生存的商业生态与成长环境。

一、把抖音当作企业发展的工具

工具的作用是提高效率。把抖音当作企业发展的重要工具，可以超越传统电商的流量思维，在更加广泛的空间内利用抖音平台为企业服务。同时，站在短视频工具的角度，需要重新审视抖音平台的一些实用功能，力争做到一切为我所用。

短视频是天然的展示手段，其独立的展示形式本身就比一般纸质传媒，比报纸、杂志更加生动、真实。短视频平台是超量的用户中心，天然地形成了众多行业共同的营销场。在这个时候，短视频的社交属性为企业在抖音做营销提供了极大的便利。

从用户体验角度，抖音平台为了保持平台的娱乐属性，带给来访者很好的浏览体验，平台对短视频创作中的硬广告常常是一种排斥的态度。平台方的这种态度是可以理解的。企业完全可以通过行业知识或者兴趣类的内容去传播自己，把自己想表达的内容转换成用户感兴趣的话题，在为平台提供优质内容的同时，真正地做到让平台为我所用。

当一个企业把抖音当作工具的时候，更多的是把抖音的功能和企业自身日常需要结合起来，比如作为市场调查的工具、数据搜集的工具、企业培训工具、可视化管理的工具、渠道招商的工具及售后客服的工具等。当用这样的想法去发挥抖音的各种功能优势的时候，就不会受抖音流量的限制，也不会受到短视频流量的多少和直播间有没有人的困扰。中小企业和抖音的关系开始从工具逻辑着手，往往会起到事半功倍的作用。

二、短视频的发展正在挤压传统企业的生存空间

抖音短视频具有极强的娱乐属性，人们浏览抖音的时长明显在增加，而从平台的价值上看，用户停留的时间越长，平台的价值就越大，平台的价值越大，反过来对各行各业的影响就会越深。

互联网的快速发展促进了平台型企业的发展。平台型企业从系统和组织的维度促进社会效率的同时，打破了原有传统企业的生态平衡。与此同时，科技越发达，自动化和智能化对传统行业的人力资源的替代性越强。资本和技术的结合，创造了一大批超级的现代制造企业，而这些制造企业正在向智能制造和无人工厂迈进。

企业有了短视频这样的工具或者抖音这样的流量平台，不是增加了企业获得资源和客户的能力了吗，怎么说是挤压了行业的发展空间了呢？平台是一个企业的平台，盈利是它的核心目标。平台把流量卖给谁，它的本质都是在支持一类客户的同时，打压另一类客户。当平台和头部商家彻底联合起来，对大多的小企业和小商家而言，无疑是一场灾难。

虽然短视频去中心化的算法对大多数的中小企业而言，是一次相对公平地获得流量的机会，但是在一个行业消费总量没有多大变化的前提下，这些销售性平台对整个行业而言依然是一种新的内卷。

当然，对于行业中的个体来讲，每一个平台的出现，无疑都是一次重新洗牌的机会。对于大部分还没有形成私域用户群的中小企业而言，介入抖音平台越早，成本越低，机会越大。

三、跟对平台做对事

新平台的发展形成的新的商业平衡，这个过程中也会改变很多传统行业的商业生态。从 2016 年 9 月抖音上线，一直到今天为止，抖音依然处在成长期内。在一个超级平台成长初期，会有太多的平台追随者同时

受益。

研究传统电商平台的发展史，我们会发现大厂的跟随者常常是最大的受益者之一。其中就有传统电商的合作伙伴、最初的入局者和形形色色的操盘手。当电商对传统行业冲击越来越大，开始引起更多企业关注的时候，传统行业再想介入，就已经失去了先发的优势。

电商的玩法和迭代的速度远超传统行业，最终导致传统行业一直和电商行业处于你打你的，我打我的状态。传统行业和电商之间各自通过自己的商业底层逻辑，比如资源、服务与终端市场的优势等坚守自己的阵地。总的来讲，传统行业的阵地正在变得越来越小。

短视频电商更有利于线下实体企业和实体商家获得线上流量创新经营,充分享受到信息化的功能与价值。从互联网和电商的发展史可以看出，每一次流量洼地出现后，新兴的互联网流量最后都会被拿到电商领域去做流量交易。抖音这一次除了产生新的流量交易，短视频和商业之间还会有更多的交集，也就是说可能会产生更多的新的应用。

除了一些新的应用型升级的玩法，就是做一个大平台的追随者，对于大多数创业者和小微企业而言，这种做法具有极强的现实意义。只要看看这些年来百度地方运营商的收入，阿里系特别是近千家淘品牌成长的历程，了解一下东方甄选一个月销售过 20 亿，就能够深刻理解新兴平台的存在与追随者之间的现实意义。

◆ 第二节　新一轮社会分工

在工具属性的逻辑之下，想要深入研究企业和短视频的关系，最终还是要回到社会分工上来。我们一直认为，信息化特别是互联网对社会的资源组织形式和生产的组织形式产生了巨大的影响。只有从社会分工变化的角度，我们才能看清楚信息化特别是短视频在人类生产生活中是如何发挥重要作用的，并且去分析它的发展还会产生哪些新的可能。对大多数中小企业而言，把看似复杂的事情逐一分解的过程，不仅是提升商业认知的过程，也是不断接近事物本质、把握事物规律和找到新商业解决方案的过程。

在互联网的发展和互联网平台型企业形成的过程中，信息和系统对人类生产生活进行一次多维度的重构，这本身就是人类生产分工在信息化时代的一次新的突破。在抖音之前的互联网阶段，图文的二维信息和人类的真实感官与体验之间还有一定的距离。短视频这种与人类视觉感知无差异化的三维场景，超越时间与空间的存在方式，对人类生产与生活的改造，无疑会更加彻底。

短视频平台在企业品牌展示、商务交流等方面形成了多种系统应用，平台拥有超量的用户后，形成了新的商业生态。短视频平台从超链接、展示、交流、系统与平台的维度，对传统的生产组织与商业活动进行了更加缜密与更高效率的重组。这些重组的内容也代表了信息技术进步导致生产力、生产关系的一些关键变化。

一、平台型企业的兴起与传统行业中一些中小企业的衰退

在互联网时代，平台型企业的兴起是一个绝对的方向，而传统行业的衰退是一个相对的概念。在生产者和生产要素连接缺失的时代，信息不对称是普遍的商业环境，很多企业可以在局部环境下自然生存并且相安无事。原来的社会分工导致一个行业中有很多企业，在不同时间段和不同区域开展形形色色的竞争，企业之间利用技术、资源、组织和资本等多方面的差异在市场上博弈。平台型企业出现以后，平台从系统化、智能化、组织化的角度重构了平台—用户的商业关系，虽然传统企业组织生产的功能还在，但是企业却成了依附于平台的客户。众多的企业和平台一起为平台上的用户提供服务，企业提供的产品和服务并没有改变，而企业在平台之上的功能和行业与平台之间的边界开始模糊。

当众多的企业在一个平台上或者互联网上一起来争夺用户时，原来企业之间信息不对称的经营边界被迅速打破，因为信息不对称而形成的

对弱小生产者保护的环境已经不复存在，一大批竞争能力相对较弱的企业不断被淘汰出局。从社会效率来讲，这无疑是一种社会生产的进步，而从更多的人的就业角度分析，暂时让更多的人失去了原来的收入来源。

二、中小企业平台化转型

从工业生产的原料组织到生产过程中的业务流程优化，直至智能制造与信息化系统，大型平台能够触及每一个行业的每一个角落。平台的系统效率和流程能力在这些行业的生产中发挥得淋漓尽致，传统中小企业在平台型企业面前，弱势暴露无遗。如何分享到信息化尤其是互联网发展的红利，特别是运用互联网思维去开展企业工作以适应新的商业生态，中小企业向平台型企业转型迫在眉睫。

中小企业能不能独立于大型平台而形成新的商业业态呢？我们注意到，信息化在企业生产和商业应用中的一些底层逻辑和核心能力，并不是大型平台型企业独有的专利。无论是平台型企业，还是大多数中小企业，信息化时代所有商业主体要走的几乎是同一条路，只是大型平台型企业早走了一步而已。就连大型平台拥有的海量用户的平台优势，中小企业也完全可以通过私域进行对抗。

平台型企业和普通企业唯一的区别不是信息化的技术能力，而是平台型企业早早就聚集了大量的平台用户。大企业大平台在经营中如果逻辑不对，照样会衰落或者倒掉，小企业或者新平台只要符合平台型企业的一般规律，同样可以得到迅速发展。

中小微企业的存在，是人类社会分工的结果。工业技术的进步加速了分工，推动了中小企业的成长。平台的诞生，更多的是人类协同的结果，同时让更为复杂的、烦琐的工作通过系统得以实现。协同在平台上显得十分重要。中小企业平台化和大型平台型企业的核心要素类似，大型平台型企业三要素是超量的用户＋核心系统＋功能型小工具，而中小企业平台化的三要素是私域用户＋企业平台系统（平台子系统）＋企业的产品和服务。当中小企业实现平台化升级之后，离企业的数字化经营就越来越近了。

随着信息技术的发展，信息技术在为个人赋能的同时，也在为广大中小企业深度赋能。在这种情形之下，中小企业使用平台系统或者商业流量的成本必然会不断降低，同时还会有更多的子系统广泛地应用到中小企业，让广大中小企业拥有和大型平台型企业类似的能力。

中小企业平台化是移动互联网，特别是抖音短视频时代企业发展的应有之义。一方面，信息化的发展让所有中小企业有了平等利用知识、资讯和大数据的机会；另一方面，通过信息化中的系统化、智能化来改造生产流程和提高经营效率，是广大中小企业快速发展的必由之路。短视频对内容原创性的要求及其创作的普遍性和抖音去中心化的平台规则等，让信息化像水和电一样成为中小企业可能达成的市场商业流量能力。

我们还推导出一个结论，那就是能给平台型企业带来巨大利益的商业模型和基础逻辑，对中小企业的平台化经营也具有同样的价值。中小企业明白发展用户对未来企业的核心价值之后，也会像平台型企业一样拥有获取巨大财富的能力，也就是分享到信息化红利的能力。

三、平台型企业的子系统和自洽的小程序

有一个值得大家关注的现象，就是在微信推出小程序之后的两三年里，大多数平台都推出了自己的应用小程序。而这个在平台应用上整齐划一的动作，恰恰是平台型企业应用发展的某种规律，这种规律不仅仅在大型平台上适用，在中小企业平台化的过程中，在企业的私域系统，同样具有非常大的参考价值。

中小企业在平台化的进程中有一个非常不错的选择，成为平台型企业的行业子系统，或者在平台型企业所形成的新的商业生态中，拥有和平台型企业相对独立的类似的客户系统、生产系统等小程序。

传统企业老板在进军互联网的过程中有两个致命的问题，一是看到别人做得好，好像发现新大陆一样，一定要自己单独搞一套，自己也要做一个像 BAT 一样的商业帝国，或者是独立王国；二是当遇到和别人合

作才能达成一个信息化时代的商业模式并获得新利润时，统一地选择了忽悠或忽视。这种事情在商业领域每天都在发生，每个行业每天都有大量的传奇故事，几年甚至十几年下来，你会发现很多团队几乎十年如一日地做非常类似的成功梦。

更多的企业老板和高管进军行业互联网的时候，有了太多的“我以为”的奇思妙想，在内心设计出一个行业天才式的应用，在一串代码还没有的时候就想到了拥有成千上百万的用户，并且在这种假设上不断扩张和“完善”内心的需求。一旦企业自己开发或者委托开发的平台推上市场，就会发现原来是在为买来的赛车安装铁轨。

这样的人和事情太多，以至于大家不再去反思事情的底层逻辑，反而认为这一切理所当然。最后的结论是互联网商业是一种艺术或文化风水一类的东西，或者互联网简直就不是企业做的事。直到 2020 年，我们还会发现有的行业在集体攻击互联网的商业应用，或者几家企业联合起来抵制电子商务。殊不知他们所理解的电商今天也已经成为传统电商，并且正在经历一次又一次革新。

直到今天，很多中小企业老板聚到一起，一聊到自己的企业，大谈特谈自己产品有多好，当问他为什么这么好的产品没有销售出去的时候，却说主要原因是没有费用做市场推广。事实真的是如此吗？在抖音平台上，没有被埋没掉的才艺，在信息化时代，没有被冤枉掉的好产品。对现代企业而言，优质产品只是企业众多成功因素中的一个最基本要素，而企业与企业之间的竞争，已经从产品的竞争上升到中小企业平台化的综合竞争，也就是企业生产与管理系统的竞争、用户群的竞争和产品与服务的竞争。

同样，时至今日，依然有大量的中小企业没有信息化、平台化、系统化和客户用户化的概念。抖音平台对许多中小企业而言，几乎可以达成以上工作。

小程序和抖音平台一样，是广大中小企业平台化经营的起点。抖音是企业的公域流量池，而小程序是企业的私域流量池。

四、社会生产和市场的再平衡

平台型企业会不会取代大多数传统型企业呢？在互联网平台型企业出现的同时，很多行业竞争更加激烈和更多的中小企业生存更加困难。但我们会发现，IT企业，如华为、中兴、富士康等，互联网企业，如百度、腾讯、阿里、京东、美团、格力、小米等，再加上金融企业和能源类企业，如银行、中石油、中石化、中粮、中储粮等，不难发现，这些超级企业几乎都具备平台型企业的一般属性。

除此之外就是房地产企业，房地产企业在过去很长一段时间是我们国民经济发展的支柱产业之一。在分析工业革命的时候，我们知道电力发展的同时带动更多的电器的发明与应用，一方面产生了多元化的社会分工，另一方面人们的生产与生活条件因电器的发展得到了改善。在这个消费者和生产组织者双向互动的基础上，最终形成一种继农业社会之后工业社会的核心财富逻辑。对照房地产行业我们会发现，房地产的产业逻辑与电力发展有相似之处。一方面房地产发展带动了上下游很多的子行业分工，在创造与房地产相关商品的同时让更多人有了工作；另一方面房地产也在改善大多数人的生活环境，工作让一部分人创造了新的购买力，形成了真实的市场需求。但是，这种财富模式和电力的发展比起来要狭窄很多。无论是电力还是房地产，它们在财富模式上都显示了很强的平台属性。

信息化和互联网的发展导致企业经营平台化的趋势越来越明显。一开始，在工业化时代，我们常常把这种系统化经营理解为资本作用的结果，而在信息化发展到一定阶段之后，我们才发现这一切是由商业发展的平台基因造成的。有平台型企业，就会有更多的与平台合作的中小微企业，这也是未来社会主要的企业生态。一侧是平台型企业，另一侧是在平台生态环境下生存的中小微企业。当平台型企业概念还不清晰的时候，我们常常把这种现象理解成为上下游产业带。

继房地产之后，各类服务业兴起。新型服务业在数字化时代，将超越房地产经济成为一种崭新的经济存在。这与目前欧美发达国家的产业发展状况基本上是一致的。可以想象的是，迈向未来的高端制造业，也一定会受到数字化时代金融、科技等高端服务业的支撑。平台的崛起，互联网企业制造芯片、互联网造车与智慧城市等概念的出现与产业落地，我们完全可以从中看出时代发展的一些端倪。至此，我们再去分析日本经济停滞不前，发现广场协议只是诱因之一，而固守传统工业化的产业逻辑，才是经济发展战略失败的根本原因。因为拥有系统完整的全产业体系和巨大成长市场，特别是超量用户的存在，在平台兴起与平台竞争的逻辑之下，中国经济实现全面超越是一种必然趋势。

随着信息化系统在更多的传统行业广泛应用，采购、管理和市场渠道与客户服务等多方面，提升了中小企业的经营品质和经营效率，从而让中小企业开始有能力系统地对抗大型平台的发展对传统行业的冲击。

旧的商业平衡被打破，新的商业生态将被重新建立起来。在这个过程中，一些平台型巨无霸型企业成长起来，一部分依附大的平台或者利用平台发展的中小微企业生存并发展了下来，还有一部分被市场淘汰。

目前，大多数平台都还处在发展初期，相信会有很多的用户在平台之间迁移，也会出现一些平台因为用户价值的消失而退出商业舞台，但是从整体而言，平台型企业和中小企业平台化，将成为未来很长一段时间内主要的经济发展模式。对于一些垒大户形式的伪平台的崩盘，不在我们讨论的范围内。

◆ 第三节 要么电子商务，要么无商可务，到抖音上来

一开始听到“要么电子商务，要么无商可务”这句话，多少有点不以为意，认为这是从事互联网行业的人对其他行业的一种恫吓的手段，或者是宣传作秀中的一种洗脑方法或者夸张的说法。当经历了互联网狂风暴雨式发展与对传统行业风卷残云式入侵，开始觉得这句话好像有点道理。

我们理性地回顾近40年的商业发展历史，重新审视信息化的变革，特别是互联网工具中一些和社会生产、生活密切相关的属性时，我们在重新思考商业的未来时会发现，社会分工的底层逻辑正在发生改变。在生产端我们已经从资本稀缺走向了某种意义上的资本冗余与一定意义上的生产过剩，在消费端也开始出现了比较严重的消费内卷。换句话讲，在信息化特别是数字化时代，通过新的社会分工产生新的劳动者从而形成社会有效需求的模型并不十分清晰，至少不像从电力到电器直到产业工人那样一目了然，工人对电器的需求并且能够改善生活的逻辑十分明显。

被信息化和智能化淘汰的员工，如何回到新的岗位上？这应该是当代经济学的灵魂之问。在经济和社会道德伦理之间，总是要铺就一条可行的路。现代经济发展上有一场马拉松比赛，更多的社会分工与更高的生产效率是一对谁也不服谁的孪生兄弟。更多的分工无疑在增加工作岗位，而标准化、系统化与人工智能无疑在加速淘汰人。一方面人性中的需求可以被无限放大，另一方面，通过参与社会分工获得报酬达成的现实需求却要通过一定的交易来完成。在企业平台 + 自由职业者的模型中，信息化如何为每一个人赋能，在创造更多的工作岗位的同时让更多的人参与分配，达成更多的现实的需求，从而形成一个社会的良性共振，这是非常值得期待的一件事。譬如合适的两个孤独者在一起不再孤独或者十分幸福，这种想法是不是未来财富的一种算法，平台必须主动放弃赢家通吃的生存逻辑，多花点心思让这一切变得合情合理。

有一个非常有意思的商业故事。故事的大概意思是说，有位老人生前的财产只有 17 只羊。为了避免三个儿子在日后分遗产时产生纠葛，老人特意立了一份遗嘱。这 17 只羊按比例，大儿子分 1/2，二儿子分 1/3，小儿子分 1/9。而且遗嘱中交代不得将羊杀死。正在三个兄弟犯愁的时候，有个商人走过来，帮助三兄弟完成了他们几乎无法完成的任务。这个商人从邻居家牵了一只羊放到羊群中，这样就有 18 只羊了，老大开开心心地牵走了 9 只羊，老二牵也开心地牵走了 6 只羊，老三牵走了 2 只羊，这时还剩下一只羊，商人把它还给了邻居。那只邻居家的羊，也许就是未来平台经济算法中的一个关键参数。

随着信息化的快速发展，平台型企业广泛出现。传统制造型企业、金融业和房地产业在信息化时代，也开始出现一些平台型企业的特征。我们感受到变化不是在来的路上，而是变化正在我们自己的脚下发生。

一、最先找到新草原者胜出

国外从微软到苹果、谷歌、亚马逊，国内的百度、腾讯、阿里、京东、美团到今天的抖音，以及我们一直引以为骄傲的华为，商业应用上的创新与技术的迭代是永恒的话题。我们虽然可以把这些企业放在一起来表述，而事实上这些企业之间已经有了明显的代际或者代差。从软件、硬件、搜索、电商、社交、团购到短视频，都是代际性应用平台。

当然，也有一个企业或者一个平台同时处在几个代际之间，并且通过自我创新，融合了多个代际的基因。抖音短视频平台已经融合了社交、媒体、娱乐以及搜索等传统平台的一些基因，下一步会不会有电商、人工智能及大数据等方面的应用的爆发，还需要进一步观察。

新的系统或者新的技术应用犹如新商业的一片片崭新的草原，而企业包括平台型企业想要在竞争中一直引领时代或者占据行业的头部，寻找新的草原成了必然的做法，甚至是企业发展的一种使命。

短视频无疑是新商业最大的一片草原，很多人都知道草地的方向，甚至能闻到这一片草原散发出来的味道，但又有多少企业能够真正到达呢？对平台而言，新技术和市场的无缝连接就是新商业中最大的草原，对于更加广泛的中小微企业而言，流量在哪里，新的草原就在哪里。

二、与狼共舞

互联网时代，创业就像是在布满鸡蛋的舞台上跳芭蕾，既要舞姿优美，又不能踩坏任何一个鸡蛋。对于千千万万个中小企业而言，面对平台型企业对传统行业的入侵，需要的更多的是有与狼共舞的能力。

马化腾最初装扮成女生和用户聊天，马云背着包做推销员去跑业务，在这些创造超级平台的企业家骨子里，更多的是努力拼搏的精神，一种蓬勃向上的精神。时代的精神有了时代的机遇垂青之后，才会出现一批史诗般的商业帝国。对于更多的中小企业而言，机会型的成长空间已经不复存在了，按部就班的企业注定要和时代说再见。

与狼共舞，首先要了解狼的步伐，而狼的步伐就是在草原猎杀中生存的步伐，是商业竞争的步伐。中小企业不仅仅要学会在大型平台上蹭流量，更要学会在大型平台上的生存法则，完成本行业商品和服务在平台上变现的使命。与此同时，掌握用户与粉丝的基础属性，做到通过平台正确有效地引流的同时，让平台更多地为我所用。

要想做到这些，态度首先要端正，做到积极学习、与时俱进。利用抖音平台之前要了解平台的规则，学会内容创作，设计清晰的流量转化与变现模式，同时还要掌握一些电商的付费引流的技巧。在抖音商业生态中，学会如何利用短视频的功能和创造抖音流量的机会为自己的企业和生意服务。

◆ 第四节　新商业的主要战场

商场如战场，企业在市场上，要第一时间弄清战场状况和周边环境，要知道自己的人马在哪里，装备是什么，友军有哪些，更要知道敌人在哪里，敌人在干什么。在这些基础之上，才能制定战略目标，决定下一步的动作。

流量只能是一个消费人群的代表，很多做销售的人会迷信广告或者流量，认为是广告促进了市场上的消费。在社会购买力没有太大的变化的情况之下，广告流量只决定了商品消费在不同厂商之间的变化，社会整体消费却不会有太多的增加。

我们在这里可以先思考一个问题，如果 14 亿多人，全年一共是 300 万亿的消费，当我们改变了交易的场所，300 万亿会不会变成 500 万亿?

当然不会。这也是实体企业长期对传统电商的诟病。事实又是怎么样呢?互联网无疑提高了社会商业的效率，一是优化了双边市场，二是形成了在线多边市场。在信息化的基础之上，提高了商业乃至整个社会的效率。

移动互联网出来之前，从事网购的消费者大多是80后或者90后的年轻人，而年龄大一点的人因为工作和生活的压力，把更多的业余时间用在了电视上，年龄更大的把业余时间用在了打麻将和跳广场舞。有了智能手机之后，特别是抖音短视频平台之后，玩抖音几乎不分年龄层面了，也不分人群了。

我们可以得出这样一个结论，短视频带货不仅针对的是传统电商的存量市场，自身也带来了一定的增量市场。而且加上短视频能够解决眼见为实和直播间人设的问题，因为喜欢一个人而相信并且购买他的直播间产品的消费者越来越多，带动整个电商的增长是情理之中的事情。

流量非常重要，平台上流量的竞争只是表象，无论是平台之间，还是平台和企业之间，抑或是企业之间，竞争的关键还是公域和私域的竞争。大平台海量用户聚合的流量叫公域流量，没有被平台算法和付费刻意干预过的流量叫自然流量，基于企业或用户自身产品、品牌、人设、粉丝等形成的有稳定喜好或习惯的流量叫私域流量。通过这样的识别我们就会发现，社区、朋友圈和群看似是私域流量，实质很大一部分又是自然流量和公域流量。平台上为了关注某个人或者抖音账号的那些铁粉，其实质又是公域流量中的私域流量。

一、平台之间的战争本质上是公域之争

平台与平台之间的战争是面对整个市场的一种公域竞争，有不同平台代际之间的竞争，也有同一代际之间不同类型平台的竞争。

比如，BAT是同一代际的平台，它们几乎在同一时间出现，虽然搜索、B2C品类导航和社交是完全不同的领域，但是围绕客户开展的竞争是类似的，而且最终通过培养超量的用户实现商业目标的底层逻辑也是一致的。在实现商业转化方面，搜索主要是通过竞价的方式销售平台的流量，

而社交平台也是让流量与商业实现连接，商城一类的平台是为了争夺商业流量和开展流量交易。

每个平台的最重要的目标是吸引和聚集超量的用户。不同性质的平台吸引不同类型的用户。因为平台功能的差异，各类平台的用户之间还是有一定区别的。为了尽可能地把用户留在自己的平台上，平台之间的竞争又回到了用户的使用体验、习惯、时长和频率的竞争。这也是大家经常谈到的平台的用户黏度。

对于搜索而言，最好能做到让用户常用常搜，并且能够毫无保留地相信平台提供的结果。如果平台提供的结果因为广告的植入而让搜索者大面积地受损，就会广泛地影响到用户体验。这和商城一类的品类导航一样，站内的排序和搜索会影响类目的销量。

平台具备天然的垄断属性，一种特质的平台往往是一家独大。在一家独大的平台上，浏览者很难去分辨哪一条、哪一种甚至哪一次平台提供的信息是完全真实的。用户本来想通过平台达到信息对称的目的，却因为平台自身商业化的需要被人为地堵住了大门，成为信息化时代商业的瓮中之鳖。

在没有出现新的草原之前，平台看着自己的草地疯狂地成长，并且不停地收割到草地上吃草的牛羊。新的草原就是新的技术应用以及人们在新的技术面前形成的真实的商业需求。基于新的技术开发的产品，还是要具备一些“天才”式的思维，这种思维的本质是基于对技术维度与人类消费体验的深度认知。比如，张小龙先生开发的微信，鼠标在电脑端的应用，抖音短视频平台的推荐算法等。这些产品和服务不仅仅是技术发展的结果，更多的是设计者对人自身需求和人性的深度理解。而这点点滴滴的创新，一旦用到平台上，就很容易为平台吸引更多的用户。

平台的公域之争除了信息技术进步带来的创新因素，还有来自市场方面竞争的因素。当小黄车、小蓝车出现以后，大型的电商平台纷纷介入，主要还是担心用户扫码支付习惯的变化而影响对自己平台的忠诚度。动辄数亿的投入，一方面表明大型平台在公域的竞争中是如何地焦虑，担心新应用导致替代性的局面的产生，另一方面也表明用户习惯对平台而言是多么地重要。

很多用户的习惯是培养出来的。其实这种抢客户的行为在传统的企业之间也是存在的，在中小企业平台化经营的过程中，私域更不能忽视这种现象的存在。

平台与平台之间的竞争往往是公域之争，企业和企业之间、商家和商家之间的流量之争,它的本质是私域之争。而无论是公域还是私域之争，客户用户化是必须经历的阶段。

二、客户用户化是平台型企业的核心特征之一

从客户到用户是平台型企业系统竞争力的主要表现。在没有平台型企业之前，客户和用户的属性一般是由商品的特性连接的。比如，购买快消品的一般消费者，我们称之为企业的客户，包括渠道商。而长期使用某种特定产品和服务的消费者，并且长期稳定地接受相对固定企业服务的，我们一般称之为用户，比如用电的用户、用水的用户、移动的用户、电信的用户，等等。也有学者把消费者当作客户，而把使用者当作用户。

客户和用户最大的差异是交易双方的黏性不同。从传统的客户和用户之分我们可以看出，当消费者对产品具备自由选择权和随意的变更权，这种消费者就是一般客户。而当消费者对某些产品具备一些专属性需求，长期固定使用该产品，供销双方有一定备货预期和合理的消费预期，甚至在价格上形成了一定的协商机制，我们常常可以把这样的消费者理解为企业的用户。

有了平台之后，一切发生了彻底的改变，使用平台的客户被天然地当作平台的用户。因为平台除了成交商品满足消费者的消费需求，还具备人、货、场的属性，而当这种属性被消费者长期选择并且习惯性依赖的时候，消费者已经成了平台稳定的使用者。

对于中小企业而言，不可能像平台型企业那样拥有海量的用户，也不可能像平台一样拥有超级流量。在这种情况下，把传统意义上的渠道

客户培养成为企业长期的用户是一个非常好的路径。这是中小企业在信息化升级过程中遇到的最关键的问题和最佳的解决方案。

在传统的商业中，大多数企业拥有线下的消费渠道，并且拥有一批相对稳定的长期客户。平台的挤压会让一些客户最终离开传统的渠道系统而到平台上面去，而众多的中小企业毕竟拥有专业的技术或者更加垂直的服务，让许多渠道客户在平台化的今天，依然停留在一些中小企业的渠道内部。在这种情形下，中小企业要学会把传统的渠道客户转化成自己企业的用户，增加一些系统功能，改善一下经营节奏，让企业拥有一些大型平台无法具备的服务用户的能力，将垂直服务进行到底。在更加精准、精细化的用户体验之下，保卫好自己商业的城堡。

从客户到用户要做到三步，一是让流量从公域到私域，这是一个必需的引流的过程；二是建立服务客户的子系统，提升企业经营的系统能力，从与客户建立有效的连接开始，到给引流到私域的客户打上标签，并且不断培养他们的使用习惯；三是提升产品与服务的价值，特别是技术服务的能力，让自己的用户有大型平台不具备的超级体验。

三、平台内的私域之争

在大型平台之上，形成商业闭环是一件非常关键的事。平台的属性不仅影响平台自身的发展，同时也对和平台合作的客户产生很大的影响。在自媒体平台上，当小众传媒中的大 V 有了很多的粉丝之后，就有了一定的和平台抗衡的能力，有了一定的流量议价的能力，在平台和大 V 们博弈的过程中，大 V 往往处于有利的一方。在直播电商平台上也存在这样的情况，一旦头部主播占据了绝对的流量优势，对平台而言，自然而然地形成了一种风险。当自媒体中的大 V 出现的时候，小众传媒在这个大 V 账号之下，就反过来成了大众传媒，这就是以粉丝为中心的自媒体平台的一种价值。

除了像大 V 这样，拥有巨量的粉丝，私域最大的好处是节约商业的流量成本，一次获取流量的努力，可以在私域重复使用。

淘宝是一个 C2C 的购物平台，平台的流量是广泛的购物流量，很多个体创业者到淘宝平台上面创业取得了成功。淘宝为了方便用户在平台上创业和购物，制定了一系列平台运营的规则，不断地增加方便用户在平台上消费的小工具。通过多年的发展，出现了一种崭新的品牌形式，就是淘品牌，后来更名为天猫原创。淘品牌的出现说明两个问题，一是在中心化流量的公域平台之上，同样可以形成具备一定私域属性的品牌；二是在互联网时代，品牌可以在线上通过和消费者互动而形成。当然，这种形成更多的是遵守淘宝平台规则之后通过免费或者付费流量达成。这些品牌形成之后，会长期占据品类的头部，并且因此而得到相对较长时期的利润。

去中心化流量平台始终面临一个问题，就是去中心化流量平台上的商家始终要去交易流量，否则平台的收益就会受到影响。这是抖音短视频平台与传统电商最大的区别。抖音短视频的娱乐、社交、媒体三大属性让抖音存在的前提是一个内容平台，而不是产品或者商品平台。抖音平台上的流量主要依靠平台用户发布的内容去取得，因为人们对内容的需求是永恒的，所以从这个意义上讲平台的流量不会枯竭。在创作内容吸引流量的过程中，自然会形成一些网红、达人或者意见领袖的账号。客观上讲，这些账号本身也是具备一定的私域属性的。

平台上的私域除了用户竞争之后的品牌、大 V 和网红外，平台还为用户准备了很多私域的工具和出口，比如私信、粉丝、粉丝团、粉丝群、会员和小程序等。

平台自然希望把肉烂在锅里，任何一个平台都不希望用户把自己平台上的流量引出站外到另一个平台上去。而决定用户是否私下引流的主要因素是用户开展私域活动是否方便，平台对用户开展私域流动的利益切割是否合理。如果一个平台上形成合理的商业闭环需要付出比向站外引流高得太多的成本，这种引流就是难以制止的。

是否开放私域的问题，其实也是一个用户习惯或者平台基因的问题。目前，微信朋友圈和社群交流就十分适合于企业的私域应用，不仅仅有小程序、公众号等可供开发与使用的接口，更重要的是其社交逻辑是介于熟人和陌生人之间，界面简单清晰，使用方便、支付方便，已经拥有了个人的基础的社会链接与在线的客户。另外，某种功能的用户习惯一旦形成，想实现用户在平台之间的迁移，需要一段相对漫长的时间。

四、从公域到用户

在街边开一家商店，门前路过的都是自然流量，能够到店并产生消费的我们称之为流量转化；为了吸引更多的人，我们在商店门外搭一个舞台，经常搞些才艺表演，洋气一点叫嘉年华，这是通过娱乐流量引流，更多的时候可以搞些活动，送些礼品，这些都是内容创造流量；或者像地产楼盘开盘，房地产商直接花钱雇人全程排队，制造热销的气氛，这些是典型的付费流量和托的行为。

抖音短视频虽然是去中心化的流量平台，但我们还是把平台上的用户及其产生的流量称为平台的公域流量。和内容创造去中心化的流量的算法无关，平台非常清晰地掌握了每一个用户的行为和形成的流量结构，同时也十分容易从整体上对流量进行掌控和分配。

如果说传统电商的某一个阶段重点和核心是流量的话，其商业的本质关键不是在流量，而是在用户。流量在于用平台的内容去博弈，而用户在于用企业的价值来经营。表面上看是公域和私域的流量的区别，背后却是用户最终属于谁的商业逻辑问题。

因为用户是流量的前提条件，更是一种新型内核的消费者，所以用户之争是新商业竞争的中心环节。假设企业不分大小、不分平台型企业还是普通企业，大家都具备信息工具和信息系统的能力，那么用户归属的问题就成了信息时代商业竞争的核心。平台与中小企业的博弈就是平台用户和中小企业用户之间的博弈。可惜很多中小企业一直到今天，都没有搞清楚经营用户的底层逻辑。

商家自觉不自觉地开展微商和小程序一类的应用，把公域的流量引导到私域已经是非常普遍的现象。这十年来，很多商家把客户引导到私域以后，不仅仅可以降低二次获得流量的成本，还可以在私域内把产品重复地销售给老客户。进一步做好销售的维护与售后的服务工作，把消费者转化为有常用链接的私域用户，从而形成相对稳定的互惠关系。

一方面，公域的平台上也有私域的应用，如粉丝、私信等；另一方面，在公域平台上建立产品品牌、网红 IP、创始人 IP 和达人账号，本质上也是一种私域行为。平台上的私域同样可以给平台创造良好的公域生态，所以相对开放成了很多大型平台的战略方向。

对一些在行业中有影响力的企业而言，客户用户化是当下一个不错的选择。如果一个企业要开展数字化经营升级，首先要做的是进行客户用户化管理。企业和商家相比，把客户培养成为用户，通过用户的逻辑去经营自己的企业，是未来企业经营的主要方向。

企业之间、商家之间的竞争往往是私域的竞争，而从公域中获取流量则成为企业和商家的一种能力。

◆ 第五节　流量的市场价格机制

中小企业平台化面临的第一个问题，就是流量的市场主动权在平台型企业手中，平台流量的定价权在平台手中。平台型企业如何确立平台的流量机制或者流量的市场机制呢？主要有两个方向，其一是其流量机制更多的是受企业发展的战略和经营的目标影响，其二是受平台发展需要和平台规则的影响。这两者在总体上是对立统一的。比如，淘宝的流量就会向头部商家倾斜，平台和头部联合形成电商的关键闭环，这样做就会出现多个年销售过亿，甚至过十亿或百亿的淘宝卖家。

抖音平台流量分发和传统电商是有一定区别的。抖音直播间和短视频的流量有两个特点，一是由去中心化的算法决定的，二是视频空间要通过泛娱乐用户才能触达。这种流量机会是根据浏览者内容喜好和习惯模型产生的，不会完全使用销售数据去过度地引导用户购买。因此，我们可以判断，抖音平台应该会有N个千万级别销售的卖家。

一、影响流量货币价格的主要因素

电商的流量是指访客数，即人流量。流量货币化是指流量在平台型企业之间、平台与企业之间、企业与用户以及用户与用户之间，对流量开展货币交易的一个过程。这种交易只是流量付费的一种说法，同时也包括新媒体广告流量或者电商广告流量的交易逻辑。比如，腾讯和京东的合作就有腾讯把微信社交流量与京东嫁接的逻辑，阿里、腾讯入局共享单车也有流量交易的成分。

流量货币化的过程中，流量的价格是由什么决定的呢？流量的价格往往是由流量的用户属性决定的，也可以说是粉丝属性。不同用户属性形成的流量，对同一商品和服务的转化是不同的，例如搜索流量、娱乐流量和社交流量，流量对标商品与服务越精准，流量转化率越高，流量价值越大。同样属性的流量，对不同商品的转化率也是不一样的，因此流量交易的价格也不一样。比如，搜索流量，在玩具和医疗器械上，每一次点击可能有几倍的差距。

不同用户属性的流量在不同的企业和商家间，商业变现的能力是不同的。传统电商时代是流量为王的时代，很多平台直接用流量交易进行变现，把流量卖给平台客户，让平台上的企业和商家再对平台用户通过流量来销售产品和服务，实现流量变现。

互联网的平台工具属性、媒体属性与娱乐属性是流量的主要来源，而在抖音短视频时代，内容成为获得流量的主要手段，所以也有学者把“内容”作为现代互联网商业的一种流量货币。

在流量变现的过程中，人、货、场三个要素都有非常重要的作用。脱离人、货、场三个要素，流量变现是困难的。平台获取流量的成本越来越高，所以在平台上经营自己的事业，一味地获取流量也是有风险的。

如果自然流量只在平台型企业自身或者平台和用户之间内部转化，就不属于流量货币化的范围内，比如平台自身的宣传活动等。

二、复利效应和赢家通吃

互联网商业有一个奇怪的现象是一家独大和赢家通吃，其实这背后看似神秘的力量，在互联网时代完全可以找到商业逻辑的解读，它的本质是受到商业复利效应的影响。

复利效应是指资产以复利计息时，资产规模随期数呈指数增长，因此长期而言复利计息的总收益将大幅超过单利计息。

在平台型企业时代，平台用户越多，用户在平台上的价值越大，而用户在某一平台上获得的价值越大，就会吸引更多的用户。这只是平台赢家通吃的平台方成长的逻辑。而在商业应用的层面，当一个平台客户（企业或者商家）因为产品能力或者内容能力比较好获得了更多的流量，从而获得更多的用户购买，在用户购买之后形成一定的利润的同时，就有更大的付费能力去获得更多的流量，同时也有更多的资金去完善自己的产品与服务。在这种良性的循环之下，赚钱越多的企业与商家交付的产品品质越强，创造内容和取得流量的能力也就越强。在这种情形之下，平台上的用户将获得更好的产品与服务体验，会有越来越多的用户到平台上面来。这一圈转下来，平台将快速成长，平台上的头部商家在不断发展。在抖音电商直播间，主播的内容能力与销售转化的能力，也是取得复利效应的一个重要因素。

唯一不足的是，在同一类用户平台之间，当某一个平台成为超量用户平台之后，其余的人入局同类平台将难以为继，换句话说，同类平台型企业，最终能活下来的只有头部一两家。这种一个行业只有头部企业能活得好的逻辑，正在向更多的行业蔓延。能弥补这种不足的，只能是中小企业平台子系统或者私域逻辑。

三、自然流量

在平台形成的道路上，以及平台型企业竞争的过程中，许多平台消失。特别是一些门户网站和 App 移动端，在通过大量资本投入获得用户的同时，很多用户在平台上因为没有活跃度而无法形成流量，也就是用户在这些平台上形不成闭环或者其他动作习惯，也没有浏览、社交、交易等实际活动，直接导致很多花钱引流过来的用户变成了僵尸粉，最终导致平台因活跃度不高而被淘汰出局。

我们从前面分析中得出，平台一般同时具备三个属性，一是海量用户，也是平台的基础属性；二是主体的功能属性，比如社交、电商、媒体等；三是增加用户黏性的小工具，对中小企业而言可以用产品和服务替代。这些基础属性是大型公域平台甚至小型企业平台自然流量形成的基础。

一般而言，大型平台上面的客户或者普通的用户，都会有自己的IP，也会通过自身的行为得到相应的自然流量。比如，微信的朋友圈和群聊、百度的贴吧、淘宝店、美团商家，等等。

到了抖音短视频时代，自然流量是创作者以内容为中心的一种核心能力和平台的主要流量分配形式之一。

总结一下，自然流量不仅源于平台自身的属性，比如社交、娱乐、自媒体属性，自然流量也源于用户日常行为，特别是上传内容的吸引力。

如果不付费的流量统称为自然流量，我们把SEO和针对算法的内容变化都可以看作是获得更多自然流量的路径。当然还有一种情况，平台上的用户想做强自己的IP，还会开展一些从线下向线上引流，或者从私域或者别的平台向核心平台账号引流的情况。一般情况下，获得流量的平台是会欢迎这种行为的，而被引流的平台往往也会形成一种稳健而开放的平台生态。在商业流量中，不通过付费而通过产品或者人设得到的自然流量，往往是一种最理想状态。

在抖音平台上，因为平台的基础算法是内容推流，所以中小企业和商家尽可能地把自然流量和付费流量统一起来。也就是说，要付费推流也要助推好的视频。什么是好的视频？就是一开始就有很强自然流量的短视频，并且具备一定产品销售转化能力的视频。如果没有爆点或者转化的能力，付费就会造成巨大的浪费。

四、流量交易

搜索、淘系和短视频等平台的流量交易逻辑是有一定区别的。每个阶段的流量王是不一样的。

私域流量只有初次获得成本比较高，另外还有一些系统化、用户化过程中的维护成本。这些流量在平台型中小企业内部消化，一般不会再进行交易。如果要去探讨私域之间的流量交易及其成本和价值问题，就会涉及私域项目设计、决策、托管和SEO等诸多复杂问题。

公域流量如何在平台客户之间、用户之间或者平台之间进行交易？我们在前面讨论过，流量的交易价格一方面受流量的用户属性影响，另一方面受待转化的商品属性影响。本质上公域流量的交易受平台上商品的变现能力等因素影响。

流量的价值一般与向平台付费的多少关系较小，而与目标用户画像的关系较大。在这个过程中，除了用户标签之外，人、货、场也是关键要素，人、货、场本身就影响商品的转化能力。在抖音平台上推广的商家的产品质量越好、制作的内容越好，投放的粉丝画像越清晰，能得到的流量就越大，加之直播间转化能力越强，实际需要投放的成本就越低。抖音平台自然也欢迎这样的客户，因为这样的企业和商家在平台上形成销售的同时，往往会给平台带来更好的用户体验和商业口碑。

一些企业在获取流量或者进行流量转化时，会有很多的交叉补贴行为，或者平台间战略性补贴行为。而大多数企业在平台上操作自己的生意时，我们明明能看到许多流量，却很难将其进一步量化，这也是我们要在抖音平台上寻找对标账号进行深度学习的主要原因。

影响流量交易成本的还有一个重要因素，就是相同类型企业客户之间的流量竞争。这一点在搜索平台上反映得特别明显，那就是竞价排名的逻辑。和普通商品一样，流量的价格也受到流量的稀缺性影响。

随着传统电商流量的竞争日趋激烈和人们浏览习惯的变化，很多平台的流量在用户迁移中不断枯竭，从而有一部分传统电商开始出现流量危机。同一商品同一阶段在不同平台之间的转化结果是非常容易统计出来的，这就导致不同平台之间的流量交易竞争是你死我活、瞬息万变的。而在其中唯一能进行平衡的是平台用户属性的差异化，这种差异化，让不同商品会选择不同的平台继续去推广。

五、寻找硬通货

金融学上的硬通货主要有黄金、白银、钻石、铸币、美元、欧元、英镑等。硬通货是指信用较好、币值稳定、汇价呈坚挺状态的货币。而流量方面的硬通货是流量稳定、目标用户画像清晰和转化率高以及与能够带来价值流量相关的内容。外事不决问百度，内事不决问老婆，百度是资讯丰富，老婆是黏性太高。不同产品和服务，流量偏好是不同的，因而流量硬通货在不同行业之间也略有区别。

平台流量的形成和海量用户的积累是同步的。在平台发展的初期，决定平台形成的基础是某种信息技术在人类高频行为上的应用。这种应用常常还会导致某些社会传统功能的整体变革和升级，比如在社交、订阅、商城、娱乐等领域。这些具有跨时代的应用是平台之间迭代竞争的超级硬通货，是比黄金还昂贵的钻石，可遇而不可求。

对创作者而言，特别是抖音短视频平台出现以后，流量的硬通货有哪些呢？它们是具备娱乐属性的才艺，具备独特属性的产品和服务，具备品牌和其他优质的自带流量的商品，还有一些自带流量的人和事物。娱乐 IP、商业 IP、知识 IP 是一种流量硬通货的存在方式。

就流量谈流量，能获得流量的内容都是硬通货。而在更具体的商业空间看，主播的直播与变现转化的能力、投手付费投流的经验与技巧，都是某个平台或者某个阶段的硬通货。而对于平台上的大玩家而言，往往更注重后者。

好卖的产品才是硬通货。传统企业的经营往往存在两个逻辑，一个是生产逻辑，一个是销售逻辑。对于一个传统企业而言，就是要把自己生产的产品再销售出去，形成企业的利润。而在信息化时代，生产逻辑是向上融合资源，通过信息化聚合各种资源，制造质优价廉具备市场竞争力的产品；销售逻辑是向下聚集用户，通过用户去寻找全网性价比最好的产品。很多时候，企业产品不好销售，当企业一门心思销售自己生产出来的产品时，企业已经开始走向败局。

◆ 第六节 实体商业的复苏

越来越多的中小企业开始了解平台型企业的底层逻辑，掌握更多的信息化工具和一系列营销、获客、管理直到生产制造的信息化系统，从专业的行业能力出发，逐步走向私域的平台化企业。

激烈而充分的竞争常常会导致平台上客户和用户之间的利益无法均衡，也会造成客户的减少或者平台用户的逃离。因此，随着整体认知的提高和用户习惯的培养，在平台一家独大的同时，很多行业对平台型企业的入侵依然存在一定的反击力量。

短视频平台的出现，中小企业凭借一部手机就可以接入互联网，几乎不需要太多的技术支持就可以实现人与人之间、人与物之间广泛而深度的交流。在资源获取、生产管控和商品展示与业务沟通等众多环节，中小企业和大型平台企业一样,拥有了类似的系统能力。从某种意义上讲，短视频时代，互联网创作能力和自然流量能力一同回到了普通大众的手中，而互联网的主要应用系统和应用工具也将成为普通人的常规应用。

在以往平台和传统企业的竞争中，平台几乎占据资源的绝对优势和超量用户的市场能力。海量用户的大型平台的出现，传统行业的生存空间受到来自平台方的挤压。平台以其强大的资源组合能力、信息化系统的效率能力、社会化生产的组织能力与超强的市场用户黏性，让大多数行业中的中小企业毫无还手之力。

如果不去激活自己企业个体的流量，市场不会再选择你，再多的努力也于事无补。在这个情形之下，抖音短视频平台的出现对实体企业和商家来说，无疑是一次重新洗牌的机会。

一、短视频 +O2O

当信息化应用发展到一定的阶段，特别是在互联网相对成熟以后，线上线下的融合成为一种必然的趋势。线下长期形成的生产和生活经验与线上平台的功能的结合，不断得到优化，重新反过来再服务于人们日常的生产和生活。

O2O 商业主要功能有四点，一是线上和线下的结合；二是在线支付的广泛使用；三是线上线下广泛而同步的营销；四是基于线上线下系统会员的应用，比如社区零售和本地生活等。

因为在信息处理和获得用户等方面的弱势，传统企业一开始是非常地抵触线上应用的。而当 O2O 出现之后，平台需要大量的业务人员去线下开展推广工作，一开始往往是免费的，而且平台前期都会有一些免费的流量扶持。在这个阶段，大多数的中小企业都会选择沉默，其实这种沉默正是传统行业自我保护的一种表现。

难道中小企业的老板不觉得线上线下同步经营是一种不错的选择？其实很多企业和商家很早就认识到这是一次机会，但由于这是一个不熟悉的领域，出于安全考虑和经营决策的一种惯性，企业老板会出现一种集体选择无视的奇怪现象。更有趣的是，事实往往胜于雄辩，早期在大家都不了解平台运营规则的时候，一些率先冒险的企业和商家竟然真的成了先烈。

短视频的出现，无疑对 O2O 而言是一件锦上添花的事情。在不知不觉中就会有更多的企业和商家去尝试，O2O 一类的平台也加大了推广的力度，适合中小企业社区营销的 O2O 子系统越来越多，也越来越成熟。O2O 对现实商业改造的价值和优势是鲜明的，诱惑也是长期的。抖音短视频不仅以沟通的形式实现了线上线下的无缝连接，平台去中心化的流量逻辑更是为线下实体企业和商家获得流量和广泛运用新一代互联网创造了更多的机会。

二、可视化会员

新营销和新零售是电商和自媒体发展到一定阶段的必然产物，也是互联网商业创新的阶段性结果。当平台的中心化流量通过竞争导致流量费用居高不下的时候，传统电商的流量也到达了天花板。抖音等娱乐平台的影响，导致传统电商平台的流量不断下滑，甚至有的出现枯竭，线上流量获得的成本偶尔还会高于线下的门店。在这种情形之下，通过线上线下入口共同创造流量的逻辑就出现了。

不论是在大型的平台上，还是在企业或者行业的子系统中，新零售同样要具备平台型企业的用户思维，会员形式是新零售的一个成熟而稳定的应用模型。从某种意义上讲，会员逻辑是信息化时代新营销和新零售的终极逻辑。就流量谈营销是愚蠢的，会员与用户才是本质。

从流量的角度分析，会员的私域属性十分强烈。会员无疑可以实现企业和用户或者普通消费者之间的触达、交流与交易等行为，随着短视频的应用，企业（平台）和会员之间对双方的需求特别是企业的产品和服务，就会有更真实充分的了解和沟通，在这个环节中，可视化不仅仅意味着一种能力，更意味着一种诚信和商业的效率。

可视化会员不仅会被打上浏览视频的各种用户标签，企业和商家也可以通过短视频和直播间，在不同的时间为自己的会员开展内容丰富的可视化服务。因为线上交易视频沟通的存在，传统商业中的陌生人已经打破了时间和空间的限制，迅速成为真实意义上的熟人。作为消费者的用户或者作为产品提供方的企业，都会凭借传统的直觉去评判双方开展商业合作的广度和深度。除了少数刻意包装的骗局，可视化在提升商业效率的同时，无疑增加了商业诈骗的难度。

三、粉丝团与粉丝群

我们在观看直播的时候，主播会引导观众点灯牌，同时加入粉丝团。那么粉丝团是什么呢？粉丝团是共同喜欢这个主播的一个圈子。粉丝团和粉丝群是不同的，粉丝团是一种账号主播的用户标签，粉丝群是可以经营自己粉丝的一种私域空间。

当你加入一个主播的粉丝团以后，平台就会开始计算你和这个主播或者直播间的亲密度，至于平台是否把你的直播更多地推荐给你的粉丝团成员，这是平台算法的事。

用户加入一个主播的粉丝群，就可以和群里的成员进行沟通，也就是说，直播间和粉丝群是为有共同兴趣的人之间架起了一座沟通的桥梁。另外，主播也可以通过自己的粉丝群为粉丝们提供更加精准的宠粉服务，或者进一步实现商业上的转化。

四、同城探店

企业和抖音创业者如何通过同城号来赚钱呢？实际上抖音平台上并没有同城号一说，我们说的同城号通常说的是一种同城玩法。首先它是一个标签的玩法，指的是账号属性中的某某城市和某某行业，具体到某某产品或者某某服务。同时，平台上面有一个同城频道，当我们作为抖音平台的创作者或者用户发布内容的时候，就会从同城的入口产生流量，这也说明一些用户有从同城刷抖音的习惯。因为有了同城频道的存在，我们发布的内容往往会被同城的人优先刷到。标签和同城频道两个逻辑共同产生了同城号。

同城号有两大类，一类叫商家门店号，主要是为线下的商家门店做抖音平台引流的，其实这种号的形象展示的种草能力也比较强，同时也具备一些团购的逻辑；与商家门店相关的，还有一种叫网红探店号和团购达人号，它是通过网红到商家去消费和品鉴吸引更多的消费者去门店消费的逻辑。商家门店号的主体是商家，是通过门店的产品能力和创造能力形成商业流量的，而网红探店号的主体是商业 IP，更多的是网红和行业意见领袖形成的商业流量。同城探店的短视频拍摄要求比较高，一边要介绍好产品，一边要引发用户关注，同时还要让平台觉得你值得推荐，不能有太多的硬广告因素。

对于商家门店来讲，其创作的内容最好能直接满足门店的业务需要，包括产品使用知识讲座、品牌宣传或者售后等，也可以讲自己的创业故事或者推荐自己的爆品。前提是要把自己门店的用户画像找出来，制作内容的时候才能做到有的放矢。也有通过商家门店号来开展行业营销的，我们把这些同城垂直的应用也称作行业营销号，比如交友、相亲、房产和二手一类的同城服务账号，因为在抖音上转化的商业模式清晰，同城需求也现实存在，在实际应用中价值比较突出。

其实做同城号和普通人做抖音的基本逻辑是一致的，在别的城市能够火的账号，在你的城市大概率也会火。当然，城市规模不同会略有不同。这就要求我们想做同城市的商家和创业者，多去刷一下别的城市比较火的同城账号，按照对方的基本手法去操作，主要看变现方式、内容组成和拍摄方法，一般会取得比较好的结果。

对线下商家来讲，前期找一些有经验的同城达人合作一把，注意小步慢跑，边合作边学习，也是一个不错的选择。

◆ 第七节　内容的本质：产品—商品—品牌

我们听到最多的说法是抖音是一个内容平台，内容是获得流量的基础。那么，在抖音平台上，内容到底是什么呢？是短视频的各种段子，还是直播间的才艺表演？

在研究如何制作内容的时候，我们还会听到的观点是，平台是标签加算法的推荐逻辑，所以只有内容垂直才有粉丝垂直，你发出的内容被打上标签之后才能被平台推荐给喜欢你的一类人，并且因此触发更大流量的推荐机制。

抖音是一个娱乐平台，你在直播间讲知识内容一般不会有人为你停留，他们喜欢听他们想听的，你要讲他们喜欢听的，所讲的内容并不一定是你自己认为的知识和价值。

回到现实中来，在北方的一些乡镇，十里八乡的人每隔三五天会聚集在一个集市一起贸易，又叫逢集或者赶集。每逢集市，不仅有形形色色的商家，还会有唱歌的、跳舞的，有各种杂耍。在这样的集市上，除了集市上的商品能够吸引人，杂耍自然也会吸引很多人，因此商家做生意距离杂耍远一些较好。这说明流量在传统的商业中也十分重要。

那么，在一个集市中，什么是内容呢？商品、人、表演这些对于集市而言，其实都是内容。

20 世纪 80 年代后，现代管理学、营销学的观点在国内开始得到广泛的应用，从产品为王到渠道为王再到流量为王，生产在变、市场经营的手段和方法也在变化，然而归根结底，从产品到商品再到品牌的底层逻辑没有变化。

马克思说过，从产品到商品，从商品到货币之间有着惊险的一跳，这个惊险的一跳就是市场交易本身。如果市场交易无法形成，产品只能停留在生产阶段，那是小农的自给自足的经济形式。资本不会形成，贸易没有规模，社会难以发展，经济更谈不上繁荣。而产品要成为商品，就要参与产品之间的竞争，就要使用新的技术手段，就要有经营管理和市场营销上的竞争，就要经历各个阶段主要竞争方式的考验。

经过三十多年的市场经济的发展，我们认识到品牌在市场上的重要作用。品牌由品质、品位和品行三个维度构成。品质源于生产资源、生产技术、生产者的责任和能力；品位代表产品的风格和消费者对产品整体的体验和认知，品位往往也由产品特征和外观设计共同组成；品行就是产品自身的宣传推广、售后服务以及长期坚持的服务方向。

品牌外在的三个要素为知名度、美誉度和忠诚度，是从消费者或者顾客角度来看品牌。知名度源于品牌的宣传推广，美誉度源于大家体验以后的口碑，而忠诚度源于二次购买和重复消费。从产品到商品是一个过程，从商品到品牌是一个更高的过程。而这两个过程的结果是产品的变现，最终的目的是实现一个社会分工交易的闭环。

从产品到商品之间，有许多要素增加了进来，这些增加进来的市场要素在线下是营销活动，在线上是什么呢？是内容。从商品到品牌的因素同样也是内容，这个更容易理解。产品，是当然的第一内容。当内容清晰了，你就会发现，这些内容本身就是价值。

一、一切都是内容

在抖音上有人和你谈短视频的内容和直播间的价值，你就可以告诉他，一切皆内容。

当你明白这个道理之后，原来一些无法理解的现象现在看起来会不会豁然开朗？没有什么玄学，原来都是直播间留人的套路，它的本质和集市上的杂耍或者商场的嘉年华表演没有什么区别。什么话术留人，什么结果留人，什么价值留人，归根结底是内容留人，是表演留人。

当理解直播间这个底层逻辑之后，我们会发现，在产品同质化的今天，流量是多么重要。原来流量为王不仅是市场营销的需要，同样也是一个时代商业的必然现象。

抖音平台不仅仅需要客户或者平台的用户为平台付费，形成各种各样的商业转化，还需要创作者能为平台提供更多的优质内容，因为这是平台生存和发展的根基，而且平台的算法的最终落脚点一定在内容上。对于创作者、平台客户或者平台用户而言，内容能力是参与平台竞争的关键能力。

二、十大流量密码

抖音的财富大门能不能为你打开，作为普通人到抖音上创业，关键看你能不能搞懂抖音的流量密码。现在很多人在研究抖音的流量密码，甚至有的博士的论文就是关于流量密码的问题。

当你发现清华、北大的主播到抖音上面来，当你看到成千上万的新人小白又唱又跳想吸引流量的时候，你就会明白弄清楚抖音的流量密码对到抖音上创业的人是多么重要。

根据长期跟踪和研究，暂且统计一下抖音的十大流量密码，从不同的角度解读一下抖音的流量形成基础与推荐喜好。

第一大流量密码就是浏览者的习惯。你浏览抖音的习惯就是抖音平台最基础的推流机制。哪些视频让你一秒钟刷过去，哪些视频让你看完，哪些视频让你点赞、关注、评论和转发，换句话说，大家怎么看视频，平台就会怎么推视频。这一条对所有到抖音上创业做短视频的人都应该有启发，因为这是你出发的起点，也是你能否在抖音平台创业成功的基础之一。

第二大流量密码是平台的去中心化的赛马机制，今年又加上一条铁粉机制。你发一条短视频，平台首先会推荐给你的铁粉和少部分粉丝以外的人，让他们对你的视频进行打分，推荐在 200 人到 500 人，平台根据铁粉和少部分其他粉丝的完播、点赞、评论和转发的数据打分，如果你能在同类的视频中胜出，平台就会把你的视频推到下一个 2000 人到 5000 人的流量池去继续赛马，这样一级一级地跑下去。

第三大流量密码是付费流量。这是抖音电商下一步主要的竞争场所。付费流量是由两个方向决定的，第一个方向是企业和商家，企业和商家考虑什么呢？考虑的是投产比和转化率，投一块钱能带来多少流量，能卖多少产品，形成多少钱的转化。这又和商家的内容制作能力、粉丝的垂直度和流量的转化率有关，这里更重要的是企业和商家的选品能力和供应链能力。在这个过程中，平台会不会给予直播间或者短视频带货的叠加流量，应该和产品的售后口碑正相关。第二个方向就是平台方。抖音一直要平衡平台的娱乐属性和商业属性的关系，主要是要考虑平台用户的体验。企业和商家付费的内容太广告化，如果转化率再低，平台给你推流量是害了你又害了自己，同时还会影响到用户的体验，平台当然不会干这样的事。

第四大流量密码就是好奇心，好奇害死猫。注意到没有，你是否也经常刷到一些标明一二三节的视频，只放了一小段，一个惊心动魄的开端就会诱惑你去他的主页看后续的情节，更让人生气的是，你到主页去把他所有的视频找一遍，也没有看到你想看的视频。

第五大流量密码是诱惑。只要你刷过美女主播就知道，不是所有的美女都有流量，在美女与美女之间，具有一点个性或者一丝诱惑的主播才有流量。这里面有很多符合人性暗示的东西，平台管理得很严格，然而平台管理的是形，是通过一些算法去屏蔽掉一些形式上的东西，而主播表演往往是神，如S型舞蹈、神曲等，就会让很多人流连忘返。

第六大流量密码是快乐。抖音是通过短视频娱乐属性起家的平台，快乐是永恒的话题。你会看到很多新歌在抖音流行，各种对口型、翻拍和传唱，你还会看到很多搞笑的视频，流量都非常高。为什么呢？因为这能获得快乐。

第七大流量密码就是结果。流量密码的商业价值非常大。耳听为虚、眼见为实，人都喜欢相信自己的眼睛，人都喜欢相信有结果的人。所以在平台上面，什么样的人最有市场呢？已经成功的人或者喜欢吹牛的人。特别是在直播间，直播间要想留住更多的人，一是不仅要学会抛结果，还要学会用人去留人，也就是直播间的在线人数也会让更多的人留下来，这就是羊群效应。如果你的企业想到平台上来招商，这个流量的密码对你来说就非常有帮助，我们在营销学上称之为证据的力量。

第八大流量密码就是垂直。垂直涉及粉丝垂直、标签垂直和内容垂直等，这个流量密码不仅影响到推流的效率，同时也会影响到流量的转化率和流量的叠加效应。

第九大流量密码就是专业，专业代表真的知识和真正的价值。你在直播间一本正经地讲知识，浏览者大概率会直接刷过去，但是如果浏览者在你的直播间听不到专业的知识，他们大概率不会再来。做个人IP和企业做网红品牌都离不开专业。

第十大流量密码就是表演。无表演，不抖音，表演是短视频和直播间的天然属性。有表演才能带来美感和节奏感，夸张的表演最容易产生流量。

抖音的十大流量密码相辅相成，偶尔也会有冲突和矛盾。如果想运营好自己的账号，就要知道如何取舍，发挥自己的长处。抖音十大密码就像武林秘籍中的葵花宝典，关键还在于自己。

三、流量的敌人

我们学做抖音时，偶尔会听到“知识的诅咒”一词，其实是指站在创作者角度思维造成的。由于过度的专业，让你的粉丝或新的浏览者感到不爽，大概率对你的短视频一刷而过，或者不会在你的直播间停留。我们常常把这种不顾及浏览者的专业称为流量的敌人。

当然，影响短视频和直播间流量的因素是很多的，另外一种是B端思维，是站在企业和商家角度的“我以为”，就像兔子和猫交朋友，兔子以为猫喜欢胡萝卜，而猫把自己喜欢的鱼送给兔子。很多站在行业和传统广告逻辑之上做出的自嗨类的短视频，也常常难以获得流量。

再者就是完美主义与自我局限，为了一个人设而一直把自己端着，不仅在视频角色中难以入镜，还会让人一看就是营销号，以专业的表达拒人于千里之外。

四、从商品出发制造快乐

在日常生活中，从小学一年级开始，我们就学习加减法，后来学习乘法和除法，到了初中学习方程式，到了高中学习函数，到了大学学习积分和微分。当我们步入社会开始工作，突然发现工作和生活用不上多少上学的知识。因为这些知识用不上，很多人认为知识无用。

日常的商业交易中，有很多识字不多的老板通过经营成了大商人，而更多的小老板，平时也只是看看产品价格和产品好坏，做一两个决断就开始做生意，或亏或赚，基本上也就是一两个步骤判断的事情。一个商人讲自己的经历，说是为了赚钱，用了几年的时间把儒、道、法、释家全学了一遍，最后还是不得要领。其实这种事情很多人在创业的过程中试过，不能说博览群书汗牛充栋，三教九流的确了解了不少，效果未必好。

新人小白到抖音上来创业或者赚钱，浏览了形式多样的直播间，关注了很多如何在抖音创业的知识，不仅花费时间，还有很多新人付费学习了各种方法和技巧，最后一动手尝试，觉得听到的非常生动活泼的案例和方法，到自己这里很快就失效了。

为什么会发生这种现象呢？就像一个人学习跑步，然后去参加马拉松比赛，你天天去听教练讲跑步的姿势、心态的把握、状态的调整，各种节奏和技巧，甚至用什么样的跑鞋或者弄懂风速对成绩的影响，而你却从没跑出一步，所有的知识对你的比赛有用吗？

如果说知识没有用，无论是芯片还是互联网软件应用，都是高科技的事情，然而这些事情整体上属于少数人的事情，却是整个社会新财富的重心。个人、知识、企业和财富，连接这些要素之间的逻辑到底是什么呢？是科学精神，也是匠人精神，还有时代机遇。

个人创业者和企业如何开展工作呢？从商品出发创造快乐。能够得出这样清晰的结论，是对抖音商业底层逻辑深度分析的结果。无论你是对流量为王的迷信，或是对内容为王的信仰，还是对付费投流有高度的认知，甚至非常自信自己的知识体系和直播间的表演与转化能力，还有就是非常牛的拍摄和剪辑技巧，这些在做抖音面前都不着要点，归根结底还是要从娱乐中寻找新财富的底层逻辑。因为这一切都是与快乐商业的底层逻辑息息相关的。

有一句流行的话说，在风口上，猪都能够飞起来。如果说这不能算是抖音商业的经营者的一种捷径，至少说是一种不出错的思路。当然也有人对你说像淘系一样去通投拉满，付费交易，不妨去试试看，正常情况下会出现问题，汽车能在铁轨上行驶吗？显然不能。你能够认识到在抖音平台通过快乐去创造财富，已经和传统的财富逻辑完全不在一个维度了。

五、从成交到复购

成交只是一锤子买卖，而复购才是真正的运营。流量是为了成交，品质是为了复购。如果用户用了产品之后形成复购，那么你已经不需要在平台上再次付出寻找客户的流量成本了。是否能够产生复购，是中小企业到抖音平台上创业成败的关键所在。

在初始的流量竞争中，企业往往是付费入局的。如果不能产生复购或者产生一定的品牌影响力，那么付费方式会给企业带来巨大的困扰，直至放弃在平台上开展业务。

如何提高客户的复购率呢？开展客户分类，差异化对待客户是不错的做法。从客户分类开始，研究客户贡献的同时，进一步完善客户画像，建立优质客户服务模型。为了实现这些目标，做好复购的流程安排与客户维护，企业一般要形成长期有效的跟踪服务小组，也会利用私域的朋友圈或者小程序开展类似的工作。

中小企业在抖音创业有一个简单的想法，就是用引流款获得客户，或者通过付费形成很多的客户，然后把这些客户引入私域中，再销售产品给这些客户。这些想法整体上是好的，但是抖音平台和传统电商平台不一样，抖音平台虽然有账号权重的逻辑，但这种权重在账号中的权重比例并不大，也不长久。因为平台对每一个短视频、每一场直播是否推流，从根本上还要看短视频的质量和观众的喜好程度，一切几乎每次都重新来过，也就是我们常说的结果归零。很多 MCN 机构和到抖音上投流的项目差不多都是在这种机制上摔倒了。在其他电商平台上所谓的头部卖家的逻辑，在抖音平台上几乎坚持不了多久。

抖音平台的用户在直播间购买产品，有很大一部分是对主播的认同。成交才是销售真正的开始，在激烈的市场竞争中，通过流量获得客户，从来只是商家的取利之道，而不是企业的经营之道。企业更多的是要在私域赢得客户，从而在行业竞争中取胜。

◆ 第八节　条条大路通罗马——商业变现

罗马就在那里，一动不动，而你到罗马的距离，也许会越来越远。对于 99% 的个人而言，如果不能直接变现，就不要开始。剩下的 1% 是什么人？是本来才华横溢而被环境耽误了的人。

抖音平台出现之后，就不会再有埋没人才一说。抖音几乎放大所有才华的光芒，小到一粒尘埃，会让你像钻石一样发光，何况你本身就是钻石呢，除非你什么也不是。

对于 99% 的企业，无论你能不能直接变现，请立刻开启你的抖音事业。因为从你的企业成立那一天，你应该已经想好了自己要做什么。抖音会让你尽快地实现你的目标，或者让你的企业尽早地到达失败，从而赢得重新开始的时间。

很多小白会问，如何选择自己的变现模式，这是一个回答起来非常困难的问题，你能带给抖音上的用户什么价值，用什么价值和这些用户交易？如果现在没有想好，就继续去想，或者用心地刷抖音，看看哪些赚钱的账号你也可以做得到，不妨试试看。抖音平台虽然给许多实体企业和商家带来新的一波重新苏醒的商机，但并不能毫无节制地和所有人分钱，而且做到见者有份，这根本不可能。

在平台上获得流量往往是由拍摄短视频的技巧、方案的编写能力和主播的沟通水平决定的，然而能否赚到钱，账号定位、选品能力、供应链、人群画像等才是关键因素。许多人看到的流量王，看到的很多草根网红，其实是一种幸存者偏差的现象，你看到的是那些已经火起来的账号，你看不到的是那些苦苦挣扎后最终放弃的人。

成功的路上并不拥挤。上亿刷抖音想通过短视频赚钱的人也不过百分之几，而尝试直播的千分之几，能够长期发短视频和直播的估计在万分之几，然而平台却占据了几乎所有人的碎片化时间。

本章导读

不过分去关注流量，不过度去关注粉丝，把抖音作为企业经营的重要工具。

在巨大的抖音市场上寻找你的同行，学习热销产品的设计，学习热门流量的制作手法，不断去模仿，试着去超越。

在一个网红一年的销售额超过一个上市公司业绩的今天，你的企业还在为团队建设痛苦，还为好产品销售不出去发愁，不妨到抖音上把你的痛苦说出来，把你的条件开出来，你会发现，能帮你解决问题的人，远比你想象得多。

在线下卖不掉的产品，到抖音上大概率同样是卖不掉的。要么亏本卖出去，要么付出更多的投流费用，往往是投流也卖不出去。投流多了，只是让更多的人知道了你的产品的缺点，而根本无法形成销售。抖音唯一能带给你的,是尽快放弃现有的产品。时间越长,亏得越多。认不清或者不愿意接受市场的真相，是大多数企业由盛至衰的关键。

企业利用抖音的方法是多种的，有些时候是横向的，对很多企业而言，往往只要选择其中一两种就行了。

Chapter Seven

企业利用抖音的方法论

企业经营的关键是长期、持续、确定性的增长。企业利用抖音的方法论，是精准洞悉抖音新商业逻辑，发现并利用抖音平台的战略性机会，提升企业管理效率和经营效益。

做企业有没有科学的方法？对这个问题的不同回答意味着不同的甚至完全相反的经营观。传统商业由于市场信息不对称，经营中的偶然性很强，而对商业机会的把握又有很多的不确定性，人们常把做企业特别是做生意的成败因素，归结为有没有商机、有没有资源、会不会做人或者是否尊崇某种风水文化的结果。

文化是人们在日常生活中积累的经验和认同，而科学是要对事物进行系统和逻辑性的分析。我们对科学和文化正确的态度应该是洋为中用，古为今用，吸其精华，去其糟粕。很显然，文化中不科学或者不合理的成分应当被当成糟粕摒弃掉，而科学则要在不断地自我证伪中完善。

在科学和教育问题上，我们联想到了“李约瑟之难题”和“钱学森之问”，东方人如此富有智慧，宋明时期我们非常富裕，GDP 在当时全球第一，为什么现代科学没有从东方发生？我们今天的教育系统是如此地完善，为何培养不出大师级的人才？这些都需要复杂的社会科学理论来解释。

今天要问的是，在现代企业经营和管理问题上，在西方的科学管理传入大陆并相对充分应用 40 多年后，我们大多数企业在企业经营中是否已经拥有了科学经营素养？我们的企业需要克服当前的经营瓶颈，打破后工业化时代的经营内卷，在GDP迈向世界第一的同时，将人均GDP也做到世界前列。我国企业的信息化、平台化、数字化经营，理论上是遇到了一次弯道超车的重大机遇。

现代意义上的公司与市场的出现，企业经营成为现代管理科学的一个重要组成部分。我们在学习商业知识特别是营销学、管理学时，还常常进行文化属性上的识别和理解，但更多的是需要从市场机制、商品价值学说、管理科学和消费心理学等科学系统中去识别和探讨。

把知道的交给科学，把不知道的交给文化，或者把对自身有利的交给科学去建立规则，把对自己不利的交给文化去和稀泥，这是企业经营者在企业管理或者在商业活动中，经常发生的一种投机行为。虽然这也是人们在商业竞争中，企业和商家出于自我保护的一种本能反应，但是归根结底它是一种自私的偷懒行为。

文化常常基于一种价值判断或者价值取向，而科学则是在我们大家已有的认知下，探讨事物发展的规律和真相。科学一般解决事理的问题，而文化则是要解决人心的问题。特别是现代社会科学的出现和应用，让我们在尊重事理人心的基础上，寻求科学的发展路径。很多时候，一些学者在研究的过程中，习惯于把人性自身的自私与丑陋归结为资本或者市场化一批了之，从而失去了深度探讨商业微观结构与运营规律的机会。

在方法论之前是认识论，很多人跑到抖音上来，一是为抖音娱乐属性所吸引，二是听到别人说在抖音上可以赚钱。大家几乎统一的说法是“做抖音”，这可以说是做抖音最大的认知误区。抖音主要的商业属性是社交工具和商业流量，一个人或者一个企业要想在抖音上赚钱，关键是有合适的项目，同时要为自己手中的项目寻找到需要的流量。在传统电商流量为王的错觉中，很多人开始从做抖音转向做网红，想各种办法涨粉，通过各种奇奇怪怪的手段去吸引他人的眼球，他们认为这样做可以一夜暴富。只要有流量，就是不能一夜暴富，也能赚到自己想要的钱。

做抖音不是听说抖音上可以赚钱，大家就可以一起到抖音上抢钱了。你要问10个正在做抖音的人，问他们为什么到抖音上来，他们对你说的标准答案一定是想赚钱。当你再追问他们想通过什么赚钱，他会一脸惊讶地看着你，好像你怎么能问出这样的问题，大家不都是这样做的吗？其实这些人不是不知道，在几乎所有的商业成功者背后，都有比较成熟的商业模式。

全面理解抖音时代新商业的来龙去脉，对找到做抖音的正确方法和准确姿势，是一个非常好的开始。有人会说，你看别人也没有学习什么，甚至根本没有读完任何一本商业经营与管理学的书，不是在抖音上照样赚钱吗？但你不知道的是，一个卖牛羊肉的家里有一个几平方公里的牧场，一个卖海鲜的背后是多少只渔船甚至数十个超级市场，这些都是由于商业认知差异形成的。

就是信息充分对称，也无法保证所有的理性决策都会产生良好的经营效果。这又是为什么呢？信息可以对称，而人心却无法对称。人的认知不仅受理性影响，还受到每个人的知识结构、思维方式与经验习惯的影响，同时还常常受到情绪因素的干扰。我们往往说经营企业就是经营人心，而经营人心却成了天下最困难的事情，往往差之毫厘却谬以千里。

抖音是一个放大器，做抖音的本质是到抖音上从事自己的生意。抖音是你线上获客的工具，帮助你在线上聚集人群。平台会告诉你工具的使用规则，至于拿什么变现，是你自己的事。这种通过什么来变现的事，我们常常会称之为商业模式，在抖音创业中主要包括赛道选择和账号定位、选品和如何获得商业流量等内容。

我们一开始到抖音平台上创业的时候，不要被一些网红一夜之间涨粉几万，赚钱几十万的现象蒙蔽了双眼。我们要从抖音的表象中走出来，站在信息化特别是短视频应用和互联网发展的角度，从短视频工具和直播间功能等平台的多种属性中，找出经营自己企业和生意的好方法。

有什么认识论，就会有什么样的方法论。同样的赛道，同样的产品，在抖音上操作的结果也是千差万别的，这就涉及做抖音具体操作的方法和技巧。企业做抖音有两个大的方向可供选择，一是通过对抖音的底层逻辑的理解，学会用抖音的思维来经营自己的企业；二是企业通过短视频和直播间的运营，在抖音上营销自己的品牌，销售自己的产品，吸引自己的粉丝，宣传自己的企业，建立新的销售渠道，并且做好线上客服，等等。

◆ 第一节　工具化抖音

从流量的枷锁中挣脱出来，把抖音当作企业经营的一个常用工具。抖音是企业通过短视频宣传企业形象、推广企业品牌，通过直播间和客户交流的一种重要手段。这也是企业利用抖音的最基本思路，我们把抖音当作工具来使用，离不开抖音的链接功能、社交功能和内容引流的价值。

对大多数中小企业而言，把抖音当作工具使用是第一选择。也就是说，可以把抖音作为企业的流量工具和媒体平台来使用。

对企业而言，工具化抖音一般有四个要求：一是员工在线化，二是管理在线化，三是客户在线化，四是业务在线化。而这四个在线化中，客户在线化是企业到抖音平台上开展抖音商业的基础。平台上已经聚集了超量用户，所以对大多数中小企业而言，有了抖音之后，客户在线化不再是困难。这也是广大中小企业和平台型企业一样，能够分享到信息化时代财富红利的关键所在。

在探讨平台形成的过程中我们认识到，平台形成需要积累超量的用户，而超量用户形成的前提是平台系统工具的创新和基于市场需求的用户习惯的培养。这对于绝大多数企业来说，建立一个开放平台或者行业平台，是一个难以完成的任务。

一朝被蛇咬，十年怕井绳，绝大多企业对互联网都采取了敬而远之的态度。大家都看到了企业建立平台的好处，在成功梦想的诱导下跟风去投入，最后的结果是着手做平台的公司绝大部分都倒闭了，成功活下来的只有万分之几。在这种整体认知和态度的影响下，我们常常会失去两种能力，第一种是主动把互联网当作日常经营工具的能力，同样也是利用开放平台的能力；第二种是向平台型企业学习互联网思维与平台化经营的能力。在信息化时代，整体的商业趋势几乎是无法改变的，几乎所有企业都将成为平台型或者类似平台型企业，这也就是说，几乎所有的企业都需要具备第二种能力。

在人们的第一印象中，抖音就是一个玩的平台，局外人不会过多去思考平台的商业价值，很少有人一开始把它当作企业经营的工具。加上传统企业长期形成的对互联网的固有认知，更多的老板和往常一样，选择了排斥和观望。这样做会造成什么样的结果呢？一部分传统电商的玩家率先转移战场，开始到抖音平台上抢占先机，再创商业的辉煌。而大多数中小企业，却在新一轮的观望中再一次丧失崛起的机会。

我们知道，实体企业和商家才是商业的终极玩家。这些企业和商家早期不介入电商，不代表一直不会介入，他们手中掌握着更多的行业资源的同时，在线下依然拥有一个庞大的用户群。虽然中小企业的同质化竞争非常激烈甚至残酷，然而一旦当他们确信发现了新的草原，无疑会像斑马和羚羊一样，成群地一拥而至。

如果说企业想在抖音平台上去寻找流量，你看到的是一座山，如果企业把抖音当作一种新兴的商业工具，你发现的将是万里海洋。

一、企业名片

企业名片是一个公司企业文化和企业形象的代表，另外也是企业通过派发、宣传、交换名片获取客户信息、宣传企业产品品牌的一个重要工具。

秦朝时诸侯王为了联络与朝廷当权者的关系，开始出现了“谒”。所谓“谒”就是拜访者把名字和其他介绍性文字写在竹片或木片上，作为见面介绍的文书，也就是历史上早期的名片。到了东汉末期，“谒”被改称为“刺”，唐宋改为“门状”，明代时为“名帖”，清朝正式有了“名片”的称呼。

互联网出现以后，名片从纸质名片开始向灵活多样的电子名片过渡。

名片成为商务交往中不可或缺的交流工具，而电子名片无疑可以连接更多的信息。无论做纸质名片还是电子名片，都需要一定的制作成本和设计费用。企业和商家都希望把自己的名片做得有自己的风格，能够体现自己企业的形象和特色。

抖音短视频平台的用户账号，第一个功能就是企业名片的功能。只要有一部智能手机和一个移动号码，就可以注册一个抖音号，这个抖音号不仅能宣传你的企业形象和介绍企业产品，还能帮助你吸引和聚集粉丝。

抖音号有个人号和企业号之分，你可以根据自己的需要选择账号的性质。一般而言，对中小企业特别是个体商家，我们建议从个人号开始，因为个人号同样是可以宣传自己企业的，只是不能上传过多的硬广告，而抖音本来就是一个人与人在一起娱乐的平台，一开始就打硬广告并不会引起太多的人的关注，更不会有很好的商业转化。了解和熟练使用个人号的同时，再去考虑如何建设企业号。企业号或蓝 V 是企业营销号，对企业宣传没有太多的限制，很多企业从长期经营的角度出发，一开始就开启蓝 V 号和企业号。

昵称、头像、简介、背景和视频封面，也就是常说的抖音账号五件套。五件套要简洁时尚，定位清晰，确保浏览者看到一下子就知道你是在做什么，最好能够对你的主页感兴趣，吸引他们的停留和关注。抖音账号的名片功能远远超过传统的纸质名片或者二维图文的电子名片。

一个手机号就可以拥有一个抖音号，一个身份证明可以认证一个抖音号，抖音号和身份之间不可以解绑，但可以注销。注销以后，就可以重新再注册新的抖音号。每一个抖音账号都有一个二维码，二维码可以在线上朋友间发布，朋友和商务伙伴也可以通过扫码关注。

二、企业旗舰店

山不过来，我就过去。当大家都把眼睛盯在平台流量的时候，我们要回到短视频本身的价值和抖音平台提供的相关功能上。

在抖音上，与产品和企业直接相关的功能有商品橱窗、蓝 V 号、企业号和抖音小店。如果想在抖音上销售自己的产品，必须在抖音上注册自己的抖音小店，只有抖音小店才可以上架自己的产品。在抖音的放大镜中搜索一下开设抖音小店的流程，上面一些视频讲解得清清楚楚，你只需要花一些时间对照流程进行操作。

企业旗舰店的形式是现代柜台和店面品牌化升级的结果。企业在线下布置一个旗舰店，往往把企业的品牌风格、产品系统和门店现场销售模型进行了一个整体的规划和安排。企业在重要城市中心区域宣传自己的品牌时，不断测试和统计顾客消费行为。国际上一些服装和化妆品大品牌，入驻国内的商超时，一般对商超都有着十分严格的要求，这就是由品牌的影响力造成的。

一些大的品牌首先在自己官网上开店，毕竟官网的私域流量较小，而购物是有随意性和临时性的，需要更大的流量支撑，所以大企业和大品牌也常常会入驻天猫店、京东店、苏宁线上店等。在这个时候，线上的品牌一旦形成完整的销售闭环，就会对线下传统的渠道造成一定的影响。

最早很多厂商品牌企业在线上线下采取了双品牌运营策略，把线上线下品牌分开，或者通过发货的情况细分一下区域，给予线下渠道经营者一定的补贴。这种做法仿佛在打太极，这里面多多少少有着中国经营者的传统智慧，也是当下电商横行之下，许多传统经销渠道依然活着的一种文化力量。对品牌厂商而言，开设新的旗舰店是一个不错的选择。在不久的将来，以短视频和直播间为主体的品牌旗舰店将会是大众消费类品牌企业的标配。

随着标签、算法和大数据在各大平台广泛应用，线上客户从哪里来，区域线下品牌对区域销售的贡献度等，都会清清楚楚，所以厂家只要想公平对待线下的商家，都会有合适的分配方法。然而无论如何，这种分配平衡不会长久，善良的想法和利益冲突之间最终会以利益取胜而结束，线下往往沦落为仓库和线下体验与服务中心。在这种情况下，线下店为了自己的生存利益，往往在本地向同行或者异业延伸自己的服务，最后形成具备一个局部的平台型企业的线下服务中心功能。

随着线上用户的增加，用户购物体验的改善和购物习惯的培养，线上品牌厂商的话语权越来越大，与之相反，传统经销渠道的话语权必然降低。通常在这个时候，很多行业线下渠道要从全面销售的功能，开始转向区域服务和线下增值的功能，变成线下的体验中心和服务中心。这也就是后来出现的O2O，这种新式渠道分工更细、商业效率更高。

2021年年底，抖音电商盒子上线，也是抖音电商最新试水的形式，值得关注和探讨。基于阿里作为纯电商平台在BAT时代崛起的底层逻辑，抖音盒子的出现是符合商业博弈的底层逻辑的。但盒子超量用户如何形成？如果让盒子上形成良好的用户体验与用户习惯，直至形成盒子自身的独特的竞争力，是一个非常有趣并且非常有深度的商业问题。因为这不是本书探讨的重点，所以不会花更多的篇幅去深入讨论这个问题。

三、媒体中心

企业平台化、产品媒体化、客户用户化和服务系统化，是新商业生态下企业经营的整体思路。在抖音平台上，中小企业通过短视频和直播间的形式建立自己的自媒体中心，在分享平台的8亿日活流量的同时，还能够利用最新的短视频和直播模式，打造企业一流的品牌形象。

从大众传媒到分众传媒，再到小众传媒，媒体的流量获得路径发生了巨大变化。很多人只知道分众传媒和小众传媒是一个方向，也知道微博、微信是新媒体，但很少有人去了解新媒体的底层逻辑。

新媒体的底层逻辑是什么呢？新媒体的底层逻辑是在互联网时代，因为互联网的便利性和资讯发布的实时性，浏览者在接触更多的资讯的同时开始对发布者进行分类，小众已经成为效率最高的传播形式。也就是说，把同样的成本投入到中心化的大型平台去竞争，偶尔也能得到一些流量，然而这些流量相对于产品销售而言，成本非常高，加上传统电商全网最低价的逻辑，对品牌有时是一种伤害。

从自媒体出发，单次流量的获得成本已经比中心化流量成本低，并且企业自媒体具备私域属性，能够重复使用。更重要的是，在中小企业都需要平台化的今天，将用户从大型自媒体平台引流消费者到私域是一个直接高效的路径。

当你想在一个中心化媒体上做宣传时，你会发现，如果不花钱去投流，你创作的作品在平台上很快就会被成千上万的作品淹没，浏览者根本没有机会看到你。在这种情形之下，平台上自然流的效率和价值，远远低于你在现实生活中形成的小圈子。同时，也会低于你的微信朋友圈、微博等的价值，因为在微信朋友圈和微博上，你还可以通过各种互动和沟通获得更多的流量。在这里我们还可以看到，几乎所有的网络自媒体的互动属性都远远大于传统媒体。

一个抖音企业号、蓝V号，或者老板和高管的抖音号，我们都可以把它当作企业的新闻中心或自媒体中心。抖音账号有个好处，它根本不需要像原来做企业网站一样还要专业的技术和设计支持，也不需要另外去购置服务器、带宽，只需要一个手机号就可以。

媒体的流量来源于人们对资讯的需求和娱乐的体验，这两点也是新媒体能够带来流量的重要因素。在平台上获得流量，一切制作资讯的手段和创作娱乐内容以及搭建场景本身，都是一个企业获得流量的能力。自媒体平台出现之后，出现了不少草根网红。所谓的草根，只是在传统中心化媒体时代，长期被现实生活埋没了才艺的人而已。抖音作为能力的放大器，把这些线下本来就可以引起小众注意的才艺放大到更多的人群，通过标签和算法让更多的人获得快乐的同时，表演者也得到了更多的粉丝。

企业利用短视频和直播间作为企业新的媒体中心，首先吸引到的更多的是与自己同频的人，这样也会给企业带来更多的行业资讯和行业资源。

很多大型的传统媒体都到抖音上开设一个抖音账号，甚至国内一级的大媒体也不例外，而这些账号的功能和你的账号一样，作为自己新的媒体号，这种动作对你的企业经营没有启发吗?

四、培训中心

新冠疫情防控期间，很多厂商难以为继。然而，总有一些企业和商家不仅没有受到什么影响，员工全程在线上正常上班，生意还在不断增加。其实这种现象已经涉及现代商业环境下新的企业经营形式，往往是线上线下结合的平台型企业，在这个时候能够显示出自身的优势。

疫情之前，平台电商出现之后，与 O2O 出现的同时，基于社交的微商得到快速发展，微商基本上是在开发线上私域的客户。疫情的反复，让很多企业养成了线上办公的习惯。从很多企业的工作内容看，一个企业除了线下生产环节外，其余所有的商务交流都可以实现线上化，同样也可以说，企业几乎所有的经营都可以实现平台化。

在互联网视频工具十分成熟的今天，企业内部沟通可以通过内部视频会议实现，而外部沟通完全可以通过短视频和直播间来实现。很多时候，企业会以职业培训的方式开展内部沟通，许多会议有时候对外部客户也是开放的。这种工作方式一旦习惯之后，抖音短视频和直播平台可以成为企业培训中心，长期服务外部事业伙伴或者潜在的市场客户。

我们发现，产品只是满足客户需求的一个载体，而客户同时还需要更多的产品使用方法，以及其他客户使用过程中的体验和经验。由此可见，在企业产品商品化的过程中，用户体验与消费知识的传递非常重要。随着中小企业平台化经营的深入，在线传播和培训是一个企业生存和发展的重点工作。

五、招商广场

很多企业一开始到抖音上面会感到无所适从，不知道要做些什么。生产制造型企业生产出来的产品有两大类型，一类是 2C 的，直接让终端的消费者使用；另一类是 2B 的，要么是别的企业和商家的原料，要么是设备、工具和服务，或者 2C 的产品需要中间商去分销。

抖音平台的第一属性是娱乐属性，同时也具备社交和媒体属性。基于这种认识，抖音平台上的用户当然是个人逻辑。正因为抖音平台上人群聚集是个人逻辑，当你直接去平台上卖设备、卖机械，上手就开始 2B 的操作，流量肯定会受到影响。这也是许多企业到抖音上直接推广产品不得要领的主要原因之一。

我国是一个幅员辽阔的国家，一个商品出来以后常常需要开展省、市、县乡一类的分销。从 20 世纪 90 年代开始，连锁经营与渠道分销的模式成为国内企业经营市场的主要形式。

在一个以个人用户为主体的商业平台上，把大型机械和半成品或者原材料卖给个人显然是不合适的。但是，如果把这些产品包装成为赚钱的项目，把项目销售给平台上找项目的人，显然是可行的。这种方法其实就是平台招商，也是通过标签和算法结合线上人群建设销售渠道，这也是大多数企业到抖音上推广项目的有效路径。国内 80% 以上的中小企业和商家，都可以采取招商广场的形式进入抖音平台。

六、客服中心

对渠道商和客户的培训与售后服务，在一个企业常常是客服中心的主要职能，而通过短视频和直播来实现这一切，无疑是提高客服效率的有效措施。把短视频和直播间做成企业的客户中心，它的优势包括以下四个方面。

一是一对多的服务。一对一千甚至一万的目标客户去开展客户服务，而且短视频的解答可以长期存在，成本低、效率高。

二是直播间可以实现无缝连接和有效互动。通过专业人士在直播间深层次地解决客户现实问题。当主播解决一个有代表性的问题时，整个直播间的用户都会受益。在这种情况下，把产品的使用说明讲解到极致，对广大用户而言，这样的客服效率非常高，意义十分明显。

三是服务可以照顾到外围的客户。对潜在的外围客户而言，也是树立企业产品品牌和服务形象，形成深度营销的重要方法，也是产生新用户黏度的起点。

四是客户中心可以系统化、可视化地收集客户真实的反馈。让用户和消费者参与企业产品研讨和设计，实现真正意义上的C2F经营。

◆第二节　抢占流量先机

把抖音当作经营企业的一种工具，如果这是企业做抖音的第一选择，那么企业的第二选择就是把抖音当作企业商业流量的主要来源。对流量的认同是一个企业家或者商人在商业上成熟的表现。我们在商业教科书上学的东西一般都要求我们去创新，去创造蓝海，并且利用创新去获得经营上的优势。而事实上对于大多数创业者和企业而言，创新是一种非常困难而且成本高，同时具有很大风险的工作。

这几年来又提出了微创新，在经营的细节中去创新。微创新对大多数中小企业和个人来说，是一件相对容易做到的事情。在市场经营中，企业找到一些新的方法和机会，比同行做得好一些，或者能够获得更多的商业流量，或者把商业流量转化率变得高一些，也算是一种微创新。而把微创新当作一个企业的习惯和机制，对企业而言无疑是有百利而无一害的，企业就会一直走在微创新到创新经营的路上，实现从量变到质变。

在一个竞争越来越激烈的传统行业，同质化的产品往往在市场上一如既往地自杀式冲刺，这种自杀式冲刺有规则吗？严格意义上讲没有。自杀式冲刺往往是出于积累私域用户的做法，往往是认知上的一种误区，他们认为只要在冲杀中赢得了胜利，就是建立属于自己的商业城池，也就是私域壁垒。这种想法和做法无疑也是错误的，因为当粉丝一直是客户而不是用户的情形之下，客户的记忆非常短暂，而且根本谈不上什么忠诚度。营销中没有底线就会没有利润，用亏损的方式去操作，希望粉丝多了以后再赚回来，最后只能是为同行打了鱼饵，收割的一般不是自己，而是为他人做了嫁衣。所以平台上很多投手都是在花老板的钱练习自己的经验，一旦自己觉得水平较高了，然后另起炉灶，也有不少把自己也带入一种盲目自信的状态，忘记过去的成功是团队运营的结果，自己一上手，常常也会亏得血本无归。

无论是企业还是商家，原来经营的确定性被激烈竞争的不确定性代替。面对这种来自市场的不确定性，经营定力不仅在于你的账上余额是多少，还要有一些商业常识做支撑。优秀的运营，是要学会把平台上的不确定性转化为一种确定性。

无论时代如何变化，也不管平台如何发展，市场上的流量先机一直存在。企业和商家要不要争取流量先机？当然要。在这个过程中，关键还是要打磨企业的内容输出和变现能力。一方面，好的内容输出在平台上可以得到大量的自然流量，从而降低企业的获客成本；另一方面，通过合适的产品和优秀的直播能力或者付费技巧，提高企业的变现能力。这时企业经营者需要学会的是钝刀割肉，要有耐心。

在市场上热销的产品一定是质量最好的产品吗？不一定。特别是传统的制造业，产品的同质化严重，卖得好的产品往往只是人们心目中的好产品，而在现实中不一定是同行中品质最好的产品。在传统制造业，流量几乎可以决定一些企业的命运。

在新兴的制造业里，比如电视、手机等行业，新产品开发一直在为市场的销售迭代创造条件。由于用户的广泛应用和客户的分类不同，一些新技术在用户端的体验差异会十分明显，所以技术水平的高低在新兴制造业上对市场销售的影响是巨大的。在这种情况下，新兴制造业对流量的需求是非常强烈的，因为只有更多的用户使用，才会有巨大的利润支持新兴制造业的技术迭代。我们看苹果、小米这些品牌，无一不是获得流量的高手。

一、先发优势

无论是中文搜索平台百度、电商平台阿里和京东，还是社交平台微信，都经历了一个培养平台用户习惯的时期。在平台前期，为了培养平台用户习惯，平台对到平台上来的客户或者用户都是采取一种欢迎的态度。在这个时候，为培养平台用户习惯，有大平台梦想的企业常常会花巨资进行补贴。这个阶段的平台不会通过流量去赚钱，平台往往会把流量的价值让渡出来，让更多的客户和平台的用户受益，让所有参与者都有更好的体验。在平台不断壮大和超量用户形成之后，平台才会考虑将平台流量转化为平台型企业的收入，但是这种转化也是一个渐进的过程。

在这种从免费流量到收费流量的逻辑之下，中小企业和商家到电商平台或者流量平台上创业，来得越早越容易获得自然流量支持，或者得到平台的各种政策补贴，这就是先发优势。一些早期进入淘宝的人赚钱了，后来参与的人，要花更大的代价和更多的参与者进行付费流量的博弈。

抖音平台也是一样，从 2016 年平台上线以来，先到平台上来的人是有很大的先发优势的。更关键的是，抖音平台本身就是一个去中心化的流量平台，平台流量的分配受创作者的创作内容影响更大。要想熟悉这种规则，企业和商家需要付出更多时间。所以说，和淘宝、京东等平台比较起来，抖音的红利期才刚刚开始。

平台的发展有先发优势，和平台合作一样有先发优势，这也是我们常常说的跟对人与做对事。与平台一道成长，也是一个不错的选择。

二、深谙技巧

在淘宝上做过生意的商家都知道，获得流量和提高流量的转化，往往是在平台上经营成败的关键所在，而获得流量或者提高转化背后，是系统的操作技巧在支撑。

平台型企业自身的价值一般要通过平台流量来变现，如果说过多的技巧让平台上少数通过流量卖货的客户受益，无疑对多数客户和用户是一种伤害。从短期看，获得流量的技巧是平台算法的偏爱或者是算法的一些暂时的漏洞，又或者是算法出于一些特定的商业目的而故意为之的结果。从长期看，平台技巧应该是平台在自身利益、用户体验和平台上购买流量的客户之间的一种平衡，归根结底是要服务于平台的发展战略与盈利目标。

平台不会直接告诉你，这一阶段我要从某一类客户或者用户身上吸金。平台培养用户习惯要耗费大量的人、财、物，这个费用一般是资本在做支撑，而到最后要么让平台上购买流量的客户来买单，要么让平台上的用户来买单。正如前面所讲，撒出去的饵，总要以一些鱼作为代价来回馈给垂钓的人。

随着抖音平台商业的发展与成熟，许多创作内容更加接近产品或者商品。结合去中心化的算法，这样一来，流量对所有创作者近乎公平。虽然平台照样要通过卖流量来赚钱，但是在客户或者平台用户之间，平台会尽可能地以内容为中心按照一定的规则进行流量分配，从而产生更好的用户体验。这对想到平台上创业的众多中小企业和个人而言，无疑是一种福利。

抖音平台上行业类目的头部客户，还会像淘宝上的头部类目客户一样，长期占据平台的有利位置吗？当然会，只是这些类目的头部会以隐性的形式一直存在。因为头部不仅仅是通过付费购买流量操作的结果，同样也是用户用钱包投票的结果。这种结果显然在一个时期对消费者是有利的，对头部目录的商家也常常是有利的，这是一种平台、商家和消费者三赢或者多赢的结果。内容获取流量的权重和去中心化的逻辑一直会同步存在，想在抖音平台上长期成为头部类目，就要不断做出三赢甚至多赢的行业类目，创作丰富多彩的商业内容。

从平台付费的技巧、创作内容技巧、选品技巧，再到供应链，熟悉和理解这些底层逻辑非常关键。想到抖音上创业，就必须保持长期学习的习惯和与时俱进的心态。坚持长期主义去创造个人 IP 和创始人 IP，或者打造网红或企业网红品牌，同样需要系统的操作和训练。对于初到平台上创业的企业和个人而言，所有的技巧都无关痛痒，你只有上手操作，才能理解这些技巧背后更加深刻的商业意义。

在抖音平台上，娱乐内容是平台的一种天然的需要，也可以说，内容的娱乐属性常常是抖音创作的第一技巧。很多企业到抖音平台上来，最容易犯的错是 B 端思维，一上来就发广告，平台上的浏览者立刻就会刷过去，根本不会给你任何机会。

当你挖空心思去创作用户喜欢的内容的时候，有了一定的流量，但是这些娱乐性的内容与企业产品之间又往往没有什么关联。如果介绍的产品很好，表现的形式又有娱乐感，最后却吸引了许多同行来学习和围观。怎么办呢？去分析垂直用户的购买习惯、购买心理，再去思考创作什么内容，距离成功也就不远了。当你真的弄不清楚的时候，去找一些对标的账号，如果这些账号正在赚钱，你最好的办法就是照着学习。许多赚钱的账号，也是交了很多学费试错的结果。与其自己花钱去试错，不妨向成功者学习，从半山腰开始爬山。

三、随波逐流

为了不让平台的算法被寻找机会的电商运营和大多数用户尽快掌握，平台细微的算法或者账号权重要素一定会在不同的阶段有所波动。平台工程师在某一阶段建立起一个平台、客户和用户体验多赢的算法平衡，这种算法一旦被大量的电商运营者掌握，就会出现各种针对性的优化，从而形成一种新的内卷。

不仅如此，电商运营根据自己对流量的理解和长期的操作经验，也会一直对准某种流量逻辑去投流或者优化，直到让这种逻辑失效为止。毕竟流量有一个天花板，换句话说，就是对平台有益，对用户体验也比较好，甚至对平台上付费的客户也有益，只是这样的东西的确存在，却无法长久。所以，随波逐流成了电商运营者长期在算法变化中获取流量的一种能力。

直播间挂铁一直为行业所诟病，或者经常会受到来自平台和社会层面的管控和打击，但是只要读过《乌合之众》一书的人就能理解，任何超量用户的平台实际上是经营人群的地方，人群的聚集看起来盲目性很强，却有着自身的逻辑。在群体情绪面前，个体往往只是追随者而失去了理性的独立思考。

大家想看到的或者想听到的，在人群深处或者人群中心根本没有什么真相，也没有什么价值。这就叫结果留人。在这种认知之下，直播间的经营者就要努力制造呆子看呆子的场景。大家休息的时候正是看热闹的时候，放松一下绷紧的神经，真的没有几个人想在碎片的时间里听系统的知识讲座。

直播间和现实的生活太像了，简直是一模一样。在河边抓鱼有一群人围观，农村俩老太吵架有一群人围观，捉奸搞怪一类的剧本有一群人围观，仿佛一个社会美好的创意和灵感一下子凝固了，只有这些油腻的东西渗透出来。然后有很多人解释说社会上庸俗的人群（暂且一说）太多，有超过几亿人，但是当一个人和另一个人单独相遇时，没有人会认为自己是那几亿分之一。

随波逐流是抖音运营一种比较好的选择，因此就是坚持长期主义与价值主义的企业，也需要认同一下这些世俗的做法。要以你的用户的观感为观感，这是对到抖音上创业者创作内容的一个建议。当然你如果已经有了长期的价值输出，并且准备为此建立长久的账号人设，你可以不用考虑用户初期感性的喜好，直接奔着为用户带去长期价值的想法去经营。

随波逐流还有一个好处，那就是任何一个新的算法或者权重的调整，都要平台上大量的用户花时间和金钱去试错，而别人通过付费试错得出的成果，你完全可以直接拿来用。所以，对标自己所在行业不同阶段的头部账号，也就成了企业做抖音的不二法则。一是那些成功的账号它的结果和操作手法是大家都能看到的，几乎无法隐藏；二是无论如何这种基于平台调整后的赚钱逻辑会在平台上存在相对较长的一段时间，而这一段时间就是跟风者能够获得利益的时间。等风向变化了，我们再去调整，这也未尝不可。

如果你和一群人在向前跑，发现大家的方向错了，或者前面危险，这时候你发声呐喊根本不会有人理你，他们在嘈杂的声音中根本听不到你的声音，就是听到了也不会相信。在这个时候，你唯一要做的就是跑到最前面，做一个领跑者，然后把大家从危险中带到正确的方向上来。

随波逐流有一个注意事项，就是不要陷入失败者的羊群效应中。2022 年 9 月的一天，河南某地一群多达百只的山羊，在头羊的带领下，纷纷跳入 60 多米深的悬崖。这也是羊群效应中的头羊效应。所以，一个行业的头部错了，真的可以害死一个行业。比如，本来可以通过自然流量做的你去做付费并且小有成就，本来可以通过付费做的你去做自然流量也有所收获，这些成功往往害人不浅。

现实生活中，经常会有人对你说，人生苦短，要及时行乐。这种说法好像有一定的说服力，但我们都知道，人要及时行乐是要依靠实力的。在这个时候，又有人提出来人生创业的过程要学会延迟满足。这种面向未来与人生梦想的延迟满足是可以理解的。而在抖音上，用户与流量固然重要，及时变现才是最重要的。因为你不知道天上哪一片云有雨，你也无法预测平台下一阵子要刮什么样的风。最让人伤心的是，通过你的努力流量来了，手里却没有能够变现的产品和服务，或者你辛辛苦苦积累了一大批私域客户，一夜之间粉丝们关注的焦点和消费的习惯变了。

四、找对赛道

根据抖音平台自己的行业类目，有 30 多个大赛道，100 多个小赛道。个人做抖音和企业做抖音最大的区别是企业在线下已经有了具体的商业模式，赛道相对是固定的，到了抖音平台上是商业场所和方法的改变，而个人到抖音上来，一切赛道都可以重新选择。

趋势是最好的赛道。“赛道”一词一开始并不是从抖音火起来的，赛道是投资圈提到得最多的概念。作为投资项目，在商业模式的竞争中，符合行业发展趋势的项目竞争赢面最大，也就是选对赛道对投资人而言十分重要。同样在现实中，许多投资人看清了赛道，最后却颗粒无收。这说明投资和经营一样复杂，就是方向对了，做的人不对，在商业上也很难成功。当你不懂得什么是趋势时，你要学会盯紧应季的产品和流行的品类。

企业在线下就已经有了自己经营的赛道，也有了自己的盈利模式，所以企业做抖音，理论上是不存在重新选择行业赛道的，只是要把线下的生意搬到线上再做一遍。有的行业在抖音上适合品牌销售，有的产品适合短视频带货，有的企业适合在直播间销售产品，有的企业产品与服务适合在抖音上招商。不同的行业和不同的企业，可以根据自己的产品属性、粉丝画像与商业模式，选择自己在抖音上合适的运营方式。

个人到抖音上创业，如何选择赛道呢？每个人出发的时候的位置是不一样的，选择赛道的重点也有所区别。对大多数普通人而言，可以按照以下顺序。一是选择红海，在抖音上做得最多的行业，因为做的人多，就会有许多标杆性账号，转化逻辑也会十分清晰。你只要比隔壁的老王做得好就能够胜出了。二是个人到抖音上创业不建议一上来就去创新，去做平台上冷门的行业，因为大多数平台上现在的冷门行业不是没有人去做过，而是大多数阵亡了。新人从红海入手，可以学到更多的技巧。三是当红海的类目真的不适合自己时，也可以选择自己擅长的。抖音是才艺的放大器，如果普通人在现实生活中有擅长的技能和经验，上手也会非常快。新人选择所谓平台上的蓝海赛道，除非是你线下非常熟悉的领域，否则，成功的概率极低。因为有近 10 亿日活的平台，基本上没有什么蓝海的赛道，如果有，大多数是很多人尝试过失败了。

选择赛道时，首先要开展充分的市场调查，至少考察 10 个同类项目。在没有调查 8~10 个项目之前，尽量不要下手，因为有不少线上线下的项目是包装出来的。同时，项目还会因为不同区域或者做的人条件不同而结果不一样。新人做抖音要清晰地认识到，选赛道是以线下项目逻辑为主，线上赛道为辅。先要弄清线下的商业路径，再搞明白线上的路径。在后疫情时代，现金为王，不要急于投资，尽量不要一步跨进自己陌生的领域。

不同的赛道，在抖音上获得流量的逻辑是不同的。主要还是看自己选择的赛道本身内容是否有获得流量的能力。最好先看同行的操作，有的可以通过自然流量来打款，比如服装类；有的适合纯付费来做，比如招商和课程类等；有的适合短视频种草来做；有的适合直播间来做。多参考一下对标账号，如果弄不清自己赛道的合适打法，失败是正常的。

如果你面临多个赛道可以选择，那么就要从目标人群的大小、目标产品的单价与市场消费能力、行业利润以及是否具有长尾效应等进行选择，同样还要看一下你在这些赛道中的比较优势。

抖音平台要在电商存量市场博弈，也会开辟知识分享等新赛场，新人做抖音，也可以优先选择抖音平台扶持的赛道。根据目前抖音的情况，有些赛道是抖音在2023年前后会大力支持的。一是美食类；二是好物分享类；三是新农人，即“三农”类；四是健身与运动类；五是本地生活类；六是知识分享类。

五、对标账号

把抖音上各类账号拆解清晰，并且能够说清楚众多类目和不同时间段账号的起号逻辑、账号定位、内容定位和变现逻辑，找出优秀账号的共性和差异，最好还有一些实操经验，把这些知识和经验总结出来，对新人做抖音参考意义非常大。

优秀的老师还能在拆解账号的同时，帮助学员梳理抖音的发展趋势和底层商业逻辑，让学员在了解抖音账号技巧的同时，还能对抖音有更深刻的认识，并且能够从市场运营和抖音商业策划的角度，帮助学员选择抖音项目。

新手在抖音上创业什么最重要？合适的对标账号。在选择好赛道之后，接下来就是账号定位。我们在开展账号定位之前，最好多找一些对标账号来进行分析。在选择什么样的账号作为自己的对标账号时，不一定非要盯住行业的头部账号，因为头部账号背后往往有更复杂的操作逻辑，新人刚上手不一定能学得来，这些头部账号可以作为自己方向上或者内容上的一些参考。最好找一些行业的腰部账号来分析，这样分析出来的操作逻辑才更具有当下的实操价值。

对标账号表面上对标四个方面，一是账号首页昵称、简介和背景；二是内容，从短视频的内容到直播间的内容；三是对标形式，主要是能够看到的短视频和直播间操作的形式或者介绍产品和服务的一些技巧；四是对标人群，就是抖音平台上你所在赛道上的垂直人群。

在抖音上，火过的内容常常会再火。和对口型唱歌的逻辑一样，一个广东歌手唱好听的歌，一个上海的歌手在西安唱同样会有很多粉丝喜欢。抖音平台的赛马机制是分人群、逐级推荐的，一般是以你为中心的数据人群向外层层发散。虽然抖音鼓励原创，但能有原创天赋的创作者必定是少数，所以这种对标内容的半原创是符合平台的推荐逻辑的。新人做抖音，可以多去看对标的账号，看那些火过的视频，分析其中的选题、话题、问题、文案和脚本。新人前期千万不要自己去苦思冥想。

对同赛道里爆款的视频，不要一上手就是翻拍，抖音对搬运和翻拍的视频一般是打击的，平台也要保护原创者的积极性和创造热情。在这种情形之下，可以通过改变表现形式、表现场景、语言结构进行二次创作。这个逻辑和我们经常说的微创新是一个道理，青出于蓝而胜于蓝，往往会收到不错的效果。在成熟的商业逻辑之下，微创新几乎是能够赢得竞争的最佳法宝。

付费投流的过程中，对标账号的对标达人也非常有价值。它的本质还是对标人群，因为同一赛道里的粉丝人群是一致的。抖音有个巨量算数工具，它是抖音官方内容数据监测的网站，上面有十分全面的用户和内容数据，你可以通过在巨量算数搜索行业的关键词找出热门的内容和近期涨粉最快的行业达人，再根据自己的实际情况，选择合适的对标账号。在抖音的热点榜，也有推荐的热点内容。当然你也可以在抖音搜索中直接去查找、筛选与分析。

寻找对标账号对标的关键是什么？对标一个账号的变现能力。在同一赛道里找出粉丝和流量最多的账号同时，要分析最赚钱账号的变现产品和变现逻辑。

六、投其所好

投其所好是市场营销的思维和媒体创作的一种思维，同时也是人际交往中一种获得对方信任和喜欢的手段。这里的投其所好主要是面向两个对象，一是面向抖音平台和平台的算法，二是面向平台上作为浏览者的平台用户。

对平台而言，抖音平台是一个以娱乐为中心的内容平台，这是平台的根本属性，也是平台得以长期存在和发展的关键属性。平台坚持以去中心化的算法进行推流，主要还是想通过好的内容留住用户，让用户有好的浏览体验。创作者讨好平台最好的方式是通过创作好的内容帮助平台留住更多的用户，所以内容很重要。

平台也要赚钱，创作者在帮助平台留住用户的同时，最好还能帮助平台把更多的流量进行变现。所以，变现能力越强，理论上平台也会给予更多的流量。

在内容与变现这两个逻辑之下，我们发现有一个交叉点，就是围绕重点产品创作出来的内容的娱乐属性。特别是在做商业转化时，对创作者而言，无论是短视频还是直播间，你创作和表演的内容如果一直具备娱乐属性，你在平台上就会占据很强的优势。所以，抖音电商将自己定位为趣味电商。

对个人而言，作品内容就显得更加重要。你创作的主要内容是什么？你自认为的好东西往往不是浏览者喜欢的，所以“我想你会喜欢的”这种意识往往是创作者走不出自我成见的一个创作误区。人们一般是在碎片化时间浏览抖音，是一种随意的行为，常常受当前的情绪和天然的兴趣点影响，偶尔会有一些理性的价值识别与深层逻辑参与。我们站在自己的角度，也很难突破内心的自我设限。在这种情况下，除了发挥设身处地的一些思考之外，更多地去浏览一些对标账号，去分析一下热门的视频，先行模仿和二次创作，做一阶段再说，慢慢去参悟其中的奥秘。

七、大力出奇迹

我们大多数人不是天才的写手，也不是天才的表演者，所以我们不应该以奢求一夜爆红的逻辑去做抖音。

平台希望创作者用优质的短视频和直播间来留住用户，给用户良好的体验。平台也给予创作者同一个时间段发布多条作品的权力，每一条短视频会有一定量的自然流量，一般在 500 以内。当一款视频上了热门或者小热门，一般会有一万到几十万甚至上百万的播放量。

在同样的作品质量之下，一天发一两条或者两条以上作品肯定会带来更多的流量。在众多的作品中，出现爆点作品的概率自然要大一些，这就叫大力出奇迹。对于那些三天打鱼两天晒网到抖音上创业的人而言，这种观点无疑是正确的。也有人根据这种逻辑开展矩阵式的账号，矩阵账号和一两个账号比起来，不仅销量会增加，出现爆款视频的概率也会大些。但是对于个人做抖音，在你的一个账号流量没有到达行业的天花板之前，建议你做好一个账号，把一个账号做专与做精。因为抖音的推流机制，依然具有强者恒强的流量分配的底层逻辑。

大力出奇迹，同时也要知道把大力用在什么地方显然更重要。在尝试发布更多作品的同时，还应该多学习平台的技巧和一些抖音商业的常识，更多地学习对标账号和热门视频，更深入地了解成交变现的方法和技巧。只有常常拍出好的爆款短视频，一个账号才有赚更多的钱的机会。

◆ 第三节　社会化组织

为什么那么多人去做直销呢？除了拥有一夜暴富的想法，更多的人是因为真的没有什么稳定而体面的职业。为什么那么多企业去做直销呢？因为传统渠道竞争越来越激烈，成本太高，效果也越来越差，按照传统的渠道不仅无法把产品卖出去，甚至连费用都收不回来。为什么大多数人做直销不赚钱还在做呢？除了这样做，根本不知道还可以做什么。再小的机会也是机会，否则就没有几个人去买彩票了。

这些都是我们在现实生活中看到的现象，和传统渠道分销的压货、压货、继续压货，下沉、下沉、不断服务下沉一样，都是产品同质化竞争的结果。当一种商业常态内卷到一定的程度，内部能量不断积蓄，最后一定会打破这种平衡，形成一种新的出口。

平台型组织出现以后，企业组织的社会化也随之应运而生。当美团让成千上万的外卖小哥十分卖力地工作的时候，当滴滴让成千上万的司机转换一下职能的时候，我们会发现平台+职业的模式已经是一种典型的通过平台实现的社会化组织模式。

深度去思考，如果说京东物流的数万员工还属于一个企业之下，那么已经有太多的职业通过平台超越了企业约束，成为新型社会化组织的一员。这种现象值得太多的企业家予以更深层次的思考。

社会化一般是指内部走向外部，个体走向社会整体，融入现实社会的一个过程。在个体融入整体过程中，个体的目标、行为规则都会受到社会的整体价值与规则的影响与制约。你在网络上搜索"社会化"一词，特别是企业社会化或者组织社会化，竟然有一半以上论述的是企业内部员工的社交化，这无疑是对社会化的一种误解。社会化不仅仅是个人和社会之间的关系，更多的是形形色色的社会个体与社会整体的关系。造成这种概念上的混淆，一方面是国内深度探讨人文科学创新性的课题实在太少，另一方面应该是受英文 social 一词翻译的影响。

企业本身就是现代社会分工中的一种组织，也是人类个体社会化的一种重要形式和结果。这里讲的企业组织社会化，是指在信息化时代，随着信息技术的应用，特别是平台型企业的兴起，企业突破原有的企业边界，再一次进行社会化的一个过程。

在没有出现平台型企业之前，企业的内外关系、社会认知和法律关系相当稳定。现代公司法出现后，企业的社会关系、评判标准与经营边界也相对清晰。企业作为一个独立的经营性组织，在国家法律规范下开展经营活动，有限公司通过企业注册资本对外承担责任，利润最大化为企业的核心目标，经营者对股东负责。平台型企业出现以后，平台与企业的边界、企业与企业的边界和企业与社会的边界逐渐被打破，企业社会功能与属性在加大。平台型企业社会能力变得强大的同时，社会责任也在加大。利润最大化不再是平台型企业经营的唯一目标，企业的利润目标必须和社会发展之间寻求一定的新的平衡，与此同时，企业不仅仅对股东负责，而且要对平台的用户承担一定的社会责任。

平台的社会责任主要源于平台超越独立企业个体的组织属性的部分，

也是一种平台型企业的新的社会伦理。作为平台型的企业，在发挥平台影响力和系统能力聚集社会资源和开展经营活动时，具有传统企业无法比拟的优势。原来许多传统企业或者一个行业都无法做到的事情，现在对于一个平台型企业而言，是分分钟就可以实现的。在这种优势中，企业组织社会化是关键的一环。

一、平台型企业的组织特点

平台型企业在法律上依然是一个明确的公司法意义上的企业，平台也为企业所拥有，只是受信息化等相关法律的约束。所以，公司法意义下的企业依然是平台的主体，并且几乎拥有平台所有的权力。目前平台型企业所涉及的法律关系很多，从经营角度看，依然是以公司法为主要依据，对平台型企业和一般企业的社会责任的差异，除了受有关信息化、媒体等相关法律调整外，对平台型企业滋生出来的强大经营能力和社会组织关系，还需要进一步探讨和规范。并在此基础上，引导更多的中小企业参与到企业平台化竞争中来。

平台型企业的组织特点十分鲜明，企业受到平台上用户复杂关系的影响，平台组织具有明显的多层级角色关系、板块化功能、生态化应用、系统化运行和员工平台化等特点。

企业内部组织是平台型企业的优先组织。企业内部组织运营是平台正常运营的保障，这个内部组织完全符合一个独立的企业完整的组织形式，并且拥有生产、财务、市场等系统部门的划分。

平台上的客户和用户是平台的次生组织，超量用户是平台形成的基础，平台为用户提供工具类服务和信息撮合交易，用户为平台提供内容或者流量，并且提出需求交给平台去实现。平台B端用户往往是平台流量的主要买方，一般情况下也是平台的合作伙伴。

除了平台组织具备多层次关系以外，平台组织具备明显的功能板块属性和生态属性。这种系统生态由市场前台、业务中台与服务后台等功能板块共同组成。系统能力是平台的核心能力，在平台生态中，多层级的组织关系通过一定的系统在平台生态中运营。

在平台型企业，员工的属性以及企业和员工的关系产生了一些变化。当员工具备了一些平台属性，平台在为员工赋能的同时，平台也会通过系统方式考量员工的绩效，甚至直接通过平台规则形成和员工的一些劳务奖励关系。通俗地讲，就是很多员工的收入直接从用户那里拿或者从平台上面拿。平台具有极强的社会化组织能力，并且能够保证这种组织及其成员在一个社会宏大的体系内自主而有序地运营。

平台型企业在受公司法调整的同时，还要受到互联网、媒体和信息安全等法律法规的制约。

二、传统企业的社会化现象

在平台型企业没有出现之前，传统企业也存在大量的社会化现象，很多社会性事务和社会化功能是通过企业实现的。特别是在资本带动下的大型企业和连锁经营类、社会服务类企业的出现，企业开始担当更多的社会义务和社会责任。

在传统企业中，企业对股东的责任、对员工的责任和对消费者的责任一般理解为企业经营自洽性责任，企业对社区的责任或者对政府的责任一般也通过法律法规进行一定的边界划分。如果没有特殊约定，后两种责任一般没有额外要求，只要依法维护自身业态或者符合社会经济秩序的一般要求即可。

当平台型企业出现以后，由于平台上的链接是更多层次、更为复杂的用户关系，平台自身具备了极强的社会属性。在这种情况下，企业把目标定义为利润最大化或者对股东负责明显不妥。同样的道理，在传统企业社会化的过程中，企业功能的边界和责任的边界也开始向更强的社会属性倾斜。

三、抖音能够促进企业客户的社会化组织能力

当很多人痴迷于抖音的流量价值的时候，你是否能够感受到抖音更

多的社交价值和十分强大的社会组织能力呢？

在一些行业内部，独立的企业很难完成一个行业整体目标，平台却在影响一个行业的发展效率和规模。有了平台之后，无形中就会滋生一些社会化组织型的企业。比如农业，因为农业生产的碎片化和季节性，工业思维的企业在农业领域亏损的多，赚钱的少。为了打破小农经济的生产方式，农业社会化服务组织走上了前台。又如，在一些大型专业市场内部出现了管理组织，甚至和社会的管理职能交叉。

企业社会化是企业演进的一个方向，随着信息化时代平台型企业的出现，生产组织社会化成了企业平台化发展过程中的一种必然现象。基于这种认识，我们就可以更加深入地理解外卖小哥、滴滴司机和代驾人员的平台组织属性，探讨新型的职业模式与企业和平台之间的关系，对我们自己的企业经营或者就业选择也会有一些新的思路。特别在抖音上，我们就能从多个角度分析抖音上几亿用户的存在方式和各类创业者的价值所在。

四、系统的价值与效率

系统论认为，开放性、自组织性、复杂性、整体性、关联性、层级结构性、动态平衡性、时序性等，是所有系统的共同的基本特征。

基于计算机语言开发的应用系统和人们的认知系统高度一致。在信息化时代，系统从一种人们具象的认知逐渐走向了基于计算机语言的程式结构，更接近于程序软件。应用系统一般由计算机硬件系统、系统软件和应用软件三部分组成，我们一般讲的平台的应用系统主要是指系统软件，甚至是一个网站或者一个 App。系统是互联网时代的平台核心组成部分，计算机应用系统是系统模型在信息化时代与算法、算力的一种最好的结合。算法与算力则是运行的节奏与速度，通过系统百倍或者千倍速提高应用的效率。

系统论认为，任何系统都是一个有机的整体，它不是各个部分的机械组合或简单相加，系统整体功能是各要素在孤立状态下所不具备的，正如亚里士多德所说“整体大于部分之和”。当平台型企业出现之后，平台型企业的功能无疑是平台上所有企业级客户和平台之上所有用户单个的功能无法比拟的。

一个平台往往由多个系统组成，一个平台型企业除了在平台系统之外，往往拥有多个服务这个平台的支撑系统或者运营系统，它们性质不同，目标不同，却属于同一个生态系统。平台上系统的核心功能往往是为用户的一般需求服务的，比如社交、娱乐、交易，这些功能帮助平台聚集了大量的用户，而平台上的子系统，往往是为用户提供更多的细分服务，为服务提供更多的价值，并且因此培养用户经营到平台上面来的习惯，增加了用户和平台之间的黏度。

对于大多数中小企业而言，在向平台型企业和数字化经营升级的过程中，系统工具已经是一个无法回避的问题。目前企业的应用系统主要分成三类，一是标准化的管理系统，二是知识化的业务模型系统，三是集成化的软件系统。第一类和第二类系统在数字化时代通常要集成到第三类软件系统之中。在这三类应用系统的基础上，企业和平台之间的交流或者把自己内部系统向外开放延伸，是企业平台化升级的必由之路。

利用系统思维建立自己的企业平台模型或者个人的商业模型，往往是在商业竞争中取胜的王道。一是要跟对符合自己赛道的平台，二是要利用好对自己业务有益的各类系统，三是要用系统思维经营自己的企业。

五、代工与外包的兴起

一个产品到消费者手里，往往由上下游企业共同形成一个完整的产业链条，这是一个非常复杂的过程。在同一个行业内部，往往有厂家、渠道与商家这样的分工协作，中间还会有策划、品牌设计等企业化的角色。也有品牌厂家将部分的生产工艺让别的厂家代工完成某些产品的生产环节。而归根结底，是人类需求在驱动这一切有条不紊地发生。《我，铅笔》一文形象生动地描述了人类生产自组织的整个过程，没有指挥、没有命令或者没有固定的目标。

IT 行业兴起后，国际基于电子产品的代工规模越来越大，比如富士康给苹果代工，动辄用工几万人或者几十万人，这种代工往往出于产品资源或者人力资源考虑，而电子产品是劳动密集型产品，所以在人力资源丰富的中国大陆设厂是 90 年代国际电子品牌最佳的选择。

还有就是渠道商自营产品，通过企业代工生产，在渠道流通中形成自己的品牌，通过销售渠道形成企业竞争的品牌资产。在传统行业，像农资、家具行业，这种现象非常广泛。传统电商快速发展以后，以电商平台为根据地，通过产品设计和品牌形象设计为主导的代工类企业和产品越来越多。

OEM 代加工就是代工的意思，就是品牌生产者不直接生产产品，而是利用自己掌握的关键的核心技术负责设计和开发新产品，控制销售和销售渠道，而生产能力有限，甚至连生产线、厂房都没有。为了增加产量和销量，为了降低上新生产线的风险，甚至为了赢得市场时间，通过合同订购的方式委托其他同类产品厂家生产，所订购的产品以低价买断，并直接贴上自己的品牌商标。

而在传统制造业，规模往往是品牌溢价的基础。国内太多的行业特别是针对 C 端的产品，往往处于生产过剩状态。在这种逻辑之下，一些大的电商玩家过量地存货，常常因为实现不了流量变现把多年赚的钱一笔亏了出去。特别是传统电商玩家到抖音平台上面来，一旦没有弄清抖音平台与其他平台之间的差异，就会突然感觉到天都变了。当然对于一些有内容创作能力的玩家来说，如鱼得水。然而，无论平台采用什么样的算法，流量和供应链永远是电商的两大终极逻辑。什么内容，什么才艺，什么主播能力，什么选品和运营，一切的一切，在超大玩家的付费和供应链面前，都是小儿科。而超大玩家最大的风险是战略架构的试错风险，总之，资本在算法面前还是稍逊一筹。

渠道商选择代工是产业链逻辑与品牌商业逻辑的结合，从商业原理上是可行的，电商平台上也是一样。

2018 年，马云提出互联网制造这一概念。互联网制造在社会生产网络化、数字化的基础上，创新传统生产组织方式。在互联网平台上，制造企业和用户之间的关系是双向的，企业根据用户需求设计生产线和产品，以满足用户多样化、个性化的需求。

外包是指企业动态地配置自身资源和其他企业的功能和服务，并利用企业外部的资源为企业内部的生产和经营服务。外包和代工显然是有着相反方向的市场主体需求，外包有两种考量，第一种是把自己生产中非核心的、不赚钱的、力所不逮的环节外包出去，给更加专业的社会部门去完成，以达成自己企业的效率或者效益最大化；第二种是把自己不擅长的交给更加专业的人或者组织去做，以寻求高品质的组合。互联网平台出现以后，这种基于生产性需求的信息撮合变得更加容易，体验更加精准。

无论代工还是外包，对真实场景的要求是比较高的。为了确保协同无风险和交付质量，需要对对方的生产技能与流水线的生产能力或者产品的设计要求有充分的了解，短视频和直播间一类的社交平台的出现，无疑把整个工作向前推进了一两个台阶。

对大多数中小企业而言，当你的团队已经组成，却因为没有订单或者订单很少发愁的时候，如果你是一个抖音平台的经营者，相信总有一款需求适合你。

六、自由职业者

威客创始人刘锋说，威客模式是人的知识、智慧、经验、技能通过互联网转换成实际收益，从而达到各取所需的互联网新模式。威客这种形式的应用主要包括解决科学、技术、工作、生活、学习等领域的问题，体现了互联网按劳取酬和知识交付的新理念。

互联网概念不断迭代，从门户网站、搜索引擎、电子商务、博客、微信到 Saas、Web3.0、5G、短视频，这些应用与知识管理都有着或多或少的关系，互联网 + 创客的形式在 PC 时代就开启了知识付费时代。这和前面讲的平台 + 职业的社会化组织底层逻辑竟然惊人地一致。

互联网不仅给组织赋能，同时还在改变生产与服务的社会业务结构，比这两个更为重要的是，互联网还能为个人赋能，提高个人在社会上的职业能力，从而从更深层次改变个人在生产活动中的状态和形式。一方面，普通的知识和各种资讯在平台上泛滥成灾；另一方面，与个人分不开的由知识组成的经验和技能成为重要的交易对象。短视频的可视化的能力和极强的现场感，无疑会把这种交流与交付推到另一个高度。在抖音赛道上，知识分享越来越被一些行业达人关注。

车库咖啡、3W 咖啡等线下创客空间的出现，也是互联网为个人职业者赋能的结果或者类似一种项目融合平台，这对新兴项目和小微企业而言，无疑也是一个不错的选择。如果这些自由职业者和创意项目以及这一类的空间能够与短视频和直播间再一次充分地结合，一定会在更为广泛的范围内促进创新创意行业的发展。这对以知识付费为中心的自由职业者而言，也是一个鸟枪换炮的过程。

有一个值得思考的问题，随着人工智能的快速发展，许多传统行业将被机器人所取代。近期我们发现，甚至智能机器人都可以介入医疗、法律等一开始大家认为不可替代的领域，算法做得比行业内优秀人士更精准与更客观。2022 年年底的这一场集体发烧，让全民在线咨询和自我护理成为常态。

算法是人类集体智慧的结晶。人类科技越进步，加上资本的力量，生产效率越高，越会把更多的劳动者从生产领域淘汰出来。在这种情形之下，越是底层的劳动者越没有常规工作的入口，从而因为没有固定的收入而无法具备稳定的消费能力，反过来又影响到商业与制造业的繁荣。

工作的指针无疑指向了工作的不可替代性。就像当年的电力除了应用灯泡照明世界一样，当电力和形形色色的电器相结合，在创造一个新的世界时，新的社会分工产生了巨量的人工需求。当物联网和大数据应用的到来，随着工业互联网、智慧城市和物联网的广泛应用，特别是新兴服务业的崛起，一定会带来更多的新兴的职业岗位。如果企业和商业自播是方向的话，就会产生 3000 万—4000 万主播需求，加上一些对外开放的公共服务，这是一个巨大的数字。从平台型企业的美团、京东我们可以发现一个超大量的新型用工形式，但这种形式如何替代传统行业，而形成超过传统行业数量的职业岗位，是一件值得期待的事情。

七、系统性风险

“其兴也勃焉，其亡也忽焉”，互联网出现以后，互联网企业和一些与互联网相关的企业此起彼伏，你方唱罢我登场，各领风骚一两年。对于平台型企业而言，平台迭代的速度很快，一些平台在初期重在烧钱培养用户习惯，在没有搞清楚平台的底层逻辑或者没有找到平台合适的自我造血能力之前，随时都面临关门的危险。而获得平台流量的能力和通过流量变现的能力是依附平台做生意的企业商家经营成功的关键所在。

平台上同类的企业和商家不断涌入之后，平台会通过一定的竞争形式不断抬高这类企业和商家的流量成本。所以说，平台型企业的系统风险是超量用户培养的风险，依附大型平台的企业和商家的风险来自平台流量的竞争和算法规则的变化。当然，大平台之间的更替对这些次生层企业和商家而言，无疑也是一个系统性风险。

在抖音平台创业的企业和商家，系统性的风险不仅仅来源于流量的获取与平台的迭代，更多地来源于企业自组织能力和行业掌控能力被平台型企业所削弱，主要是受到行业资源平台化的影响。

企业和商家要想在短视频时代长歌善舞，一定要从更新商业认知开始。很多在实践中成功的操盘手在对你说他的经验时，他会说所有的商业认知在商业付费面前不值得一提，只要花钱干就行了。这是对平台时代商业严重的误解，充分的商业认知并不是商业成功的必然保证，而实践者试错成功的案例往往就是商业竞争中的幸存者偏差，一点也不具有商业的参考价值和可复制性。所以，经营者在整个决策中一定要在拥有一些商业认知的前提下再去做出判断，这样的成功概率会比盲目去做高出许多。

抖音一边火爆一边亏损，很多新入局者还没有开唱就阵亡了，一是错把抖音的趣味电商当作传统电商了，以为凭借资本和流量的能力可以控制平台上一个或者更多行业来赚钱，殊不知去中心化的算法第一枪打的就是这一类商业逻辑；二是在直播间变现采用传统电商的玩法，就像在大海里撒盐一样，想通过增加海水的浓度让自己漂起来，你得能够承担再花钱烧出一个平台的成本。

当你觉得一切应该回归商业本质的时候，又觉得你的付出和以前通过付费流量赚钱比起来太不值了。平台是希望机构无序扩张还是希望更多的行业长期发展呢？当然，平台也需要机构来教育市场和引导线下行业的发展，所以机构在倒卖平台流量上永远是一个不错的生意。哪怕一个更直接的付费接口就在那里，大多数企业还是希望专业的机构给他们带来合理的回报。然而机构最容易做的，依然还是卖流量。

企业对经营稳定性的要求和平台流量迭代之间充满了矛盾，这也是很多传统企业不愿意直接加入平台经营自己企业的主要原因。对个人创业者而言，打造一个账号因为流量的枯竭或者与平台商业利润的博弈中随时可以放弃，再依据新的规则重新开始。打一枪换一个地方，或者薅平台羊毛的逻辑，本来就存在互联网商业逻辑之中。然而传统企业不行，传统企业有自己的组织系统和投资逻辑，往往具备长期经营和垂直经营的思路，一旦投入却没有良性的产出，如平台算法已经迭代、用户习惯已经游离等，就会给企业造成致命性的伤害。

如何降低中小企业和商家入局的系统性风险呢？小组织化、人单合一、私域和创始人 IP 等做法都是不错的选择。私域内的长期主义和价值主义是对抗商业系统性风险的法宝。

◆ 第四节　价值协同

你站在桥上看风景，看风景的人在楼上看你。明月装饰了你的窗子，你装饰了别人的梦。

当新的用户加入某个网络平台时，平台的老用户会从中获得额外的价值，这就是网络协同的价值。就像我们前面讨论的一样，平台最终形成的前提条件是超量用户，因为有了超量用户，不同的用户在不同的时间段在平台活动，这些在线的超量用户就是平台存在的价值。网络平台的价值以网络用户数量的几何倍数增长，这也是更多用户想再次回到平台上来和其他用户沟通交流甚至交易的原因。

这种新老用户互为价值的底层逻辑，也是平台的一个十分有意思的地方，也就是我们经常会说的用户也是流量的概念。这种基于互联网平台的公域的协同，成为企业和商家经营中需要考量的一种思路。你如果能够锁定你客户的客户，或者能为你客户的客户创造价值，就会获得更多的经营上的便利。我们会发现，在平台上坚持一种利他的存在，平台上的玩家会自然地产生一定的黏度，因为你所拥有的资源、流水线、团队、经验、知识甚至某种态度，都有找到同频者或者认同你的人或企业。除了搜索，标签和算法也能够帮助你发现更多这样的人和企业。

在平台上有没有利益共同体？当然有。一些拼团或者拼购的行为，实际上也是从用户端发起的价值协同行为。同类主体之间的协同往往是为交易本身设计的，不同主体之间的协同往往是为了资源利用或者降低沟通成本，这种协同常常是自发而且独立的。在“6·18”或者“双十一”之前所有参与的品牌和平台之间都会提前去宣传策划，从而产生一种强烈的协同效应。在平台之上，这种造节运动仅仅是为了各自的一个目标而采取的共同行动，就产生了平台用户节奏的共振，这显然不是组织分工的结果，而是平台生态价值的一种能力。

很多企业特别是小微企业有了不错的产品与服务，也按照正确的路径来做线上线下的品牌营销与新零售渠道，有时候也会显示出不错的效果，但整体上还是让人感觉发展缓慢，使不上力，俗称没有后劲。因为企业小，资金实力不足，又很难通过投流去放大效果。在这种情况下，内外多部门多要素的协同就显得更加重要。在这个时候，领导和管理者平时所说的员工的综合素质就会得到充分的体现。

一、品牌协同

过去，线下企业的品牌协同一般通过企业之间品牌互动与收购等方式，让优势品牌在更多渠道形成更大的品牌影响力。在互联网特别是大型海量用户的平台出现以后，在特定的网络空间的不同企业之间，不同品牌的客户在平台上往往是交叉或者重叠的。如果在品牌传播、渠道建设或者直播间品牌服务方面，形成对目标用户的共同影响，十分容易形成平台上两个及以上品牌粉丝的抱团情况，发挥“1+1>2”的效用。

网红、达人从某种意义上讲，也具有个人或者行业品牌属性，就像一些大公司和大品牌选择明星代言人一样，对企业或者产品品牌是具有加分作用的。而在一些网红直播间或者达人直播间，网红与达人的粉丝往往高于明星的黏性。在这种情况之下，网红、达人的品牌带货实际上也是一个品牌协同的过程。

如果现实生活中两个品牌的消费群体是同一个消费级别，而为品牌代言的主播之间粉丝画像又雷同或者相近，只要品牌产品不属于同一个类目，品牌协同的价值就非常大。

一些优秀的主播或者运营也会根据品牌协同与垂直用户同频共振的原理，在直播间全程规划合适的品类，以创造一流的转化。

当然，品牌协同也有强势品牌和新品牌或者弱势品牌之间的协同应用，这时候就可考虑好不同品牌或者不同账号之间粉丝的垂直度、产品品质和售后等情况，确保一气呵成。

二、渠道协同

抖音是典型的娱乐流量平台，当下抖音电商还处于发展初期。淘宝、京东等平台已经拥有非常成熟的电商闭环系统，从某种意义上讲，抖音平台和电商平台之间的开放合作，对目前的电商玩家最有利。

也是基于以上认识，在新媒体营销上，国内营销专家大多倾向于倡导全媒体理论。也就是说一个成熟的现代企业，应该在传统媒体、搜索引擎、微媒体与自媒体和新兴的短视频与直播之间，打一个多平台的营销组合拳，实现企业在不同媒体间的更大的传播价值。在渠道上，很多电商专家也和营销专家的观点类似，认为不同平台之间的协同是渠道协同的重要组成部分。

最美丽的桃花和最美味的桃子之间，毕竟还隔着一个夏天。抖音能否挟流量的优势改变当前电子商务的整体业态，还需要大家在观察中去发现。在电商平台上建设自己的旗舰店，在抖音上放大企业品牌和产品的宣传，在社交平台做好售后或者渠道管理，再通过系统软件实现线上线下的统一。这是一个理想的完整的多平台渠道协同的做法。然而无论如何，离钱近的平台最终会获得更大的优势。

账号内部的协同也是渠道协同的重点，包括短视频和直播间的协同。首先，短视频为账号定位，为直播间引流，直播间也会形成直播粉，并且可以在直播间带货，从而形成一个完整的账号权重，反过来还会影响到短视频获得流量的能力。其次，网红、达人与企业账号之间的协同，或者创始人 IP 和企业账号之间的协同。最后，抖音小店、橱窗和蓝 V、企业账号之间的协同。企业会根据自己的发展和产品情况，做出有利于自己的选择。

除了以上平台之间的协同和抖音平台内部的协同之外，还有线上渠道和线下渠道之间的协同，公域和私域的协同。

三、用户协同

用户越多，平台价值越大，用户之间的相互价值也越大，更多的新用户介入平台，老用户从理论上可以从中获取新的价值，所以用户协同对平台很重要。

对一个在平台上的企业和商家而言，粉丝形成购买或者复购之后才能被称为用户。在短视频和直播间，用户的付费本身就是平台对某一账号流量转化能力考核的依据。平台也会认为一个用户流量转化高，并且能够和平台分润，你就是一个不错的账号。当短视频和直播间的内容和用户步调一致时，对某个特定的账号就会产生非常好的影响。

对于单个企业和商家，用户协同如何产生呢？最好的办法是按时更新或者如期直播，在不停更、不断播的同时，制作的内容要和粉丝之间保持良好的亲和力。在此基础上，开展一些福利与宠粉活动，不断强化账号的主播人设等。当然，一些刷单行为、AB单行为，还有通过线下或者私域向公域引流的，一般会被平台判为作弊，常常得不偿失。

在不同网红之间、不同的达人之间，特别是不同的商业IP之间或者不同的直播间之间，同样存在用户协同的现象。

◆ 第五节　突破你的经营边界

个人做抖音和企业做抖音的底层逻辑是不一样的，个人做抖音是选择逻辑，可以在众多的赛道里选择一个适合自己的赛道去经营，而企业和商家做抖音，常常是营销逻辑。因为自己的线下的产品与服务往往是自己长期经营的，到抖音上来，很少想换个行业，放弃原来的产品甚至品牌与生产线。所以企业和商家做抖音，一开始就是奔着同行竞争来的。一是通过抖音放大自己的商业流量，二是在抖音上直接做销售，放大企业的经营业绩。

企业到抖音上来，博取流量就能够逆袭成功吗？这个思维肯定不适合参与抖音竞争。因为在同赛道的竞争中，你的产品目前占有优势还好，还会有一些流量转化能让你生存下去，如果企业的产品本身竞争力就不强，拥有流量之后转化率低，或者用户体验差，形不成二次复购，最后连流量成本或者人员的费用都赚不回来。

我们看待抖音时，不仅仅把它看成为一个流量媒体或者一个销售工具，更重要的是还要把抖音看作是自己的行业市场。我们要学会通过市场的反馈反过来重新决策，甚至是开展企业的微创新，以满足抖音市场的真实需求。拥有这种逻辑的人就是适合通过抖音的思维去做企业的，因为适合抖音的一些思维往往就是现代核心商业思维本身。

平台型企业出现以后，经营企业的逻辑在悄悄发生改变，在寻找资源上、团队人员组织上、销售渠道建设上，特别是产品定位与设计之上，拥有平台型思维的企业和传统企业已然完全不同。而抖音上，突破企业原来的边界，显然是一场生动而形象的新商业教学。

一、从 B 端决策走向 C 端

晚上想想千条路，早上起来走原路。太多中小企业每天都面临着这样和那样的问题，天天想着如何改变，而一切却在折腾中无法变化。产品不好就是技术与设计师的事情，没有人才是招聘的事，销售不行是业务员的事，最终都是老板格局小或者企业账上没有钱的事；听各种培训课程，做各种股份激励，开展形形色色的促销活动，在各类大师的指导下，整天忙着对接无厘头的社会资源；紧跟着是各种 KPI 与报表，最后员工越来越少，产品堆在仓库一动不动。

老板能力强一点的，把货从自己的库里挪到经销商的仓库里。整天在做市场，一直在做什么呢？做说服客户的工作。各种心理学、各种销售话术，最终导致广大终端客户对该商品特别反感。

凡是在你的企业中出现类似情况的，有一项或者有几项正在你的企业发生的，建议老板和员工多刷刷抖音，多看看那些一个晚上销售几万、几十万、上百万的直播间，多看看一条带货上千单、上万单的短视频。

B 端的思维，也就是基于企业端和商家端的经营习惯思维，在平台时代，这种以自我为中心的商业思维方式真的落伍了。从客户中来，到客户中去，多听听客户的意见，一切从客户的利益出发，寻找行业的制胜与突破之道。平台上那么多品牌和运营都在给你做示范，你却从不去看，一直生活在自己的经验中，哪有不被淘汰的道理。

让听得到炮声的员工决策，做好总部的服务与支撑，已经被一些企业在经营实践中提出来。在信息化时代，企业的决策模型在发生变化，企业获取资源与生活设计的结构也在发生变化，企业的销售渠道与组织形式也在发生变化，这些变化用一句话讲，就是经营决策正在从B端走向C端。离客户近一分，就离钱近一分。

如果从理性上分析为什么会出现大量从B端走向C端的决策需求，主要还是在信息化与平台化的商业逻辑之下，厂家、商家与消费者的内在关系发生了变化。消费者和厂商之间不再处于一个信息不对称的状态，消费者不再是一个单纯的购物者，已经通过平台成为生产的直接发起人、产品设计的参与者、商品的体验者和使用者。而且大型商业平台出现之后，这种买卖双方对商品的反馈已经实现了无缝连接。在这种情形和条件之下，企业如果还是凭借自己的主观或者经验去经营决策，无疑是自己给自己加了一条经营的锁链。

二、企业平台化经营

企业平台化经营，是企业做抖音的方法论核心的核心，也是贯穿本书方法论的一个重点环节。

用抖音思维做企业，因为抖音成长过程本身就蕴藏着现代商业发展的大道，而这条新商业大道，也是在不断地完善平台型企业的经营逻辑和发展价值。

企业平台化经营，一是优化企业新商业结构的需要，平台聚集资源的能力是单个企业无法比拟的；二是提高企业组织能力的需要，企业内部的小组织化、外部的社会化组织和用户的参与，是新型销售渠道和用户私域的需要；三是提高生产效率的需要，互联网制造的制造逻辑与效率已经得到众多行业实践证明并且被广泛接受，一些传统生产企业在不断地沦落为互联网品牌商家的加工厂。

在用人成本居高不下，流量成本越来越高，企业管理与经营的传统逻辑不断被打破的今天，企业经营平台化也符合信息化为个人赋能和用户广泛参与的商业趋势，让平台+职业或者互联网+个人的优势得到充分发挥。

在平台型企业的结构之下，企业和企业之间的融合发展和资源共享就会更加真实可行，各种生产与商品要素会根据一定的规则在企业之间与个人之间以及企业与个人之间高效流动，传统的封闭经营变得更加开放。建立了各种元素之间的动态链接，实现点对点的互动，在降低企业生产和营销成本的同时，在一定的时期节省了经营成本，保证了经营的安全。更重要的是，提高了企业的创新与创造能力、资源利用能力，同时也加速了创新成果在企业之间的转化。

有人认为企业平台化是在帮助行业的产业链从“纵队”变成“横队”，建立一种新协同生产的机制，这种说法非常有道理。实际上也是让一个行业从链条式组织通过平台系统的力量逐步转化成为矩阵式输入和输出的形式。同时，平台还在资源方、企业生产方、员工方和用户方之间建立了一个稳定的共生共享的生态逻辑。这种矩阵和平台方式，无疑提高了平台型企业的效率，减少了市场竞争的风险。

三、产品媒体化

在一个信息充分的市场，企业不再通过信息不对称去赚钱，而是通过品牌和服务增值去赚钱，我们会发现，产品即媒体。

在产品同质化的今天，企业竞争的本质是企业内外管理效率的竞争，然而信息化、系统化和平台化让企业之间的效率竞争开始失灵，特别是互联网时代的流量竞争。但在中心化平台一家垄断信息流量的时候，平台上的企业再去寻找企业破局的出口的时候，最后一致认为产品为王，并且又通过产品为王追溯到企业创新的技术之上。产品为王显然不是企业兴旺与否的正解，因为在这些企业寻找出路之前，已经自行回避了流量对整个商业影响的根本性问题。

流量对商业的影响特别是对某个行业或者个体的影响远在 50% 以上，甚至影响在 90% 以上，几乎起到了决定性作用。但流量的集中源于平台超级用户的形成，而平台之所以能够形成超级用户，是人类信息化过程中新工具广泛应用的结果。

产品媒体化通过三个路径实现，一是通过产品的品牌定位，从概念出发占据人们心智。例如，当人们想到可乐的时候，几乎等同于可口可乐，人们大热天想喝点饮料降火的时候，就想到了王老吉。二是通过商品自身作为媒介进行传播，非常典型的案例是江小白，把一些人的趣味文案和商品结合在一起，让人在饮用时浏览或讨论，产生一定的记忆点。三是在视觉营造的同时，通过二维码防伪、有奖活动甚至趣味说明书等形成二次广告效应。

当然，可以通过一个不容易损坏的小物件和大件商品共生品牌，以达到更广泛的传播。

商品卡通化形象，商品和网红、达人建立某种气质上的连接，都是产品媒体化的一种体现。

在你通过流量的获取，销售更多的商品的同时，会形成更大范围的传播，并且通过商品本身上的一些链接，形成新的销售。

四、从经营产品到经营人群

抖音是内容逻辑，也是人群逻辑。到抖音上经营自己的企业或者生意，不仅仅要有内容的能力，更重要的是能够明确自己商品和服务的粉丝画像，一边通过内容把符合粉丝画像的用户找出来，一边通过产品和服务满足这些用户，产生良好的用户体验，从而形成商品口碑或者复购。

人群是根据什么划分的呢？人群是根据人的需求划分的，不同的消费需求形成不同的消费人群。在信息化时代，每个消费者都有可能被打上标签，并且通过一定的记录或者算法把不同的消费者从公域中找出来并进行分类。为每一类符合自己商业目标的消费者提供更加专业的产品与服务，让消费者有更好的消费体验，成为企业和商家经营的重心。

平台型企业对经营的思考一般是从四个在线的角度去思考的，包括员工在线、管理在线、客户在线与服务在线，其实也完全可以做到商品在线。在这几个在线中，交易链接是随时存在的，而对企业外部运营而言，市场的核心工作自然而然地落实到经营在线的用户人群中来。用同一种产品长期服务好同一批人群，还是用迭代的产品不断地满足同一批人群，或是用不同的产品服务同一批人群，对厂家和商家而言，更多的是一种策略。

当企业到抖音上面来建设自己的品牌、渠道和销售自己的产品，可以通过寻找对标账号发现正在热销的同行产品的品类和特色，然后进行系统的分析，主要是了解用户的爱好，是因为对产品中的某种属性的喜好呢，还是被内容吸引形成超大的流量呢，或是因为被网红或者达人带节奏了。针对特定的消费者画像，根据自己的产品实际情况，做出有针对性的方案。甚至有些时候，在研究的过程中发现自己的产品在同行中太一般或者已经为时代所淘汰，还要考虑产品的更新迭代，只要能通过对抖音平台商品热销的理解，生产出更加适销的产品，或者直接联合销售一些同行热门的产品，也是一个不错的选择。毕竟，平台上面有太多的无货源商家在赚钱。

当然，经营人群一方面是通过好的内容去获得人群，关键时候也可以通过付费去实现；另一方面需要通过产品与服务去实现变现，从而实现企业的商业目标。但是，这样的做法只能占到一小部分，更多的方法还是要通过打造适合某类人群的产品品牌或者建立私域来长期服务自己的客户。服务好一个老客户，基本上等同于开发三个新客户。

◆ 第六节　创始人 IP

在传统企业经营中，企业品牌的形成，由产品的品质、老板的经营思想和企业对客户提供的服务价值共同组成。到了互联网时代，流量的作用不断地掩盖了品牌本来的价值，甚至有的时候，互联网上的商家通过解构传统品牌获得高额的流量回报，比如高仿或者通过品牌产品低价格促销获得流量等不良手段。在这种状态下，创始人 IP 被提上了日程。

IP是一种企业知识产权，本身是围绕特定的主体形成的知识类的权利。IP不仅有人，比如颜值明星、音乐歌手、舞蹈达人等，也有一些事物，比如故宫、长城、迪士尼等，还有神话人物，比如孙悟空、女娲等。

对于一个企业而言，创始人IP是品牌价值的另一种体现。从某种意义上讲，创始人IP和抖音平台的黏合度高于网红、达人的商业价值，为什么呢？如果你要问抖音是个人逻辑还是商业逻辑，你就会明白其中的微妙差异。显然，抖音是一个以娱乐和社交为初始的平台，其个人逻辑是平台的第一属性，而基于其超级用户形成的社区属性、商业属性一定是以个人属性为基础的。所以当一个人浏览到一个没有娱乐感的只有产品的广告时，常常会一滑而过。当然，平台根据算法精准地推送你喜欢的广告除外。

在信息充分的互联网时代，行业的话语权能够给企业带来很多的优势资源，在这种情况之下，行业的意见领袖往往具有行业得天独厚的发展优势。

一、一群人、一件事、一条心和一个梦

很多主播通过在直播间讲故事，做成了上百人、上千人，甚至上万人的直播间。这种形式显然比在直播间直接讲知识、讲产品更容易让用户停留，而企业老板的创业故事也往往会引起想到平台上来创业的人的共鸣。创始人IP看似一个人的事情，实际上是一群人的事情。能够带着一群人在一个行业或者一件事上经历的一个阶段，本来就会有许多经历或者值得关注的经验和教训。这种故事式的传播无疑是符合平台的个人逻辑的。

当一个人与一群人有关，并且能够把一群人吸引在自己的身边，就是一个创始人IP的开始；当从这个创始人IP上可以清晰地看到一件事，或者一类事情，就可以认为这个创始人IP的身份定位是清晰的。

一条心是创始人及其团队的精神状态，而一个梦是创始人的行业态度和事业信仰。经营企业就是经营人心，在抖音上贵在经营人群，而经

营人群的关键还是经营人心，通过人群画像把粉丝勾勒出来，通过内容标签把用户找出来，通过创始人的价值观、社会责任感和创业故事吸引同频的人，一条心去做一个梦。一条心是共情，而一个梦则是共同的信仰和追求的表达。如果你能在一个企业创始人 IP 中看到一群人、一件事、一条心和一个梦，基本上这是一个合格的创始人 IP。创始人 IP 人设的表达，对企业品牌的成长具有助力作用。

二、从品牌要素到社会责任

从企业品牌形成的三个起点上看，老板的思想、产品品质和服务的质量，共同构成了一个企业品牌的基础。在信息化平台上，人们更多关注一个企业创始人的社会态度，因为在互联网时代，这种态度太容易在网际人群之间传播，而且在网际之间，态度一类情绪性的东西更具传播性。

从小米和格力的 10 亿赌局，到腾百万与马云的现场直播，到乌镇的饭局，人们都从营销的热闹中去找寻企业家的态度，只言片语就会被太多的自媒体带节奏。一方面是互联网的个人链路在其中起作用，另一方面这也是线上人群的一种生活和表达方式。

从平台型企业发展的趋势来看，一个企业的社会态度特别是社会责任边界也在发生变化。一个企业能否做大做强，和它的社会责任之间的关联性越来越强。

三、意见领袖：焦点表达

一个行业的意见领袖往往是一种正能量的表达，同时也在引领一个行业发展的方向。在行业发展出现困难时，能够高屋建瓴地给出思路和规划，带着企业甚至整个行业从困境中走出来；当一个行业的发展顺风顺水时，在引导行业及时创新发展的同时，给予适当的行业预警，以寻求长期有序发展。

在自媒体时代，创始人 IP 的形象需要整体表达，并且具备人格化和持续价值。为了避免创始人人设崩塌给企业带来负面影响，一方面要做好创始人表达的规范，一般只在媒体上表达专业性的观念，尽可能地打造行业的专业人设，一般不表达社会属性的观念；另一方面做好人设的免疫区间，除特殊需要，不去设定过高的道德人设，以免给企业经营带来困扰。

当然，还是要尽可能地实现创始人人设、企业品牌、产品的质量和服务三者之间的统一。

四、质检员和体验官

一流的创始人 IP，一般都是企业产品与服务的质检员，也是企业品牌的体验官，是企业产品和消费者之间的桥梁。在媒体上，创始人要和消费者站在一起。

显然，一个企业的产品与服务过不了创始人这一关，就不应该推向市场。企业一个不良产品会直接影响 3 个客户，同时影响 15 个潜在顾客。在以用户为中心的时代，创始人的态度往往影响企业产品研发和生产的标准，基层和中层的员工往往是头向上看，领导的底线往往是企业产品和服务的上限，同时也影响市场上的服务质量，差之毫厘，谬以千里。

五、建人设、贴标签、讲故事、带节奏

创始人 IP 需要稳定的人设，并且要进行丰富的人设传播。在建立创始人人设的过程中，行业标签非常重要，如果能够给创始人贴上正向人设的标签，往往会达到事半功倍的效果。

在人设的背后是真实的人生，而为了达到商业的目的，让人们看到的人设与真实的人生之间还有一段距离。企业家要防止人设坍塌，最好的人设办法就是离真实人物近一点，多一点真诚，少一点表演。

一个优秀的人设离不开一个感人的故事。而在市场上让人设发挥产业的价值，还要因地制宜地带节奏。我们经常看到一些明星常常弄个新闻事件在大众面前表达一下，说明明星也需要曝光度，创始人 IP 一样，故事需要代入感，日常需要节奏感。

◆ 第七节　新网红品牌

当传统品牌的商业逻辑让位于互联网的流量为王的逻辑，在某种意义上，互联网的流量是在解构传统的品牌。传统品牌从产品打造、品牌定位、设计、传播形成口碑，然后形成品牌，是一个缓慢而长期的过程，是从中心区域和中心消费者通过消费渠道不断向外蔓延的一个过程。

传统品牌是如何被解构的呢？在信息化时代，商品品类极为丰富，消费者接触产品知识更加简单，接触产品更加容易，产品的可选择性增加，传统品牌的信息非对称性被不断打破。加上生产端的同质化，一些小生产厂商的工艺和包装竟然能与一个超型企业的工艺和设计保持高度一致。一个不知名的化妆品会因为门店或者柜面装修别致而大受青年人喜欢，这些在以前是难以想象的，过去的产品会以品牌和厂商的大小在不同的渠道得以展示。难道年轻人就没有自己的判别标准吗？因为搜索和资讯非常便利，他们会迅速掏出手机做更详细的对比，最终让“成分党”一度成为消费的一个潮流。

与此同时，电子商务环境下流量是商业变现的关键，全网比价和全网最低价的逻辑走上台前，传统商业的品牌逻辑变得有点不合时宜。造成的结果是什么呢？一些低劣的产品充斥线上市场。不仅仅是我国拥有大量需要低价产品的网民，同时线下产品也进入了一个严重同质化的阶段。在全网最低价的比价逻辑之下，很多传统行业很快失去了坚持品牌做法的信心，行业所有的广告投入几乎都在为一些电商平台上的高仿产品做宣传。除了一些对品质有严格要求的家具、电器等品牌依然在传统渠道经营外，很多消费品实现了阵地大转移，从线下的消费大量地转向线上。虽然劣币驱逐良币的逻辑在商业上有一定合理性，但无论如何，对传统行业特别是行业中的一些品牌企业而言，是一次真真切切的破坏。

抖音短视频平台出现以后，短视频的三维价值与抖音平台去中心化的推流机制，为品牌的复苏创造了条件。

一、渠道效率

在传统渠道中，由于我国幅员辽阔，一个商品想在全国销售，一般只有通过代理分销才能实现。商品从商家到消费者手中，往往要经历省市县直至乡村零售店三级以上的代理与分销。加上中途的仓储与转运，渠道成本非常高。互联网出现以后，企业管理的扁平化和渠道的平台化同步发展。有了电商平台后，商品可以直接从厂家通过平台到达平台上的消费者手中，层层分销与层层加价的形式显然已经不合时宜。

在传统分销的路径中，物流、仓储和零售货场十分关键，却占据很大比例的中间成本。而现代物流特别是现代快递行业的快速发展，尤其是智慧物流系统的应用，把一些非常复杂的过程通过算法得到极大的改善，从而在厂商与超量用户之间构建起低成本且高效的服务。基于平台的物流成本已经低于传统的分销路径，而且当日达、次日达以及门到门的服务已经成为常态。

二、定价倒置

在传统分销渠道中，有一个十分有趣的定价现象，这种定价现象几乎在国内外的市场学与营销学上都看不清是什么样的逻辑。一个商品从厂家到消费者手里，到消费者手中的零售价不是由厂家定的，也不是由终端零售商定的，而是由分销层级层层来定的，最后导致一般的商品从厂家到消费者手中一般有三到四倍的加价。也就是说，渠道加价是产品生产成本的好几倍。

这种定价倒置的形式实际上多少还是与渠道传输的成本和分销的效率有关，多层分销增加成本是一种必然现象，终端零售在小区范围内无疑也在增加销售成本，在固定的点式区域销量本身也受到制约，更不用说一个小店同一类目有多家品牌产品，所有的竞争都压到了终端市场。

这种定价倒置的结果是什么呢？价格与商品中原始价值严重偏离。这给互联网商业留下了巨大的超越空间。

三、小众品牌的算法逻辑

在传统线下分销的定价逻辑之下，分销环节层层加价，终端的价格比较高，一般是初始出厂价的三到四倍甚至更高。但对于一些行业的奢侈品而言，由于制造成本本来就比同类产品高一两倍或者更多，但是传统分销层层加价的逻辑并没有改变，所以这种产品的价格到了终端就会高得离谱，根本没有出圈的可能。为什么呢？从消费端看，一个小区只有一两个具备奢侈品消费需求和消费意愿的顾客，终端零售商不可能为了这一两个消费者进行同样的长期存货和转运。

互联网电商平台出现以后，特别是抖音平台的标签和算法，特定的产品内容可以找到特定的人，原来通过层层分销的小众人群在平台上就成了一个大众人群。这就形成了抖音平台小众品牌的底层逻辑。换句话说，在抖音平台上，一个小众的品牌也会有大量的同一类消费者，去中心化的短视频逻辑或者平台的算法可以把这些人找出来。

大家想一下，如果这种逻辑是存在的，会发生两种结果，原来卖得更便宜的产品会更加便宜，还有一种结果是原来的价格可以得到比原来质量高好几倍的产品。如果消费者获得这两种体验，会不会喜欢到这样的平台上面来购物？

新网红品牌特别是小众品牌的系统观念最早是主播名师、直播电商专家王重老师在他与张驰老师合著的《新网红品牌》中提出来的，新网红品牌的观念是继 4P 理论以后，第一次从商业元素的角度对互联网时代特别是电子商务中商业流量做了合理的解释，这是对现代营销学和品牌学底层逻辑的一次突破。

四、超级 IP+ 超级爆款 + 超级流量

爆款思维是新媒体时代营销与策划人经常讲的概念。像苹果手机、小米手机这样的 IT 产品，是天然的爆款，它以巨大的刚需为支撑，一流的用户体验加上一流产品品质保障，再加上产品自带话题与传播功能，形成了我们所说的爆品。那么，在 IT 电子产品之外，如何定位并且打造

一个行业的爆品呢？

一款爆品通常有四个要素。

第一是具备一个行业超量的潜在用户，因为只有巨大的用户需求的存在，才有触达引爆的机会，否则，只是一个小众的需求，无论如何也火爆不起来。

第二是行业质量上乘的标准化产品，这是品质与制造工艺的要求，如果没有品质和工艺保证，在超大的流量面前无法做交付，做交付后也会因为非标而受到非议。另外，品质也是价值的表达，也是爆品形成持续市场势能的基础。

第三是产品媒体化，也就是产品自带流量和话题。

第四是巨大的销量或者能够创造巨大的流量，没有销量和流量做保障，就不会出现社会性质的热点。

在这四个因素中，也有品质一般的，但符合其他三个条件的，我们不能把这种依靠低质、低价传播的产品称作爆品，而是习惯地称之为流量品。

超级 IP 特别是创始人 IP 和爆品之间是相辅相成、相得益彰的，例如乔布斯和他的苹果，雷军和他的小米。有些时候，当产品和 IP 之间的关联度不大时，就会存在一定的信任风险，消费者也会有一定的选择风险。所以超级 IP 在选择产品代言的时候，要注意产品和 IP 风格的契合度，也就是说品质和气质都要一样。

超级 IP 和超级爆品并不意味着一定有流量，而超级流量还要通过好的内容或者有效的投产计划获得。在这种情形之下，内容一定要和 IP 以及产品气质与风格统一起来，不能因为内容劣质拉低 IP 和产品的形象以及在粉丝心中的品位。通常情况下，面对超级 IP 和爆品，在制作优秀内容的同时，要做好投流工作，只有超级的流量才有巨大变现的可能，而变现又是固化 IP 和产品优势的原动力。

人无千日好，花无百日红。超级 IP 要学会在不同的时间用多种形式增加曝光度，而爆品要通过消费者建议来不断迭代。

五、企业新商业的护城河

新商业的护城河是私域。而中小企业向平台型企业迈进，是达成企业私域的系统方式。

当你的客户集体迁移之后，企业是否能够继续存在都是问题了。然而毕竟客户都还活着，你可以追过去，就是翻山越岭都无所谓；当你的行业本身萎缩，客户提前退场，你怎么办呢？当房地产业趋于饱和之后，全国一些城市的大型建材市场的生意开始萧条，一是不断由市场中心区域向外搬迁，二是由增量市场为主开始向存量市场发力，三是由一、二线城市向三、四线城市甚至乡镇发展。这些不是客户的迁移，而是行业需求的减少，最终一定会导致终端门店数量的减少。一般开几个店的老板只留下一两个门店，还有的把店铺关闭一阶段后开始寻思做别的事情。这些不是因为行业的护城河没了，而是行业的水快干了。

我们从建材市场发现，很多门店商家的护城河不是用户，不是规模，也不是下沉市场，而是存量市场，这个建材的存量市场是什么呢？像壁纸、衣柜、家具一类的商品。我们是不是可以得出这样一个结论，让企业生存下去的不是潮流或者创新类的商品，而是长期而传统的现实需求。比如，一个饭店在特殊时期生存下去的不是美味的菜肴，而是蒸锅里的米饭。

把平台的客户引流到私域来，平台的护城河是建立自己的私域。平台的经营者却会因为自己占据绝对的优势而放弃某些基础的想法，甚至认为这会影响到平台的核心利益，然后通过自己的一些优势去制定规则来约束。这种约束往往是一把双刃剑，一边在很长一段时间内很好地解决了问题，一边错过了创造新平台的机会。

企业建立自己的私域只是形式上的事情，把自己的客户变成用户，同时让自己的客户得到和用户一样的待遇才是核心所在。客户用户化的过程也是中小企业平台化的过程。对于中小企业而言，触达客户并且为客户提供个性化的解决方案，在和客户进行无缝连接的同时，长期传导价值，才是未来商业的生存之道。理想的状态是企业和用户之间的流量成本归零、交易成本趋近于零，而知识分享与渠道服务让产品在流通的过程中增值。在厂商之间以及厂商和用户之间，平台的使用成本或者资源的优势越小，你的企业在行业中建立起来的护城河越高，你的用户越不可能背叛。这种商品交付过程中的服务增值是什么呢？知识、专业、技术、品牌、系统、内容与内容获取流量的能力，而这些恰恰是一种平台的力量。

◆ 第八节 从抖音回到企业竞争

商业最有意思的地方是在信任的风险和怀疑的成本中博弈，同时也在理性的蹉跎和盲目的节奏中前行。

技术与效率产生的垄断对行业的职业人士可以说是一种毁灭，更多优质产品被生产出来的同时，却因为太多的人失业而失去了购买力。技术与管理可以创造效率但无法创造岗位，可以满足需求却无法增加购买力。这是管理学与经济学天然的矛盾。

但是这一切对于单个的企业而言，类似的困难和问题都可以忽略不计。在人心面前，只要是众人要参与的商业，所有的开卷考试对大多数人而言都是拆盲盒。一切，只需要认真做好自己。

做抖音的本质是做项目。只有把好的项目拿到抖音上做，才有机会通过抖音出圈，赚到更多的钱，实现自己的商业目标。但对于大多数企业而言，弄懂抖音的来龙去脉和抖音商业的底层逻辑，是提高商业认知的一次机会。当企业老板或者高管理解新商业的底层逻辑之后，自己的认知得到提高，如何做抖音已经不再重要了。在新商业竞争中，心中有剑，一切便是剑，这就是用抖音思维做企业。

一、从架构、流程和系统的重构中优化

你会遇到很多老板，你问他们的企业产品有什么优势时，他们会对

你说出一堆，而当你问同行产品是不是没有这些功能或者优势时，他们又一时语塞，回答不出来，这样的老板占80%以上。而且这些老板在过去几年甚至几十年活得很好，他们心里想得最多的是如何把自己的产品卖出去。

显然，在同质化产品时代，竞争者策略是企业非常重要的策略。企业如何在竞争中胜出，关键还是要看趋势。看对趋势，用对新工具、新方法才是商业取胜的根本之道。当企业家对抖音商业有了新的认知，我们会理解客户用户化是竞争取胜的中心逻辑，我们也会识别到在大家产品都一样的时候，我们可以选择不同的渠道，可以选择不同的平台，当我们发现大家渠道和平台都一样的时候，我们可以利用系统的不同，而且在我们更新渠道、平台、系统的时候，我们要向同行成功的企业学习。如果同行没有成功的案例，我们可以找类似行业成功的案例进行分析和学习。

二、专业服务

专业服务是细分之道，也是中小企业面对大平台竞争的生存之道。抖音平台是放大器，在平台上展示自己的专业服务能力，是区隔同类竞争的一种有效形式。

三、尽可能使用成熟的系统工具

如果认同中小企业平台化经营是一个方向，就学着使用所在行业的一些系统软件。如果同行已经有很多企业都在用的软件你还没有使用，这对你的企业经营是一种风险。

更重要的是，通过行业一些流行的系统软件，你能否分析出在自己行业的一些逻辑，是完善生产业务流程、提高管理效率，还是做对外部的沟通呢？

四、学会用抖音思维做企业

把抖音当作自己企业的资源库、人才库、培训中心与会员系统等，管理自己可以管理的内部资源，经营企业的外部资源。

企业在什么时间做抖音？企业现在做抖音晚不晚？栽一棵树最好的时间是十年前，然后就是现在。抖音作为一个时代的平台，什么时间介入都不晚。但是，做抖音有机会成本，不同阶段因为介入的主体不同和抖音战略目标的差异，对参与其中的主体的作用和利益一定有区别，可以说是参与越早越好。

有的企业会在活不下去的时候才选择改变，快要破产的时候才会想起通过做抖音试试看，想死马当活马医。然而更多的企业是在一帆风顺的时候就想到未雨绸缪，提前在抖音平台上开展渠道布局与营销升级。我们知道，企业做抖音是要从拥有抖音思维开始，从某种意义上讲，抖音思维是企业经营的战略选择，如果一个企业不故步自封，从市场端重塑企业产品，从用户端重新思考渠道，一切都有可能。

本章导读

建立你的抖音事业部，哪怕装装样子都行。因为这是绝大多数中小企业做抖音的正确姿势。装着装着，也许就上道了。

抖音是一个大市场，在这个市场上，有老师教你，有学生跟你学，有客户买你的产品，有用户使用你的服务，而这一切有一个前提，这个市场唯一不能缺失的，就是你自己。

复杂的问题一般没有简单的答案，系统地面对就是最优解。

为什么把市场部、销售部升级为抖音事业部，就像为什么要联合传统陆军组建火箭军一样，战争状态变化了，主要武器变化了，支持系统一定要跟着变。

中小企业平台化经营，不仅可以提升系统经营的能力，还可以获得外部的系统资源。抖音事业部是中小企业平台化运营的中心枢纽。

Chapter Eight

建立你的抖音事业部

在企业整体业务不断衰退的同时，企业各种部门依旧存在，有的是在自行其是地空转。如果别人乘坐的飞机已经起飞，你还整天在研究如何养好马，研究如何让马跑得更快，梦想一夜之间乘上比飞机更快的工具，这合适吗？现实中大多数企业的大多数部门认为是合适的，因为很多处在经营困境中的企业正在这样做。

只有对互联网发展特别是短视频商业有深度认知的人，才能下决心用抖音思维来彻底改造自己的企业。无论是昨天的互联网，还是今天的短视频，都不是企业经营中可有可无的手段，而是现代企业不可或缺的组成部分。就像电力之于工业一样，已经渗透到工业的每一个毛细血管，甚至成为现代工业发展的一种灵魂。

把企业做大做强，只是一个初衷。企业老板对抖音了解的程度，往往是企业能否在抖音平台实现目标的关键所在。许多企业老板虽然能感受到短视频巨大的商业机会、商业价值与发展空间，由于创业之路上经历过太多的曲折和困难，在创新经营面前，常常变得谨小慎微。

在抖音上经营企业的逻辑与传统商业有很大的不同，不经历一番折腾与测试很难有所谓的“网感”，在无网感的状态下，太多的老板非常情愿像往常一样把这个工作交付给手下，甚至交付给一些代运营公司，或者习惯性地找几个人来做，从而把企业经营升级的机会白白地浪费掉了。企业老板传统的商业经验难以支持企业在抖音上的运营，主要是因为互联网上很多商业逻辑特别是抖音商业与传统商业的经营思路是不一致的，有时候甚至是相反的。

另外，新商业基因不是资本和资源可以弥补的。当年万达、腾讯、百度联合投资重金注册成立了万达电子商务公司，不缺人才、不缺技术、不缺资金，也不缺用户，就是硬生生没有做好一个电商平台。对于不是长期接触互联网和电商的人来说，抖音平台特别是短视频去中心化的推流逻辑是一件比传统电商更加烧脑的事情，企业老板或者企业高管如果不能身体力行亲身体验，做起来就是一件非常不容易落地的事。由于互联网企业特别是电子商务的规律和线下业务底层逻辑不同，有的时候经营观甚至是相反的，我们最多的经验是看到别人赚了或者亏损了，行业发生了巨变，却不知道其中具体发生了什么。

一个组织里，最难改变的是群体的认知。培训可以从表面上对一个团队成员的认知做一些引导，但对于团队中的大多数人而言，不去亲身经历，听来的道理或者学来的经验往往是不靠谱的。企业团队建设和学习不一样，学习一门课，大家都可以通过一张卷子去考核最后的结果，就是没有标准答案，大家在学习的过程中也会形成一些判断正误或者是非的标准。

在团队中，每个人都会受到自己利益或者认知等因素的影响，表面上显性的是非标准也很难在实际工作中得到严格执行。企业人力资源一方面要在源头招募同频的能够胜任的员工，另一方面就是不断地完善流程管理和考核因子，并由此进一步上升到企业文化的层面。

企业老板和高管，每个人做事都有自己的风格，一旦形成自己的认知体系之后，没有特殊的新的经历，很难主动去做出调整或者大的改变。大多数企业老板和高管平时学习，也会自觉不自觉地围绕和自己认知自洽的那一部分去展开，顺心的时候坐而论道，失意的时候躬身参禅，不断固化自己的以往的认知结构。

一个人如果不亲身经历，从来就不会有什么真正意义上的感同身受。在企业生产经营的过程中，一个人的岗位属性常常会加固他对自己、行业以及岗位的认知。在一个企业中，几乎每个部门的从业者都会觉得自己的岗位很重要，自觉不自觉地看重自己岗位的贡献，而轻视别的部门。很多企业为了培养领导人才或者综合人才，需要对重点培养的对象及时轮岗。因为 80% 的组织成本源于沟通成本，而熟悉对方的岗位和工作属性往往是沟通畅通的有效基础。在组织内部仅仅因为行业或者岗位认知的不同，常常会出现外行指导内行的情况。

不少企业建立了网络部和市场部门，内部设立了与互联网相关的专业人员，甚至还有的基于传统企业部门的划分，招聘了技术人员。然而，大多数中小企业并没有这种强烈的互联网意识。在这种情况下，如果企业领导不深入地学习互联网及其应用的知识，流于一知半解和道听途说，自然而然就会错失利用互联网促进企业发展的机会。

传统行业中的大多数人对互联网以及互联网商业并没有多少认知，就连一些有着电子商务实操经历的人，经常也是盲人摸象般地去理解互联网。业内有人笑称，没有做倒过几家企业和代运营的品牌，都算不上真正的互联网人。

由于互联网平台存在赢家通吃现象，所以大多数追随者都经历了失败。企业家和高管相互之间聊天最多的结论是互联网是烧钱烧出来的，互联网不是人干的，我们行业不合适互联网，诸如此类。然后呢，是一万种理由和开怀畅饮。在这样的认知之下，互联网商业却从地下十层地基开始，逐渐耸入云霄。传统商业的赛道开始变得越来越窄，有很多寻求改变的，听了不少吹嘘平台天、地、人、道、法的课程，更多的就是迷恋整合资源、加油卡和消费积分的那些表演，把电线杆、厕所的“牛皮癣”贴到互联网上。

当然，也有不少企业老板网络意识很强，不断学习和应用互联网，循序渐进地开展网络营销和线上销售，开始尝到甜头。

抖音平台和传统互联网平台有所区别。企业做抖音和个人做抖音的底层逻辑是不同的。个人做抖音是什么都可以做，是选择逻辑，赛道选择对了就成功了一半。企业做抖音是决策逻辑，关键是用抖音的商业思维做企业，从改造产品、优化内部组织开始，直到重新和外部建立系统的、开放的用户链接。因为抖音是个人逻辑，企业做抖音从创始人 IP 与个人 IP 开始，这样比较容易导入。

在这种情况下，企业老板的认知缺失往往是最危险的。企业一听说要做抖音就认为是要做互联网广告，或者根据自己的主观意识去“找人”来做，而企业短视频和直播可以说已经成为企业经营必不可少的战略性板块，几乎和企业的生产、销售、财务同样重要。

建立你的抖音事业部，是企业经营的捷径。建立企业的抖音事业部，不仅仅是企业做抖音的一种认识论，更是企业做抖音的一种方法论。率先成立抖音事业部这种方法不能说对所有的企业有用，然而对于需要做抖音的中小微企业而言，90% 以上是一种不错的选择。

◆ 第一节　传统企业的内部组织与职能

企业的主要职能是生产、销售和财务三大板块。在这三大板块的基础上，衍生出市场、技术、人资、生产、销售、行政、财务七大职能部门。对于一些小微企业而言，有些时候连七个部门的人都配备不齐，往往是一人多职。在很多小微企业，企业管理平台化、系统化以后，一人多岗和一人多职并不会加大一个人的工作量，而经营管理却变得更加高效有序。

生产和销售是大多数中小微企业两大核心职能，财务等其他职能部门是生产和销售的支持部门。财务不仅仅是生产和销售的组织手段和前提条件，也是企业生产和销售要达成的目标。市场、技术和人力资源也是为企业的生产和销售服务的。

企业的起点是人，人力资源是企业部门架构的基础。在一般的企业组织中，人力资源一般是为销售和生产服务的，在一些以技术为中心的企业里，技术人员的招聘与培训也是人力资源的重要工作。

在新商业的生态之下，大多数的企业逐渐要走向平台型企业。而作为平台型一类的企业，最主要的功能不是管理，而是赋能。准确地说，企业在为员工赋能，而员工和平台一道，在为平台客户或者平台上的用户赋能。在很多的时候，平台型企业的员工、客户和用户之间的边界都是模糊的。在平台型企业的逻辑之下，企业资源在线的同时，员工在线、管理在线、业务在线、客户在线，工作被知识化，生产被智能化，业务被系统化，客户被用户化。客户用户化的核心是通过中小企业平台化达成真正的客户价值，这也是任何一个小型平台型企业的健康状态。短视频和直播间的出现，无疑在可视化的层面加强了中小企业平台化的这种体验。

我们也可以转换一个思路，工厂和车间是实体中的一个空间操作平台，而把互联网、物联网中如短视频和直播间等看成是子系统应用，这些子系统应用在连接生产要素的同时，还在控制生产的流程和管理生产者的效率。同样还在这个平台之上，通过销售人员和用户之间达成交易，在提高企业效率的同时创造了用户价值。

◆ 第二节　企业抖音事业部的功能与边界

什么是企业抖音事业部？短视频和直播间特别是抖音平台出现以后，企业为了适应新商业的发展需要，为了在抖音等平台获得更多的商业流量和行业资源，营销企业品牌，建立线上销售渠道，在原有公司部门划分的基础上，建立了新的事业部门，这就是企业抖音事业部。

一、中小企业建立抖音事业部的五大原因

（一）企业渠道升级的需要

当企业 90% 的用户在抖音平台上，抖音平台已经成为企业连接客户的天然渠道。抖音算得上是一个新兴的平台，平台上超过 8 亿用户是活跃用户，每天平均每个用户的在线时长超过一个小时，这是一个惊人的数字。

在信息化时代，由于资讯越来越发达，客户浏览和选择信息的渠道和手段越来越多，客户在获得信息方面越来越主动。这对于一个行业的少数企业而言是好事，因为这些企业可以通过资本来投流或者SEO占据全域的头部，而另外一些中小企业和商家在各类互联网平台上根本没有曝光的机会。去中心化的抖音平台出现之后，这种现象有了改观。

（二）企业平台化建设的需要

在信息化时代，中小企业平台化经营已经是提升企业核心竞争力和中小企业生存下去的必由之路。在信息化时代，通过平台系统来创造用户价值是企业最重要的经营指向。

企业平台化的本质是客户用户化。把公域的流量引导到企业的私域中来，以方便客户再一次购买企业的产品，在对客户更加有利的条件下，减少企业的二次营销费用。

抖音短视频和直播间，无疑可以加强企业和粉丝之间的连接，在打造创始人IP、网红产品的同时，利用抖音平台做好企业渠道招商与客户服务工作。

（三）企业数字化经营的需要

短视频和直播间是企业数据形成的基础，智能化、数字化经营是企业下一阶段发展的主要方向。建立企业数据平台或者数据中心组织是企业数字化经营升级的前提，中小企业要想在短期内达成这样的前提，建立抖音事业部是一个捷径。

（四）企业电商生态的需要

抖音平台和其他平台已经具备良好的闭环生产和交易功能，其生态系统对中小企业经营利益十分突出。

（五）企业战略经营的需要

任何一个企业经营战略的制定要有一定的商业思维作为基础，而一种商业思维的形成离不开商业的时代背景。抖音思维也是现代商业新的重要经营思维，用抖音思维做企业在同行竞争中具备一定的先发优势。

企业在二维图文资讯的逻辑之下，还可以选择接入互联网或者暂时回避一下，还有大部分企业能生存下来。而在短视频和直播时代，一旦更多的企业介入进来，对那些观望或者麻木的中小企业而言，无疑是一种选择上的困难，最终会成为企业经营决策上的一种失误。不仅仅是抖音平台拥有很多行业 90% 以上的商业流量，更重要的是抖音的整个思维体系，已经成为未来商业底层逻辑的重要组成部分。

如果不采用新的思维去经营企业，就像一个鱼塘中的鱼已经全部跑到另一侧的鱼塘中了，你还在老鱼塘投饵、撒网甚至抽水，希望有很大的收获，最后是经营成本越来越高、效率越来越低。在新商业中，不是说所有的车都换成了火车，是所有的路都换成了铁轨。

二、抖音事业部具备哪些职能

建立抖音事业部的时候，有两种思路，一种是企业全面在线、全面可视化管理和数字化的思路，也就是说，把企业做成一家以抖音思维为主的具有一定平台属性的企业；另一种是销售的可视化和一些部门部分功能的可视化思路，不断增加企业互联网的属性。对于中小微企业，一般直接采取第一种全面的可视化经营和管理，操作起来简单、效率高，转化的压力小。对于具备一定体量和规模的企业而言，可以分步走。

名正则言顺。一般事业部都有自己的目标和任务，能够规划事业部的未来发展，也能灵活自主地适应市场出现的新情况并迅速做出反应。一般情况下，企业抖音事业部的组织结构既要有高度的稳定性，又要有良好的适应性。很多企业一开始做抖音常常是出于老板的一个想法或者高层的建议，在没有开展全面的市场调查之前，没有明确的组织规划，也没有弄清抖音运营的基础逻辑时，企业只是根据自己平时的经验贸然做出决定，很多以失败而告终。目前来看，中小企业做抖音最安全和最有价值的思路，就是成立一个企业的抖音事业部，不仅要有科学规划，还要有专人负责。从设置一个事业部门出发，从市场调查到部门规划再到落实执行，一步一个脚印地做下去。

企业成立抖音事业部，可以相对独立运营，也可以整合原来的职能部门。集中企业优势资源，明确经营的形式与部门主体定位，让抖音事业部成为企业坚强有力的运营机构，充分发挥经营管理者的主动性、积极性和创造性。

企业抖音事业部经营自成系统，甚至相当于一个完整独立的互联网机构类企业。所以，它的高层管理者如果能经受住企业在抖音市场所面临的各种考验，将十分有利于企业全面人才的培养，为企业的创新经营积累经验和储备干部。

如何把传统的职能划分到抖音事业部呢？很多企业在发展的过程中，需要协调多方职能的时候，一般会成立综合事业部，或者采取小组织形式，形成独立的经营单元。例如，事业部市场职能、新媒体功能、可视化管理、短视频与直播销售、新网红品牌、可视化人力资源、客户服务、招商管理。总体而言，以上职能都可以通过抖音事业部来实现。可以把这些部门统一到抖音事业部之下，也可以以一两个职能为主体，通过抖音事业部为其他部门赋能，还可以以小组织化的形式，打通部门之间的壁垒。

◆ 第三节　抖音市场

抖音在改变了人们的休闲娱乐方式，满足用户生活需要的同时，必将谋求向商业纵深领域去发展。企业的抖音市场可以分为两大部分，一部分是狭义的抖音市场，是基于抖音平台上的流量和抖音平台形成的直接的平台生态；另一部分是广义的抖音市场，是通过抖音的商业思维和商业属性在抖音内外形成的全部商业资源，包括抖音的海外版资源。说得直白一点，狭义的抖音市场就是在抖音平台内部交易的所有商业活动，而广义的抖音市场就是能够受到抖音影响的所有的商业活动。因为抖音电商仅占抖音很小一部分，所以基于抖音的社交属性、媒体属性等对商业的影响范围将更加广泛。

抖音作为一个商业平台，商业变现是其根本性要求之一。商业变现与用户体验之间是抖音发展的主要矛盾之一。抖音要维持运营，必然要寻求大量的商业变现，但短视频行业竞争非常激烈，广告模式粗糙，内容夹杂广告，会极大地影响用户体验。抖音平台，目前日活跃用户已达8亿多，想再增加新生用户已经十分困难。平台发展的关键是要在优化平台内容体验的同时，把兴趣电商布局得更加广泛。比如，搜索的发展、更广泛地支持小程序等子系统、优化盒子等，采取更加开放的思路达到和其他电商平台上的一种全域合作状态。但这种合作一定是以抖音平台为主，一旦商业操作脱离抖音平台，在平台的商业价值消失的同时，也将失去原来的盈利能力（这里面有一定的内在关联性），这种现象是平台绝对不想看到的。所以，平台在反对企业客户、商家客户和用户向私域引流的同时，要快速完善自身的闭环商务系统。

相对于企业而言，抖音是一个大型的商业平台，企业是一个小型的经营系统，在抖音市场之外还有传统电商、微信社交等平台及其系统生态，在充分利用抖音平台的优势的同时，建设属于企业自己的子平台、子系统，是中小企业经营的一个不错的选择。任何行业都有积极行动者和观望者，企业选择不同，结果也不一样。我们在分析抖音商业市场的时候，不仅仅要看抖音平台每年的交易量的变化，要看短视频和直播在各行各业的应用情况，还要看企业利用短视频和直播这种功能、媒体宣传情况和企业可视化管理的情况。只有这样去看，才能发现短视频和直播这种形式对企业经营升级迭代带来的巨大的潜移默化作用，才能深刻认识到什么是趋势的力量。

当我们面对一个超大的新市场和一个无法对抗的发展趋势时，在同质化产品、内卷化市场和无差别的传统经营面前，谁先介入这样的新媒体和新平台，几乎是大多数中小微企业长期竞争中唯一的胜负手。你可能看到的是前面跳到海里的淹死了，同时，你却只能眼睁睁地看着一些学会游泳的企业在新的商海里遨游。

我们能看到的不仅仅是超量的用户，也不仅仅是海量的资源，更重要的是这些用户和资源正在以一种崭新的逻辑和你的企业建立了一种共生共享的规则与连接，标签和算法把能够和你同频的人瞬间找出来，只要你做对了动作，效率将高得出奇，一切非常简洁。

在抖音平台上面，行业的纷争是一种必然现象。如何利用平台规则，在众多同质化的企业之间取胜，是到抖音平台上来打拼的企业和商家都会有的想法。除了我们一直论述的先发优势之外，关键是充分利用平台的规则抢占流量先机，再者更重要的是，深度了解抖音的商业思维及其底层逻辑，并且着手利用这种逻辑改造自己的企业。

◆ 第四节　可视化管理

在没有短视频之前，几乎所有企业都是通过现场管理或者各种报表记录来达成企业经营中的管理工作，并且在这个基础上再通过各种激励措施达到管理目的。在企业销售板块，业务员离开公司大门后，企业只能进行节点上的行为管理和绩效上的考核。事实上，销售工作对人的要求特别高，一些切实可行的管理对促进业务员的行为特别是销售结果常常会起到决定性的作用。有了短视频和直播间以后，销售人员不仅可以通过短视频的方式直接展现工作场景和汇报各种状态，更重要的是，还可以直接改变原来的销售路径，利用先进的短视频和直播技术，以及用户在线的这个特点，把工作拿到视频空间来开展。通过线上线下相结合，不断提高业务人员的产品展示和沟通技巧，数倍地提升用户的触达率和沟通质量。

现场管理是企业管理的核心组成部分，现场同样也是企业为顾客设计、生产、销售产品和服务顾客以及与顾客交流的地方。作业现场能为企业创造出附加值，也是企业活动最活跃的地方之一。信息化时代，企业生产现场虽然常常处在流程化、系统化与平台化的逻辑之下，但还是离不开管理人员的现场指导和监督。有了视频可视化管理之后，现场远程管理和全程无缝隙记录成为可能。更深层次，一旦这种视频进入智能阶段，现场的无人化程度会越来越高。显然这种情况对某个工人而言好像是极为不利的，但对于整个社会的生产效率而言，无疑是一件好事。

开发部门设计产品，生产部门制造产品，销售部门销售产品，企业的每一个部门都和用户的需求存在着密切的联系。从产品设计到生产再到销售的整个过程我们都可以称之为现场，这里我们所探讨的侧重点是现场管理的中心环节——生产部门的制造现场。现场管理的原则对其他部门的管理一般也是适用的。特别是在销售环节，可视化几乎可以改变整个销售路径。传统的渠道分销路径在理论上已经被短视频和直播间彻底打破。

可视化管理也可以应用到企业人力资源、供应链、客户管理等各个环节。可视化管理能让企业的各种流程更加直观、真实，企业内部的信息传达更加有效，从而实现管理的透明化。同时，管理的可视化视频可以完全记录并且多次回放整个生产与销售服务过程，对企业流程优化、人员培训与成长、生产智能化改造以及对在线人员的无缝考核，起到了决定性作用。由此可以看出，可视化的视频数据也是企业数字化经营的基础。

虽然现场指导的方式在现代人力资源管理逻辑上是相对落后的，却非常有用，因为太多的中小企业目前还是处于简单的手工劳作状态。一千年以来几乎所有的作业方式在这个时代并行存在。

有了视频以后，一些小微企业都在厂房里装上了视频监控，并且连接到老板的办公室，一开始很多老板偶尔还会看一下，一两周下来，大多老板不会再看，如果再看，要么就是要“找事”，要么就是企业经营出现了困难。在老板们的心中，员工是拿着工资工作的，不能懈怠。这是老板把自己和员工的位置放在对立的方向来思考问题了。有了视频平台之后，企业管理者要学会数据思维，慢慢地从现场管理的逻辑中走出来。

相对于生产部门，中小企业的老板往往对销售领域更加关注，因为企业的收入大多数来自销售部门。说实话，短视频和直播间对销售部门的价值远大于生产部门。短视频可以直接用来对业务员进行标准化的培训，实现销售人员销售技能的大幅增长，这可以说是训练业务人员的一种神器。先把业务最好的员工话术和流程录制下来，新人不断地模仿，带过大团队的销售管理者知道这样做有多高效。同时，再通过短视频、直播或者微信社区和客户沟通，通过小程序尝试和客户在线交易，并且在社群中长期维护客户。

在没有短视频平台之前，一个传统企业要想单独开展可视化管理，会面临技术和伦理等许多问题，有了平台之后，这些问题迎刃而解。对于大多数中小企业，可以通过短视频和直播间让员工和平台用户之间建立连接的同时，不断拓宽客户渠道，密切关注多平台之间的用户变化、流量成本和转化效率，同时做好企业私域，让自己的企业跟得上时代的发展节奏，赢得先机。

另外，从可视化进化到智能化，从智能化进化到无人化，是一个必然的过程，值得我们进一步去实践。

◆ 第五节　商品定制化

我们要思考一个问题，在互联网连接一切的基础上，短视频和直播间的出现，让定制化消费和商品定制化生产变得困难还是容易了呢？显然是要容易得多。对厂商而言，通过平台的人群画像不仅能够迅速找到更多的定制化需求，同时还能通过短视频和直播间进行随时随地的充分沟通。这种沟通是可记录、可传输和可复制的，参与者的意思表达会十分充分，几乎不会失真。商家把一对一沟通的结果导入系统内，或者与设计者和生产者一起同步沟通。内部系统化的流程和智能制造规则与技术决定着这种定制商品的效率并不比批量的生产效率低多少，而且在生产环节供需双方的沟通并未停止。对消费者而言，不仅仅可以选择自己认为合适的商品生产厂家，还可以充分表达自己的需求，甚至自己也可以参与到产品的设计与生产中来。

我们都知道，商品的价值是满足了消费者的需求，为了满足社会上大多数消费者的需求，人类进入标准化生产的工业化时代。反过来，工业化、标准化的生产和销售在一定程度上遏制了人们个性化消费的需求。

定制化也是行业充分竞争的结果。随着商品的逐渐丰富和市场竞争的日趋激烈，企业和商家在产品生产和商品销售中，开始注重满足细分市场甚至个人的定制化需求。在传统的多级分销的渠道之中，个性化沟通实际上困难重重，就是一个明确的市场需求，在企业内部部门之间沟通起来也会十分困难。再加上消费者本身不是产品专家，从消费者产品需求的描述到可行的工艺流程再到制造成为产品，这个过程漫长而复杂。这也是定制化产品最容易产生冲突的地方，一个是消费者的角度，一个是专业的角度。

互联网特别是短视频和直播间的应用，消费者、服务商和厂家甚至和厂商的设计人员，完全可能在视频的三维空间进行无障碍交流，而且这种交流是真实的、充分的，也是可以不断回放的。再加上传统信息化平台和系统的多层次应用，让消费者的定制化需求可以一步一步地、有序地、系统地表达清晰，并且和企业甚至与特定的企业产品设计和生产管理者进行一对一的沟通。而在视频空间，消费者对自身想要达到的结果，也有一个自我确认的过程。

一个人喜欢的东西，往往也会受到更多的人的喜欢，而标签和算法会把更多的同频的需求汇合到一起。所以，从某种意义上讲，这种定制化的形式，也是一种产品开发的创新形式，同时也是一些新的社会生产与销售的精细化组织形式。

抖音平台十分符合满足个性化需要的定制化产品交易模式。抖音作为一个内容平台，去中心化的推荐逻辑是平台的基础逻辑，这也导致了平台上拥有一个千人千面的天然形式。简单地说，一是消费者标签明确；二是企业用户制作的内容标签明确，即短视频的标签和直播间的标签明确；三是购买习惯的标签明确。我们一旦在平台上有过购买行为，我们作为用户的销售行为就会被记录，平台会在一个阶段给你推荐同类的商品。

定制化在不同的行业的影响是不一样的，比如在农业上，订单农业和商超对接就是现代农业非常重要的方向。在没有信息化之前，这种事情需要通过线下沟通来实现，由于农业生产复杂、主体太多，往往顾此失彼，很难得到理想的效果。有了抖音及类似的平台与系统，订单农业和商超对接的发展在不断加速。无论是土地在市场意义上的相对集中、更多的种植养殖大户的联动、品种与种植措施的标准化和收购流通的一体化等，信息化与系统化、平台化起到的作用越来越大。

◆ 第六节　企业就是内容

企业是社会分工的结果，现代企业是现代市场制度中的一个关键主体。从经济合约的逻辑上看，现代企业是一种现代商业合约的稳定形式。

人类社会分工的优势是让专业的人做自己擅长的事情，使产品的生产效率显著提高，即商品中的平均社会劳动时间不断缩短。有了社会分工之后，能够提供优质高效劳动产品的人，才能在市场竞争中获得高利润和高价值。

人类社会分工由两大部门形成，一是生产部门，二是消费交易部门。生产部门的作用在于资源的聚集和生产的组织以及技术能力的参与，消费交易部门的作用在于需求的沟通和产品的交付，特别是同类产品在同行中的竞争能力。无论在生产领域还是在流通领域，人与人之间的沟通是生产组织和销售组织的关键能力之一。

一方面，物以类聚，人以群分，在抖音平台上，同频的人和事物十分容易辨识和区分，各种资源也容易在平台上聚集。另一方面，当工业化、标准化生产出现以后，平台一类的组织与系统的能力逐渐成为企业生产和销售的决定性力量。也就是说，当生产流程化、自动化和标准化实现以后，组织的内部沟通和市场的外部沟通及其效率，共同决定企业的核心竞争力。从某种意义上讲，这也是组织效率和商业变现的能力。在这种情况下，企业表面上是一种社会分工的主体形式，而其实质是开始逐步转化为社会化生产与销售的沟通平台以及平台之上的所有内容。与此同时，企业资产数字化以后，企业用钱说话可以理解为用企业的一切说话，包括企业产品、商品、品牌，以及与企业产品、商品、品牌相关的所有活动内容。

企业就是内容，产品、品牌、渠道等都是针对抖音的内容属性的一种形象的表达形式，它是一种不仅可以意会也可以深入解释的表达。当我们把企业的一切都看成是内容的时候，我们就可以把企业的内容放在整个抖音的内容平台上去实现它的商业价值，反过来也就能够从信息化时代的平台商业价值中去理解企业本身。事实上，企业基于产品和商品或者品牌的一切内容都可以在信息化平台和系统中与用户之间达成有效的交付。这也是企业数字化经营的重要基础。

在抖音平台上，和企业直接对应的账号是企业号。当然，创始人 IP 的个人号、普通的员工号和企业蓝 V 号，企业都可以拿过来使用。因为抖音平台主要是个人逻辑，在抖音上娱乐的人一般会轻易地反感企业的宣传。因此，对于企业在抖音上经营的初期，最好从个人号开始，然后不断摸索个人号与企业内容之间、个人号的流量和平台商业变现之间的关系，从而找出自己可以制作的有流量能变现的短视频内容，锻炼自己的能力。

基于企业就是内容这个原则，企业的生产活动、产品形象、员工生活以及与客户互动，都可以用来制作短视频。甚至可以基于企业生产和销售，制作有趣的段子，以吸引更多的人的关注。出于好奇，很多行业的生产制造过程与产品的使用，比如钻机、挖掘机、打桩机、车床等，都会引来很多人围观。

企业就是内容，这是和建立企业抖音事业部的底层逻辑是完全一致的。一个中小企业特别是小微企业，老板和高管时时要绷紧一根弦，我如何在抖音上寻找资源，我如何通过抖音去建设员工团队，我如何通过抖音寻找到一流的客户，我如何在抖音上做好企业的用户服务，等等。更重要的是，那些在抖音上月销售几百万、上千万的账号，我和他们的区别在哪里，我还要做哪些改进。

◆ 第七节　无限私域

至少到目前为止，无论在商业经营上，还是在流量获取上，把公域流量转化为私域流量或者直接通过平台、品牌与 IP 的形式，不断建设自己的私域流量池，是现代企业特别是 2C 企业经营的一条光明大道。无限私域的概念有两点值得关注，一是任何合格的市场经营主体在经营过程中都要认真考虑属于自己企业的私域流量，二是尽可能地利用自己的推广传播不断地扩大自己的私域流量。一方面，各类平台不可能长期把平台上的流量免费或者低成本地交付给更多的企业使用；另一方面，不同企业主体之间对流量的需求和竞争必然会抬高公域流量的价格。

从国内众多中小企业的竞争中我们发现，往往在流量上“不作恶”的公司生存不下去，而一大批的流量贩子却生活得很好。在这种逻辑之下，经营企业的产品质量好已经成为市场竞争中的一个标配和底线。在产品同质化时代，不断获得流量已经成为企业经营的一种战略需要。

在 2022 年 5 月的抖音生态大会上，抖音电商从趣味电商的定位升级到全域趣味电商。这里的全域是什么？是抖音的全域，不是互联网的全域，更不是整个互联网的生态。这不仅是平台的一种自我保护，也是平台出于获取商业利益的必然选择。一个具备超级流量的平台尚且珍惜每一个流量的价值，对于中小企业和商家，不得不去考量自己的私域流量。平台的规则是清晰地反对企业的商家从平台中引流到私域，从而让平台失去用户之间商业交付过程中形成的长期价值。中小企业和商家只能在遵守平台规则的同时，从服务端或者品牌逻辑上增加用户或者流量的私域属性。更重要的是，相信平台也会不断增加平台内部的私域性质的功能，如小店、私信、会员、小程序等，以方便更多的中小企业低成本在抖音平台内部形成自己的私域子系统。

◆ 第八节 一样的经营不一样的结果

一个企业从产品研发到销售团队建设，再到稳定的销售渠道的形成，往往经历一个相对较长的过程。由于许多老板都是从传统的企业高管或者业务员分蘖出来的，传统的商业经验一直在影响着老板和团队高管们的决策，这也是很多企业在面临抖音这样的平台时，犹豫不决的主要原因。

在一个企业中，最不想改变的是员工。为什么呢？因为员工不喜欢改变，也不喜欢陌生的工作环境和工作状态。对于太多的没有长期创新经历的企业而言，外部环境很小的变化也可能会让它从兴盛走向衰落。也有一个非常有趣的现象，弄清这些道理之后，更多的时候，面对企业经营创新的岔口，首先选择退缩的却是老板，然后是一批有经验的高管。此时此刻，员工通常会选择观望，先去看看领导的态度。

农民的职责是种地，不是看到兔子跑过来就放下锄头去撵兔子，更不是看到一只兔子在附近的树上撞死就开始守株待兔。对于一个企业而言，这是战略定力。很多冲杀到互联网领域的企业犯得最大的错误就是去建设行业平台，而背离了自己原来的主业。让互联网为自己的企业服务，或者用平台型企业的思维重塑自己企业的经营模式，而提升企业的经营能力与经营效率，才是企业利用互联网真正的王道。事与愿违，很多企业老板把这个搞明白了，却又想把传统经营的逻辑带到企业的互联网平台或系统建设上，同样导致颗粒无收。

建立企业抖音事业部，并不会太多地改变一个企业原来的经营过程甚至大部分的动作与经营内容，只会让原来一些不清晰的工作内容变得明确，原来模糊的工作边界变得准确清晰。有了抖音事业部，企业不仅很容易搞清楚市场的产品需求，也可以找到合适的对标账号和对标企业，更重要的是明确自己的经营定位与经营边界。在平台型企业销售逻辑之下，用户的沟通效率与沟通质量会大幅提高。

企业做抖音需要付出更多的成本吗？不需要。随着形形色色的平台的兴起，许多资源和工作都可以通过平台来转接。在这种情况下，熟练使用平台的人和不了解平台规则和方法的人，在经营结果上会有很大的差异。然而，大家对平台的陌生和平台的不确定性带来的风险，导致整个事情一直处于混沌的状态。但当你去研究一批成熟的或者优秀的企业时就会发现，事情并没有那么复杂，在学习型企业组织中，复杂的事情开始被系统代替，简单的事情被机器代替，而交易的事情则将为具备一定规则的平台所代替。

对于许多中小企业而言，以各种借口不愿意学习和改变的地方，要么是一个企业中一些团伙的利益点，要么正是企业一直低效运营的节点或者管理者的认知盲点。学会各类平台的规则，了解各类平台的资源属性与发展方向或者底层逻辑，特别是了解抖音的应用，对企业经营而言是一件有百利而无一害的事情。

◆ 第九节　抖音事业部的职责

一、制定抖音事业部的发展战略

抖音事业部的战略要服从于公司整体发展战略，服务于公司整体经营目标。

抖音事业部的一般战略是垂直战略，根据公司主营业务所处的行业寻找重度垂直细分领域。

1. 开展行业分析，研究行业的销售渠道变化，分析行业常用的媒体属性与用户人群，分析抖音渠道的可行性。

2. 寻找对标账号，精准选择赛道，明确内容方向。

3. 确立企业抖音运营的商业模式，设计企业在抖音上变现的闭环流程。

4. 围绕公司核心产品的用户群，制定抖音事业部的发展策略。

二、制定年度目标

制定抖音事业部销售目标，确定抖音事业部销售目标应占公司整体销售目标的比例。在此基础之上，确立具体工作目标。

1. 短视频制作目标。

2. 直播目标。

3. 变现目标与投产比目标。

三、根据公司产品，进行市场调研

分析目标用户的喜好，精准用户画像，提炼产品卖点，制定合适选题，创作原创短视频系列内容，持续输出高质量短视频。

1. 调研竞品，分析数据，做用户画像分析，包括用户的性别、年龄、喜好、接受价格、购物品牌偏好、购物时间段，等等。

2. 寻找同行对标账号 10~20 个，逐一分析。

3. 提炼产品价值，根据用户画像创作用户喜欢的短视频内容，去获得用户最大的可见价值和隐形价值，做到产品内容化，内容知识化。

四、设计抖音事业部组织架构

1. 根据发展战略和经营目标搭建班子，组建团队。中小企业可以采取一人多岗多职。

2. 抖音事业部主管一名，可以是负责企业新媒体工作的兼职。

3. 事业部主要工作岗位有主播、助理、编导、拍摄、演员、剪辑、运营，专职兼职的 1~2 人即可。

4. 制定岗位职责、运营流程。

五、招募和培训抖音人才

1. 内部招聘，对企业原有的新媒体运营人员进行抖音运营推广方面的技能学习和培训。

2. 外部招聘专业的抖音人才，最好熟悉抖音运营规则并有成功的操作案例为佳。

3. 抖音岗位培训。

六、制定管理制度、薪资体系和绩效考核机制

1. 工作内容考核：根据不同岗位特点，制定各岗位考核目标。

2. 工作成果考核：工作成果考核依据有效转化率、销售费用、销售收入、销售利润等。

七、账号搭建

1. 账号的整体规划，布局好销售内容、销售形式、销售目标、核心指标、品牌曝光（粉丝数量）、产品口碑（粉丝口碑）和销售转型（购物车周转率）。

2. 认证蓝 V 企业抖音号（母账号），授权员工个人号（子账号），母账号关联多个子账号，利用子账号为母账号导流，增强和放大母账号的影响力。

3. 认证员工企业号，同一矩阵账号形成一个类团体组合，账号内容相互串联，并相互引导流量。账号 ID 均有企业标签。开展多个账号，每个账号拥有独立的人设，且有完整的内容系列呈现，但都指向品牌。

4. 根据企业自身实际情况，找到行业对标矩阵账号，通过数据分析其核心竞争力，参考其优势内容，进而自由组合，打造出自己企业独有的矩阵方法。

八、搭建高质量的直播间

1. 选对具有直播潜力的人是最重要的，包括颜值、应变能力、口才、学习能力和对企业的忠诚度，并与拟定培养主播签订相关协议。

2. 良好的直播态度和特有的直播技巧是衡量直播间质量的关键。

3. 主播与产品的匹配度。

4. 拟订直播计划，制定直播目标，设计直播脚本，做好直播促销预算。

5. 定好每星期直播时间、直播场次，要固定时间开播，直播前发直播预告。

6. 流量操盘手精准投流，热场、控场设计，促单话术。

7. 做好直播间福袋与红包发放，设计好促销政策。

九、抖音直播间数据分析

1. 推广拉新和分析复盘：数据收集、分析、复盘和优化。收集用户反馈、用户互动数据。

2. 流量基础数据分析新粉转化和评论互动率，包括场观人数、新增粉丝数、停留时长、付费人数。

3. 直播结束后从基础数据中挖掘原因，直播流量不高找流量，转化不高看产品，成交少复盘主播的节奏。

4. 付费流量，免费私域流量。

5. 转化不高，分析粉丝画像与产品是否匹配。

6. 成交少，分析客户单价与新粉福利政策。

十、构建产品生态环境

按期分析挖掘核心用户需求，将其用于实现产品的最终运营。

1. 建立企业选题库。

2. 将内容延展到抖音商城、抖音搜索，做好橱窗运营计划。

3. 按时更新短视频内容。让粉丝了解公司在连续产出的内容，与粉丝互动，积极回复评论，帮助粉丝解决疑问。

十一、活动策划

1. 活动内容要与企业关联度高，结合企业产品定位策划活动内容，可以给企业号带来很好的流量效果。

2. 结合用户痛点给出产品解决方案。

3. 借助社会热点事件结合企业特征制造话题。

4. 投放运营计划：做好短视频投放时间计划。

5. 直播每个星期几场，什么时间直播，根据企业产品与粉丝画像而定，最直接的方法是研究学习同行标杆企业的直播规律来制订自己的直播计划。

6. 活动策划，方案撰写，发布直播预告，跟进总结等。

十二、对接抖音网红带货达人资源

1. 储备同行业网红人才资源。

2. 建立与本地网红的联系。

3. 与行业界知名运营机构保持联系。

本章导读

很多企业开始做抖音，从拍几个产品短视频开始，到拍一下生产场景，最后拍摄一下老板的日常，最终拍到了老板高歌一曲或者酒场上见，到最后就是不了了之。如果你的产品与服务和抖音现有的赛道是重叠的，恭喜你，你可以照葫芦画瓢地开始了。

交流不限于谈生意，才有了微信；搜索不限于找商机，才有了百度；做生意奉上支付宝，才有了强大的阿里巴巴。而短视频对于企业而言，应用几乎是没有边界的。

企业老板要记住，短视频是为你的企业而生的。抖音平台规则的每一次改变，都将有利于你。因为抖音后台能看到各个行业的数据，它看到的就是各行各业的趋势，它要从趋势中取利，你相信了并且坚持了，与狼共舞，你就赢了，放弃了，你就输了。

抖音赛道中没有我的产品和服务该如何做呢？开个挖掘机，表演个打螺丝，还有什么你想不到的呢？就是做不成销售，也可以在同行中出名。而在同行中出名，往往是一个品牌的开始。

短视频，一种新的语言形式在21世纪初和人类社会分工相对成熟的企业形式结合了，这就是企业和短视频之间的核心意义。

Chapter Nine

企业短视频

短视频虽短,表达的内容却十分丰富。短视频占用浏览者的时间较少,已经成为人们喜闻乐见地打发碎片化时间的主要形式。去中心化的流量推荐,让更多的人通过短视频创作得到了收益,极大地激励了发布者的兴趣,再去创作更多的有吸引力的短视频。因为平台内容丰富有趣,又让更多的用户喜欢在平台上停留。

对抖音平台的大多数创作者来说,首先要考虑的是流量,其次再去考虑内容是否精准,能否带来更多的商业上的价值。当然,也有一些运营的观点是先优化,再上线,确保账号的风格与每一条内容的质量。短视频表达形式简单,内容刺激又生动形象,直达浏览者的感官体验和内在欲望。一个有用、有趣、有料的三有短视频常常会快速获得巨大的流量曝光。在平台上流量是否能转化变现和能变现多少,影响因素包括特定产品场景表达与使用体验和对消费者是否具备足够的吸引力,直播间或者短视频面对的粉丝是否垂直,在粉丝那里是否具备现实的需求,等等。

我们拍摄的短视频要给哪些人看,这些人同时还喜欢看什么内容,找出我们想要的用户群体,分析他们的喜好标签。在弄清楚目标群体和他们的兴趣之后,反过来考虑短视频制作的具体内容。平台上有各种各样的短视频,就是同一赛道或者同一类型的账号,常常也会因为短视频形式的不同给人耳目一新的感觉。从形式上分类,我们常见的短视频形式有五类。

一、口播类

最常见的是口播类，有真人出镜和不出镜的。对于一些表演类赛道特别是知识分享类的赛道，口播类短视频就显得十分重要。口播类的优点是随时随地都可以开始，缺点是口播类账号需要有持续的内容输出，对创作者的内容储备与输出能力以及主播的表达能力要求比较高。

二、展示类

展示类有过程展示和成分展示，这一类在商业应用特别是电商带货上的应用十分广泛。美食、服装穿搭、各种手工制作甚至大型设备与机械，都可以通过过程展示作为短视频的主要内容来源。我们看到许多捕鱼号往往有很大的流量，也属于过程展示类。在讲解产品的过程中，成分展示越来越关键，比如服装上羊毛的含量、家具中原料的种类、食品的原辅料的成分等。现在平台对“成分党”要求很高,为了打击虚假宣传，涉及成分的，必须有精确的佐证。

三、生活日常类，包括叙事 VLOG

记录美好生活是抖音的起点和初衷。虽然为了留下更多的用户，抖音在一定程度上引导短视频创作者创造新奇特的作品，然而对于大多数人，最容易做的是随拍。日常叙事的手法具备极强的延展性，大多数的领域都可以用这种方式起步，在平淡中见神奇。一些行业小知识、生活小技巧、品牌种草和好物分享都可以通过叙事 VLOG 进行。对于新人小白来讲，可以从生活日常开始，边玩边做。

四、故事和剧情类

近些年来，随着二次元等游戏的发展，年轻人不再停留在戈壁探险和恐龙园、迪士尼之类的景点，剧本杀不断被加热。引人入胜的开头和错综复杂的情节以及意想不到的反转，都是短视频制作中不可或缺的方法和技巧。故事类或者剧情类获得的粉丝一般是泛粉，要考虑粉丝和商业变现路径的统一性。其实把粉丝特别是流量及时变现才是王道，这也是短视频创作或者运营者真正的商业能力。

五、创新创意类

对于个体而言，灵感会在某一阶段枯竭，但对于整个平台上的创作者而言，创新和创意一直存在。许多创新创意类作品，在平台上不断被传播，被模仿和二次加工。在原来的图文互联网和长视频时代的许多内容，企业可以结合自己要宣传的产品与服务，进行二次加工，往往也会收到不错的效果。

在企业平台化和数字化经营的进程中，短视频是中小企业绕不开的一个宣传点。失去短视频，企业就会错过一次经营升级的战略机遇，利用好短视频，企业可能达成一次经营升级的战略机会。企业要想实现在短视频有用、有料和有趣的同时，获得精准流量，并且形成良好的商业转化，首先要做好前期的赛道选择和账号定位工作，并在此基础上，做好企业短视频经营规划，分步骤有序地开展工作。

◆ 第一节　企业短视频的作用

企业做抖音如何开始？企业做抖音从短视频开始。短视频在轻松表达企业商业定位的同时，还能快速地吸粉。企业以短视频方式制作经典和浓缩的内容，不仅可以建立企业创始人人设、企业主体人设，打造创始人 IP 和企业网红品牌，或者商业 IP，这些都是短视频的品牌营销功能。通过短视频为企业带货，在通过短视频介绍产品的同时，直接挂链接卖货，企业短视频还可以像通知面板和新闻或者广告栏一样，发挥各种营销和预告功能，也像动态一样，不断为企业直播间引流，这些都是在发挥短视频的销售渠道功能。

对于一个企业而言，内部的工作一般是生产组织与管理，短视频因为其天然的直观的可视化的存在形式，使其在企业经营管理中发挥了越来越重要的作用。一是链接功能，二是展示功能，三是记录功能，四是社交沟通，五是培训功能，六是远程控制和无人管理功能，七是数据化、数字化、智能化等功能。

对于一个企业而言，短视频内容本身就可以对外发布，通过短视频与外界建立有效沟通。短视频的内容对企业来说，一般有三方面的价值。第一是帮助我们完善企业账号的人设，强化与企业账号相关的个人 IP，帮助我们提高企业产品与品牌的可信度和影响力。第二是可以帮助我们吸引流量，让更多的人关注我们，成为我们的粉丝。第三是帮助我们介绍和销售我们的产品和服务，实现在短视频和直播间的交易。

企业在了解用户的基础上，从创作者的角度开展短视频工作，并且常常还会以平台的流量客户的身份，通过购买流量来促进自己在抖音平台上的业务。在这个时候，要对我们的商业目标进行具体的分解，我们的产品有什么优势、有什么特点和卖点，我们的产品与服务要卖给谁，哪些人会喜欢并且会重复购买我们的产品，这些人的消费特点，特别是购买习惯有哪些，一般在什么价位，等等。

短视频营销是企业短视频应用的一个重要方面。短视频营销比传统的图文形式更加直观、生动与形象，对企业品牌和产品的展示让人身临其境与感同身受。这是传统电商与互联网宣传中的图片与文字无法比拟的。与图片和文字相比，短视频和直播真人出镜的人设更加清晰，场景更加生动、产品展示更加真实与形象，沟通更加方便，客户信任感更强。同时，还会让人留下消费记忆，从而形成强大的营销 IP，而图文形式的商品和宣传很快会湮灭在大量的同类信息之中。

短视频和直播都有很强的涨粉功能。企业和个人可以通过自己的账号开展宠粉活动，从而不断地维护用户，确保长期经营和商业转化。短视频在主播、用户和产品之间架起了一道信任的桥梁。无论是主播真人出镜的短视频，还是在直播间主播讲解产品，在和用户进行体验分享的同时，实现了双向沟通。用户可以在短视频之下留言或者在直播间以一问一答形式深入了解想要购买的产品与服务，加大成交概率。

短视频或者直播间把企业和商家线下的仓库、商超、门店等生产与交易场景同步到线上，与抖音或者私域的线上用户无缝对接。

◆ 第二节 赛道选择

赛道选择是企业短视频制作的前提。赛道是互联网商业的一种说法，普通创业者或者企业在抖音上创作短视频，主要有四个赛道方向。

一是各种营销，通过增加粉丝并且转化流量获得财富。在粉丝变现过程中，有个人IP、才艺、网红PK和剧情、剪辑号、书单号等各种营销号。

二是抖音电商，主要是短视频带货或者通过短视频把流量引导到直播间，通过抖音小店、橱窗等进行变现。

三是本地服务，主要有本地团购、美食探店号、房产号、门店号、二手车、婚介等中介服务。

四是知识分享，第一是通过短视频和直播间卖课程，第二是在直播间变现。知识分享中的视频课有的在线上直接通过视频交付，有的通过线下交付。

抖音是一个娱乐属性很强的平台，发布内容的内核是个人属性。如果太商业化或者广告化的创作，从一开始就屏蔽了太多的娱乐休闲的刷客。和企业不同，个人到抖音上来创业，做什么和不做什么是一种选择逻辑，个人到抖音上创业可以根据自己的专业甚至喜好选择合适的赛道。企业到抖音上创业，主要是营销逻辑或者渠道逻辑。虽然企业到抖音上来对赛道难以再做出选择，必须围绕企业所在行业或者已经拥有的资源来展开，但是平台上各种赛道的个人玩法，对企业做抖音也具有极强的参考作用。

在企业赛道选择的问题上，有两个赛道性质的玩法值得长期关注和探讨，一个是项目招商赛道，另一个是团购达人赛道。

项目招商这个赛道几乎可以应用于所有行业。受用户或者消费者的习惯影响，企业直接通过短视频销售产品的效果千差万别，一些不能直接面对终端消费者的产品很难通过短视频直接销售，更不可能在平台上形成爆款。在这种情况下，把企业的产品包装成项目进行招商，不仅可以吸引抖音平台上面想赚钱的精准人群，还可以通过标签在全网付费推广，同时也可以通过短视频和直播的优势充分展示项目价值，通过短视频和直播进行项目落地。

为什么招商项目可以在抖音平台达成企业的目标呢？主要还是我国人口众多，幅员辽阔，一个好产品出现以后，需要在不同区域进行分销，传统的渠道一直以线下分销为主。把企业产品包装成赚钱的项目通过抖音平台推广，它在本质上符合线下渠道分销的逻辑，同时也符合抖音内容传播的个人逻辑。在平台海量的用户中，肯定存在一大批到平台上找商机与找项目的人。这一点，对许多到抖音上坚持发短视频或者做直播没有明显结果的企业而言，应该有所启发。

团购达人这个赛道是同城的一个新的玩法，这种玩法是传统 O2O 电商在抖音平台的应用。在线下商家门店和消费者之间建立连接的同时，通过消费券进行活动促销，通过链接地址、视频场景和促销活动组合成一种新的传播和消费闭环。这对许多同城商家和抖音平台的创作者而言，无疑是一个好消息。

团购达人可以直接通过短视频带货，并从中获得佣金，一般方案以地名 + 原价 + 现价 + 优惠的形式出现。个人创作者做团购达人，最好从搜索团购热销榜开始，一般小吃、饮品、甜品、娱乐等容易出单。对团购达人的视频，要从学习点赞或者带货高的账号和短视频开始，在模仿中添加自己的元素。

增加吸引力，全靠赚便宜，这是团购达人视频拍摄的一个关键点。比如餐饮，用价格、份量和人均消费的反差吸引潜在的消费者对短视频关注的同时，描述食材的细节以凸显食物品质，通过网红或者达人吃播与讲解展现消费场景与消费体验，最后再引导浏览者下单。

根据目前官方特别是星图的分类，抖音有接近 30 个大类目赛道，100 多个子类目赛道，其中主要的有：

1. 美食：吃播、美食测评、美食教程、美食探店号等。

2. 服装与时尚穿搭：女装、美妆、美发美容、护肤。

3. 健身：专业健身、瑜伽、健身知识。

4. “三农”：农村生活、农业技术、农业资讯、户外、赶海。

5. 生活记录：随拍、录拍、录屏、摄影。

6. 颜值才艺：帅哥、美女。

9. 汽车：卖车、二手车、学车、汽车周边。

10. 房产：房产达人、楼盘销售、二手房、房产中介等。

11. 娱乐休闲：游戏、网络游戏、魔术、多米诺骨牌类、开箱、玩具、棋牌。

12. 人文社科：传统文化、人文艺术。

13. 科普：天文科普、植物科普、地理科普、科学实验、冷知识、自然科普、数理科学。

14. 居家：装修设计、生活窍门、家具家电、园艺花艺、手工 DIY。

15. 体育：竞技体育、水/雪上运动、极限运动、球类项目、体育运动文化。

16. 医疗健康：医疗机构、医疗用品、健康。

17. 财经：理财、保险、房产股票、期货、虚拟货币贷款、另类投资、经济学知识、财务、PEVC、民间商业、宏观经济、金融产品、财经新闻、财经知识、实体经济。

18. 影视、剧情与综艺：影视剪辑、影视解说、影视资讯、才艺、脱口秀、其他综艺。

19. 明星八卦：片场演绎、明星随拍资讯、明星访谈。

20. 舞蹈、音乐：专业舞蹈、手势舞类民族舞、广场舞、音乐演唱、西洋乐器、民族乐器、音乐知识。

21. 亲子：母婴、育儿、少儿、儿童、亲子日常。

22. 科技：手机、电脑、电器、行业资讯。

23. 萌宠：宠物猫、宠物狗、动物公益、其他动物、宠物资讯、萌宠其他。

24. 旅游：VLOG旅行攻略、旅行摄影、酒店/民宿、导游等。

我们知道，企业做抖音的过程中，营销逻辑不一定是主导逻辑，但一定是首要逻辑。个人做抖音可以自由选择赛道，而企业不行，因为企业要围绕自己的主业去开展抖音工作，所以说大的行业赛道对企业而言是无法选择的。正因为这样，赛道的划分对企业做抖音有许多借鉴作用。个人娱乐与表演属性、社交与互动属性，还有知识分享的属性，在上面的赛道划分中表现得淋漓尽致。企业在做短视频和直播的时候，要把企业的产品、服务与个人的内容能力结合起来。

◆ 第三节 账号定位

俗话说，定位定江山。赛道是平台账号分类的基础，也是账号定位的前提。定位的本质是一种选择，是基于企业或者个人本身条件在众多赛道中选择适合自己赛道的一种能力。企业或者个人在明确赛道以后，就涉及账号的具体定位问题。与此同时，账号定位往往还要通过短视频的内容充分表达出来。

“账号定位”一词是从商业定位转化过来的，一般情况下，账号只有名称和类别之分，而在抖音平台上，短视频账号会因为自身定位不同而导致经营属性有所区别。商业定位一般是指企业或商家及其产品在行业和细分市场的位置，账号定位和商业定位大同小异，也是指一个企业和个人以抖音创作者的身份及其账号在某个领域或者平台上一个细分的行业位置，同时也表达了其在抖音平台上用户心智的一种占位。

在线下，企业的赛道选择往往代表了企业的某种商业定位。线上和线下几乎一样，创作者抖音账号的商业定位和账号的赛道选择以及账号的内容与风格是一个整体，账号离不开赛道，又要通过自己的内容和风格与同行区分开来。通过抖音某些官方赛道的划分，把自己细分行业的商业定位确定好，这样才会有好的流量。在此基础之上，明确你服务的是什么人群，围绕人群再做精准定位，好的经营定位能让自己在同行中脱颖而出。

从变现的角度看，企业账号的商业定位在抖音上首先要进行电商、广告、直播、项目咨询、招商与知识服务等变现方式的区分，然后再进行行业细分，最后通过输出的内容对企业在抖音平台上的商业定位进行固化。

一个好的账号定位涉及三个关键要素，一是擅长什么，做自己特别是专业的或者具备优势的领域，才有可能持续输出内容；二是差异化，有了差异化的元素就容易在同一个赛道形成自己账号鲜明的个性化特征；三是契合度，包括主要账号和人设的契合，人设和商业变现模式的契合，人设和直播间商品的契合，产品与人设以及粉丝的契合等。

如何做好企业在抖音上的账号定位呢？主要包括以下七个步骤。

第一步，选择赛道，在企业擅长的领域做抖音。

这里主要强调企业在抖音上的表现形式，是企业自播还是达人带货，是短视频带货还是创始人 IP，是渠道销售还是在线客服，等等。

在明确赛道的前提下，自我分析，想清楚自己的优势，寻找对标账号。通过学习和拆解对标账号，找出所在领域和所在行业的特点和操作技巧。分析企业的核心优势，锁定企业专业和专长以及人、财、物等优势资源。对企业而言，关键要体现企业的核心能力，围绕企业的优势与在同行中的差异去制作内容。

对于对标账号这一块，实际操作中可以找出十个甚至更多来对标分析，通过对标账号的拆解，一般会找到其上热门或者高转化率的主要因素，或是从中窥视账号运营者的底层逻辑。对标分析时可以考虑类目对标、粉丝对标、内容对标和技巧对标，通过对不同的对标要素的分析，从中找到自己账号的经营手段与方法。对于有短视频拍摄和平台算法常识的人而言，拆解对标账号是弄清阶段性算法和类目经营方法的捷径。

第二步，根据企业的产品和服务做好商业定位。

企业商业定位是抖音账号商业定位的基础，只有企业商业定位清晰，才会有清晰的抖音账号定位，也只有抖音账号定位清晰，才能明确短视频制作的目标、内容与方向。这里主要强调在抖音上变现的产品与服务。

从账号的角度分析，产品与服务的定位也是账号功能定位的前提。一般情况下，我们也可以把账号的商业定位理解成为账号之下的产品、服务和价值。许多企业在开展抖音工作之前，在线下就已经有了成熟的产品与服务。在这种情况下，账号定位的主要工作是通过对标账号的拆解和学习，制定自己的账号风格与输出内容的差异化。

在这个过程中，对大多数企业而言，最重要的是要通过对抖音平台上同类产品的适销性分析，不断调整企业自身产品的样式、成分与包装、营销等逻辑，以创造更多的在平台上适销的爆品。

第三步，研究抖音上自己所在领域的细分市场，找出粉丝的特征，做好粉丝的人群画像。在此基础上，选择合适的主播，进行主播定位。

产品与服务定位之后是用户定位和人群定位。与细分市场、粉丝相对应，就可以设定账号的主播人设。短视频人设的设定，我们将在下一节专门论述。

第四步，发掘用户需求，进一步分析粉丝的需求。

根据抖音上粉丝需求搭建账号和制作对应的内容。我们也可以把这一步理解为基于粉丝需求的内容定位。也就是在赛道定位、账号定位、商业定位的基础上，确立内容定位。

当然，识别粉丝需求也是为分析粉丝行为习惯和在抖音平台付费投流提供人群依据。什么样的内容是好的内容呢？一句话，符合算法的内容才是好的内容。最好的内容往往就是那些能够上热门的内容，在内容创作的早期阶段，适应平台算法的规则是一件十分重要的事情。单纯从流量的角度看，能够顺应算法的视频，不管内容有多烂，都有上热门的可能。如果不能适应算法，无论内容有多好，常常没有上热门的可能。我们必须清醒地认识到，内容的好坏并不是以创作者的主观意愿来作为评价标准的，而是要高度符合抖音算法和浏览者喜好的要求，才有可能成为流量的赢家。

第五步，找出自己所在领域风格的差异化。

账号风格上要么第一，要么唯一。制定营销与推广的策略，如果不能做到细分领域的第一，就要考虑人群和自身产品与服务情况、包装设计品类与品牌的唯一性，并且开展深度营销，吸引企业精准的私域用户。

第六步，在不同阶段，制定不同的同行竞争策略。

结合平台的流量变化，以及平台用户对内容需求喜好的变动，或者流量成本的变化，制定一些阶段性玩法。对同行或者其他领域好的热点做法和热门玩法及时借鉴与学习，并争取有所创新。

第七步，根据发展需要，及时开通企业号和蓝 V 号。

为了配合企业抖音运营，还可以开通视频号、公众号，建立用户群、相关小程序等。

账号定位在抖音上是一个承前启后的重要阶段，从企业行业大类目—赛道选择—功能定位—人设定位—内容定位—风格定位，是一个完整的过程，前后是相辅相成的。

◆ 第四节　短视频人设

什么是人设？人设就是人物设定。换句话说，就是别人，特别是粉丝眼中的你。人设可以简单理解为人物形象，它包含了人物的角色、性格特点、外在形象与语言风格等。人设是短视频账号的重要组成部分。在通常情况下，人设是指一个人在一定圈层内或者社会人群之间，为大家广泛感知的直观形象、印象。通俗地讲，人设建设是一个从线下到线上，从素颜到美颜，从泛泛到垂直的一个过程。

一般来说，短视频人设和创作者是统一的，短视频人设同时代表着创作者人设。而对于许多企业账号而言，创作发布的短视频具备极强的企业属性，这个账号的人设就和创作者个人人设之间有一定的差别。

企业做抖音和个人做抖音有什么区别？企业做抖音，重点是商业定位，有了商业定位，自然而然就可以进行人设定位，并且通过一定的人设为企业的商业定位服务。企业做抖音和个人做抖音一样，最终是需要人来实现的。

个人做抖音，关键是打造人设。我是谁？我是做什么的？我有哪些特色？抖音平台上的人设，一般是指创作者个人在平台上通过自我表达带给人们的一种形象感受，也就是我在网上以一种什么样的身份和形象出现在网民面前。

个人做抖音，一般要做自己擅长的事情，说粉丝喜欢听的话。企业做抖音，关键是做好两件事，第一件事就是把自己的企业说明白，你是做什么的，有什么产品，有什么功能和好处，能够为客户提供什么样的服务；第二件事就是要有一个完整的商业模式，弄清楚整个企业的销售平台和渠道是什么，想办法把产品卖出去，把钱收回来。企业要知道自己的客户是谁，企业通过什么方式和客户之间建立长久的连接，开展双向的沟通，帮助客户实实在在地解决问题。

人设、账号与粉丝画像之间是存在着一些深层次的连接逻辑的。这种逻辑不仅仅影响账号的流量，同时还会影响账号的变现模式与变现能力。在很多时候，我们发布短视频之后发现，视频质量不错，流量却少得可怜。有时候流量不错，却一直不涨粉，粉丝之间也不愿意互动。那我们就要问自己，我们的短视频拍出来是给哪些人看的，我们发布的短视频和粉丝之间有什么关联，这些短视频和账号之间是什么关系。

人设不是一蹴而就的，而是通过短视频和直播长期形成的。几乎每一个短视频都要站在用户和自己账号初始的定位双向考量。从这个角度我们会发现，在一个账号之下的人设，是由账号定位、个人风格、内容标签以及用户喜好共同形成的。

我是谁？我是做什么的？我对你有什么好处？这三个问题是人设要清晰表达的问题。

有的时候企业号本身也要包含人设形象，这里的人设形象往往是创始人或者企业高管。有一些企业号、蓝V号直接打造的是企业人设，除了企业人设账号外，还有一些没有具体人物和人设的主题账号，或者人设由某个产品或事物替代。主题账号和企业人设事实上完全可以参照一般个人人设的方式进行。

不同的赛道，对人设的要求也会有一些区别。例如，在知识付费赛道，可以有专家人设、行业领袖、经历者、陪伴者。由此可见，人设通常由角色、风格、价值和短视频内容4个维度共同塑造形成。

固定一个角色：无论是网络直播还是短视频带货，有达人、朋友、老师、学生、宝妈等分类，也有商人、搞笑、歌手、知识分享、导购等分类，当然，也可以根据需要进行其他形式的分类。在抖音平台，很多创业者也是角色的扮演者。因为平台的初始是一个娱乐平台，平台上的内容需要快乐与表演的成分。

固定一种风格：风格不仅代表人设的一种状态，同时也是短视频的一种分类形式。幽默、亲和、严肃、可爱、霸道、高冷、优雅、张扬、佛系等代表不同的人设状态。从短视频的形式上，短视频有着不同的风格分类，比如才艺、段子、音乐、舞蹈、宠物、搞笑、情感、美食、游玩、元宇宙、剧情等自成风格。

从角色和风格中往往可以看到抖音短视频和直播间的流量密码。例如，舞蹈神曲、方言段子等长新长火。与此同时，抖音还会根据自己中心板块发展的需要制造现象级的账号类型与人设形象。

稳定的价值：没有个性就没有人设，没有价值就没有长久的人设。人设的表演属性和知识属性都是价值的一部分，最好和人设开展的企业品牌与产品具有某种内在的联系，这样的账号容易变现。例如，某种行业的知识大V和意见领袖。

主页是一个账号的窗口，是短视频人设的一个重要组成部分。我们经常听到的“账号五件套”是建立人设的关键，主页五件套包括头像、名称、简介、背景图与内容封面，五件套应该让浏览者对你的账号一目了然。

头像：可以是真实的人，也可以是卡通化的形象。

名称：名称要有差异化，容易记忆，朗朗上口，要有灵魂和温度。

简介：突出性格和态度，我是谁，我是做什么的，我能够给大家带来什么价值。

背景图：背景图是金字招牌，可以打广告，也可以是简单的语录。

内容封面：内容封面可以使用不同风格，可以标准规范，也可以清新大方，甚至可以突兀鲜明。当然，一切以不让你的粉丝反感为底线。

然而这些远远不够，真正能够把一个人设活生生建立起来的，最终还是要依靠这个账号之下的短视频内容和直播间的运营。无论是短视频内容还是直播间运营的内容，都会涉及账号垂直、粉丝垂直和人设垂直三个问题。其中人设垂直是指这个账号创作的内容本身要和创作者人设之间保持一致，粉丝垂直是指发布的内容要和目标粉丝之间保持一致，账号垂直是指发布的内容人设、粉丝和内容三者之间要保持一致。因为对精准粉丝和泛粉以及人设的理解不同，创作者发布的内容也不是条条要指向人设的建立和维护。很多账号成长成形之后，也可以发布一些与人设甚至是账号定位或者赛道不相关的东西，虽然有可能对账号相关的标签有所影响，但整体看起来影响不大。也就是因为这种情况存在，在一些拥有百万粉丝的账号遇到瓶颈的时候，也会尝试着从内容出发不断做出改变。

在人设建立的过程中，有仰视型人设、平视型人设和俯视型人设。这三类对应不同的人设范围和应用属性。

一般意见领袖、行业达人和各行各业的老师、专家、名人等要在抖音平台上建立仰视型人设，主要体现的是专业属性，因为专业表达或者内容的专业属性，让浏览者更容易信服和接受。在这里有一点要值得注意，专业的内容最好采用通俗的形式表达出来，如日常生活或者拉家常的形式。否则，一本正经的形式会让专家和专业知识陷入对知识的诅咒中。

平视型人设主要是大众化和亲和力。对于这一类人设，一般的人设形象具备烟火气，因此不能过度地包装，主要用于各种社交和沟通。例如，网红带货往往比一些明星效果好，主要是建立起平视的人设，让人更容易接受。

对于让人俯视的人设，比如娱乐小品类似的人设，让人看了后欣然一笑，建立俯视型人设在抖音平台上是占有一定优势的，但是要以一定的才艺为基础，或者语言表达的内容更能从简单中见神奇，平淡中见深邃。

无论如何设定人设，关键还是让人能第一眼记住你。在以后的线上交往时，能够感受到你人设的真实性。你的人设不仅仅有清晰的个性化标签，而且和你本人之间要十分自洽，让人不感受到唐突。经过一两次交流，粉丝就会记住你。

◆ 第五节　视觉锤和语言钉

视觉锤和语言钉是短视频人设的两大技巧。

我们发布一个短视频，前 3 秒非常重要。一般情况下，我们把短视频或者直播间能够留人的话术和内容叫作钩子，就像鱼饵和钩子一样，吸引鱼儿咬钩的同时刺入鱼儿的肉中，让鱼儿逃离不得。当然，与钩子内容对应的是直播间的锤子内容，顾名思义，就是能够一锤定音，直接成交的内容。

媒体学上有一个 315 法则，就是在前 3 秒用 15 个字，就一句话的时间，说出一个内容让对方感兴趣，能够引人入胜，也就是把人留下继续看下去。这种语言方式往往又被称作语言钉。语言钉可以出现在一个视频的不同阶段，可以说是带节奏用的，让浏览者不断地看下去。语言钉像钉子一样通过带节奏的语言把人留下来，在短视频中同时要学会转场，学会抛新的话题。

每个人的大脑在浏览和识别大量外界信息的同时，每秒钟又在遗忘大量的信息，一是因为我们每秒吸收到的信息量太大，大脑很难记住；二是能够让我们记住的信息量并不多，太多的信息在大脑中被识别为应该丢弃的垃圾信息。特别是我们身边有大量的商业信息，让人记忆起来更加困难。

什么样的信息能够脱颖而出被用户记住呢？一是反差特别强的信息，说白了就是出人意料；二是相对固定的有明显的差异化的视觉画面，这个画面因为夸张或者突出而被记忆，这就是典型的视觉锤；三是在短视频中有一个固定的让人产生深刻印象的话语，两三次重复或者第一次就让人心动，这就是语言钉。语言钉和视频锤是打造人设最直接最有效的方式方法，很多时候可以在一个短视频和一个人设中同时使用。例如，一提到小沈阳，你就会想到他的语言和肢体语言，那就是一种典型的语言钉和视觉锤现象。

在品牌打造和个人 IP 建设的过程中，语言钉和视觉锤应用得好，几乎可以直接影响商业上的成败。比如，“怕上火”三个字，你会想到什么？王老吉，这就是语言钉，而当你去买王老吉的时候，你会看到一个红罐子。而这个红罐子，其实早就植入了你的心中，占据了你的消费心智。

◆ 第六节　脚本

脚本是什么呢？脚本是指表演戏剧、拍摄电影等所依据的底本或者是书稿的底本。通常情况下，脚本不仅表达需要拍摄的故事的发展大纲，用以确定故事的发展方向，同时也对拍摄的场景、表达的重点、道具的要求和拍摄的技巧都进行了专业的描述。

一、选题

短视频制作一般从选题开始，选题也就是主题内容和主题思想。有了明确的主题之后，就要写脚本，就是用文字的方式描述好主题及相关拍摄的重点事项。一般而言，企业做抖音要建立自己的选题库。

选题是视频拍摄的起点，选题的思路是新奇特，好的选题不仅容易引起别人的注意，同时也能带来许多与你选题同频的粉丝。我们知道，面对不同的粉丝群体与不同的行业赛道，短视频的流量池大小是不一样的，这也是许多到抖音上创业的新手小白烦恼的事情之一。到底如何选择，最终还是要服从账号与人设的变现逻辑。也就是说，选题一般要符合账号的定位和粉丝人群的画像。选题能够覆盖到同类人群越多，将来短视频的受众就会越广泛。

二、场景、技巧与分镜头

有了脚本之后，就可以明确什么地点、什么时间，有哪些角色，角色的对白、动作，人物情绪的变化。脚本还可以描述拍摄所要表达的意境、场景、重点甚至拍摄手法等，这些细化的工作都可以在脚本上清楚地确定下来。

选题定下来之后，就要做好分镜头设计与安排。我们要根据脚本四要素来规划，一是画面，二是方案，三是场景，四是时长。这四个要素都是用来约束和表达内容和情节的。

在短视频制作中，3 秒对应一个画面，一个场景画面的时长不要超过 5 秒。为什么呢？因为浏览者在浩瀚的短视频中，识别耐心是以秒计的。在场景上，很多画面是由远景、中景、近景和特写组成，对一个事物一般会给出三到四个角度。时长是由两个因素决定的，一是短视频的价值，把话说明白，把事情说清楚；二是浏览者的感受与习惯。站在浏览者这一边，当然是越短越好。除此之外，还要考虑平台推荐与算法的逻辑。

短视频脚本的内容常常以分镜头脚本为主，分镜头脚本用文字展现镜头直接表现的画面，通常包括画面内容、景别、摄法技巧、时间、机位、音效等。

三、如何做好一个又一个短视频脚本呢?

（一）引起共鸣的脚本

用户共鸣是脚本与文案的灵魂。在短视频之中，图文与声音及人物表达的情绪的价值大于内容的价值。在短视频和直播间，你一本正经地讲知识，几乎没有人听。哪怕是一天就能给人带来巨大认知改变的真知灼见，基本上直播间也是门可罗雀甚至无人问津。反过来，我们难以理解的那些玄学、PK、吵架的直播间或是短视频，往往人气爆棚。

情绪的价值大于内容的价值，不代表内容不重要，而是要想方设法用情绪化和娱乐化的手段把好的内容表现出来，这才是抖音上商业模式的重点所在，也是抖音创作者服务粉丝达成变现的正确做法。

下面，我们来看一下在网上流行的董宇辉老师卖大米的一个段子：

可能是着魔了！一周时间在董宇辉直播间买了 4 袋大米。人生 30 年没这么离谱过，新东方直播间那个董宇辉，第一天点进直播间，他在卖大米。他对我说，“你后来吃过很多菜，但是那些菜都没有味道了，因为每次吃菜的时候，你得回答问题，得迎来送去，得敬酒，得谨小慎微，你吃得不自由。你后来回到家里头，就是这样的西红柿炒鸡蛋、麻婆豆腐，甚至是土豆丝儿，真香，越吃越舒服”。说到了我的心坎儿上，我买了一袋。

第二次点进直播间，他又在卖大米，他又对我说：“我想把天空大海给你，把大江大河给你，没办法，好的东西就是想慷慨给你。”说到了我的心坎儿上，我又买一袋。

今天第三次进他的直播间，他还在卖大米，他再次对我说：“我没有带你去看过长白山皑皑的白雪，我没有带你感受过十月天田间吹过的微风，我也没有带你去看过沉甸甸的弯下腰犹如智者一般的稻穗，我没有一切，但是亲爱的，我可以让你去品尝这样的大米”。这句话又说到了我的心坎上，于是我又买了一袋米，我刚刚又点进去他的直播间，他又在卖大米，我的天哪，我发誓我不买米了。

但是他对我说：“以前我做老师的时候，我会穿白 T 恤或者西服外套来讲课，这样孩子们会觉得我很重视这节课，即使现在我大脑不转其实已经很久了，但是我每次上来之前，我还是做了30个俯卧撑，你不要让我坐着了，我愿意站在这里，让你知道我真的很在意你。”天哪，我又买了一袋米，我真的很累了，在知识付费的直播间，我居然付费了4袋大米，人生30年，我真的没有这么离谱过，简直就是离离原上谱。

（二）好奇害死猫

在前面的十大流量密码中我们了解到，触发用户的好奇心是短视频的流量密码。这种好奇心不仅可以在视频的文案中实现，也可以在脚本的场景和画面上达成。从引子到过程，镜头用语言都可以设置悬念引起浏览者的好奇心。当浏览者看到一个超越常态的画面、视频或者听到不同的声音讲解时，会不自觉地想看下去，想去了解到底发生了什么，并且想跟着剧情的节奏去了解事情的结局是什么。

在平台上你也会看到一种没有结局的视频，一个扣人心弦的开始，加上一个没有结局的结局，有时候看到最后想骂人。这就是针对浏览者好奇心的套路。

（三）互动是短视频和直播间爆发的关键

我们知道，抖音是一个具备娱乐属性的社交平台，平台在考核短视频质量和直播间质量时，关键看的是视频发出去的数据，虽然前期这些数据由平台的智能机器人管理，但是达成这些数据的却是作品发布后由用户浏览的行为来进行打分的。点赞、评论、转发、收藏，这些其实是一种互动数据。

想达成良好的数据，最好的办法就是制造更多的槽点。只有槽点多了，才能引发浏览者的兴趣并且参与到评价与议论中来。有的以疑问方式存在，有的以测试方式存在，有的以讨论方式存在，这些都是想通过互动形成良好的视频数据，再一次促进视频推流，从而让一个视频从小流量池不断地进入一个又一个更大的流量池。

（四）同频共振的鸡汤

人生在世，不如意之事十之八九。信息和资本的共同作用，让后工业化的现实生活中各行各业都充满了内卷。繁忙的工作、激烈的竞争，加上人情之间的势利与冷漠，有太多的人需要去倾诉，需要有自己人生的听众。也就是在这种情况下，心灵鸡汤在安慰着许多人，给太多的人带来片刻的舒适与安闲。

抖音的标签与算法，十分容易帮你找到同频的人。鸡汤虽然没有什么实际作用，但是在生活中，又是太多人无法离开的生活作料。工作太累、邻居太吵、老板愚蠢、老公不归家、小三被打、明星人设崩塌等，到辽远的星空、外星的猜测、某个地方发现个怪物，都是日常容易火爆的谈资。

把普通的商品写入鸡汤，并具有极强的代入感，也是脚本的关键所在。创作者把你卖了，你还要一把鼻涕一把泪地帮他数钱，这就是创作者的高明之处。

（五）制造冲突

冲突和反差是短视频制作的一种手法，人们常说，狗咬人不是新闻，人咬狗才是新闻。与现实生活中一样，整洁的街道秩序井然，突然有人吵架，于是出现了围观。熟悉 + 意外，加上三两个剧情反转，拍成一个小视频，往往会带来非常好的流量效果。对于一些反差的标题的利用，也会引起浏览者最初的关注。

在新奇特的冲突方面，尽量要有创新与创意，弘扬主旋律，宣传正能量，杜绝一些庸俗甚至低俗的东西。创作者不能为了流量而流量。

（六）起承转合

古代诗歌创作讲究起承转合和韵律，而短视频的创作无论在节奏上，还是情节上，和古代诗歌创作差不多。一些看起来不起眼的视频成为热门，其中都有着一些经典的热门逻辑。

每一条视频播放后，都会生成一个完整的播放数据，这些数据主要包括互动率、播放时长、完播率、粉丝增长、播放量和投稿数等关键指标。

如果拍摄一条高度符合平台考核机制的视频，就要进一步了解这些数据指标的意义和关联性。把浏览者的浏览习惯、浏览心理和平台考核的数据结合起来，我们就十分容易理解起承转合的价值所在。

起承转合通俗地讲就是带节奏，对优秀的创作者而言，这种带节奏的创作手法是短视频创作的必备技巧。新人小白到平台上面来，就需要多多拆解热门的短视频，从模仿到超越。

（七）蹭热点

蹭热点是抖音创业者常用的一种获得流量的拍摄和发布短视频的方法。热点有热点新闻、热点事件和其他热点现象，热门是指热门视频。而热门视频又包括热门方案、热门音乐和视频本身三个方面。

一般情况下，我们可以针对热点事件去拍摄自己的视频，然后根据平台要求进行关联操作。关联热点事件要做到快、准、狠，热点刚出来的第一时间，你就要有这个嗅觉，很多时候你要去预判一些事件会不会是热点。你自己拍摄的内容一定要和热点事件相关，否则难以通过平台的考核。

在抖音上搜索“抖音热点宝”“上热门”，你可以看到很多热门话题，同时也可以看到热门话题榜，看到近期上升的热门话题，就可以做好模仿和关联。在抖音发布时，通过抖音贴纸功能，可以添加热门歌词和歌曲。当一些神曲流行的时候，蹭热门音乐也会收到不错的效果。

◆ 第七节　文案

文案原来是指写东西的案板，现在已经被外化成为写东西的人。“文案”一词被广泛应用是在现代广告领域，一般是指广告人写的广告题与描述的广告内容。这种充满宣传和推广性的文字被称为文案，后来逐渐从推广品牌、商品广告应用到影评、书评、海报、产品发布、演讲和告示等方面。文案具备两个属性，一是宣传展示传播，二是沟通说服。

很多时候，大多数人分不清什么是文案，什么是脚本。文案和脚本是有区别的，文案更注重表达的文字内容，而脚本主要是为拍摄服务的。在抖音短视频创作上，我们一般把写短视频的剧本的行为称作创作脚本，而把写作短视频标题与内容文字的行为称作文案。实际在内容上，文案和脚本往往是交叉的。

短视频标题在两个地方出现，一个是直接写在视频上的文字标题，另一个是写在视频左下方的描述视频内容的标题。在抖音短视频创作中，我们把这两种标题的创作也称为文案创作。短视频的标题文案就像广告语，让人一目了然。标题文案最好能够引发好奇，吊人胃口，设置共鸣点，刺激关注，最好能够通过夸张、反差等形式引发用户参与讨论。

一般情形下，短视频文案字数要少，关键在于吸引人们关注的兴趣。对于短视频而言，视频与声音共同形成一个整体感，可以看作是视频的点睛之处。要想通过寥寥数字激起人们浏览的欲望，文字表述就要做到强记忆、强反差，出乎意料和与众不同。同时，要让大多数浏览者停留，就要考虑到大多数粉丝的感受，表达尽量口语化，这时候我们可以用到前面的语言钉。这种快餐式的文化表达很多时候让人很纠结，但又很无奈，只有在实践上寻找感官创意和价值的平衡。如果是一些经典文字，可以适当长一些甚至流动式出现，让浏览者进入一个阅读状态，从而产生视频完整播放的数据。

文字和视频情节、音乐等共同锚定视频数据，也是在抖音平台上制作与发布短视频的一个十分重要的技巧。符合考核机制与算法，通过浏览者的喜好击穿流量池，是每一个短视频都要关注的焦点之一。

视频左下角的文案往往是需要真功夫的，这里才是整个短视频真正的标题。文案写得直指人心，依靠的是什么呢？灵感、技巧和方法。灵感来自多写，技巧源于模仿与练习，方法源于多学多看。比如，在标题文案中多用数字、符号等技巧，只有多学多看才能明白。当人们把一段文案看完，而视频已经完播或者播放了两三次，这也是通过好文案和视频节奏共同提高作品完播率的一种手段。

一是企业要搭建素材库，长期积累素材，把好的沁人心脾的文字和其他素材收集起来。在搜集的时候要考虑和自己账号垂直，还要考虑如何创新，不能侵权。

二是根据短视频制作的需要，固定一些思考和写作的流程、结构和模板。例如，粉丝画像、兴趣点、用户需求与痛点、文案目标、预期结果、主题、问题等。

三是站在用户角度测试效果。其一，用户愿意听，尽量口语化；其二，用户听得懂，用短小的案例表达；其三，能够快速听得懂，其四，学会和用户对话；其五，听得懂后有感觉，植入槽点。

好文案是一句话的 PPT。表达得简单，浏览者能听到的、感受到的却更丰富，想象空间更大。

◆ 第八节　拍摄与剪辑

毫无疑问，浏览者是挑剔的。有了脚本和文案之后，拍摄和剪辑都成了技术活。账号定位重要，人设重要，商业模式和文案脚本都很重要，然而这些首先要通过视频的方式表达出来，而且表达出来的视频要在同类视频赛马中脱颖而出，拍摄和剪辑的质量就显得十分重要。

很多到抖音上创业的小白，一下子就卡在拍摄和剪辑上。年轻的还好一些，一些年龄大的人刚用上智能手机，刷一下抖音还可以，你要让他学会拍摄和剪辑，真的是有点强人所难了。

有了智能手机之后，拍摄短视频已经变得和发朋友圈一样简单。在前面我们讨论过，与苹果把 MP3 和电脑结合在一起一样，抖音把短视频和音乐进行了有效的融合，创造了一个新的娱乐社交工具。智能手机和 5G 的发展，让一切变得十分简单。

点击抖音首页的“+”号，就可以拍摄和上传视频，并可以在上传的过程中进行简单的美化、添加音乐、增加贴纸和歌词等美颜和编辑功能，有上传照片、文字、视频或者选择当下拍摄等功能。这些功能对于普通的创作者来说，不经过任何学习完全可以通过自己的摸索上传一个不错的视频。与此同时，上传界面还提供了各种变相和变声的 VR 以及游戏类应用，还有拍同款等好玩的工具。这些功能一般不用专门学习，日常简单地摸索就可以使用。

抖音为了方便创作者，专门发布了一款编辑软件“剪映”。剪映功能主要是针对抖音创作的，功能强大，和当下的智能手机配合起来，可以让普通人自由地发布不错的作品。

当然，无论拍摄和剪辑，越是专业，创作的视频效果就越好。对普通人而言，抖音上有一个放大镜，完全可以搜索拍摄的技巧来学习，这些都是免费的。剪映上有专门的创作课堂。

一、拍摄要准备的工具和学习的重点

1. 拍摄设备有手机和相机。新人上手智能手机就可以。企业拍摄前期也可以用智能相机，条件允许可以购买单反相机。

2. 拍摄的辅助设备有支架和稳定器，前期可以用一个普通的支架。

3. 拍摄期间光源很重要，普通的创作者可以购置价格为 100~400 元的光源。

4. 室外拍摄，需要购买降噪的麦克风。

5. 短视频可以通过不同脚本的分镜头共同组成，拍摄时有远景、中景、近景和特写。

6. 学会运镜：推镜头、拉镜头、摇镜头、移镜头、跟随镜头等要了解一下。

7. 拍摄时，短视频的构图要考虑制成作品上传抖音后的显示情况，特别是下面的文案区和右侧的互动区都能显示出来。

二、新人剪辑作品的一般流程和要了解的重点

1. 学习剪映，了解剪映的基本功能，找到免费学习区域，进行简单

学习。

2. 根据视频需要，设置作品比例。一般横屏的视频尽量在拍摄的时候就横屏拍摄，这样在剪辑时容易掌控画面的整体效果。根据视频风格，确定背景、画布着色与样式等。

3. 剪辑作品，去掉作品中冗余的内容，通过分割符号和分割后进行删除。根据剪映的功能尝试画中画和变速等功能。

4. 了解转场效果的同时，测试人像、滤镜等其他功能。

5. 添加字幕和音乐等。热门音乐也会加持短视频的流量，这一点对短视频创作者非常重要。对抖音平台上供大家自由选择自动生成的一些热门音乐，平台一般会拥有知识产权，在这种情况下在抖音平台内使用短视频，一般不会对音乐作品产生侵权。而自己通过其他工具剪辑时添加的音乐，要考虑知识产权问题。

6. 导出和上传。在抖音上上传还可以再进行一些质感上的微调。对于短视频上传的时间和数量，可以根据自己的需要进行。一般上传时间以早中晚饭前一小时到半小时为准，因为当短视频在平台上通过审核后，正好遇到浏览用户多的时刻，其实这个影响不大，关键还是在于短视频的质量，有时候还要考虑你的粉丝群体在线时间去发布你的短视频。另外，在直播当天，可以通过短视频做一些直播预告，或者在直播前一小时左右，再发一次与直播主题相关的短视频，达到一定的为直播间引流的效果。当你发出的短视频突然间成为爆款短视频时，建议你立刻开启直播，这样会形成双屏共振的效果。至于一天发多少短视频，没有固定的说法，最好每天都发，一天三到五个或者更多，主要还是要根据内容来决定。

想到抖音上创业，是要花一些时间来系统学习拍摄和剪辑的技巧的。抖音平台上还有很多教学剪辑和拍摄的老师，一般 19.9 元可以系统学习二三十堂课。平时这些老师还会直播，大家都可以免费观看。对于这类非常便宜的课程，新人小白可以跟踪一下，花点小钱也算对自己学习的一个约束，给自己一周左右的时间，完全可以掌握拍摄和剪辑的通用技能。对于动辄几千元的课程，尽可能不要去花钱，因为只要搜索勤快些，特别是对新人小白来说，花出去的大多是冤枉钱。

◆ 第九节　短视频带货

我们在抖音平台上浏览到的短视频一般分为两大类，一类是普通类短视频，是从表面上看不出具有明显商业属性的短视频，如娱乐类或者知识分享类的短视频；另一类是带货类或者电商类短视频，主要是具有直接带货或者为带货直播间引流功能的短视频。电商类的短视频要么挂上购物车或者橱窗进行带货，要么先行种草，要么为商业直播间引流。

短视频电商和传统电商还是有一定区别的，传统电商是流量电商，也是搜索与结果电商，其核心逻辑依然是人找货，而短视频电商是内容电商，其核心逻辑是货找人。短视频带货是通过短视频的内容触发垂直的粉丝实现商业互动的一个过程。短视频的娱乐属性和商业价值之间是存在一定的矛盾的。一般情况下，只有拥有娱乐属性或者知识属性，才容易引发人们的关注、评价或者转发，在抖音平台才能触发推荐机制，同时获得更多的流量。电商类特别是带货类短视频的目的性非常强，一般具备明确的引流销售和广告创收的目标，有的甚至是典型的广告类视频。很多时候，你看到的许多电商类短视频不像是广告，却隐藏着广告的元素。

另外，普通短视频有没有商业价值呢？当然有。普通短视频虽然不直接为电商服务，不包括电商广告或者销售指向，这一类短视频往往可以用来打造网红人设或者增加账号流量，而这类视频最终会通过 IP 或者账号的深层开发实现某种商业利益。

电商类短视频和传统商业广告也有巨大的区别，电商类短视频在具备一定的商业属性之外，首先要让其看起来不像广告，看起来只是有娱乐感或者知识点等非商业因素。在抖音平台上，一看起来就是商业广告的短视频很难获得流量。这也是许多短视频创作者感到两难的地方。

一、电商类短视频和普通短视频一样，要通过平台的流量考核

只有形成一定的流量，才能通过链接橱窗、抖音小店或者为直播间引流去带货。平台对每一条短视频的考核，是从自己的铁粉开始的，通过点赞、评论、转发和完播等数据来赛马，实现从小流量池到大流量池的升级，从而形成更大的流量。

我们常常会发现，一条短视频挂上链接之后，跑出的流量比原来不挂链接时少了不少。很多人会认为，平台对带货的短视频是限流的。这显然是一种错觉，平台和创作者是一个利益共同体，平台不仅仅需要创作者创作好的短视频把用户留在平台上，也需要创作者在实现商业转化的同时，达成平台自己的一部分商业利益。

那么感觉被限流的主要原因是什么呢？短视频挂上链接之前，创作者在创作某条短视频的时候，这条短视频的商业属性就会在作品中展现出来，一旦这种商业属性得到表达，这条短视频和传统粉丝之间特别是泛粉之间，常常会出现一些距离，也就是我们经常说的因为粉丝不垂直，淘汰一批浏览者了。当一些粉丝刷到带有商品链接的短视频时，自然而然会觉得这是一条商业广告，大多数人会尽快地滑过去，最后导致这条视频的流量肯定比不上原来不带链接的视频。

我们要站在变现的角度上不断完善作品，最好让浏览者感受到这不是一个广告，而是一种娱乐或者沉浸式的场景体验，直到产生产品的消费联想，等等。

二、选品是短视频带货的前提和基础能力

销售的核心是流量，也是转化。要能形成大的流量和高效的转化，离不开选品能力。核心的选品能力有以下几种：

第一，战略选品。战略选品能力已经是一种企业经营的战略能力，也是一种基于行业发展和市场的战略预判能力。对抖音平台而言，一些头部的品牌方往往主要是利用这种战略能力来达成电商经营目标。对大多数个人玩家和中小企业而言，一般不具备这种能力和条件。

第二，数据选品。我们讲的选品大多时候是基于电商的数据能力，选品先看数据，只有满足一定条件的产品，才需要去考虑供应链。一是高客单；二是市场体量大；三是高毛利，至少是稳定的毛利；四是竞争低，主要是指某类产品，不同账号之间的销售量差异不大，特别是最高销量与其他销量之间比较均衡，就有突破的市场机会。看数据也是相对的，对不同账号和运营的不同阶段，也可以做一些简单容易实现的操作。

第三，跨平台选品。A 平台的爆款和 B 平台的爆款往往可以互相参考和比较，从中得到一种可以利用的规律。

第四，关键词选品。通过行业的大类和子类甚至产品特色称呼等关键词进行选品，查看搜索量与点击量，针对消费者的诉求去选品。

第五，人群选品。在抖音平台上，每一个账号下的粉丝人群都会有所区别，针对自己账号人群开展选品，是符合抖音电商的底层逻辑的，就是降低用户和选择成本。

第六，综合创新选品。在更多的爆品中分析爆款的因素，并因此创造新的产品，比如一种实用的专利新品。

什么样的产品容易成为爆品，有一个诀窍就是在非标产品里寻找标品，在标品产品中选择有特色的产品。在非标产品中寻找标品，最容易让更多的人接受，并且通过流量推广或者活动促销来转化，轻易地产生平台销售的羊群效应。在标准产品中选择一些非标品或者有特色的新品和新款，相对而言就有热销的机会，还可以得到不错的利润。同时，这两种选品逻辑，不会增加产品的供应链成本，一般情况下销量越大，成本越低。

当然，不同的人或者不同的企业选品也有一些区别，比如资源优势，特别是根据自己的供应链优势选品法、根据自己的专业选品法、市场适应广泛性选品法，等等。

选品之后还会有测品的过程，一般是选择一个好的品类通过几个或者十几个主播在不同场景的直播间进行测试，进而找出适销的产品和促销的方法。通过选品和测品，找出有可能成为爆品的产品之后，测算转化率，制订单一产品的带货计划，同时根据一定的经验开展投流工作。

三、短视频带货的长期主义与爆款逻辑

抖音平台和其他电商平台不同，抖音平台的短视频数据在赛马的过程中，三两天一个视频播放常常就会自然归零，甚至一个账号在一定的时间也会从火爆走向平淡。但是，抖音平台无论短视频还是账号一旦火爆，将带来超量的流量，有的甚至直接带来巨额的财富。这样说来，短视频带货一般还是要遵循爆款逻辑。

什么时候视频能火，哪一条视频转化率高，有努力的成分，也有运气的成分。我们在追求爆款的同时，要从日常积累开始。100 个正常播放量的短视频流量和一个小热门流量一致，而 50 个小热门和一个大热门差不多。无论是小热门还是大热门，都是可遇不可求的，但正常播放量的短视频，我们是可以掌控的。

首先，要了解拍摄的基础逻辑；其次，要学习跟踪热点事件，学会蹭热点；最后，在坚持上传产品的同时，尝试投流助推。在这个基础上，不断优化和创新自己的视频，再加上高转化商品的选择和促销，就形成了短视频带货的长期主义的积累逻辑和爆款逻辑的统一。

四、客户见证与意见领袖

线下的商业是通过脚来投票的，线上的商业是通过点击来投票的，更是用钱来投票的。

关键客户（KOC）与意见领袖（KOL）是现代销售不可或缺的两个重要角色。在传统销售中，一向注重证据的力量，客户见证十分重要。而在短视频中，通过客户表达自己的消费体验也是一种常用的方法，但是在短视频中如果直接通过客户见证来表达，就会有很浓的广告味道，往往收不到理想的效果。因此，在短视频上客户见证的表达需要具备一定的艺术性。在客户见证的过程中，不仅要表达客户的满意度，还要表达某种产品是客户发自内心的真实选择。对短视频表达内容既不能太直白，

又不能让人看了不知所云。

新人做抖音的难点之一是很难突破传统的广告界限，进入更高一层的短视频内容表达形式，或者说控制自己想把产品与服务直接介绍出去的冲动,选择去用心制作有趣或者潜移默化影响客户的内容。在这个时候，找一些对标账号的视频，把其中带货能力强的视频拿过来拆解，站在购买者的角度分析就显得十分重要。总的来说，用户表达得越自然，见证的客户越多，客户的覆盖范围越广，代入感就会越强。

意见领袖。短视频中体现的意见领袖有行业专业人士、有影响力的客户、社会达人、网红等。

五、建立带货短视频的题材库

对企业而言，短视频带货的题材库建设非常有意义，甚至很多时候，短视频带货可以从建立题材库开始。如何建立一个好的企业带货短视频的题材库呢?

一是要从 10 到 20 甚至更多的同类产品或者对标账号的短视频中进行分析、归纳和总结，把这些短视频的类型、表达的方式、方案及主题列出来，在这些基础上，建立自己题材库的选题方向。

二是围绕自己的账号人设建立题材库，从企业的形象、团队、生产、售后等多角度建立题材库。

三是从百度、微博、知乎和各大电商平台上的产品宣传和短视频中，寻找属于自己的题材库，涉及产品的形象、生产过程、成分等。

四是从同行的专家、技术人员、工人、生产场景和应用场景中寻找自己的题材库。

五是从消费者和客户的使用评价角度建立题材库。

六是建立企业的题材库的同时，要注重内容的时效性。不同阶段社会关注的热点和粉丝注重的话题是不同的，收集时效性强的话题，往往会起到事半功倍的作用。

题材库通过用问题的方式先提出来，再根据问题和目标粉丝关注的重点结合起来，一步一步回答问题，从而形成一个个不错的短视频文案，最后再根据不同阶段的需要，把短视频发布到平台上。在建立企业题材库的过程中，切忌一味地追求原创，再优秀的创作者在巨大的内容需求面前也会很快创意枯竭，只有不断地参照对标账号或者跨行业学习，才能有源源不断的新的创意素材。

六、短视频的娱乐属性、表达力和感染力

带货短视频关键要实现娱乐属性、商业表达力和感染力的平衡，没有娱乐属性就不会有自然流量，没有商品宣传的表达力和感染力，无法切中顾客的消费心理，就难以形成有效的商业转化。

无论一些情景剧如何带节奏，最后一定会将落点落到带货的商品上。这样不仅可以让浏览者停留，同时也会实现商品的销售。很多无厘头的节奏与商品之间联系不强，就是在最后导出想要表达的商品广告，也很难收到十分理想的效果，甚至有时让部分浏览者对这种表达产生反感。

在这种情形之下，短视频的情节、美感和商品之间，最好形成一个深度关联的场景。做和商品相关的直击人心的表演，同时有意无意间实现商品销售，或者让浏览者因为某种关联产生购买冲动而直接下单。

七、从用户体验的视角创作内容

抖音电商是通过创造吸引消费者的内容来获得流量，并且实现商业的转化。

用户在浏览短视频过程中，一般有一种充分审视的心理过程。用户想了解什么，我们就需要表达什么；用户有什么疑问，我们就要在短视频中回答；用户怀疑什么，我们就要在短视频中让对方相信。

产品是什么名称？产地在哪里？产品是如何生产出来的？生产场景如何？产品是什么品质？有哪些成分？如何使用？过去的使用者有什么评价？目前市场上有什么同类产品？

这个产品在同类产品中处于什么档次？使用起来是什么感受？目前

市场价格是多少？立即购买有什么优惠？当前购买能赚到什么样的便宜？购买后什么时间发货？收到货了不满意怎么办？等等，这些问题都可以通过短视频一一表达出来。

这些问题和答案，可以通过剧情节奏来展示，也可以用沉浸式的渲染来实现。吃播和穿搭是非常典型的用户体验的视角进行展示，值得学习和模仿。

很多时候，当我们开始思考创意的时候，错误就开始了。为什么呢？这就是思维惯性，这种状态叫作“我以为”，对企业而言，是我们常说的广告思维或者 B 端思维。最简单的用户视角创作就是对标账号的模仿，那些火过的视频和正在火的视频往往都是用户选择的结果。做抖音如果你不能学会模仿，大概率会陷入江郎才尽的痛苦中。

八、货卖堆山的售货场景

有的直播间的销售场景简单明快，有的杂乱无章，到底哪一种直播间布置得较好呢？因为销售商品的不同，销售场景而有所不同。直播间的布置我们会在下一个章节具体讲解，但无论直播间还是短视频带货，货卖堆山是一个不错的手段。

大多数人刷到短视频后，看到堆积如山的货，如果他正好有这样的需要，首先就会相信这个卖家，其次会在内心认为眼见为实不会踩坑，甚至有可能赚到便宜。再加上人设助力或者直播间主播引导，很容易形成销售转化。日常生活用品和家庭必需品，价格略高一点也没有关系。比如，直播间销售海鲜、牛羊肉、熟食和地方特产，等等。

◆ 第十节　短视频运营

短视频运营从某种意义上讲，已经成为一种新兴的职业。短视频运营就是对短视频项目的计划、组织、实施和控制，是与短视频创作和发布密切相关的各类工作的总称。短视频运营是新媒体运营的一种，是指在各类短视频平台开展短视频营销和短视频带货，通过拍摄与品牌和产品有关的视频内容向客户传达信息，然后通过粉丝来达到营销的目的。

一、短视频运营也是短视频项目“四化”的过程

一是模型化。个人和企业根据不同短视频项目的需求，设计自身短视频经营的操作模型，主要涉及赛道定位、商业模式和经营方式。

二是模块化。根据短视频经营定位与商业模式，划分经营主要任务板块，并且系统规划每一板块的具体要求和职能。

三是流程化。在明确经营目标、经营主题与核心板块之后，根据创作、发布与运营的先后顺序，制定合理的短视频业务流程，并且根据设定的流程开展短视频创作、发布、投流与引流以及商业变现等具体工作。

四是时序化。本立而道生，凡事知其先后，则近道矣。通过对人、财、物的时序化管理与考核，比如通过项目甘特图，推动项目进程。

二、短视频运营一般会经历启动期、成长期、瓶颈期、爆发期四个阶段

在启动期，刚刚接触短视频，看到很多成功的账号，自己也会处于一种亢奋的状态，有干劲也有想法。在启动期要在加强学习的同时，做好短视频运营规划，做好题材库，不能虎头蛇尾，不能在开始跑的过程中发现困难重重而放弃。

成长期也是迷茫期，当你鼓起勇气做短视频的时候，准备了很多拍摄设备，也动员了不少人围观，甚至花钱开始学习，但是当你拍摄了十几条甚至几十条短视频以后，突然发现自己火不起来，甚至感受到抖音不是看到的那样火热，而对自己来说几乎是冰凉冰凉的，直到怀疑平台故意不给自己推流，自己的细分行业平台不受欢迎，甚至开始怀疑人生。在这个阶段只要你不停止，按初始的计划进行，不断地拆解对标账号，你会渐渐走进抖音商业的底层逻辑，开始重新审视自己。这个阶段，往

往是一个人或者一个团队的快速成长阶段。

从成长阶段快速进入瓶颈期，你几乎了解了抖音推流的所有逻辑，拆解对标账号也能说得头头是道，处于一听就会，一干就废的状态。在你的坚持下，短视频的流量越来越小，粉丝增长越来越少，如果开直播，直播间的观众从两位数回落到个位数。在这个时候，你开始对自己的奋斗表示怀疑，不断想着换产品、换运营、换主播，甚至开始想着换项目或者换公司。

山重水复疑无路，柳暗花明又一村。当你在泥泞中挣扎的时候，看到了前面一条弯曲的小道，而这条小道将带你迈向成功。你开始沉下心来重新定义短视频运营，开始注重产品的底层逻辑，开始发现热门视频的流量密码，开始关注拍摄、文案和剪辑的基本功，开始注重人群画像，开始关注用户利益。专注做好自己的账号定位的同时，一条一条认真去交付内容。在这种状态之下，你进入了抖音运营的第四个阶段，那就是爆发期。

三、短视频运营的一般流程

1. 项目策划。
2. 策略选择。
3. 内容输出。
4. 引流与投流。
5. 数据分析与复盘。

四、短视频运营两种基础玩法

在抖音短视频的运营中，有两种基础的玩法，一种是自然流量的玩法，另一种是付费玩法。因为玩家的不同和商品属性的差异，对这两种玩法的偏好也不同。从抖音平台的去中心化内容属性和商业化发展要求看，这两种玩法的统一才是王道。

通过自然流量转化的玩家，对短视频的创作能力要求非常高；通过付费实现商业变现的玩家，对选品、供应链和转化的能力要求比较高。付费的玩家，要从弄清自然流量的底层逻辑出发，做锦上添花的工作；自然流的玩家，在关键时候要及时付费来推波助澜，做杠上开花的事。

本章导读

中心化流量兴起的时候，企业的线下品牌被平台拿过来消费，大多数企业只能眼睁睁看着自己种了多年的庄稼被他人收割。

直播出现以后，企业自播将成为大多数企业必备的销售渠道，企业品牌将以粉丝、创始人 IP、网红品牌等多种私域的方式再度成为企业经营的核心资产。

从理论上讲，企业自播将成为大多数企业的必然选择，再加上商家自播，今后几年会有 1000 万以上的主播需求。主播的技能不是天生的，是一天一天努力训练出来的。

根据以往的商业的经验，流通的利润一般是生产的 2 到 4 倍左右，这样算来，企业自播除了让渡给消费者和传统渠道的一部分利润外，生产型企业将会获得不错的收益。

有了更多的企业直播间，就会分散行业交易，增加更多的就业机会。

Chapter Ten

企业直播间

2020 年是企业直播元年，在新冠疫情阻断线下渠道的背景下，线上营销与新零售成为新的发展路径。抖音平台以其独特的娱乐属性和短视频、直播间直观的展现形式，成为热门的新商业渠道。在传统电商激烈的市场竞争之下，抖音平台成了各行各业商业竞争的新战场。

一些粉丝在直播间学习知识，一些粉丝在直播间打发时间，一些用户在寻找伙伴、结交朋友，一些用户在放松心情，围观自己喜爱的主播。直播间的粉丝与主播之间的互动是实时的、双向的甚至是社群式的，粉丝在了解直播间商品的同时，一起讨论大家关注度高的相关话题。

在标签与大数据的算法之下，物以类聚，人以群分。从商业模式上看，短视频与直播可以说是集社交电商、社群电商、社区电商、商业 IP、娱乐流量和传统电商的优点于一体的新商业模式。从某种意义上讲，短视频已经成为典型的新零售、新营销和企业新渠道建设的新工具。未来 10 年，企业自播将快速兴起。

这种研判是根据 2018 年以来直播带货行业发展以及相关行业发展的趋势做出的。

1. 物流、快递行业的快速发展，解决了物流的最后一公里问题。国内快递行业已经做到了全国大多数城乡的全覆盖，大数据、自动化等技术在物流快递行业充分应用，为企业分享电商红利提供了契机。

2. 企业直播让大多数企业商品有了直接面对消费者的机会。企业直播不仅打破了长期以来传统的渠道分销模式，同时也打破了中心化电商平台控制商业流量的传统电商垄断。从理论上讲，抖音电商在延长行业的产业链条的同时，进一步分散了交易行为，在对抗中心化流量平台的同时，增加了各行各业的就业指数。

3. 随着短视频技术的成熟，直播与企业生产、营销与售后服务完美结合，帮助企业吸引粉丝、分析市场、沟通客户、转化成交。

4. 移动互联网时代，应用人群更为广泛。许多中老年人原来只是知道互联网，但并不在电脑上购物，也没有养成在电脑上购物的习惯。随着智能手机的广泛应用，特别是以娱乐为中心的抖音的出现，这一类人群的习惯被迅速改变，一些中老年在移动互联网端娱乐和购物被彻底激活，成为具备一定购买能力的互联网移民。

5. 抖音短视频趣味电商和传统电商比起来，操作更为简单。个人有一个手机号码就可以了，企业通过营业执照就可以轻松注册企业号或者蓝 V 号，从 2022 年 5 月开始，开通直播已经取消了粉丝数量的要求，也就是零粉丝也可以开启企业直播。只要拥有一个抖音账号，点一下抖音底部的“+”号，进入直播选项，就可以开启个人或者企业的直播事业。

6. 直播带货开始成为新商业的标配。企业自播和商家直播正在兴起，从 2008 年开始，各大电商平台率先布局网络直播，特别是移动端直播，收益明显。2020 年，越来越多的企业和商家开始关注直播这样的形式，开始介入直播领域。从目前短视频的商业逻辑和抖音平台的超级流量来看，企业自播必将成为一种新型的销售渠道。

随着抖音平台的影响力越来越大，企业和商家使用抖音的也越来越多，社会上可供企业和商家使用的短视频和直播人才也越来越多。和传统电商比起来，短视频电商和直播电商的形式是一个划时代的高阶产品，必然会产生更多的应用场景和极强的长尾效应。抖音就是公鸡中的战斗鸡，会让你有意想不到的收获。

找一个合适的赛道或者找一个合适的负责人或事业伙伴，找一个合适的产品，给自己或者给企业制定一个合适的小目标，把直播抓紧做起来。

◆ 第一节　直播带货已经成为企业转型升级的风口

随着人口红利逐渐消失，传统电商的流量成本不断增加，移动互联网开始进入存量时代。

在直播间，主播不仅是企业品牌与产品的商业导购，同时也是粉丝和用户信得过的优秀买手，主播在厂商与粉丝之间建立起一道信任的通道。

直播间用户沉浸在主播渲染的购物氛围中，享受着商品知识与用户体验带来的双重冲击，通过直播间主播的引导与运营的推动形成直接交易。而这些交易数据反过来又让抖音平台给转化率高的直播间推送更多的同频消费者，从而形成更多的销售。

早在2019年，一些大型的品牌商就开始在短视频和直播领域布局，加速与短视频电商的网红和达人绑定，创造了一个又一个达人带货的奇迹。

一些企业开始尝试品牌自播，品牌短视频种草营销越来越多。有一些MCN机构开始参与企业短视频与品牌自播的全案运营。

为什么说直播带货已经成为企业经营升级的战略风口呢？

一、直播带货是企业最直接的变现方式之一

随着整体经济下行压力加大，许多行业内卷严重，现金流已经成为大多数中小企业的生死线。在这种情形之下，谁拥有更强的变现能力，谁拥有充足的现金流，谁就会在新一轮的商业竞争中取胜。反之，谁的销售渠道在萎缩，谁的销售收入在下降，谁就可能因为现金流断裂而被淘汰出局。

一方面，大部分流量已经到抖音平台上面来了；另一方面，娱乐形式的直播间不断激活一大部分从来没有在网上购过物的C端消费者。可以说，短视频和直播的形式进一步释放了社会的购买力。

二、直播已经成为企业最新的销售渠道

这里的销售渠道有三层意义，一是在直播间直接卖货；二是在直播间招商，通过线上线下相结合，让更多的人帮助企业卖货；三是通过直播间服务各类渠道商和用户。

一个好的产品，不缺少消费者，一个好卖的产品，同样不会缺少销售的渠道。抖音平台上有形形色色的线下渠道商，也有风起云涌的网红和行业达人与各类主播，这些都是企业活跃的潜在的渠道合作伙伴。

三、直播间为企业构建了完整的业务闭环

什么叫业务闭环？业务闭环是从产品展示、引流、支付、物流和售后等形成的一个完整的线上线下商业交付系统。大多数情况下，如果没有增长与复购的现象发生，一些商业行为最多是广告和促销，谈不上一个完整的商业闭环。

商业闭环还涉及从产品口碑到市场增长的一个完整的过程，在直播间，包括引流、转化、成交和复购四个步骤。在商业闭环的思维之下，我们不仅仅要选择有竞争力的直播间产品，同时还要提升主播的转化能力，发布能够吸引流量的短视频，懂得投流技巧和抓住投流机会等，归根结底是要配合企业把产品卖出去，实现企业利润目标。

四、企业直播带货缩短了商品到客户的距离，减少了销售环节

我国幅员辽阔，很多企业产品出来以后，最先想到的是区域销售或者在国内不同区域寻找代理商。离开区域销售，企业产能释放就会受到一定的影响，然而通过代理销售与传统渠道分销，企业营销成本不断上升的同时，商品在终端的价格竞争力也会下降。

电商的出现，让一些企业介入到线上销售中，但是由于电商人才与流量成本等原因，很多中小企业无法分享到信息化带来的巨大的红利，依然在用传统的手段苦苦经营。

短视频与抖音平台出现以后，一是中小企业介入信息化的门槛大幅

降低，二是平台去中心化的内容逻辑，给中小企业带来了更多的商业机遇。可以说，在抖音平台上，B2C 的电商逻辑与营销逻辑有可能大量崛起，这对大多数中小企业而言，是一次重大的发展机会。

五、企业直播是抖音时代企业营销的一种全新的存在方式

厂商直播的形式还能更加清晰地明确产品责任，与传统电商不同，企业产供销几乎是一个完全责任。

对大多数个人和企业而言，抖音电商是一个时代性的机会。我国是从 1996 年开始进行住房改革的，试想一个人如果在 2006 年就买了房，直到 2016 年一直在投资房地产，或者在 2012 年前加入移动互联网，2016 年开始做直播，这些人赢得的就都是战略性机会。

淘宝出现以后，它的机会周期跨度有 20 年，而能够坚持 10 年以上的淘宝创业者，很多从小白成了高手，大多数都会赚得盆满钵满。抖音对个人创业者和中小企业而言，会有多长的战略机遇期呢？抖音不是一个互联网时代的一个平台或者一个产品，它将会和互联网、移动互联网一样，短视频与直播本身将代表一个时代。如果一个新人小白从 2022 年开始学习抖音，用 3 年的时间入局，到 2025 年开始收获都为时不晚。

◆ 第二节　企业自播的主要优点

2020 年以后，开展自播的企业越来越多，但是大多数企业依然在观望。抖音趣味电商和传统电商之间有着不同的底层逻辑和运营方法，两者甚至有着天壤之别。如果一条是高速公路，另一条就是高铁的铁轨。两个电商平台不仅跑的车不一样，运营规则不一样，核心动力也不同。一些传统电商的运营者换赛道到抖音上面来，利用传统电商的运营手段与思路，往往达不到理想的效果。

企业直播有哪些优点呢？企业直播间不仅可以展现企业的系列产品，

还可以讲解产品的具体结构、成分、性能、优势，在直播间回答客户产品技术和生产相关的问题，以及行业相关的知识。回答客户的同时，与粉丝之间形成互动，进一步提升用户体验。通过主播的讲解与演示、粉丝互动，主播能够做到边用边讲，边吃边讲，用户可以边看边买或者边玩边买。

首先，厂家是商品的源头。企业自播不仅货真价实，而且有着完整的供应链。这是与生产流水线对接的供应链，销售越多，理论上的生产成本越低，产品的价格竞争力越强。

其次，企业自播意味着企业和市场一体化。企业可以利用现有场地、人员、设备、库存和生产线，做好长期发展规划。和传统电商公司比起来，企业会以更低的运营成本开展企业直播，不仅仅有让消费者信任的生产场景与仓储、物流配送等场景，还会节省运营人员与场所等相关费用，同时也有益于企业品牌价值的长期沉淀与成长。同时，企业自播明显优于在传统的电商平台上做销售与做推广。企业直播间能够更加深入地宣传相关产品生产与使用等知识，提高直播间的转化率。传统图片与文字介绍产品，消费者不一定能够直观感受到产品的好处，在众多传统的电商平台，处于静默状态的图文商品转化率往往不高。

最后，在直播之后可以剪辑直播视频，将其上传到各个自媒体平台，以实现营销价值最大化。企业自播投入成本低、沉淀用户效果好、业务可规模化发展，这些优势恰巧都是找网红、达人、明星带货等方式不具备的。即使自播的前期准备工作长、准备的内容多，也抵挡不住企业的应用热情，企业“自播”也就自然而然为越来越多的人所喜爱。

企业自播不仅可以在直播间卖产品，还可以通过直播来招商，建立企业的销售渠道，或者开展企业客户服务；还可以通过直播间开展产品测试与需求调查，找出消费者更强的需求和更大的痛点，并在此基础上改善和升级新一代产品，从而提升企业整体的市场竞争力。

◆ 第三节　企业直播间经营定位

“在 2021 年每一家公司都可能需要一个直播间”，经济学家吴晓波在跨年演讲中郑重其事地如是说。和个人比起来，企业做抖音定位相对窄一些，个人可以天马行空地先思考一番再决定做什么和不做什么，大多数企业本来就自带项目，企业直播间一般是要围绕企业经营范围或者企业主打产品来进行。

对于大多数企业而言，只是在原来的渠道上增加了一条渠道，或者为原来的渠道做了新的引流的工作。企业直播间播什么，在直播间卖什么，在直播间卖产品还是在直播间招商？对企业而言，赛道相对稳定。一般情况下，面对广大消费者的生活资料如化妆品、食品与其他日常消费品的厂商，企业可以一边做直播带货，一边在平台上寻找更多的带货达人或者不同区域的渠道商。而对于初级产品或者生产资料，一些无法让消费者或者用户在直播间直接购买消费的产品，最好的方法就是通过直播来招商。比如，农资行业的种子、农药和肥料等，不是直接面对消费者，而且不同区域的需求和使用方法也不同，最好的方法是通过直播的方式在直播间宣传自己的品牌，做好企业的客户营销与客户服务的同时，开展区域招商工作。对于一些 B2B 的业务，也很难在直播间销售或者直接成交，可以多做一些引流内容的直播。

企业可以从流量、产品、用户、平台功能等方面来思考，而对于直播风格与类型，就应该从自身所处行业的属性、同行直播类型、企业直播目标等方面来考虑。

企业赛道就是企业所在的行业赛道，一般不会有什么大的变化。当然，也不排除有的企业在做抖音的过程中从追逐一匹马最后变成追逐一阵风了。那些都是少数，对大多数企业而言，企业直播间定位一般就是面临直播间风格的定位与内容的定位。

我们在此仅就企业直播间的一般类型进行一下梳理。

一、源头好货

对企业直播而言，源头好货和产地直销是一种非常不错的选择。在大多数消费者那里，对生产厂家和渠道商的理解是不同的，根据常识也会认识到一般产品从厂家到消费者手里还要经历渠道这一环节，而渠道商是要费用支持的，消费者如果能从厂家手里直播买货，自然而然地认为花同样的钱，可以获得质量更好或者更有保障的产品。

另外，粉丝会多次刷到一个直播间，从观望到购买需要一个过程，在这个过程中，一般消费者能够识别直播间是不是厂家在直播，或者从现场场景也可以去识别是不是源头商品或者产地直销。

二、网红带货

网红是直播带货行业兴起的关键力量。一些企业在开展直播时，往往会和一些网红合作，一种是临时邀请一些网红参与自己企业的直播间工作，另一种是直接签约网红长期开展企业直播服务。与此同时，不少企业还在企业内部寻找颜值和才艺主播，不断地把他们培养成行业网红。

三、门店直播

门店直播是企业直播最具有发展潜力的一种方式。一是企业的旗舰直播，二是渠道商的门店直播。门店直播不仅仅可以利用原有的场地和业务人员，还符合抖音同城服务的逻辑。通过门店直播，把线上线下的人群打通，在线上形成销售的同时，为线下的实体店引流。对于一些在全国有多个城市代理、经营和直营的品牌而言，商家门店直播还会形成矩阵效应。

四、品牌直播

品牌直播是企业直播的重点形式，特别对于品牌企业而言，开展直播工作是一次渠道创新的机会。

一般来说，企业的品牌直播可以结合企业的产品展厅开展。品牌直播要注意将直播间的形象、主播的人设、直播氛围及企业的品牌形象统一起来。不少企业开展品牌直播的前期采取高开高打的策略，在直播上形成了项目投资逻辑，这里有一定的风险。一些企业品牌直播和大型直播机构合作，利用直播机构的资源和经验开展企业直播工作。建议在和机构合作的同时，企业关键人员要全程参与，尽量做到以企业自播为主，机构指导为辅。

五、仓库直播

仓库直播和货卖堆山的原理是一样的，货卖堆山是传统销售一个非常好的形式。有了直播以后，仓库直播成了企业直播、电商直播的一种选择。

仓库直播有什么好处呢？一是场景真实，能够体现仓库产品丰富；二是展示直观；三是能让消费者心理上感受到货真价实，能够占到便宜。

对于仓库直播，虽然强调真实现场，但还是要注重一个良好的直播环境，一是便于主播和运营人员开展工作，二是方便直播氛围的塑造。

六、渠道招商

对于产品直播面对终端消费者的企业，到抖音上做直播间带货或者短视频带货十分直接明了，而对于一些初级生产资源或者 2B 的企业，到抖音上来最好的方式是渠道招商。有一些商家把自己的项目包装成赚钱的项目，在抖音直播间招商，会收到不错的效果。

将渠道招商和现有线下渠道结合起来，把现有渠道的优势展示出来，十分有价值。

七、客户服务

对大多数企业而言，建立一个在线的抖音直播间客户服务平台是一个不错的想法。做一个客户服务的直播间，作为企业对外服务的窗口。有很多技物一体的产品与服务，比如维修、保养服务的企业和商家，做一个固定时间的在线客户服务直播间，在直播间回答客户问题，解决客户问题，不仅效率高，而且覆盖范围广，影响力长久。

八、快闪成交

快闪是在指定时间和指定的地点进行一个短暂的行为艺术行动，以吸引人们眼球，引起人们瞬间关注。快闪逻辑用在直播电商成交中，简单来说就是在直播的时候，突然集中在某一时间段给予福利、优惠，在直播间制造哄抢的氛围，刺激粉丝快速下单。

通过一个阶段的摸索，大多数运营也是在实践中进步，不断适应新平台的规则和玩法。所以，无论对于个人还是企业到抖音平台上创业，离不开实践与坚持。如果简单地尝试之后就放弃了，那就相当于交了学费后让别人家的孩子去上学。三年以后，别人的生意和企业在抖音平台上欣欣向荣，而自己却依然在迷茫之中。

这里面有一个基础的商业认知，就是企业家如何看待抖音的问题。抖音不只是一个简单的商业平台，还是一个大多数企业都可以使用的工具，同时也是一个大多数企业在未来必须在其中生存的商业生态。就好像一个明知自己要常年出海的人，学会开船或者学会游泳是基本的技能。

◆ 第四节　直播间带货的佣金模式

直播的类型很多，根据直播的主体不同和主播的类型不同，直播有电商公司直播、直播机构、网红达人直播、草根直播、明星直播和企业直播等形式。目前，企业直播因其独特的优势也进入快速发展阶段。

直播带货主要有两种模式，一种是纯佣金模式，另一种是服务费+佣金的模式。

一、纯佣金模式

纯佣金模式是指电商机构与企业之间或者 KOL 主播与企业之

间，电商机构和KOL只拿取销售中的佣金部分，佣金一般为销售额的20%~50%，有的高溢价的产品可能拿到60%。从企业角度看，大多数企业在直播与短视频运营前期是一个门外汉，设计一定的佣金比例，让直播机构来代为销售，可以减少企业投入，降低企业经营风险，这是大多数企业入局直播时喜欢接受的方式。

对于电商或者MCN机构或者KOL而言，通过自己专业知识对某些产品的了解，可以预测产品在直播间的表现。对于判断正确的企业与产品，也算是机构和电商的优势资源，会有长期效益和高转化率。电商、MCN机构和KOL选择产品时考虑的因素包括：

（一）产品质量与卖相

在直播间，新品往往是受欢迎的，所以产品的质量与卖相往往是纯佣金模式选品最关注的。

在品牌直播间，一流的产品会增加直播的黏性，会给主播和直播间加分。虽然直播间的粉丝都是瞬间刷过来的，也会瞬间刷出去，大多数粉丝就是购买了也不会记住直播间或者主播，然而如果产品品质过硬，消费者从购买到使用的过程中有超强的用户体验，事情就会反过来。消费者会再次在抖音平台寻找某个直播间或者主播，并且成为主播的铁粉，产品消费结合再次购买就成了高概率的事情。

（二）市场需求

直播间的销售是针对垂直粉丝的，但是市场对某种产品的需求量才是决定直播间的销量大小的主要因素。一个产品的市场需求量大，无疑对应的粉丝用户范围就广泛。对于很多喜欢主播的粉丝而言，对某种必需品或者日常用品而言，在哪里买都是买，还不如到自己喜欢的主播或者直播间来买。

（三）企业库存

企业库存有些时候是优势，有些时候是劣势。如果是在市场上有明确需求并且正在销售的商品，只是本企业的渠道问题产生的库存，那么通过直播间进行销售，这种库存就是优势。如果同类的产品在直播间没有销售甚至在市场上也没有什么销量，这样的产品库存对企业而言是一种累赘。很多企业制订不出公司成长计划或者没有动力生产新的适合市场销售的产品，常常是死在巨大的库存之上。一句话，抖音不是清库存用的销售平台与销售工具。好的产品库存是竞争力，差的产品库存是企业经营的决策障碍。面对大量的企业库存，机构和网红在谈判中是占有一定优势的。

（四）分佣比例

分佣比例是商业交易的中心，也是协调双方或者多方利益与风险的关键所在。分佣比例贵在平衡与长久，以确保多方长期利益。

新人在流量小的时候和直播前期，尽量不要考虑高佣产品。而是在精选联盟中选择销售高、佣金低、价格低的产品来练手。

（五）客单价

每个机构和主播运营手段及粉丝人群不同，对客单价的理解不同。总之一句话，没有利润空间的产品，渠道销售是没有动力的，而光有动力却难以成交的产品，直播间是没有流量的。

对于销售能力不强的主播或者新人，尽量选择低客单价的产品，通过这类产品来积累经验，为自己的直播间做数据。低客单价的产品我们会考虑粉丝用户的无感消费。考虑到每个直播间粉丝的差异，客单价到底多少，也是因直播间而异的。

在纯佣金的逻辑下，MCN 会建立多个抖音小店，并且通过精选联盟寻找多个达人分销。KOL、达人、小主播选择产品时，会有什么考虑呢?

（六）基础销量

在精选联盟中选品，自然就比和企业合作简单直接得多。没有销量甚至在所在行业中都没有销量的产品，自然不能选择。毛利高，基础消费量高的产品纯佣金模式，主要集中在食品、美容、服装行业。

（七）店内评分

店内评分太低的产品，再高的分佣比例都不能挂车，就算你的粉丝都会购买这类产品，还是建议你去寻找高评分的小店的产品。因为评分是对一个小店的综合考量的结果。一般评分低的产品或者小店，要么品质比较差，要么服务比较差。同样的道理，企业在直播和运营自己的小店的时候，也要把店内评分维护好。

在纯佣金模式之下，电商、机构和网红都要开展内容创作工作，并且通过多种方式去获取流量，不仅要制订投流计划，计算投产比与数据分析，复盘等工作，还要寻找更多的网红达人来开展分销工作。纯佣金模式的缺点是，双方都会看重利益而减少自身风险，对于企业而言，如果是优秀的产品发放给机构没有结果，不仅没有锻炼出自己的团队，同时还让自己的企业在短期内失去开展企业直播的机会和信心。虽然销售非常成功，企业辛苦负责发货与售后等诸多工作，却得不到较高的利润回报，更重要的是得不到企业的品牌和用户的长期积累。相反，站在企业的对面，机构与电商也会面临与企业类似的困境。

二、服务费 + 佣金模式

服务费在业内也常常被称为坑位费。服务费 + 产品销售佣金的模式也是 MCN 常用的合作模式。2022 年以前，抖音平台属于开始阶段，需要太多的内容创作者和用户参与，流量整体上是向机构和网红倾斜的，而且除了直播打赏，电商的变现模式也不是十分清晰。一边是网红主播有大量的粉丝，一边是直播机构有大量的网红资源、企业资源和流量资源，然而在红红火火的场面之下，直播间成交模式却不清晰。有的网红上午唱歌引流，下午直播卖货。在这种条件之下，机构为了养活团队，还需要对接企业。

企业说自己的产品好，具备市场竞争优势，机构说网红的名气大，有很大的流量，无论你产品多好，一流的网红也不会免费给你带货，于是坑位费就诞生了。

当然还有一种情况，就是产品在同行真的不错，然而企业和产品没有什么品牌与知名度，并且产品的行业利润相对较低，不能给机构太大的佣金比例。与此同时，机构的网红也是新手上路，成长还需要一个过程。企业自播老板又觉得不专业，怕麻烦，更担心建立团队产生更大的亏损。于是，企业选择了服务费 + 佣金的模式。

在正常销售的前提下，服务费 + 佣金占据销售额 30% 左右，一般佣金在 15%~25%，而服务费是根据主播的经验定的，不同的主播服务费不一样。

企业不愿意加大投资，主播不能保障销量，所以服务费 + 佣金的模式是一种权衡的模式。对于这种模式的直播间，关键是要注意三个方面。一是核心产品价格稳定，确保产品不断被用户接受之后，能够留下合理的利润；二是加大直播间流量推广，确保最低的成交额，这个成交额能够抵销企业的服务费的同时，让机构有一部分利润；三是做好销售服务，减少退货率。

如果企业爱惜自己的羽毛，相信自己的产品，选择有坑位费的网红机构比纯佣金的更靠谱一些。一是对企业品牌宣传有利；二是企业可以看到主播一直在播，能够从中学到经验；三是很多机构希望双赢或者多赢，坑位费除了给主播发工资，机构为了声誉和长期合作，运营在制作内容、分析数据的同时，还会拿出一部分钱来投流。

通过对两种不同的佣金模式的分析，各有各的特点和优势。而当企业直播的时候，我们就会明白没有免费的午餐，天上也不会掉下馅饼。我们还要认识到，一是无论机构也好，网红也好，他们只有一些直播知识与直播经验，对我们企业的产品、市场渠道和消费者并不了解，我们的产品只是机构合作者的众多产品之一；二是拿出高额服务费给机构，就像拿出钱给别人去赌，输了就输了，赢了也发不了财；三是从公司品牌和长期经营角度分析，抖音直播企业可以学习，并且要想把企业做得长久，企业直播是必然趋势；四是企业直播团队的分润关系和逻辑可以参照机构的模式，通过项目小组的方式进行。

◆ 第五节　直播间的人员配置

在抖音平台上开通直播间可通过实名认证，2022 年 5 月起已经不需要粉丝量和基础作品数量。直播间实名认证的人和主播要统一，一旦开播后直播间火起来，如果主播不是实名认证的人，直播间就会面临被关闭的风险。

直播间的三个主要的维度是人、货、场。一个完整的直播间一般有场控、主播、副播、中控和投手。对于个人创业而言，一个人也可以开直播，甚至可以在直播间开展直播带货，但是对于直播间这些岗位的职责，主播还是要了解一些。

企业直播，一般可以从建立 3~5 个人小组开始。企业是否建立抖音事业部，可以根据自己的实际情况决定。企业做直播的人员可以灵活使用，前期可以在不影响原有的岗位工作前提下开展直播工作。企业直播第一方案是创始人带头打造创始人 IP，或者企业高管打造企业直播间，企业领导的认同和高管的支持是企业自播的前提。毕竟直播是一个新生事物，在企业中领导如果不给予绝对的支持，而是弄几个人试试看，一般不会有好的效果。

一、场控

一般 MCN 机构把场控单列出来，也有将场控、中控、投手由一个人负责，我们称之为运营。场控是直播间的组织者，也是指挥者，场控要随时随地观察现场直播情况，时刻关注在线人数，在直播间带节奏地引导重点话术，给主播递话的同时，通过回答粉丝的问题引导直播间主题、节奏和状态，帮助主播增加产品卖点，帮助主播留人，持续地开展引流、上福利等粉丝互动，时刻关注直播间的销售目标达成情况，对直播的稳定性和运营结果负责。

在直播过程中，场控同时要做好实时的归纳总结，在直播中间阶段性复盘，比如主播镜头感、产品现场上镜特点，主播讲解产品情况，主播和粉丝互动情况，对直播数据进行预测和有效地把控，等等。

有些时候，场控还会拿几部手机，在直播间以客户的方式带节奏，开展成交引导，以多个客户的名义问主播问题，把客户担心的问题提出来，通过引导主播解答促进直播间的转化。

从整体看，场控在直播间的工作重点包括以下四点，一是节奏，二是补位，三是状态，四是数据。对直播间场控的考核，主要涉及以下几方面：

1. 直播间业务组织能力。
2. 直播间沟通协调能力。
3. 产品销售数量。
4. 数据采集与数据分析能力。
5. 直播间助播能力等。

二、主播

在带货直播间，主播是意见领袖，是帮助粉丝选择合适产品的导买手和帮助企业主介绍优秀产品的导购。主播是直播间核心人物，我们在下面专门一节来分析主播的特点与作用。

三、副播

只有在大型直播团队一般才会配副播。副播配合主播开展直播工作，副播常常会参与每一场直播的策划，对直播选品具有建议权。副播一是配合主播补充产品的卖点，对主播起着拾遗补缺的作用；二是现场控屏，在主播讲解的时候，很难详细关注客户提出的问题，而许多问题对销售和转化成交非常重要，这个时候就需要副播及时介入；三是副播在直播间起到相声中捧哏的作用，即带节奏和制造节奏。

副播也常常被称作助播，在直播间起到主播的助手作用。对副播而言，要求是状态要好和主播的配合度要高，当主播状态下滑或者可能冷场的时候，及时制造话题，烘托气氛，演绎产品细节时讲解福利规则，在直播间应声应答，宣讲产品规则及协调抽奖活动，第一时间回答直播间粉丝关键问题，等等。

很多时候，副播对产品的熟练度和销售能力要比主播更高。主播出现疲劳时，副播要及时顶上。特别是一些明星直播间，真正销售转化的环节和重点岗位是副播。

副播可以出镜，也可以在镜头外应答，根据每一场直播的特点和要求来定。新人或者新的团队想要进一步了解主播与副播等作用，可以在一些热门的直播间进行观察和学习。一般情况下，学习一两周时间，做好记录和复盘工作，就可以开始自己团队的操作了。

四、中控

中控是操作直播间中央控制台的人员，发布直播前预告，负责直播间直播设备的调试、网络及画面测试。在直播时，中控要通过后台操作产品上下架、价格和库存的修改，配合主播、场控进行数量呐喊、优惠券的发放、实时数据记录等。

中控是维护当下直播间正在发生的事情，中控不仅要具备实时选品的能力与文案创新的能力，同时还要具备把产品的卖点体现在链接上的能力，比如“库存还有 6 件”“卖完下架”等。中控也是直播间良好状态与情绪的创造者和调节者。

五、投手

一个好的投手可以通过付费撬动自然流量。投手主要关注的有数据、流量池和投产三个维度，在账号的不同时期推出不同产品，投手对这三个维度的关注重点是不同的。

一方面，投手首先要了解直播间的核心属性，弄清客户画像，找出精准的目标人群。另一方面，投手的主要工作内容是为直播间引流，通过持续的投入，保证直播间高效产出。无论是直播画面短视频和引流短视频的发布，还是短视频 dou+ 和千川的投放，都需要做好及时输出。

直播间不同的场观人数对直播间的转化率也是有影响的，投手也要控制直播间人数，把直播间人数控制在高转化的在线人数区间内；当直播间主播状态不对时，要及时弄清原因，调整策略；下播之前与下播后，学会及时总结复盘，优化用户画像，探索新的消费人群，确保每一场投放甚至每一次投放都能带来精准客户。

千川操作在电脑端，小店随心推在手机上可以直接操作。虽然千川和随心推的流量来源基本相同，但是随心推的流量更加精准。对于新手和新的账号而言，最好先用随心推，给账号起名和加速用，帮助账号打标签。随着账号的成长，需要不断拓展目标人群甚至破圈，最好通过千川来实现。

一个好的投手，不仅仅是通过搭建计划然后消耗费用来实现直播间或者账号的价值，一个好的投手更多地要关注品类、场观、直播间流程、主播状态。好的投手，往往比运营更懂直播间的逻辑。在单场或单品有较大投入的电商直播间，投手必须参与前期的测品工作，通过不同的主播、不同的内容在不同的时段测试各种品类的流量情况和转化情况，以便于投手做到心中有数。不同行业、不同直播间、不同产品，甚至不同时刻投产比都是不同的，这也是值得投手学习和研究的。

◆ 第六节　直播间的条件和环境

直播间由人、货、场三个维度组成，除了人之外，直播间的场景布置与货物摆放也非常重要。对于电商直播的直播场地，常常有功能区划分，一般分为直播区、样品区、控制区（灯光、后端电脑等）、后台工作人员区域，以及化妆休息区等。

一、直播场地

个人创业或者企业直播前期，直播间条件和环境不是考量的重点。凡事开头难，应以先开始为主要导向，太多的调查、研究与规划会贻误战机。直播间场地多大合适呢？大部分直播间控制在 8~20 平方米即可，个人直播的场地标准为 8~15 平方米，企业团队直播间一般在 20~30 平方米。专业的电商企业与直播机构，一般会根据产品的大小来决定直播间的面积。例如，服装、美妆、美食、珠宝等，可以选择 20~50 平方米的空间，而家电、家具类产品，可以选择 50~100 平方米的空间。

一个直播间往往代表了一个企业的形象与气质，所以在外观装修方面除了要将直播需求考虑在内外，更要考虑如何正确诠释品牌形象和不断发展演变的品牌理念。有的企业直播把直播间放在办公室、生产线、展厅、仓库、工地等地方，都是出于商业逻辑的考虑，一些出人意料的布置常常会给直播带来意想不到的效果。只要思想不滑坡，方法总比困难多，随时随地，不拘一格，哪里都是人、货、场，处处都是直播间。

直播场地在直播之前要进行回音和隔音测试，以免隔音不好或者回音太大，影响直播效果。直播场地不仅要考虑消费场景与客户的体验，同时也要考虑主播、直播参与人员以及企业员工的整体体验。主播与直播团队在一个自己喜欢的舒适的环境中开展直播，如果这种场地同时又符合企业产品与品牌的风格，往往起到事半功倍的效果，同时也会提振直播团队的整体信心。

二、设计风格

直播间往往根据行业特点和企业品牌风格、产品定位和主播人设来设计。除了一些特殊行业的主题直播间外，直播间墙面不能过于鲜艳，因为太艳的颜色通过灯光反射到主播脸上，常常会影响观感。企业直播间在形象设计上一般要将企业 logo、吉祥物等品牌形象和其他符号包含其中，潜移默化地强调企业品牌辨识度。

1. 地面可以选择地毯、木地板等，一是布艺材料和木质材料吸音性能都比较好，二是还可以减少人员走动所带来的声音。

2. 墙面通常参考录音棚的隔音装修，使用轻钢龙骨隔墙，再填充隔音岩棉，表面常常使用一些吸音板饰面等材料。

3. 顶面与墙体类似，可以安装轻钢龙骨并填充吸音材料，再用吸音板饰面覆盖。

4. 门窗可直接特制隔音门窗即可，使用吸隔音材料制成的门窗，具有很好的隔音效果。如果是对现有门窗进行改造，可以加装门窗密封条、隔音帘或贴隔音膜等方式。

三、直播间背景

好的直播背景可以让直播间呈现高大上的观感，也能让浏览者有亲切可爱的感受。直播间背景墙一般要求简洁、干净。

背景墙以浅色、纯色为主，既简洁大方又明亮。背景墙最好不是白墙，因为光线很难和白色墙壁协调，色调可以选择灰色、浅蓝色、粉色等。对于一些特殊行业，也可以使用一些深色或者鲜艳背景，做艳色背景之前最好找一下平台上有没有可以供参考的案例，否则根据自己的想象去做，做出来的效果往往不尽如人意。一般情况下，灰色是摄像头最适合的背景色，不会过度曝光，视觉舒适，有利于突出服装、妆容或者产品的颜色。

主播形象与直播风格的不同，也会影响到直播间的背景的设计风格。如果主播是轻巧可爱类型的，直播背景墙或者窗帘可以用粉色或者暖色，如果主播是成熟稳重型的，则尽量以深色或者纯色的背景墙为主。

四、直播工具

直播设备也是产生高质量画面的基础。摄像设备一般准备远景和特写两台设备，现在的智能手机与数码相机都支持自动变焦和美颜磨皮等效果。用手机直播，需要手机支架来稳定手机，以保证直播画面清晰稳定。

手机支架种类很多，有多个机位（手机 + 声卡 + 麦克风 + 补光灯）一体的，也有分开单个独立的，有落地的、台式的，等等。麦克风可搭配话筒、声卡、防喷罩等，预算足够可以选择专业录音棚设备。提词器尽量能够投射到现场稍大一点的电子屏幕。

五、灯光设备

常用的直播间灯光包括主光、辅光、顶光、轮廓光和环境光等，灯光设备有环形灯、射灯、不同形状的柔光灯箱等，灯光的色温可选择冷色、暖色或可调节色温的设备。每个灯光设备都各有优缺点，所以需要配合使用，互相弥补，才会最终呈现完美的效果。

美妆和服装类直播间，主光可以选用白光，白光比较接近自然光，能清楚地展示商品实际状态，再搭配暖色灯带、射灯或壁灯，能增加高级感。而美食类和家具类直播间，主光则适合用偏暖色光，使整体氛围更温馨。

六、直播间绿幕

绿幕都是拍摄特技镜头的背景幕布，主播在绿幕前表演，由摄影机拍摄下来，画面在电脑中处理，处理掉背景的绿色，换上其他背景。

绿幕直播间有真实的和虚拟软件两种，然而想拍出高档的直播效果，要么使用真实的直播间，要么在使用真实绿幕的基础上使用其他背景。在抖音放大镜搜索绿幕直播，就会了解到一些使用技巧和不同的软件。剪映自带绿幕背景，新人可以在剪映上先学习使用制作绿幕短视频。

七、货架陈列、产品摆放

直播间货架陈列和产品摆放对直播间转化影响也很大。例如，你的直播间卖衣服，就可以放衣架或者衣柜，将衣服摆列整齐，如果是美妆，就可以摆一个陈列架，摆上你要推荐的产品。

为了展示厂家大量生产的产品与实惠的价格，可以在企业展厅、仓库或者生产车间直播，产品堆头很多，而且摆放不必太整齐，给消费者一种极强的视觉效果。有些吃播就是利用这样的场景一天卖出大量的小食品、海鲜等。

不同行业和不同品类的商品在直播间陈列效果不同，建议多观察同行或者销售量大与转化率高的直播间，从中找出某种共性或者特点，然后在自己的直播间进行尝试。

有些 MCN 机构的直播间建设得非常豪华，从直播行业来看，这是企业自播与品牌直播的一种发展趋势。但对于大多数中小企业而言，最好先因地制宜，一开始做抖音不要急着进行过多的硬件投资，从好的内容与好的产品着手，循序渐进地开展企业直播工作。

◆ 第七节　企业主播

随着直播成为很多企业重要的销售渠道，企业主播的岗位越来越重要。主播要在直播间直接面对粉丝或者用户，主播需要对企业产品有自己清晰的见解，能够主导或参与选品、卖点归纳、产品展示方式设计、参与策划直播玩法、复盘优化事项等。同时，主播要有较强的应变能力，具有良好的状态调整能力，语言表达能力，善于总结和不断优化的能力。

一、企业主播定义

顾名思义，企业主播是指企业直播间的主播。企业主播可以是专门的岗位，也可以是企业创始人、企业高管或者公司员工，也可以是企业长期外聘的网红或者行业达人、行业大咖或优秀客户等。

什么样的人适合做企业主播呢?

一是形象气质，一般情况下主播的形象气质和企业的行业属性和品牌调性要统一。

二是知识和技能，也就是主播的专业属性，企业主播在直播间的主要职能是在讲解企业产品与宣传企业品牌的同时，通过一定的销售技巧形成流量转化，实现直播间的销售目标。

三是稳定性和忠诚度，企业直播对企业而言往往是一个长线的规划，主播的稳定对企业直播的成败是一个关键性因素。

基于以上认识，对于小微企业，我们建议老板自己带头直播，成为企业账号的主要直播成员。企业在培养播手时，企业高管、销售与客户服务人员要尽量参与。外聘主播要谈好待遇和签好合约，尽量让外聘主播的规划与企业直播目标保持统一。

二、企业主播分类

抖音上大类的主播有才艺主播、PK 主播、知识主播、游戏主播和带货主播等，同时从赛道上看有 30 种左右的大类赛道主播，这些赛道又分为一些小类的行业主播。

企业直播间的主播有哪些类型呢？一般情况下，根据主播与企业的关系有企业创始人主播、企业高管主播、员工主播、网红主播、行业达人主播、渠道合伙人主播和优秀客户主播等。

当然，由于平台的开放性，平台所有直播间的展示和推流规则是一致的，是一个规则之下的 N 个玩法，所以直播间的主播可以表演或者操作的内容是形式多样的，主播个人发挥的空间是巨大的。有的主播在带货直播间表演才艺、跳劲舞，也有的主播在直播间讲段子，还有带货主播在直播间讲英语、讲历史等，不一而足。

三、影响企业主播人设的关键因素

主播人设往往体现主播的气质和风格。一个优秀的企业主播人设不仅能够增加用户和粉丝在直播间或者平台上的辨识度，让用户一眼就认出你，同时也能增加用户的关注度和粉丝黏性。当粉丝喜欢一个主播的时候，他说什么都是对的，他做什么都是帅的。

企业主播的人设与个人主播人设略有不同，一是要与企业所在的行业特征以及企业品牌的风格对称，二是主播人设要与企业产品和粉丝画像对称。主播人设的形成往往是一个长期的内容积累、自我约束和自我修炼的过程。

企业主播人设的表现，主要受三个方面的影响，一是主播能力的影响，二是主播知识与才艺的影响，三是主播态度或者状态的影响。

主播能力一般由主播的自我形象力、表达力、表演力、场控能力、沟通能力、亲和力、抗压力以及直播间的互动与产品的销售能力等共同组成。

主播应知应会的知识有产品知识、销售知识、沟通技巧、直播规则与场控知识、专业知识等，主播知识的积累直接关系到主播的素养，反映直播间主播的整体气质。

主播的态度和状态主要是耐心和细心。在直播间主播要能够及时调整自己的情绪，始终用快乐的一面面对自己的用户和粉丝。面对长期的直播、直播间的冷清或者黑粉的攻击，主播有时会出现痛苦、愤怒甚至迷茫的状态，在这种情形之下，主播在直播间要及时调整好心态，淡定有序地调动粉丝状态。

2020 年前，颜值主播的直播间的流量较多；2021 年，才艺主播的直播间的流量较多;2022 年,既有颜值又有才艺的主播的直播间的流量较多。你会发现，一些非常漂亮的女孩的直播间如果没有才艺表演或者给大家带来快乐，直播间的人数也会出现个位数。对于这样的直播间，主播在学会自我调整的同时,要讲究直播方法和内容,学会讲故事和与粉丝聊天。

我们知道，一个优秀主播体现出来的气质和风格是这个主播长期积累的结果，是冰山上露出海面的那一部分，而海水底下，才是主播长年学习与经验的结晶。但是我们也无法否认，主播人设是可以包装的。

第一，我们要找出或者设定一个主播的视觉锤。视觉锤是一个主播最容易被人记住的肢体语言，一个手势、一个表情或者一个标准动作，让人一看到就知道你是某某某。

第二，设计一句简单好记的语言钉，让人一听到就知道你是谁谁谁，关键这句话要符合主播的个人形象特点，语言钉和视觉锤在每条视频中都可以使用。

第三，主播要有自己固定的着装风格和直播风格。这都要与直播的行业特征、直播间的企业品牌与产品以及主播的个人风格相统一。

第四,要有相对固定的配乐风格,背景音乐可以说是许多视频的灵魂。

四、企业与企业主播的法律关系

弄清企业主播与企业的法律关系，对企业和主播个人而言，都非常重要。一方面，企业一旦启动直播项目，就是要付出资金、时间和机会成本，而主播往往是企业开展直播的核心环节，主播是否稳定，对企业直播能否顺利开展十分重要。另一方面，对主播而言，直播是一项烦琐的工作，需要付出大量的时间和精力，一个优秀的直播间的打造，往往是和一个优秀的主播分不开的。主播毕竟不同于一般岗位，在企业自播的情形之下，企业主播往往是企业领导、高管或者重要员工。在这个时候，企业和主播之间要做好必要的协同和相互之间的约束。通俗一点讲就是把丑话说在前面，各自承担自己的责任和义务，在充分调动主播积极性的同时，企业力争做到能者多劳和奖惩分明。对于创始人主播，很多公司是股份制公司，企业一开始做的时候大家都无所谓，一旦直播间做出大的业绩或者遇到大的困难时，如果没有事前明确的规则，常常会分崩离析，甚至在股东内部产生法律纠纷。凡事预则立，不预则废，根据实际情况，依法依规明确企业与主播之间的关系，对企业和主播双方都是一种保障。

五、企业抖音主播的自我训练

在直播过程中，主播会遇到各种各样的问题，但普遍出现的问题也就是那几种。比如，在线人数猛增时无法承接流量，直播间节奏出现偏差时无法及时调整，黑粉出现时的临场反应滞后，粉丝提出专业问题无法及时回答，产品卖点介绍混乱，直播间号召力差，销售憋单能力弱，等等。

自我训练是主播成长的一个十分关键的环节。天才的主播是依靠天赋，但是这样的主播万里挑一。优秀的主播往往是刻意训练出来的，经历几百场之后，所有主播都会认为自己就是那个非常有天赋的人。主播知识、直播能力、直播心态、直播风格是影响主播人设的几个方面，也是主播自我训练的主要方向。对企业主播而言，优先训练以下五个方面：一是产品知识，二是直播间话术，三是镜头感，四是成交能力，五是互动能力。

企业主播最好的成长方法有两个，一是找到对标的直播间和喜欢的主播，长期跟着学；二是每天坚持直播，一天一场或两场，一场一小时以上，直播间只有一个人也要播，日清日结，日结日高。

六、主播为什么会赚不到钱？

主播赚不到钱大多数的情况是直播间本身没有好的销量。企业直播效果不好的情况下，很多企业老板会从主播的能力和运营的水平上找原因，而事实上，只要主播状态没有问题，直播间销量不好往往是直播间选品的问题，对企业而言，往往是直播间产品打造的力度不够。

一个企业做抖音，常常会把传统渠道里销售的产品，直接拿到抖音上面来卖。这不仅是一个认知误区，也是许多企业主播要面临的一个最大的认知误区。

传统的商业逻辑是我生产什么就销售什么，传统渠道的核心是占领堆头与货架，能够占领终端就有销售。而抖音商业的逻辑是什么呢？是用户喜欢什么，最好去生产什么。企业核心的能力是设计能力、交互能力。决定产品能不能卖出去的时间也就 3 秒，平台对产品的辨识度要求更高，远远大于传统的电商和线下零售。你的产品要对得起你的粉丝，你的粉丝才会对得起你。

◆ 第八节　企业直播规划

无论是短视频还是在直播间，企业分享的内容如果不能获得用户的认同，企业好的产品也只能默默地待在仓库里，无法转化成企业利润。换句话说，对大多数企业而言，所谓的好产品一定是市场上正在热销的产品或者将来可能热销的产品。所以，对中小企业而言，生产规划的起点是市场，而不是企业的设计中心。

当下，直播规划对企业开展直播或者建立新的销售渠道而言，变得越来越重要。企业直播规划一方面包含企业开展直播的整体规划，另一方面包括每一场直播和单场规划。我们这里主要讲一下企业直播的整体规划。对单场规划，企业可以在整体规划的基础上，根据每一场直播的目标，结合当下平台上优秀的直播间，制定好单场的规划与流程。

企业直播整体规划包括：

1. 企业背景情况。主要描述目前企业状况、资源、产品与服务情况，生产能力，传统的市场渠道，传统销售情况与销售数据，团队的核心能力，以及近期企业发展目标与中长期发展计划。

2. 直播行业赛道调查。结合企业所属行业、核心产品和服务，调查抖音平台同行或者相似产品的短视频与直播情况，同时还可以调查传统电商平台及其短视频与直播频道的销售情况。在调查的基础上，最好能够选出 10 个到 20 个可以学习和参与的对标账号。

3. 直播定位。直播定位与企业在抖音平台运营的主要定位，一般是在赛道调查的基础上，找出行业主要对标账号，然后分析适合自己企业的短视频运营与直播形式，进行整体的风格定位。

通过对标账号与企业自身产品与服务情况，分析目标市场、目标人群、客户画像，预测未来市场的常规产品、热门产品及其市场容量的变化。

4. 设计短视频与直播的商业模式。在这个阶段，也可以决定企业运营抖音的整体思路，并且决定是否成立抖音事业部和是否改造传统的企业组织结构和运营模式。对无法直接面对消费者的产品与服务，分析其传统的销售流程和路径，考虑短视频营销或者直播间招商。

初建企业可以在前 3—6 个月通过小组形式开展短视频和直播工作，等条件成熟后再建立企业抖音事业部。

5. 企业产品定位。分析对标账号热销产品，找出企业自身产品的优点与不足，考虑是否重新设计或者建立新的卖点。通盘考虑直播间品类与直播间主要形式。在产品定位的基础上，考虑符合抖音平台热销的产品的研发、包装设计与生产。建立企业抖音账号，同时决定是否开设抖音小店等。

产品的升级迭代是现代企业竞争的重要手段之一。任何一个企业，都无法保证其开发的每一款产品都会热销，加上用户对某一个品牌产生消费依赖后，会对新品产生一些期待。企业不断迭代产品的过程，也是一个从市场到生产的正向反馈的过程，只有这样，才能在迭代中一直占领市场需求的先机，让企业一直处于竞争的有利地位。在这种逻辑之下，企业产品微创新的观点开始被许多生产型企业接受。

6. 内容定位。根据企业的直播定位与产品定位，在参照同行和相近赛道内容的基础之上，进一步明确短视频和企业直播间的内容定位。参照对标账号，初步建立直播脚本与主播话术。

7. 团队建设。在企业原有人手的基础上，建立短视频运营和直播小组，包括负责人、运营、主播等。建议年销售2亿以内的销售型企业一把手亲自参与，或者学习运营，或者建立创始人IP成为主播。结合公司原来的考核目标，建立小组考核与奖惩方案，制定小组工作纪律。

主播是企业直播间的关键元素，在团队建设过程中，要分析企业主播的人设情况。一是主播人设要与产品相匹配，二是企业产品要与直播间粉丝相统一，三是主播人设要与目标粉丝相对应。通过设定的主播人设，寻找合适的主播，进行主播训练。

8. 确立销售目标。确立分月的年度目标，建立运营甘特图，做好工作流程图，责任到岗到人。

9. 直播间建设。因地制宜，根据企业原来的环境和行业特点与产品风格，或者已经选定的主播人设，设计直播场景，建立企业直播间。

10. 策略选择。根据对标账号与企业资源能力以及直播目标，选择年度直播策略。

11. 财务计划与分析。根据直播规划和企业长期经营习惯，开展小组经营财务分析，同时决定投资和投流计划，并且对经营进行整体预算。

12. 培训试播。一是到外部学习，二是前期可以找外援支持。从直播话术、排品等开始，一步步掌握直播流程与具体操作。

13. 社会合作。将产品上传精选联盟并寻找达人分销，建立线上线下分销渠道，或者寻找网红和达人合作等。

14. 直播复盘。数据分析与执行优化。

◆ 第九节　直播内容和技巧

一般来说，在抖音平台上，原创的优质内容是企业品牌种草的基础，与此同时，矩阵式种草甚至直播是企业做抖音的重要思路。平台需要不断更新内容来吸引用户,并让用户在平台上长时间停留。用户发一个视频，平台推流是有一个时间段的，从经验看一般是1天到2天，最长的推流时间也在1周左右。对于有些质量不错的视频，偶尔也会出现再一次获得流量的机会，就是火过的视频在平台上还会再火一次，这可能和平台上搜索或者粉丝关注的某类算法有关，我们称之为视频流量的回流现象。

一、直播带货发生了一些变化

一是直播带货从产品化向内容化转变，二是直播带货从内容化向社交化转变，三是从人找货向货找人的智能化转变。在直播带货中，表面上比拼的是流量，本质上比拼的是内容能力、供应链能力、社交转化能力和商业IP能力。

二、直播间用户的购买心理

要想提高直播间流量的转化率，提高商品的成交比例，主播和运营要了解直播间用户的购买心理和购买行为，做到有的放矢。

1. 从众心理。直播间是同频用户聚集的地方，粉丝之间的情绪和行为是互相影响的。同时，直播间的购买行为往往是即时消费，因此在直播间制造一种热销的景象和成交互动的情节非常重要。当直播间人数成百上千或上万人，直播间就会进入一个群体无意识状态，只有主播或者直播小号在直播公屏根据销售剧情带动节奏，对销售往往会达到意想不到的效果。

2. 猎奇心理。好奇害死猫，直播间也一样，大多数粉丝刷到一个直播间，往往会因为直播间的氛围停留下来。因为人人都有好奇心理，从停留到兴趣再到喜好，然后跟着节奏抢优惠券和下单，常常是一气呵成的事。虽然网络购物具有一定的冷静期，但是对于自己喜欢的直播间或者主播而言，粉丝购买后往往选择了沉默。

3. 捡漏心理。直播间的在线人数和场观人数不是一回事，一般在线时长有几十秒到几分钟不等，好的直播间平均在线时长有十几分钟或者更长。而刚刚来到直播间的浏览者，或者在直播间一直观看的粉丝，在主播对直播间商品的宣讲之下，一旦对某个产品动心，在心理上就会有价格思考和价值评判，同时也会出现疑问和犹豫。在这个状态下，直播间的产品销售优惠和大量成交，会让粉丝迅速产生一种捡漏心理。特别是一些价格相对低的商品或者性价比突出的商品，粉丝会因为这种占便宜的捡漏心理而迅速行动。

4. 群体归属感。直播间的粉丝往往是同频人，要么喜欢某个主播，要么想了解某个知识，要么需求某类产品。在直播间主播和工作人员的引导下，主播和粉丝之间、粉丝和粉丝之间，会被塑造出一种频率的认同感，甚至在直播间出现一个时段的归属感。在这种情形之下，主播推荐的产品理所当然成为粉丝购买的目标。

三、直播间选品的基本逻辑和技巧

企业直播间和个人直播间的选品略有区别，个人直播间选品范围更广，更加灵活。而企业在建立直播间之前，行业赛道已经定下来了，甚至企业的产品系列已经明确了。企业可以根据自己的直播规划重新决定企业自身的产品体系，同时策划直播间全部是自己的产品，还是自己产品和企业外部产品混搭。一般而言，直播间选品遵循以下四个原则。

一是直播间选品和直播间定位对应原则。这个原则主要是表明直播间销售的商品与直播间风格、主播人设以及主播风格要保持一致。

二是直播间选品和直播间粉丝对应原则。也就是所选择的产品要符合直播间的粉丝需求。每个直播间的粉丝群体是不一样的，所以直播间选品要根据粉丝画像来选择，才能确保后期的销售与转化。

三是赛道阶段性热销原则。为了减少选品难度和降低投流成本，对标账号的选品、行业阶段性热销产品、销售量高的产品具备极强的参考价值。

四是符合直播间策略原则。一般情况下，直播间要确保既有流量品又有利润品。

在遵循以上四个原则的同时，企业直播间选品还有以下逻辑和技巧：

1. 注重供应链。企业无论在内部选品还是外部选品，同样要考虑供应链的能力和优势，只有具备供应链优势的产品，才能在市场价格竞争中取胜。当我们看到抖音直播间带货动辄几十万上百万甚至更多，很多都是通过付费流量进行交易的结果，而最终的竞争归根结底是供应链的竞争。

2. 主播体验好、客户评价高的产品。个人做到这一点非常容易，只要多浏览直播间和多看精选联盟的产品销量就可以了，也可以通过一些数据工具分析。而对企业而言，则需要从头开始，做好同行分析和测评工作。

3. 市场需求大，复购稳定的产品。这种产品一般是一个企业的长线产品，企业做直播，能否选择并打造高需求、高销量的产品是企业直播是否成功的关键所在。一般情况下，用户群越大、客单价稳定和利润率越高的产品，在抖音直播间的竞争力越强。

4. 热点、热卖的话题性产品。每一阶段，平台上都会有一些热点并且热卖的产品，这类产品具备极强的时效性和粉丝属性。这类产品往往和社会热点事件关联很大，企业要做好市场分析和预测工作。动作要快，眼光要准。

5. 性价比高且在同行中有竞争力的长线产品。这一般是企业的利润品。颜值高、快递方便的无感消费类产品，这类产品单价低、形象可爱，是粉丝一见到就会喜欢并且及时下单的一类。

无论有多高水平的选品能力，企业直播团队首先要通过测品来确立直播间阶段性的主打产品。一般情况下不要去做大批量的库存规划，除非企业的某类产品原来的销售渠道已经有一定量的销售市场，或者在同行中在成本上占据不可撼动的绝对优势，或者直播间直接就是为某类企业清理库存所用。

现在行业竞争激烈，消费者选择太多，昨天热销的产品一夜之间就会风平浪静，甚至整个直播间都会在几天之内冷下来。做好风险防范也是企业直播选品的重点之一。

四、直播间带货引流的方式方法

为了确保直播间拥有自然流量，直播前期要做好一些准备工作，在做好直播间账号的首页五件套基础上，优化直播间的标题和封面，让直播间的标题与封面具有一定的吸引力。

每一场直播前，及时发布短视频直播预告。一般直播前预告可以发三次以上，在直播前一到两个小时，发出最后一个直播预告短视频。在直播过程中，也可以适当发布正在直播的短视频，通过直播间花絮吸引更多的人入场。

首先我们要知道直播的流量入口。一般情况下，直播间流量来自视频推荐、直播推荐、同城和关注等入口，有时候还可以通过搜索等其他入口产生短视频和直播流量，大家把这些称之为抖音的五大流量入口。正常情况下，你不需要关闭同城等流量入口，无论来自哪里的用户都是用户，在平台上有些玄学说的话显然违背常识的，经不起推敲。直播间引流的方式很多，现在根据一些直播间的实操经验，简单做一下总结。

（一）低价商品引流

一般情况下，直播间的商品分为流量品、福利品和利润品。在直播间，低价商品引流的方法屡试不爽。为什么会这样呢？只要和直播间粉丝画像垂直的商品，本身就是粉丝喜好的并且愿意购买的，在这种情形之下，将这些商品通过相对低价的方法作为福利品或者流量品，一方面达到了宠粉的作用；另一方面更多的成交量也成就了直播间的考核数据，也就是成交量、成交额、转化率和UV值。一旦直播间通过了平台的数据考核，平台会给直播间推送更多的人，这就形成了一个良性直播间。这种直播间不仅仅场观好，还会形成更多的销售。通过低价品和福利品引流憋单，增加用户的停留时长，也是扩大场观和优化直播数据的好方法，这就需要主播和场控在直播间带好节奏。

（二）付费引流

一个平台越成熟，行业之间的流量竞争越激烈，平台前期的自然流量会不断地让位给付费流量。在抖音平台上，自然流量会一直存在，为什么呢？主要是因为平台还需要优秀的内容来吸引更多的用户和把人留在平台上。所以，平台的付费流量主要会流向两个方向，一个方向是众多企业和商家的营销号；另一个方向是流向抖音电商的平台客户，也就是短视频带货与直播间带货。可以说，随着越来越多的企业和商家客户到平台上来，流向平台电商的流量会不断增多。

目前平台流量的付费成本和其他电商平台相比还是便宜很多，而且规则也有很多差异，这也给很多到平台上创业的新电商人带来了很多机会。

什么样的直播间值得付费推广呢？一定是有好内容、好产品与好转化的三好直播间。付费流量的竞争归根结底也是由内容、产品与直播转化能力的竞争，这就考验一个运营或者投手对平台的理解和长期积累的经验。无论是千川还是抖加，只要投产比较合适，就可以大胆地通过付费流量参与行业竞争。我们还要知道，在直播间或者短视频上，付费流量是不会影响自然流量的。也就是说，一般情况下，付费流量不会影响整个账号长期的自然流量逻辑。

（三）数据推流

在流量品引流方面我们也谈到了数据，但数据推流的玩法更多一些。常用的直播间有用户助力、直播间分享、优惠券、福袋、红包、抽奖等方式。

在直播间数据推流这个环节，除了前面讲的成交数据以外，直播间人数和直播间粉丝停留时长也非常重要，也就是把人留住更重要。只有不断地把人留住，才会在增加个人平台停留时长的同时增加场观人数。抖音平台只要发现你能留住人或者成交量高，就会按照常规判定你的直播间内容不错或者产品不错，在这种情形之下，没有理由不给你推流。而作为粉丝，看到直播间场观人数多，加上直播间主播状态好，一般也会停下来观看。所以，直播间留住人是一门大学问，如何留住人也是许多运营和主播常见的烦恼。

一般而言，我们会把直播间留人归纳为场景留人、直播间画面留人、内容留人、话术留人、结果留人和套路留人等。当然，在粉丝画像精准的直播间，内容或者知识的专业度也是留人的关键。直播间的专业知识不能太生僻，以避免陷入直播间知识的诅咒，也就是越专业的知识越没有人观看，也越没有流量。毕竟在激烈的竞争中，大多数人忙了一天到抖音上，更多的是休闲一下自己和娱乐一下心情，很少是上来真正学习和充电的。

（四）各种导流

随着到抖音平台上做短视频与开展直播的企业和商家越来越多，付费流量成为平台流量分发的主流，流量成本也会越来越高。在这种情形之下，线下导流、站内导流、站外导流与蹭流量都成了增加流量的必要手段。自从平台出现了铁粉机制，平台上的流量竞争更加激烈了，平台内的私域逻辑已经成为营销和电商的一种选择。

在微信朋友圈火的时候，通过活动对线上线下导流是许多企业和商家轻车熟路的事情。和朋友聚会，朋友之间一般也开始加抖音号，这样便于新朋友之间更直观地了解对方。把短视频分享到更多的平台和圈子，或者邀请更多的人看直播，已经成为一种时尚的营销手段了。

在直播间打 PK 或者连麦也是快速导流的一种手段，或者邀请明星到直播间来，制造直播间热点事件等，都是当下吸引流量的主要手段。当一个直播间有了一定的流量之后，不断邀请一些名人或者明星到直播间来是一种非常好的引流方法。一个粉丝会因为喜欢一个明星而喜欢他到访过的直播间。更多时候，当一个直播间有了一定数量的粉丝和流量之后，对名人或者明星而言，也会有很强的加持作用。

传统电商竞争的核心是流量的竞争，而抖音电商的本质是趣味电商，快乐的内容是趣味电商的根本，所以在抖音平台，流量不是电商的全部。

五、直播间提升销量的动作

如何提升直播间的销量呢？直播间的销量提升从账号定位、粉丝画像和内容输出入手，因为这些才是一个优秀的带货直播间的根本。凡是从根本出发，遵守直播电商的一般规律，不忽视每一个操作细节，通过持续的努力，一定会收获良好的结果。对于大多数中小企业直播间来说，并不能通过资本或者资源来占据绝对的先机，而我们深信，上帝关上了一扇门，一定会给你打开一扇窗。

1. 流量是销售的保证。充分引流是销量的基础，在力所能及的条件下，通过短视频引流、付费引流、数据推流和内容引流等多种方式增加直播间流量。

2. 优化直播间选品。在提升商品品质的同时，提升商品的性价比与口碑，通过流量款和爆款的结合，增加直播间的销售。

3. 优化直播间场景。在吸引粉丝的同时，利用各种促销与宠粉行动，让粉丝放心购买。加强直播间互动，通过良好的直播数据形成直播间叠加流量，推动直播间销售。在直播间场景建设上，做出让粉丝感觉到能够占到便宜的直播场景，是一个非常不错的操作。

4. 培养优势主播或者行业头部主播。提升主播的销售能力，提高直播间的转化效率。

5. 建立直播间私域流量。培养更多铁粉，形成直播间复购。在公域流量中吸引更多的用户，通过品牌、内容和主播人设等让用户对直播间和主播产生记忆。在抖音平台多账号和多直播间开展评论、留言与互动工作，长期维护商业 IP。

总结下来，如果直播间是一台电脑，它的销售能力就是由硬件、软件与驱动共同作用的结果。

本章导读

抖音可以帮助你招人，抖音可以帮你找合伙人，抖音可以协助企业做好员工的培训。

直播器材买了，动员会也开了，结果呢，你抱有希望的员工一直伫立在那里，不为所动。再去看那些个人创业的直播间，疯狂努力的主播，月收入少得可怜，那些才是你潜在的人力资源市场。

小组织化和人单合一都是当前的管理思想，并不一定适合所有的企业，但它的底层逻辑和中小企业的平台化经营是一致的，值得关注。

当前，很多年轻人凑在一起创业成功的概率，常常超过有经验的创业者。因为过去那些成功的创业经验，往往是新商业中的障碍。在抖音上多一些交流，少一些盲区。

那种热衷于股权设计的套路基层员工的人力资源模式满天飞，它必须有一个前提，就是你的产品与服务在市场上已经有了较好的销量，或者你的员工已经有了可靠的业绩与可观的收入。否则，你就是把可能套牢自己的绳子扔给了不需要对你负责的人，员工会在心里觉得你在搞笑。

为什么会烧钱，因为不知事；为什么不知事，因为不知人；知人又知事，为什么还要烧钱，因为那是在加速成功。

Chapter Eleven

抖音与人力资源

人力资源是企业最重要的职能部门之一。企业的竞争归根结底是人才的竞争，也就是人力资源的竞争。抖音作为新一代可视化的信息工具和娱乐化平台，已经成为广泛融合多种社会资源与多用户群体的全域商业生态平台，对整个社会人力资源的底层逻辑与工作方法也产生了一定的影响。

在企业做抖音的方法论中，我们更多的是论述抖音作为工具、平台和市场生态对现代企业发展的影响。让我们从一个崭新的角度思考抖音带来的企业人力资源的变化，再从人力资源层面，探讨和分析抖音平台应用的主要场景和短视频应用具体的内容。

成立企业抖音事业部是未来企业人力资源的重点工作之一，前面章节已经从企业运营的角度分析和探讨了成立抖音事业部的主要逻辑与一般方法，所以本章节不再单独论述。

从人力资源管理的角度分析，人力资源管理的核心由三个部分组成，一是价值创造，二是价值评价，三是价值分配。5G与VR、大数据、人工智能的高速发展，给短视频和直播等三维信息工具与抖音等新商业平台对人才的内在知识属性、企业人力资源的组织管理以及外在的人力资源交易市场，都带来了一定的变化。

短视频和图文等信息化工具与平台的发展，对人力资源而言，不仅是价值创造的新工具，也是企业数字化经营的新内容，是企业人力资源价值评价的新要素，同时也是价值分配的新依据。这些对大多数中小企业而言，是一个值得深入讨论的问题。

一、短视频已经成为现代人力资源管理的技术工具

企业人力资源的四大支柱分别是人力资源机制、人力资源制度、人力资源流程与人力资源技术。短视频无疑侧重于人力资源新技术的应用。

在以往的人力资源分析与管理过程中，大多数依据图文和统计学来进行分析测评，而有了三维的短视频和直播技术之后，无论对人力的测评还是对人力资源工作的跟踪管理，都进入了持续的可视化管理阶段。在这个基础上，远程招聘、远程培训、远程的人力资源管理与控制以及企业人力资源活动的全程可追溯等，都成了可能。

在人力资源的牵引机制、激励机制、约束机制和竞争机制的四大机制中，短视频已经成为一种新型的人力资源牵引工具。有了短视频这种技术手段与抖音这样的生态平台，不仅仅基于企业流水线的内部工作可以得到有效的管理，对企业信息化环境下的商业经营，也会产生很强的促进作用。通过短视频培训企业员工开展精益化生产的同时，还可以通过短视频培训员工开展高质量的商品服务，同时也可以让销售人员通过短视频在企业产品和消费者之间形成有效的连接。

一个企业新员工入职的时候，没有短视频之前，介绍公司的相关资料图文相对抽象，对刚入职的新人而言，常常一知半解就开始进入工作状态。有了短视频之后，新员工入职时学习起来更加明确直接。对于员工的工作流程，不仅仅可以用过去的图文形式展现，还可以直接通过现场短视频方式进行讲述与传播，而且这种记录可以重复播放，直到新入职的员工弄清、弄懂为止。

二、短视频能力将是新型员工入职的基本技能之一

随着信息化日趋成熟，数字化将充斥着整个日常生活和商业活动。对个人而言，创作与发布短视频、传播短视频资料是现代企业员工基础的职业素养之一。员工信息化能力包括并不限于数据工具和数据平台的

使用、数据分析与数据管理、使用智能化工具和利用这些数字化手段处理日常事务等。这些能力是未来企业新型员工能力的重要组成部分。

在30年前，很多公司还专门配有打字员，大多数单位配有司机这样的专职岗位。而30年后的今天，打字的能力、制作与浏览统计表格的能力，甚至制图的能力，都成了一般员工常规的能力。就像司机这样的岗位，现在大多数人都有了驾照，轿车已经成为普通的代步工具，除少数企业，大多数企业的司机工作已经为普通员工的多功能属性所取代。

三、企业培训的可视化更加接近工作场景

企业生产管理的可视化无疑为远程操作与远程管理提供了方便，短视频成为企业实现人机对接、人人协同的可视化工具。对销售人员而言，抖音平台首先是一个拥有巨大流量的商业平台，企业完全可以通过短视频和直播间长期经营企业账号与建立商业IP，在长期招揽客户的同时，服务自己的用户。

短视频作为新的信息化工具与展现形式，将充斥企业经营与商业流通的众多环节。短视频的制作能力、直播间的表演能力与运营能力以及与之对应的平台数据能力，不仅是未来企业员工的一种基础素养，同时也对个人的工作与商业交往产生巨大的影响。

一方面，作为信息化时代的新型员工，对信息工具的掌握和对各种信息资源的敏感性与处理能力，常常影响个人或者所在团队的工作结果。另一方面，在信息化时代，知识经济的一个重大特点是人的机械劳动在减少，而知识参与系统选择与智能决策的因素在增加。员工与员工之间、部门与部门之间，信息的系统协同显得更加重要，这种精细化的工作沟通与协同，短视频和直播无疑提供了无衰减、无缝对接的各种信息便利与应用场景。

四、抖音已经成为隐形的人力资源交易市场

抖音作为一个超级娱乐与商业平台，几乎企业所有的用户都会在不

同的时间段刷抖音，这为许多企业在平台上开展各类针对用户的商业活动提供了极大的方便。

从企业渠道招商升级到在线销售和在线客服，在降低企业生产组织与营销成本的同时，抖音短视频以其特有的优势，让一切工作可以通过视频方式长期存在。在某个项目时效内，许多沟通过的内容与各种讨论过的知识都存在回放的价值。与此同时，还会长期吸引关联的客户源源不断地参与进来，而随着更多的用户的参与，在提升企业知名度与影响力的同时，往往会吸引更多的资源，进一步降低企业某个项目的经营成本，从而增加企业某类产品与服务的竞争力与影响力。

我们会发现，通过抖音特别是短视频的应用，不仅仅给内部员工多方面的工作带来了促进作用，同时企业与外部资源，比如用户、渠道商和潜在客户之间，也产生了某种新的价值。通俗地讲，让更多的人参与了企业价值的创造，让更多的人分享了信息，让更多的人产生了新的价值。这种价值创造，我们在信息化工具与平台的章节已经做过相关的论述，而这里只是在人力资源的专业方向有了更加清晰的表现。

五、企业利用抖音，让人力资源的评价指标更加明确

考核的评价依据更加清晰精准，所有的评价结果就会更加客观。视频就放在那里，标准大家不仅可以查看，而且可以对照解释、观看学习，结果就会一目了然。再加上其具备工作流程的重复演示，员工不仅知道企业要什么，还会学习和了解自己岗位要如何做，并且能够轻松找到自己学习对标的榜样。

一个好的评价与执行系统，完全可以促进整个企业生产效率的变化与效益的提高。对于大多数中小企业而言，经营管理十分粗犷，很多时候员工不是不想干，而是不知道如何做。例如，目前国内市场上一些保险公司的员工组织相对松散，新人一开始进入团队十分兴奋，随着新鲜感的降低和对工作难度的了解，很多人止步于个人购买了某个险种，再

也无法继续开展下一步的工作。在这种情形之下，可视化的视频辅导就显得十分重要，复杂的产品知识、系统的人际交往、有效的心理辅导、明确的个人目标与长期的工作激励，这一切都可以通过抖音特别是短视频的方式实现。

从个体而言，个体的人力资源能力模型可以通过图文和视频的方式得到充分展现；从企业来看，人力资源组织系统分析，企业的岗位能力模型建设可以通过短视频的方式细化和标准化；从社会人力资源与企业外部人力资源生态来看，抖音是一个非常生动的超级人力资源市场平台。抖音平台及其系统数据打分与测评，对企业员工特别是营销人员是非常有参考和指导价值的。

抖音是企业品牌内容营销与渠道建设的重要通道，更是目前打造商业 IP 的不二场所。在流量为王的电商时代和商业 IP 时代，创始人 IP 和员工 IP 个人几乎是企业私域最有黏性的表现形式，而这种具备一定个人形象与价值的资源属性越来越成为企业人力资源最重要的价值属性之一。

在东方甄选直播间董宇辉一夜爆红后，俞敏洪老师当场表示要给予公司股份，无论其是玩笑式炒作还是真实的意见表达，都说明一个问题，就是个人 IP 的人力资源属性往往和平台上的企业商业价值属性连为一体，难以分割。一方面，在抖音平台上，通过各种形式对短视频和直播进行了流量推送，本身就是对短视频内容或者特定人设的激励；另一方面，通过短视频和直播间的转化，明显的商业结果也是对平台上面的企业经营者经营能力的一种考量。

从人力资源价值角度看，对具体员工的价值评价越清晰，企业的价值分配就会越公正。除此之外，价值分配的系统形式也更加容易建立。企业还可以通过数字化经营的逻辑，把价值分配可视化与系统化，从而达到反过来刺激员工和团队参与企业价值创造的目的。

◆ 第一节 智本时代

人们常说人类开始由资本时代走向智本时代，但是其中的内在逻辑，仔细分析起来还是比较复杂的。纵观人类文明的发展史，人类财富有三个相对稳定的坐标系：第一个坐标系是以人类赖以生存的土地、资源为中心；第二个坐标系是人类在改造自然的过程中形成的以知识和科技为主体，与生产力的发展或者生产工具和应用相关，也是人类社会分工的基础；第三个坐标系是人类个体素质的自我成长和人类整体文明进步本身。农业社会我们大多数财富是处于第一个坐标系中，工业社会我们往往用第二个坐标系分析财富，而在信息化时代，我们对人类财富的分析和思考将迈进财富的第三个坐标系。在第三个坐标系中，除物质文明以外，人类整体文明还包含了制度文明、精神文明等一系列文明体系。

人才是指具有一定的专业知识或者专门的技能，符合岗位能力要求，能够胜任创造性劳动并且对企业发展做出贡献的人。人才在某种意义上是人力资源中能力和素质较高的人。智本时代，知识不仅仅是社会经济能力的一部分，也是人类财富结构的组成部分，同时更多地反映为人力资源中的人才属性。

企业人才包括了管理人才、经营人才、技术人才。从管理角度看，短视频已经成为重要的企业人才可视化管理手段；从经营角度看，抖音短视频是企业产品宣传、粉丝推广、用户经营与渠道建设的重要工具和平台；从技术角度看，企业技术应用与推广离不开短视频的记录、展示与学习，做到流程量化，步骤精细，操作精准；从人才角度分析，短视频及相关信息化技能不仅是人才技能的组成部分，同时短视频也可以帮助团队做好技术应用的推广与传帮带工作。

一、农业社会土地与环境维度下的人力资源逻辑

中国农业社会有 10000 年左右的历史，而原始农业约为 7000 年，传

统农业阶段大约有3000年时间，现代农业大约200年。在现代机械化农业之前，农业社会大多数时候是靠天吃饭，主要的生产动力是牛马等牲畜与人力，主要的劳动对象是土地，增产增收最好的办法就是开荒屯田。

在长期的农业社会，社会主要矛盾甚至战争都是围绕土地展开的，哪个民族能够在征战中获得更多的土地，就会有更大的生存空间与更大的种族繁衍的机会。农业社会最容易进入的状态就是人力资源的内卷。人的种植养殖技术特别是农业耕作经验对农业生产有一定的影响，但整体上影响并不大。人力投入越多并不能让有限的土地获得更多的收成，而相对的个人的收益却在减少。士农工商，虽然农民的社会地位相对较高，但那个时候没有农药、化肥，也没有农科院研发的种子和植保技术，农业产量一直比较低下。学而优则仕，官本位的文化认同也是在长期的农业社会养成的。将士征战立功也是为了获得封地，士大夫主要收入也常常用于购置田产，土地一直是几千年人类社会的核心财富指标。

二、工业社会的资本与科技维度下的人力资源

工业社会除了土地资源外，矿产资源、能源和人力资源都以资源的形式提上了人类生产和生活的日程。人力资源和其他资源比起来，由于社会分工更加精细，人力资源配载着人类技术的水平和能力。在物理学、化学、生物学等理论科学发展的基础之上，人类从农业社会进入工业社会。

我们知道，人类进入农业社会的同时，游牧与狩猎也是原始农业或者传统农业阶段人类的主要生存方式之一。农业文明的发展，人类从原始社会跃进到阶级社会，从奴隶社会到封建社会，特别是铁器的应用，人类生产力得到快速发展之后就踏上了漫长的内卷之路。手工业的出现带动了传统贸易的发展，但这种发展也是相对缓慢的，财富形式也是十分内卷的，真正的富人占比很低，大多数人处于贫穷或者半温饱状态。

在工业社会，有一个特别值得关注的现象，就是电力的出现，更关键的是电力之后电力机械与各种民用电器的出现，让人类分工更加复杂的同时，人类利用能源的密度在大幅加强，消耗和代谢能源的结构也在

发生剧烈变化，人类进入了一个通过创造小环境改造人类生活环境的时代。在这个阶段，物质财富的形式是以土地与资源共同成为社会财富主体的同时，资本作为财富的核心资源走上了时代的进程。在工业化很长一阶段内，工业化处于快速发展状态。

在工业社会阶段，世界工业化出现了以劳动力资源为主要市场的工业转移现象，哪里的工业劳动力多，哪里的劳动力便宜，资本就和工业一道向哪个地区移动。20 世纪末至 21 世纪初，这给亚洲的世界新兴国家带来的巨大机遇。

资本与能源、资源与市场向一个区域集中的同时，金融、互联网、IT 等一系列高端服务业自然而然地向这些区域集中，在人力资源方面，传统工业主体与新兴产业和高端服务业之间，产生了对人才的充分竞争，不断拉高一个地区的人力资源成本，一些区域传统的人力资源成本洼地的优势消失殆尽。

然而无论如何，在工业社会，资本和农业社会的土地一样，一直是社会财富的核心资源，同时决定着人力资源的配置模型的价值形式。

三、信息化时代信息技术和数据资源下的人力资源变化

人类进入信息化时代，人力资源的逻辑发生了翻天覆地的变化。不管是人才的结构上，还是人的技能上，或是人力资源的组织形式和存在方式上，信息化时代的人力资源都与农业社会和工业社会大相径庭。

信息资源能力成为新兴人才的核心素养之一。阅读和制作图文表格的能力、短视频创作能力，甚至于直播间表演与沟通能力，已经成为新时代员工普遍的岗位技能。数据资源是信息化时代的核心资源，信息技术特别是数据资源的分析与处理能力是信息化时代高端人才的基础特征。

当人类进入 21 世纪，平台在某种意义上已经超越企业，成为一种新的经济现象。随着互联网平台的出现和广泛应用，平台型企业开始取代传统社会分工形成的企业形式，很有可能成为下一个社会发展阶段主要的商业主体。短视频工具和短视频平台，在整个社会生产和生活中起到

了越来越大的作用。

在平台型企业的逻辑之下，传统的生产组织方式要让位于新兴的平台化生产组织方式，共享、众筹、定制、跨界等基于平台逻辑的社会化商业模式不断兴起，也正是新兴平台型企业商业逻辑的充分体现。在此之后，完全独立于社会平台生态的商业组织将很难生存下去。随着大数据、人工智能与区块链的快速发展，平台型企业的商业逻辑将不断得到加强。短视频平台的价值属性越清晰，我们越能理解短视频对人力资源带来的具体变化。一是小组织化企业与组织越来越多，二是游离在不同企业组织之间的自由职业者越来越多，三是消费者开始用户化，而用户将参与到产品与服务的规划、设计和生产中去，也将成为商品推广的一个重要环节。

随着个人占有的信息资源越来越多，可以利用的信息工具越来越强，加之工作平台和智慧生产系统、商业系统越来越成熟，个人的创造能力在生产生活中的位置越来越高，我们将重新回到个人英雄主义时代。每一个人几乎成了生产活动的“超人”。

信息化、平台化和系统化为个人赋能，将成为下一阶段人力资源要面对的一种普遍现象。在这种逻辑之下，价值共生与系统协同也被一些人力资源学者从实践中提炼出来。在这个过程中，个人的人力资源属性不仅要通过短视频内容展现出来，也要通过视频平台被更多生产组织和销售组织接收到。这也就是人才的“被见到”的可视化逻辑，在这种逻辑之下，信息知识无疑会得到更加充分的甚至系统性的应用。

◆ 第二节　人单合一

人单合一是海尔集团的创始人、海尔集团董事局名誉主席张瑞敏先生提出的一种商业模式。他认为，互联网时代的企业都将具备去中心化与去中介化的时代特征，企业要从企业、员工和用户三个维度重新开展企业战略定位，建立组织结构、运营流程以及资源配置新模型，并且坚持颠覆性的、系统性的、持续性的动态变革，从而实现用户价值与员工创造之间的协同统一。

人单合一打破了传统的 F2C 的企业生产经营逻辑，开始围绕用户价值开展企业生产与经营活动。这也是信息化时代，企业化解同质化竞争与企业平台化经营的一种必然选择。

人单合一在人力资源与企业运营方面体现为“三化”，即企业平台化、员工创客化和用户个性化。企业从传统的层级模式演变为共创共赢的平台模式，这一点与马云提出的互联网时代小而美的组织不谋而合；员工从被动接受指令转换成为以创造用户价值为中心的企业合伙人；用户个性化就是用户从普通的购买者成为企业平台规划、设计、生产、服务和销售全流程参与体验的反馈因子，成为参与商品转化的用户资源。

人单合一的提出，是在互联网快速发展，传统电商广泛应用背景下，在人人连接、人物连接和物物连接的基础思维之上，传统企业对如何应用互联网的一次总结与突破。这是一个相对漫长而曲折的过程，也是一个认知不断变化的过程。相对于图文二维的互联网与信息化功能，短视频和抖音平台功能更加强悍，系统更加完善。而这些元素的变化，与人单合一的底层逻辑不谋而合，这也是把人单合一放在抖音与人力资源一章作为单独一节探讨的意义所在。

太多的中小企业根本不可能像海尔一样拥有海量的用户，也不可能像海尔一样拥有优秀的企业内部管理系统与外部市场营销系统和服务系统，在这种情况下，像抖音这样的超大平台，拥有非常简单明了好用的公共功能，并且拥有超量用户和去中心化的算法，而且介入前期几乎不需要什么费用，所以抖音平台成了大多数中小企业开展类似人单合一商业模式的首选场所和重要工具。

首先，在互联网快速发展的大环境之下，人单合一的经营与管理思想，是值得许多企业学习和思考的。人单合一的思想不仅仅反映了新时期信息化对企业的一种促进，同时也把小组织化的经营协同表达得淋漓尽致。

在企业、员工和用户之间，建立了动态的、自由创造与定制的新逻辑。

其次，短视频和抖音对人单合一而言，无疑起到一种强有力的助力作用。短视频的沟通展示、知识分享、共享功能与人单合一的业务传输机制高度统一。在图文系统的基础上，利用短视频或者直播间记录、学习和传递企业、员工与用户之间的信息或者商业服务，将进一步突破和完善企业经营管理的时空效应。

最后，抖音平台去中心化的流量逻辑与标签化的粉丝机制，与人单合一中的去中心化的产品思维和用户中心逻辑思维有异曲同工之效。在抖音平台更大的公域中，经营自己的私域客户，通过账号和直播间达成众多中小企业人单合一的经营体系，无疑是一个不错的选择。

大多数中小企业用户量、技术、资金实力与海尔这样的企业根本不可同日而语，在这种情形之下，更多的中小企业根本无法去建立一个独立的人单合一的运营系统，也很难建立一个完整的人单合一的运营机制。中小企业通过抖音平台建立自己的短视频系统和直播间，并在此基础上建立自己的粉丝体系和商业销售渠道，或者同步对自己线下的渠道进行短视频改造，也是一个不错的方向。

我们现在再看那些创始人 IP，企业自播的直播间主播们，他们中的每一位几乎都是人单合一的高手。

在一个企业内部，人单合一无疑是一种良好的责任传递与组织方式。而在企业外部，人单合一往往是基于平台上的社会化生产与服务形式，比如创客和自由职业者等如何参与整体项目，值得进一步思考和探讨。

◆ 第三节　企业利用抖音开展招聘活动

企业是否可以利用抖音开展人力资源工作呢？当然可以。一方面，企业可以在抖音上建立自己的企业账号，或者通过创始人和人力资源高管账号系统地介绍企业，通过短视频的方式描述对目标招聘对象的要求；

另一方面，抖音平台已经有8亿日活，有各行各业的人才在线，企业也可以以行业为中心或者以城市为中心，通过内容标签与附近功能，寻找适合自己的企业人才。

当短视频在抖音平台上进行推送的时候，某一类人喜欢，会因为平台的标签和算法影响到更多的同类的人，这对大多数企业和商家而言，在抖音平台上招聘是一个捷径。

企业人力资源活动主要有企业招聘、人员培训、绩效考核和薪酬管理等方面。目前对于大多数的中小企业而言，招聘工作越来越重要，而且想招聘到合适的人也越来越难。要么在更大的人力资源池子里招聘，要么运用更好的渠道招聘。加之信息化时代自由职业者越来越多，人才对工作内涵的理解也开始发生巨大的变化。一方面是失业人员找不到合适的工作，另一方面是很多企业招聘不到自己需要的员工。在这种情形之下，很多招聘平台撮合能力在降低的同时，费用却在不断增加。线下的人力资源市场更是如此，原来的跑人才市场的应聘方式越来越不受求职者待见。

招聘者和求职者之间最大的问题还是信息差，许多行业越来越内卷，一方面对人才需求越来越强烈，另一方面对人才的要求也越来越高。在这种情况下，企业难以招到合适的人和求职者难以找到合适的工作是同步的。

企业在通过重塑流程和人工智能的应用，不断地降低对普通技能人才数量上的需求，与此同时，企业还要长期寻找能给企业带来业务创新与经营变化的新型人才。很多企业为了招到合适的员工，不断地全力包装企业的形象，最后导致在人才市场的网络平台上展示的招聘方案和广告千篇一律，薪资待遇也出现浮夸现象。而短视频的内容逻辑是以真实性留住用户为中心的，在抖音平台上，好的招聘创意一定是需要让目标对象对企业有一个相对真实的了解。在抖音平台上,硬广告是不受欢迎的，也不会有良好的招聘效果。

招聘视频的方式，最好通过口述把招聘的岗位名称、岗位要求、招聘条件和薪资待遇简明扼要地表达清楚。为了达成良好的招聘效果，在拍摄和发布招聘 VLOG 时，要注意以下一些细节。

一是可以展示良好的工作环境，不仅可以表达企业内部的环境，还可以展现交通与外部环境。

二是可以展示工作内容。在发布工作要求的时候，可以通过短视频发布求职者能够识别和理解的工作内容。当然，这种内容在不泄露企业的商业秘密的同时，能够给自己的产品用户与合作伙伴带来好的评价。比如，工作流程、生产线优势等。

三是企业领导或者招聘负责人真人出镜。真实诚恳的表达，会给求职者带来好感。同时，也可以发布简单的团队形象的画面，也可以录制一些简单的、阳光的员工见证，很多求职者在找工作时，不仅看重岗位与薪资，同时还会看重团队文化。

四是在发布短视频前标注上地理位置，这样既容易找到附近精准的求职者，同时也给求职者面试带来方便。

五是根据企业的需求，在几个招聘的短视频中，找出流量不错或者招聘效果不错的短视频，投抖加的同时进行同城推广。一般 100 元左右的投入会有 2000 以上的浏览量，这样很容易让几公里内的求职者看到。

对于长期招聘的企业，企业人力资源主管可以设立固定的企业招聘账号，也可以用创始人账号和其他企业账号在特定的时期开展招聘工作。企业有相对固定的招聘账号，不仅能提高企业整体的招聘形象，同时也是在抖音平台有一个 24 小时与求职者沟通的系统通道。在企业的招聘账号中，可以在宣传企业文化的同时，提升企业完整的品牌形象。在一个账号中，可以发布一系列的短视频，比如企业简介、长年招聘计划、主要招聘人群、团队福利与业绩激励、团队活动、企业人才培养计划、岗前培训、面试注意事项等，在宣传企业的同时，与求职者开展一个深度沟通。

◆ 第四节 企业岗位胜任力模型建设

人才资源的三大基石是定编定岗定员定额、员工绩效管理和员工技能开发。而实现人才资源的三大基石，离不开人力资源的两大技术，一是岗位分析与评价技术，二是人才测评技术。以上人力资源三大基石与两大技术的应用，是企业岗位胜任力模型建设的基础。

短视频和抖音是企业胜任力模型建设与测试的新型工具和实战训练的优秀平台，也是企业利用抖音思维做企业的一个崭新维度和行之有效的落地方式。短视频的三维展现方式与训练手段，和二维图文与表格建立的岗位胜任力模型相比，更直观、真实、简单、实用和易操作。

岗位胜任力可以通过系列短视频展示的方式表达，并且在企业日常工作中不断完善；岗位胜任力学习可以通过设定短视频学习时长和视频问题回答进行；岗位胜任力测评也可以通过新人自制工作视频和视频交流的方式进行。这样可以让企业员工胜任力训练与测评做到多方位、无死角、真实性、可复制与循序渐进的方式有效开展。

一、文化胜任力

企业文化是一个企业的重要软实力，而一个员工能否在一个企业长期生存并且得到发展，文化胜任力是一个关键指标。文化是一种团队的认同，以基本的工作和生活价值观作为基础，进行员工与员工之间，员工与团队之间的识别。想让自己有一个舒畅的工作环境，文化认同非常关键，当自己的个体价值在某些点上和新公司的团队价值产生冲突时，个人的调整和适应能力也显得十分重要。

文化在于培训和传导。一个新员工文化胜任力的形成，常常受到企业文化环境的整体感染和影响。而一个新的充满活力和特质的新员工，也会从细微处给原有的企业文化系统带来渐进的改变。从这一层意义上讲，企业文化系统不是与生俱来和一成不变的东西，而是一种动态的存在。

把企业文化通过图文的形式表现出来，在工作中展示出来，在日常生活中流露出来，把企业文化通过一定的形式传播开来，是提升企业员工文化胜任力的良好路径。而短视频和抖音平台正好可以完美地实现这一目标。

对于一个企业，文化胜任力可以演绎的内容有敬业精神、团队合作、诚实守信、积极主动、沟通协调等，我们将在一个专门的章节对短视频与企业文化的应用进行较为深入的探讨。

二、专业胜任力

不同的岗位，对员工的专业胜任能力要求不同。一般企业新人入职要经历一个培训阶段，培训的时间有长有短，但从整体上看，新员工胜任工作需要很长的磨合期。

目前企业招聘有一个观点，认为招来的员工要及早为公司创造财富，公司要尽可能地在选人上下功夫，而不是在培训上下功夫。这种说法整体上是对的，但在实际操作中想做到却很困难。优秀的员工一般不会中途离职，就是同一个行业在不同的企业工作思路、流程和经营重点也是不同的，所以招聘选人是第一关，而入职培训则是非常关键的第二关。招聘进来的员工，不进行培训或者培训不到位就让其上岗，无疑是在成倍增加企业经营风险。

培训需要一个比较长的时间，员工自身与工作岗位之间常常也需要一个较长的磨合期。在这种情形之下，让员工理解企业的专业胜任力模型就显得十分重要了。

有了短视频之后，一个企业员工的专业胜任力模型不会仅仅停留在图文的纸和表格之上，而是可以直接进入学习、对照和试练阶段。一个企业把企业员工的专业胜任力模型规划好后，通过一系列的短视频视听资料展现出来。展示的形式可以是在职经理和专业人士的讲解，也可以是一线员工的操作，这些几乎都是实战演示，因此这些视听资料对大多数新人而言，是不可多得的学习上手的材料与工具。

对于一个企业来说，制作专业的胜任力视听资料，也是对企业业务进行一个系统梳理的过程。在这个过程中，首先要建立企业胜任力模型建设小组，内部专业胜任力调查是起点，继而划分企业胜任力模型板块，同时编写图文形式的胜任力模型脚本与讲解词，最后结合工作场景，选择优秀员工，共同拍摄视频版的岗位胜任力资料。

因为岗位不同，企业专业胜任力板块的内容编辑和拍摄的难度也不一样。在拍摄的过程中，往往也可以把企业对员工的工作流程、细节甚至业绩要求都体现出来。拍摄好以后，再进行剪辑和存档。

很多传统企业在经营管理中感觉人越来越难带、管理吃力，主要还是上传下达的表达出现了问题，通过短视频的方式梳理一下企业的胜任力模型，肯定会收到意想不到的效果。

在专业胜任力模型与人力资源建设的过程中，不同的岗位采集资料和要求是不同的，表达的难度也不一样。企业岗位专业胜任力主要有以下内容。

（一）销售能力

销售能力包括了解产品的能力、与客户沟通的能力和成交的能力，还包括市场分析和客户维护等能力。

企业对销售人员有具体要求，企业产品与服务的特点与卖点，企业现有的优秀销售人员主要表现，企业的销售流程，客户主要疑问和应对话术，企业主要销售工具，等等。

企业员工的销售胜任力模型相对复杂，在建立相关视频资料时，力争要做到简明、扼要、易操作。视频中尽量减少一些形容词表达和套话，员工了解基础资料后，会根据自身的情况在日常业务中去发挥。还要把胜任力模型建设和销售培训区分开来，不要希望通过胜任力模型建设解决企业销售中存在的所有问题。

平时可以把公司销售精英的话术做成一个专业的集锦，不仅是员工胜任力的集中体现，更重要的是企业员工的一种自我学习和新人培训的优秀资料。从销售精英对产品的讲解、回答客户的疑问、促进成交以及逼单等生动形象的短视频中，新人可以对照训练，及早上手。

（二）服务意识

胜任力模型主要是针对个人而言。企业在招聘时，新人的服务意识也是重点考察内容。一个人的服务意识是长期养成的结果。一个人的能力模型像大海中的冰山一样，露出海面的只是冰山的一角，但是在日常工作中所展示出来的服务意识，往往是露在海水上面的一部分。

大多数企业日常的工作更多的是讲究协同，也是内部与外部服务。企业可以把服务意识强的员工的表现录制成短视频，并以此来引导新员工。对于企业的服务规范和流程，同样也可以录制成一系列的短视频，让新人有一个明确的理解。言传身教是企业中师父带徒弟最好的形式之一，而通过企业员工胜任力模型建设，可以让一个传帮带长期生效。

（三）市场洞察

市场洞察力是一个职业人士对所在行业市场环境与之对应的市场条件的整体了解，并根据自己的职业经验与认知结构做出的一种策略性判断。不同岗位对员工的市场洞察能力要求不同。

企业为了提升企业员工的整体洞察力，可能定期开展头脑风暴活动，或者由高层和专业员工讲解行业形势，进行有效的情报分析，从而做出系统的判断。企业可以通过短视频的方式记录常规的市场分析结论与分析依据，也可以通过抖音平台上的对标账号或者统计工具去深入分析平台上的同行的行业数据，对企业具体的岗位工作会有很好的指导作用。

（四）商务社交

有时候我们会发现一个企业走出来的员工几乎拥有某些共同的特质，或者拥有共同的或相似的商务社交风格。

企业可以根据自己的采购、生产、销售等沟通的主要内容，建立一个相对稳定的企业内外商务社交礼仪。这种礼仪可以通过短视频的方式记录下来，内容要简单明了，让员工看了一目了然，一学就会。

（五）人力资源组织

人力资源是一个企业重要的部门，是企业组织生产的初始环节，也是企业经营的源头的动力部门。企业会根据不同的人力资源需求，建立属于自己企业的人力资源胜任力模型。在这一点上，不同类型的企业差别非常大。对劳动密集型企业，人力资源部分往往要组团招聘，通过多渠道全方位招聘，以选择适合自己企业的员工；对高端技术型企业，人力资源的方向就是寻找合适的行业尖端人才，并且建立自己企业的高科技人才库。

一个企业很难凭空去建设一个人力资源胜任力模型，最好的办法就是把人力资源的有效工作案例记录下来，逐一分析每一个阶段人力资源的工作得失。与此同时，根据企业发展情况，分析企业的人力资源战略需求和落实计划，并且分析不同时段的人力资源成果。在这种工作积累之下，再通过外部案例学习、专家座谈等方式，丰富一个企业的人力资源的经验，积累本企业行之有效的人力资源方法，最终形成一个企业相对完善的人力资源模式。

（六）财务人员

财务人员的关键能力是专业技能、协调能力和学习力三种能力，而其中以专业技能尤为重要。财务人员和其他人员不同，行业经验和工作经验是财务人员不可或缺的评价指标。我们在通过可视化的形式描述企业财务人员的能力模型的同时，也可以通过短视频的方式，使企业的一些财务制度、流程等简单轻松落地。在有章可循的基础上，做到系统化与可视化。

三、关键岗位胜任力

关键岗位胜任力是企业岗位胜任力的重要组成部分。俗话说，“兵熊熊一个，将熊熊一窝”。企业管理层一般有高层、中层和基层，很多企业特别是一些中小企业和民营企业都是在实战中摸爬滚打过来的，核心的员工也是在战斗中形成的。然而，一旦企业发展到一定的阶段，企业领导会发现在用人上力不从心，想做一些事情会遇到各种各样的阻力，自己去调整时又发现好像没有什么实质性的问题。在这样的状态之下，企业日复一日地存续下去，企业一旦遇到困难就会在经营上走上下坡路，企业也很难在经营方面有所创新。

在这种情形之下，企业对关键岗位胜任力模型进行梳理是有必要的。在梳理的过程中，通过短视频进行管理层责任自述、日常流程自述和工作计划自述，并且尝试通过短视频方式进行有效工作汇报。在自述和汇报之前，制订一个岗位能力模型建设计划，让大家积极参与，以减少团队中高管和中层管理人员的阻力。

团队协同胜任力也是企业关键岗位胜任力，管理层特别是高管的主要能力，涉及决策、计划、执行和协同等能力。这些能力都可以通过短视频的方式进行部分或者全部的可视化表达。

◆ 第五节　可视化培训

建立学习型组织，是知识经济时代现代化企业发展的必由之路。根据部门、专业和服务对象以及长期的市场用户情况，建立企业的可视化视频培训资料，不仅是一种新的企业人力资源手段，也是不断优化企业经营的一种新的方法。

在传统的培训中，只有培训者和受训者的视角，无论培训者还是受训者都不能以第三者的视角看到自己的表现。而有了短视频以后，短视频可以让培训老师看到自己实时的培训状态，而受训的员工同样也可以看到自己学习时的状态，对受训的员工而言，同样可以通过短视频来表达演练自己学习的成果。从某种意义上讲，短视频的出现，让所有的训练增加了一个自我审视的视觉，而这种自我审视的视觉对学员而言，无疑是意义巨大的，能够让学员缩短从知道到懂得，从懂得到做到的距离。

更重要的是，这种培训可以在抖音平台上进行实战性训练，通过现有的抖音商业生态，可以直接看到员工的实际战绩，并且从中发现优势和找出差距，往往达到事半功倍的效果。

我们知道学习有五步法，第一是学习；第二是讲解，也就是把自己学的讲解出来；第三是教学，在学习之后，把自己所学的教给别人，当你能对着新人讲清楚的时候，你对所学的知识就应该有深层次理解了；第四是做到，做你所学的内容，用你所学的知识去武装自己的工作实践；第五是得到，通过学、讲、教与做，亲身体会知识对实际工作的影响，最终成为自身能力的一部分。用什么来配合这五步法呢？短视频是最好的实践方式。自己在短视频中把自己学明白了，通过短视频把自己讲明白了，这比起对着镜子训练，效果更快、更直接。当你经过一个阶段的自我训练，把自己满意的短视频发到抖音平台上，如果能够获得更多的流量，说明社会上有许多人在接受你的价值。

企业视频培训的内容涉及方方面面，下面把日常通用的内容做一下罗列，供企业管理者参考。

一、企业基本制度

企业基本制度分为三个方面，一是企业的法人制度，二是企业的组织制度，三是企业的管理制度。通过短视频把企业基本制度体现出来，简明扼要，一目了然。

二、企业岗位职责

企业岗位职责是企业日常运营的基础。不同的岗位有不同的职责，一方面，岗位职责应该有文字版说明书，让员工能够快速了解；另一方面，把岗位职责结合员工的日常工作，通过短视频的方式表达出来，让新入职的员工学习，这也是员工应知应会的内容。

在制作岗位职责的短视频时，文字和视频要保持同步，同时关键责任点和关键步骤要讲解清楚，特别是视频表达要充分到位。尽可能减少员工理解的歧义，在日常工作中不断优化岗位职责，及时修改和完善视频资料。

除了一些复杂的岗位，关于岗位职责的视频资料一定要控制在30分钟以内，一般10分钟左右即可。否则，员工入职时看太多的复杂的岗位职责的介绍，会产生畏难情绪，不利于安定新人的心。

三、企业岗位流程

明确岗位职责后，就是确立清晰的岗位流程，岗位流程是完成业务目标、提升业务质量的约束和保障。一般情况下，企业要根据不同的岗位编制岗位工作流程图，在流程图中，常常会标注业务质量指标和操作注意事项。企业可以通过短视频的方式，对岗位流程进行进一步讲解和说明。

四、企业岗位技能

对于一个员工而言，劳动技能往往影响工作的熟练程度和工作效率的高低，有时候会影响劳动成果的好坏。因为岗位技能也常常影响一个企业对员工薪资待遇的安排。一般情况下，岗位技能又与员工的工作态度、工作经验与工作方法等有关，为了提升员工整体的岗位技能，企业可以根据不同工作岗位的技能要求编写说明书，制作短视频演示案例，供新人观摩学习与对照训练。在视频中，可以由优秀的老员工讲解具体细节与注意事项，强调训练重点。新人完全可以通过学习视频达成自我训练，提升岗位技能，从而全面提升员工的整体工作效率。

我们以销售培训为例，了解一下短视频和抖音在企业培训上的超强功能与它的重要性。

销售培训是大多数企业销售团队技能的必备培训。在没有短视频之前，一般要求销售人员对着镜子讲解产品，在镜子中看自己的状态、对产品的熟悉程度、回答客户疑问的能力，然后分析不足之处，刻意训练。有了短视频之后，面对手机镜头，不仅新人可以通过短视频看到自己的学习表现，同时培训老师也可以看到自己的培训形式和训练重点。同时，结合前面讲的胜任力模型中精英的短视频，对照学习演练，一定会收到意想不到的效果。

在销售环节，很多新手业绩不佳的主要原因还是在心理上、对产品的信心上，以及自己与客户沟通的状态上难以得到突破，而当短视频训练这种方式出现以后，自己看到自己如何表现才能讲清产品，如何说服客户，对口型一样去学习，往往事半功倍。

有的时候，团队中会有员工觉得视频培训形式生硬而难以接受，其实质是对销售工作的抵触。试想一下，如果在训练时期对自己的产品都讲不清楚，或者在视频中表达出来都不能说服自己，只能依靠去拜访客户时让客户依靠概率主动买单，这样的成交效率就会十分低下。

更重要的是，抖音已经成为一个成熟的营销、招商和销售平台，除了少数特殊的行业之外，大多数企业都可以直接到抖音上参与市场竞争。在这种情形之下，销售人员在抖音上建立自己的账号，发布自己的短视频，建立自己的销售人设和客户沟通渠道，显然是一种高效的方法和手段。而这一切的前提是，在训练中要面对镜头把自己培养成一名合格的销售人员。

五、绩效管理系统

视频化绩效管理系统的关键是简明扼要、强调重点。绩效管理系统强调计划、辅导、评价和报酬四个环节，通过图文和短视频的方式，找出关键点、注意点和考评点，让员工清楚企业绩效管理的落脚点在哪里，考核点是什么，这样在工作中才能做到有的放矢。

六、个性化薪酬方案沟通

企业个性化薪酬方案肯定不可能通过短视频一一记录，但是企业之所以有个性化薪酬方案，肯定不是企业领导和高管拍脑袋决定的，而是企业根据公司对人才的现实需求和人力资源市场情况做出的一个灵活变通的方案。个性化薪酬方案往往反映一定时期企业对某种人才的渴求和特殊情形之下的用人理念，通过一些视频资料把领导层的用人理念记录下来，也可以成为企业人力资源长期引进人才的一些基础规则。

无论是绩效管理还是薪酬沟通，视频和文字要配合使用，在达到员工沟通效果的同时，确保建立企业内部管理良好的法律关系。

当然，对个性化人才的招募，更多的是企业文化和人才成长空间的价值，企业的经营理念与战略方向对人才也会产生一定的影响。

七、企业优秀案例

企业优秀案例是企业发展历史的光荣见证，也是凝聚人心的文化工程。在企业不同的发展时期，会涌现出一批又一批对企业做出贡献的先进人物和先进案例。

通过短视频和图文手段把企业的优秀案例记录下来，近期可以作为新员工入职的培训资料，长期可以作为企业文化的一部分。对受到企业肯定和团队认同的员工而言，也是一种无形的激励。

八、角色扮演

很多企业在培训新人的时候，常常开展实战模拟训练，有的甚至开展培训后的生产比赛与市场业绩竞赛。通过让新人迅速入局并且实际操作演练培训内容，以及角色扮演等形式开展真实的商业游戏，往往让员工能够身临其境和感同身受。

毫无疑问，可视化培训已经成为现代企业培训的重要手段和有效方法。大多数中小企业在建立视频培训系统时，遇到最大的困难是没有专业人才。从规划到方案再到拍摄剪辑，最后形成一个完整的系统，需要一定的专业知识，加之部门之间的专业性差异，需要整个公司规划与领导协调。

我们要有两个思考，一是我们的企业文化和业务有没有这样的可供新人学习的资料，二是这些资料能否在不久的将来快速提升我们团队的能力。有了以上两个思考之后，我们会发现，其实要拍摄的都是我们正在开展的工作。之所以有人反对，是因为大多数人不愿意去挑战自己。

用新的工具代替原来的口口相传，建立培训视频资料的过程，也是企业梳理文化、产品、市场销售和服务的一个整体过程。可以说对企业而言，这一切有百利而无一害。在这个过程中，我们还会发现一些原来发展不了的、无法清晰界定的不足。对大多数员工和部门管理者而言，更是一次自我提升的过程。

◆ 第六节　共享社会人

平台型企业出现以后，有太多的中小企业需要学习平台型企业的经营思维。在这种思维的基础上，我们还要把中小企业也当作一个个小微的平台型企业来经营，以获得更大的利用社会资源的能力。一是利用信息化的系统工具提升自己的沟通效率与工作效率。二是想方设法制作好的内容吸引公域流量，并且通过产品与人设把公域流量引导到私域，从而从经营层面降低企业渠道成本和营销成本。三是充分理解信息化时代信息为个人赋能之后的人力资源现状，充分利用社会人力资源服务自己的企业。

在传统工业化时代，很多共享社会员工的模式常常是一种套路，甚至社会上出现通过劳务派遣的方式，规避原生企业的安全责任、税务、劳动法方面的义务。随着劳动者权利意识越来越强，我们全社会的人力资源逐渐从无序到有序，不规范和违背社会道德伦理的人力资源方式也越来越难。

在平台快速发展的今天，企业与企业、企业与平台、平台与平台的边界开始模糊，基于平台的生产与外包大量出现。随着平台上大量的自由职业者和小组织的出现，共享社会人力资源或者共享社会营销渠道等已经成为许多企业面临的一个重大课题。

一、直播间招商

根据标签和算法的原则，抖音平台上最容易知道谁是你最佳的合作伙伴。我们清晰地知道，抖音平台是未来大多数企业最基础的销售渠道，对大多数 2C 的企业而言，可以直接在直播间销售，而对于 2B 的企业而言，把产品与服务包装成项目，最容易开展招商工作。

二、共享专家

大多数时候，专家要么因为信息不对称而失去其应有的价值，要么被少数大企业框在某一个固定的范围内。抖音平台的内容逻辑，几乎让所有行业的专家都有了用武之地。只要让这些专家和企业建立某种连接，在知识经济时代，这一切就会产生天然的商业价值。

三、机构合作

一手抓着平台流量运营方法，一手抓着网红。与机构合作的逻辑，其本质也是一种商业共享的逻辑。

四、网红合作

网红是平台上最热门的流量体。一方面，企业招募一大批员工都培养不出一个合适的主播；另一方面，许多网红因为没有稳定的产品与服务支持而沦为没有现实商业价值的“网飘”。与网红合作，是在以后很长一段时间，中小企业可以发掘的人力资源模型。

五、精选联盟

把企业的产品带到精选联盟，是一种不错的选择。由于同行产品的竞争者众多，企业不要把产品一放了之，而是要学会寻找网红、配套内容和开展活动支持等。

本章导读

对一个企业而言，科技是一种能力，文化是一种责任。

疾风知劲草，板荡识诚臣。好的企业文化，在关键的时候，会救你一命。

没有桃园三结义，就不会有多少年后的千里走单骑与三分天下。在文化的背后，往往充斥着天理人心。

在短视频平台上，企业可以任意去发挥，但不能脱离企业的愿景、使命与价值观，它们的一致性，会让你的企业拥有独立人格，让你的创始人和产品形成商业 IP 一样的品牌价值。

抖音短视频可以让你在不经意中把企业文化的点点滴滴记录下来，宣传出去，感染他人，感动自己。

文化就是人心，文化就是认同，文化就是江湖。

ChapterTwelve

抖音与企业文化

企业文化（Corporate Culture）是一个组织由价值观念、信念、仪式、符号、行为方式等组成的特有的文化现象。企业文化是在一定条件下，在企业生产和经营管理活动中所形成的具有该企业特色的精神财富。企业文化是促进现代企业发展的一种精神动力。

一个企业的企业文化，往往与它所处时代的文明状态相对应，并且受到来自世俗的文化的影响。企业文化本身就是一种社会认同，任何一种文化认同都是有空间和时间边界的。农业文明、工业文明与现代信息文明，不同文明阶段商业主体的文化状态是有所区别的，这些区别不仅体现在文化的内容上，同时还体现在不同时代社会文化的表现形式与传播手段上。

企业文化不是做宣传，更不是做广告，企业文化是一个从团队中来，再回到团队中去的过程。在团队、产品与市场用户之间，企业文化是一种无形的黏合剂。企业文化的内容一般包括物质文化、精神文化和制度文化。企业精神文化包括企业的愿景、使命和价值观，处于企业文化的核心层；企业制度文化包括企业的章程、日常规则、制度流程和道德伦理，处于企业文化的中间层；而企业物质文化主要是指企业的形象识别系统CIS，处于企业文化的表层。

一个企业优秀文化的形成，是自下而上的养成文化，也是自上而下的引导文化，是榜样文化与标杆文化。“楚王好细腰，宫中多饿死”，企业领导与管理层的喜好，对一个企业文化的形成也起到关键的作用。我们在记录日常企业文化片段的时候，既要考虑到企业领导的观念和态度，同时还要结合团队发展的整体情况。从群众中来，到群众中去，把优秀的企业文化从日常经营活动中总结和提炼出来，通过汇总、总结和简化后，再推到实际工作中去。

我们通常讲的企业文化包含一个企业的团队文化、商业文化和生活文化等。文化不仅体现一个企业的存在价值，帮助员工成长，同时还可以用来做原则规范，对内固化于制，开启智慧，统一行动，对外可以宣誓使命，做出承诺，见证品牌、品质与服务。

短视频是企业文化一种崭新的塑造手段，抖音是企业文化新的媒体形式和传播平台。当我们把抖音看成是一个商业生态，我们就会从抖音商业思维的角度去分析这个时代的企业文化特征。抖音商业生态不仅给企业文化带来了形式上的变化，同时也从信息化和平台化的角度为企业文化提供了新商业的时代材料。

为了让大家在日常经营中做到学以致用，把企业文化的功能落到实处，我们从短视频工具、抖音平台入手，结合企业文化的一般内容与整体结构，进行相关阐述。本章讨论的重点是企业如何利用抖音开展企业文化建设，所以关于抖音商业生态对企业文化主体内容的影响，有许多观点散落在本书的其他章节，不再是论述的重点。

◆ 第一节　企业文化是一个企业长期经营的结果

如何看待企业文化对于一个企业的作用，一直有着不同的声音。一种观点认为企业文化是一个企业经营发展的根基，非常重要；还有一种观点认为，企业文化是虚无缥缈的东西，在现实的企业经营中没有多大作用。

企业文化无用论者认为企业做得好不好不仅与企业文化无关，甚至与企业家和员工是否认真做事与努力工作无关。他们认为企业文化是大企业成功之后涂脂抹粉的工作，中小企业不仅不需要企业文化，也不能考虑建设自己的企业文化，否则就会直接把企业干倒掉。

另外，还有一部分成功学大师满口跑火车，不讲企业文化，不讲科学管理，不讲价值创造，而大讲特讲资源整合。他们一边大肆渲染各种借力借势的神操作，一边发出鼓动商业投机的心理暗示，超越商业底线的人际关系学和厚黑学大行其道。以客户为中心、员工价值、追求卓越、创新迭代、匠人精神、长期主义、科学管理和诚实守信这些商业理念在他们那里连摆设都算不上。

企业文化无用论的观念明显是错误的，而且这些观念在中小企业中常常产生极坏的影响。企业文化无用论不仅是对企业文化的一种误解，更多的地方是在偷换概念。很多大企业都是从小企业成长起来的，特别是信息化时代的新兴企业。例如，阿里巴巴创立初期如果没有自己的团队文化，是根本不可能在复杂的市场困境中得以生存并且发展壮大的。

为什么企业文化无用论有一定的市场呢？主要还是因为我们市场经济经历了一个近 40 年的发展快车道，我们的快速发展得益于国内外巨大的市场空间和国内超量的人力资源优势。在这个过程中，增量市场巨大，大多数企业是在增量中发展起来的机会型企业。同时，企业经营管理也往往相对粗犷，从而给人们造成一种假象，认为企业就是这样发展起来的，好像“南大、北大不如胆大”的一些说法，听起来有一定道理，只能说明某个特定时期具备极大的商业机会，事实上往往是不可复制和经不起深度推敲的。

随着市场主体的日趋成熟和市场竞争的日益激烈，机会型企业生存空间越来越小，创新经营和科学管理这些经营观念与经营思想才再次走上台前。直到今天，现实生活中很难遇到从玄学和胡扯中取得真正成功的个人和企业，然而这样的演讲几乎每天都在进行，而且会有很多小老板花大价钱听，加上社会上流传的一些投资创业故事，让很多中小企业老板对整合资源达到迷信的程度。至于对喜欢听的人到底能起到多大的作用，无从得知。

我们常常见到身边的一些朋友，不断地给你谈一些他们本身并不了解的项目，同时还禁不住夸赞一些项目的行业趋势、商业逻辑或者各种成功的案例和各种背景，从纳米产品到量子产品，从区块链到大数据，几乎无所不包、无所不能，然而几年后，再见面的时候就会发现他们讲的又是另一个项目。

经过近40年的商业扩张，机会型企业一直是商业的主流，这让许多人对经商与办企业产生了巨大的错觉，认为创业的本质是发现市场的商业机会或者是投机的机会。而现实中，在工业化社会，特别是在成熟的存量市场，现代企业之间的竞争，归根结底是生产效率与商业渠道流通效率的竞争，是产业技术与资源的竞争，是人力资源与现代管理的竞争。

由此我们也可以发现，一个好的项目本身也会有一些经得起推敲的企业愿景和价值观，以及其合理的商业模式。那些明显具备包装痕迹的玄学文化与成功学，和真正的企业文化之间，隔着千山万水的距离。

企业不论大小，也不论你平时是否总结，亦不管你团队平时是否学习，企业文化就是在一个企业发展过程中客观地广泛存在的文化现象。就像一个人一样，一个人的文化和学历没有多大联系，学历的标准是文凭，而文化代表一个人的修养和素质。一个企业的成功，规模再小，人员再少，它的背后也有着点点滴滴个人文化和团队文化在支撑。一个团队大多数人的喜好特点、行为习惯、评价标准，就是一个企业的基础文化，这种文化会不断影响新来的员工，最终形成一个相对稳定的企业文化。

企业管理规则越细，执行起来越难，管理成本越高，有时还会发生巨大的经营内耗。在管理越来越注重细节的今天，用企业文化引导团队的经营理念和经营行为，团队协同更加容易，工作效率更高。

有人认为，企业文化是领导文化与洗脑文化，是领导给员工洗脑用的。这同样也是对企业文化的一种片面理解。企业文化不仅包含企业创始人的责任与梦想，也是企业全体员工共同的目标和方向，甚至也是企业能否开展高效管理的基础。只有上下达成共识，形成共同的愿景与价值观，才能形成一个企业相对完整的文化系统。

企业文化是一种团队共识，是企业成长过程中逐步形成的一种文化现象，也是企业长期养成的思维方式和行为习惯。一个企业团队文化的形成，是一个企业在成长中自然发展的一个过程，同时也是有一定源头与导向的。客户导向也就是市场需求导向，这可以说是一个企业发展与利润来源的源头；员工导向也就是团队需求导向，也可以说是一个企业团队天然的动力。价值导向、目标导向等，都会对企业文化的形成产生一定的影响。

企业文化不是一个企业与生俱来的东西，需要企业团队在经营过程中不断地探索与积累，在企业规模小的时候，企业团队人数少的时候，如果不注重企业文化的宣讲与传承，一旦企业形成了规模，或者发生人事变动，企业就会常常发生难做与人难管现象。对许多企业老板而言，平时自以为显而易见的事，在关键时刻却常常觉得力不从心。

一个非常有趣的现象，很多优秀的企业创始人在总结企业是如何成功的时候，常常会谈到企业文化，并且将企业文化当作创业成功一个非常重要的因素。这不是事后诸葛，也不是自卖自夸，这往往是差之毫厘谬以千里之后的庆幸与感叹，是在多次尝试后在众多成功因素背后发现的底层逻辑。俗话说“经营企业就是经营人心”，而这个人心是什么呢？其实，在企业经营过程中的人心就是一个团队的价值取向，也是一个团队的文化认同。

◆ 第二节 短视频是记录、梳理企业文化的重要手段

企业文化不是自上而下的一个想法，也不是请个策划高手写一个文案，就能够形成有价值的企业文化。企业文化的形成，需要团队在长期的企业经营中去总结与积累。企业领导对企业文化的形成起到一定的引导作用。

“问渠那得清如许？为有源头活水来”。短视频以其直观、明了、可复制与可重复的优点，已经成为记录和梳理企业文化的重要手段和主要

方法。短视频在内容真实性、展现的生动性和视觉的饱满度上，远超二维的图文形式。

在抖音新商业生态中，现代企业文化正在焕发蓬勃生机，充满崭新的时代活力与时尚气息。企业文化相关资料在过去的存储方式常常是图片和文字，传播的手段也只是一些中心化的媒体和网络平台，有了短视频之后，短视频以其独特的优势，在企业文化资料记录、整理、展示和宣传的过程中，作用越来越大。

2021 年郑州大洪水过后，鸿星尔克捐助 5000 万物资，一首神曲从抖音平台唱起，鸿星尔克的直播间一夜爆红，直播间甚至企业仓库商品销售一空，国货品牌和爱国热情瞬间融为一体。这就是抖音与企业文化结合发出的震撼力量，而这种力量和变化在抖音平台上每分每秒都在发生。

无独有偶，企业文化也会推动新媒体商业应用的变化。“双减”之后，各大平台下架 K12 培训，俞敏洪带着新东方的老师转战抖音直播带货，在东方甄选销售农产品。通过将近一年的摸索，终于在 2022 年夏天迎来了重大突破，并且创造了直播间讲知识同时带货的直播模式。这种寓教于乐的直播方式的突破与成功，与新东方的企业文化的长期沉淀是分不开的。

随着智能手机的广泛应用，去中心化的抖音平台快速兴起。短视频平台在聚集海量的用户的同时，操作简单、发布方便，内容也越来越丰富。从某种意义上讲，中小企业第一次获得了在移动互联网上实现自我营销的话语权，同时也为一个企业对外传播企业文化提供了极大的方便。

◆ 第三节　通过短视频把企业愿景渗透到经营的每一个环节

企业愿景是组织在未来所能达到的蓝图，企业愿景体现了企业家的愿望、追求和信仰，同时也是企业最高管理者头脑中的一种概念，是高层管理者对企业未来的整体设想。

企业愿景和价值观都不是企业与生俱来的东西，而是在企业生产经营和团队实践中，不断积累和养成的。企业价值观的形成和员工对企业价值观的认同也是一个潜移默化的过程，言传身教、上行下效是企业价值观形成最快的路径。

管理学家德鲁克认为，企业需要回答以下三个问题：我们的企业是什么？我们未来是什么样的？我们的企业能做什么？按照企业文化的说法，就是企业定位和经营战略问题，德鲁克的三问的背后同样指向企业的愿景、使命和价值观。

对于一个企业而言，价值观不仅仅是说出来的，更重要的是干出来的。企业活动养成了企业习惯，企业习惯创造了团队共识，而企业团队共识就是企业文化的雏形。企业好的习惯的养成是十分重要的，因为这里面往往就包含了一定的价值认同。只有把精神层面的价值观落实到制度层与行为层，落实到每一个有形的经营管理细节中去，愿景和价值观才能发挥它应有的功能。

短视频就是把企业愿景渗透到企业经营管理细节的重要工具和必要桥梁。通过短视频和直播间，可以把企业文化梳理得更加系统清晰，内容做得更加丰富，并且传播到更加广泛的人群中去。

一、学榜样、树典型、讲故事，系统打造企业精神

企业文化往往离不开经典的故事，更离不开榜样的力量。一个企业的基本信念，一个团队的时代意识，一个企业的优秀传统，常常会在平时的工作中通过某人或某事体现出来。这就需要企业的领导者有一双慧眼，不断发掘先进，及时树立典型，通过短视频的形式，生动形象地打造标杆，有序地进行宣导，系统打造属于自己的企业精神。

一般而言，通过几个短视频就会让企业文化凸显在人们面前，例如：榜样一、二、三，介绍每个榜样的典型事件，然后再讲一下企业创业故事一、二、三等。看似几条或者十几条不起眼的短视频，在企业发展过

程中，往往会起到十分重要的作用。

二、注重仪式感，全程记录企业文化成长过程

仪式感是企业文化最重要的体现形式。企业文化不是从天上掉下来的，是团队在日常生产生活中的一种沉淀，而这种沉淀，不仅需要日常的记录和传承，还需要极强的仪式感。企业无论大小，企业文化积累都需要一个过程。有了短视频之后，这种仪式感会被全面记录下来，在企业发展中不断传承下去。

三、通过短视频形式整理和积累企业文化的系列内容

通过短视频把年轻人在企业工作与生活的点点滴滴记录下来，然后在团结、活泼、阳光、担当等正向价值理念的导向下，去剪辑，再用心编辑，常常会得到一些非常优秀的企业文化资料。

一个再新的公司，一个再小的企业，只要有一两个有心人着手去做，企业文化就会落地生根，有序生长。对于一些创业成功的企业，事后去分析这些企业的成长的道路的时候，你就会发现，在前期创业团队里，总有一两个认真负责、勤勤恳恳为企业做各种积累的人。

有人会讲，企业好像没有什么东西可以制作企业文化的短视频，在这种情况下，就要创造机会和内容，就要多搞活动。小到晨会、培训会、演讲活动、拜访客户、团队游戏等集体活动、业务比赛、奖励与惩罚过程，大到周年庆、行业活动等，把这些东西记录下来，境过时移，再来看这些短视频，往往会有较强的震撼力。

表面上看，年轻时尚的新一代员工崇尚自由的工作环境与工作节奏，不太关注老套的企业文化。然而，我们在现实中也会注意到，年轻人在崇尚新时代的价值观的同时，也会选择与同频的人在一起。企业可以让一些年轻人，也参与到企业文化资料的制作与整理中来。

◆ 第四节 短视频丰富了企业文化场景化应用

在企业文化资料积累的过程中，我们有时候会感觉到，很多企业的日常生产生活十分简单，甚至常常显得十分枯燥，既没有什么可以大书特书的企业故事，也找不出什么明显的榜样力量，从而让我们感觉没有什么值得书写记录的文化现象。

一方面，有了短视频之后，拍摄起来比较方便，可以记录的内容好像也越来越多；另一方面，当可以记录的场景越来越丰富，记录方式也会变得更加简单适用。

一、通过短视频演绎企业文化的精神内核

精神层一般是指企业的愿景、使命与价值观，也是一个企业文化的内核。企业作为一个社会主体，首先要回答一个团队的信仰与使命问题。

为了让精神层面的企业文化表达得清晰明了，一方面要用图文的方式做好梳理和记录，另一方面要用短视频的方式把精神层面的内容通过场景化体现出来。在制作企业文化视频资料时需要注意的是，切忌企业文化序言旁征博引，而正文却十分空洞，因为这样的企业文化对内没有感召力，对外也没有宣传张力。

通过短视频把企业文化的精神层面表达出来，比如访谈型、图文 + 短视频场景型的方式体现出来，做好每一个场景的脚本，让人一听就懂，一看就明白。

二、通过高管解读与业务实操表达企业制度系统

制度建设是现代企业管理的灵魂，也是企业成长的基石。在一个企业，制度文化和精神文化是统一的，制度文化是精神文化在企业经营管理中的一种体现。一个不好的制度可以把优秀的员工变成普通员工，一个好的制度，可以把一个普通人塑造成为一个优秀的职业人士。企业无论大小，

员工多少，事情无论大小，都应该有制度来约束。

企业的制度文化是企业文化的中间层，主要涉及经营制度、管理制度与企业伦理三个方面。经营制度一般体现经营者的经营风格与战略价值取向，企业制度也是企业管理者为实现企业战略目标制定的深层次活动规则。管理制度除了日常管理外，还会强调业务的流程与操作规范，在开源节流与增加生产效率的同时，降低企业经营风险。企业伦理也是企业制度文化的一个重要组成部分，它往往不表现为确定的文字条款，也不需要强制执行，而是企业经营活动中形成的团队风俗与习惯。往往是这些企业伦理，在企业经营管理中起到重要作用。

在现实管理中我们会发现，大多数企业的制度要么贴在墙上，要么存放在公司电脑里，有的员工从入职到离开都没有看过。不少企业制度白纸黑字非常系统完整，然而对于大多数员工而言，它只是一堆存在于文件夹中的制度资料，很难发挥出制度的价值。

为什么会发生这样的事情呢？在企业制度问题上，主要是高管弄不明白就讲不清楚，讲不清楚就管理不到位。员工弄不明白就会不以为意甚至内心抵触，一旦员工从内心抵触了，所有制度的价值最终都将归零。

当一个企业有制度无法落实，有的甚至说出一大堆以人为本的借口开展所谓的“德治”，最终导致团队执行力低下与企业经营效率下降，甚至有的企业因承担巨大的经营风险而亏损倒闭。而当企业陷入经营困境时，德治的人情世故与人文关怀都于事无补。

对于企业制度和业务流程等，可以发动全员参与，一人一章甚至一人一节，把制度规则和业务流程表达好，理解透，讲清楚，并且通过短视频言简意赅生动形象地展示出来。

企业把经营原则、管理制度和企业伦理通过丰富的短视频方式记录、讲解和展示出来。通过管理层宣讲、员工互动与用户反馈，以正反面案例等方式，形成一套企业完整的生动形象的制度系统，让员工都能够看得明白、看得进去和理解得了。企业要主动地用好制度的力量，开展好自己的工作。

三、全面记录、拍摄、剪辑、制作与传播企业 CIS

企业文化的物质层是企业精神层与制度层的外在体现，往往折射出企业的经营思想、管理哲学、工作作风与企业集体的审美意识。物质层是企业文化的表层，也是企业文化的显性层面，是一个可以被企业内外都能感知和识别的部分。

企业 CIS 是企业文化的核心组成部分，也是企业文化中应用最为广泛的物质层文化。

CIS 是企业形象识别系统，由企业的理念识别（MI）、企业的行为识别（BI）和企业的视觉识别（VI）三个子系统组成。

在记录丰富企业文化的同时，完善企业 CIS 系统，实现企业文化场景再现的过程中，短视频已经成为企业文化建设、培训与传播的优秀工具。

去粗存精，去伪存真。外化于行，内化于心，固化于制，实化于行，也是一个企业文化的成长与完善的必由之路。

◆ 第五节　短视频让企业文化建设操作性更强，落地应用更广泛

企业文化落地是一个潜移默化的过程，企业文化建设的过程也是一个团队自我学习、自我成长和自我完善的过程。企业愿景和使命能够激发全体员工的使命感与责任心，以振兴企业为己任，去研究市场、制定战略。同时，在企业愿景和使命的影响下，开展经营决策和部署发展规划。公司战略目标的细分是全体员工目标导向的基础。企业使命和价值观是全体员工日常行为的核心依据，在企业经营中常常起到定海神针的作用。

互联网出现以后，虽然各种图文内容得到快速传播，然而除了一些大型的中心化互联网平台外，大多数企业网站沦落为没有流量的信息孤岛。有了短视频工具和抖音之后，企业文化终于有了全面展示的阵地与系统演绎的平台。

一、注重在日常工作中的总结和积累

我们无法否认，一个能在激烈市场竞争中存活下来的企业，一定有着这样或那样的过人之处，存在这样或那样与众不同的经营理念和团队精神。只有把这些企业文化优秀因子找出来，在团队建设中发扬光大，才是企业基业长青的原动力。

有些人认为，年轻人价值认识不同，对企业文化这样的东西不屑一顾。事实并非如此或者恰恰相反，每个时代的年轻人都有着那个时代的阳光，充满着时代的朝气与年轻的活力，喜欢他们所喜欢的，快乐他们所快乐的，然而一旦他们执着和认真起来，却有着一样的不同凡响的韧劲和爆发力。

特别是在抖音上，年轻人有着自身的网感，在创新创意和举手投足之间，年轻的新新人类不仅有着自身的看法，更有自己的打法。

二、企业制度通过短视频从纸上走向日常管理

在现实的管理中，企业制度常常得到不到有效执行。一方面是因为这些制度只躺在公司的电脑中或者手册内，另一方面主要因为这些制度没有十分清晰的应用场景与落地流程。

一般来说，企业管理常常会经历一个从粗犷到精细，从不完善到完善的过程。大多数中小企业都要面临一个从经验管理到科学管理的台阶，从无序经营到有序规范的台阶。

我们应把管理制度和日常规范通过短视频言简意赅直观地表达出来，结合现实的工作场景，记录一个又一个工作中的实际案例，让员工看起来一目了然，做起来明明白白。这样不仅让企业员工对具体制度产生深刻印象，明白制度指向的具体内容，更容易在日常工作中学习落实与参照执行。

一些中小企业特别是民营企业的老板，最头疼的事是人不好管，开口就是团队习惯差，团队缺乏执行力。一问都有制度，一说都知道怎么回事，一做就是漏洞百出。继续找原因，最后归因于人心复杂。在这种情形之下，短视频的可视化管理就成了中小企业管理升级的一把利剑。

三、生动形象的道德伦理案例才会受到员工欢迎

企业伦理道德往往是企业降低管理成本、实现高效经营的必要条件。很多管理者会想，企业从文化伦理角度去约束团队的行为，是不是会成为镜花水月，达不到实际的效果。从表面上看，道德对员工的约束没有强制性，然而当我们深层次分析就会发现，一个员工之所以能到一家企业工作，首先已经认同了这家企业的行业属性与职业属性，企业伦理道德不仅仅是对企业经营的一种保障，更多的时候也是对员工利益的一种保护。

企业道德不能仅仅停留在字面中或者会议上，企业伦理更需要尽可能通过场景小视频清晰展现团队的荣辱观、是非观。在短视频真情实景的感染下，道德文化的力量往往先于企业制度发挥作用。

企业开展可视化职业道德学习，让员工清晰识别整个企业自上而下的价值取向。在团队共识下开展工作，不仅会减少企业统一思想的说教成本，还会把这个企业文化的规范力渗透到企业经营的每个细节。榜样的力量让企业精神更具号召力。优秀的企业精神，如创业精神、奉献精神等，在日常工作与生活中，不断激励每一个人，让大家能相信自己，笃定沉着去战胜企业经营中的一切困难。

◆ 第六节 通过抖音平台传播企业文化

企业文化分为内部文化和外部文化。企业文化在团队内部宣导的基础上也会不断向外扩展，直到影响一定的社会大众。

当企业文化向外进行传播时，从消费者到合作伙伴，再到行业的上下游企业，直到与企业产业链条接近的企业和个人，企业文化的影响范围会越来越大。

企业文化是企业品牌形成的起点。那些使用我们产品、享受我们服务的单位和个人，他们会从我们宣导的企业文化中，感受到我们的工作

作风和团队气息，也会从我们的产品与服务中，感受到我们的社会价值与行业情怀，从多个层面确立我们企业的品牌形象，并在此基础上，影响公众舆论，引导公众态度。

企业文化是一个企业从内部认同到外部认知不断传导的过程。在视频资料积累过程中，不仅会形成系统的对外宣传的企业文化资料，同时还会积累大量的企业内部交流、学习培训的关键资料。

一、讲好企业的故事

和普通用户不同，企业到抖音平台上面来，一方面因为自己的上下游企业和客户都在平台上，另一方面抖音上的标签和算法几乎可以让任何一个企业在最短的时间找到与自己同频的客户或者合作伙伴。企业通过制作出好的内容吸引同频的客户，并且可以通过付费推广的方式扩大战果。

企业的故事有创始人的故事、创业的故事和经营的故事等，一个好的故事往往让人感同身受，在引起人们关注的同时，激发人们的情感，给人们留下深刻印象。从海尔砸冰箱到百度扫地阿姨，从阿里前台合伙人股东到格力招聘孟羽童做主播，不同时代创造品牌故事的逻辑也有所区别。海尔指向管理创新，百度指向价值投资，阿里指向合伙人创业，格力指向品牌人设与直播间渠道转型。

一连串故事之后，东方甄选直播间终于在一个夏天的晚上火了。紧接着东方甄选一下子做了十几个细分直播间，而且大多直播间都比较火爆。这说明把故事讲好非常重要，能影响到一个企业甚至一个上市公司的发展。

企业和个人做抖音一样，要说粉丝喜欢听的，而不是你想说的。企业到平台上面来，最好的办法就是把企业想讲的内容，通过讲故事的方式表达出来。这和传统企业品牌逻辑是一致的，讲好品牌故事，往往事半功倍。

二、我为企业代言

我们正处于传媒商业时代，也是一个自媒体时代。企业的一言一行都会在社会圈层中传播，可以说传播无时不在、无处不在。企业文化正是引导一个企业整体向外传播的主要内核，也是企业对外传播内容相对稳定的标尺。也就是说，一个企业对外传播的内容，往往要符合企业文化的要求。

在这个“流量为王”的时代，大多数品牌都会选择网红、明星来作为品牌代言，而很多企业在看明白商业IP的底层逻辑之后，常常独辟蹊径，由老板亲自充当企业代言人。

商业IP背后的本质是私域流量，是由企业产品和品牌引起的用户关注。对广大用户而言，企业要么为用户提供有价值的知识与服务，要么为用户提供有价值的产品进行交换，而企业老板往往是一个企业为用户提供优秀的解决方案的最佳选手。

抖音平台上的流量是个人内容逻辑，所以无论做抖音还是商业IP，企业老板自己做往往事半功倍。商业已经由传统的B2C逻辑走向C2F逻辑，品牌被电商解构后，没有用户的企业生存空间越来越小。企业家为自己的品牌代言，在互联网时代是一件非常时髦而又十分平常的事，背后往往有着深层的商业逻辑。

在自媒体时代，特别是企业媒体化时代，企业家无疑需要面向镜头。个人逻辑走向前台，一个个企业由产品、品牌走向一位位生动形象的创始人。十几年来，除了百度、阿里、腾讯等互联网企业的创始人之外，雷军、董明珠、罗永浩等都已经纷纷尝试过面向镜头讲自己的创业故事，为自己的事业代言。

创始人或者高管为企业代言，需要三个方面的素质：一是价值观要正，口碑要好；二是形象要有亲和力，或者有自己风格；三是具备一定的表达能力或者表演能力。

在现实中，每一位员工都是企业形象的窗口。从公司高层到中层管理人员，直到公司销售人员，代表公司和上下游客户打交道的时候，一言一行都代表企业形象并透露出企业文化。一方面，在建立好企业文化墙的同时，把先进员工和先进事迹表达出来；另一方面，通过短视频和抖音账号来进一步进行企业文化宣传。

很多人在社交软件上都拥有了自己的账号，通过朋友圈发布企业信息，维护客户关系，员工可以突破企业场所，与用户和消费者直接建立连接。粉丝因为相信企业的某个员工而选择相信企业产品，人与人之间的连接成为商业交易的一个起点，这是信息化时代带来的一种变化。

企业的销售人员、招商人员、市场人员都可以通过个人的抖音账号建立企业外部关系。在这个过程中，员工根据自己的岗位职能在线建立外部连接的时候，企业需要有一个明确的外部信息识别路径，在保守企业商业秘密的同时，最大范围地推广企业品牌与产品。

三、员工矩阵

数学中的矩阵是指一个长方形的复数或实数的集合，打个比方就是排成一个长方形的队形，又称之为阵型。而在抖音上，矩阵是一种关联账号的玩法。矩阵号就是通过创建多个关联或者隐性关联的账号，大量发布视频，为其产品或者服务获得足够多的曝光，直到达成大量的销售成交。

矩阵号搭建的方式不同，玩法也有所不同。

一种是同一商业 IP 或者同一机构下不同细分市场的账号，比如东方甄选热门之后，快速推出了食品、日常生活和读书等不同品类的直播间，不同直播间之间就形成了一个品类矩阵。

一种是不同账号和某个企业账号之间隐性关联，但子账号的内容和粉丝画像几乎一样，在内容传播的同时，为某个品牌或者某个 IP 或者直播间引流。

一种是在一个大的账号逻辑下，根据参与者的不同建立不同参与者的个人账号，为了实现某个商业目标而系统运营。

企业还可以通过在抖音平台开设不同赛道或者不同风格的账号达成企业营销或者运营目标，比如企业号、创始人号、人力资源、招商、合伙人、营销号等，形成不同内容之间的协同矩阵，这是一种互补形式的矩阵号。

当然，企业可以在一个主账号的引导下形成多员工自主的账号，然后各自吸引粉丝。在一个相对统一的逻辑指导下，形成员工矩阵号，这是一种同频联动的矩阵号。

假如一条视频仅有 500 个播放量，一天一个员工发布 3 条视频获得 1500 个播放量，一个企业有 20 个员工打造矩阵号的话，可以轻松得到 30000 个播放量，几乎相当于一个地级市报纸的发行量。这还不包括企业开直播带来的联动效应。

从品牌角度上看，员工的矩阵号可以在不同人群中强化客户的信任的同时，连接更多的新客户。当同一人设、企业名称、品牌、关键词的矩阵号很多时，也可以在平台搜索的结果中实现全面霸屏。

在抖音平台，因为平台推流是复杂的，我们能感受到一些隐形矩阵账号的存在。比如，同一商家的多个品牌，或者同一产品的左右手互搏等。

四、跨平台矩阵

对企业而言，账号矩阵的玩法还可以是多平台的，在不同平台上建立多账号逻辑，从而形成企业品牌传播、渠道招商或电商销售等闭环能力。不同平台，如微信公众号、今日头条、B 站、小红书、抖音、快手、视频号、淘宝、美团、京东、天猫等，都能够拿来放在一起做矩阵。多平台、多账号输出企业及品牌信息，或者共同支持一个商业 IP，通过不同账号之间粉丝的相互影响，扩大企业品牌的影响力，提高线上线下的成交能力。在这种情况下，因为抖音平台的流量大，一般都是以抖音平台作为跨平台流量的基础与中心。

当一个企业拥有抖音事业部，或者一个抖音工作小组时，系统指导和批量开展工作就十分容易。比如，直播切片模式，把一个充满幽默和快乐节奏的直播间切片成 N 个短视频，然后分发给不同的短视频或者平台账号，这些账号共同指向某个直播间的主播人设，以便于为一个主直播间或者一个品牌进行全方位引流。员工矩阵号的玩法，还可以延伸到企业的代理商、终端用户和消费者那里，通过一定的利益链条，通过合作伙伴和消费者，把企业品牌与服务通过更多的账号体系推广出去。

◆ 第七节　短视频与企业形象建设

企业形象建设贵在日积月累，看似复杂的事情，按部就班地做起来就很简单。短视频是企业形象系列化建设的重要工具，抖音已经成为企业形象推广的高效平台。本节仅就企业形象的有关内容与重点环节做一下梳理，以便于中小企业在实际工作中随时应用。

企业的形象识别系统是企业文化物质层的关键部分。企业形象主要由领导形象、员工形象、产品形象、服务形象、品牌形象、企业荣誉、商务外联形象、门店形象、企业技术形象、总部形象等方面组成。当然在这之外，还有服装、工具车、企业之歌与企业口号等可视可听的物质层面的形象因素。

一、领导形象

领导形象是企业领导在企业日常活动中展现出来的，被企业员工和社会公众感受到的外在形象、内在修养和整体素质的总和。领导修养是领导形象的关键部分。

领导形象除了领导外在形象外，还包括领导个人品质、领导经营智慧、领导艺术与风格等方面。树立良好的领导形象，对企业发展而言，往往起到事半功倍的作用。

将者，智、信、仁、勇、严。我国古代著名军事家在《计篇》归纳出为将的五个素质。而现代企业家在做好以上五项自身修养建设的同时，还要做到纪律严明、奖惩分明和不徇私情。

创始人 IP 是展现企业领导形象的最佳路径和有效手段。在一般媒体上宣传一个企业的领导，展示出来的往往是包装后的企业领导形象，在抖音平台，建立创始人 IP 和传统媒体宣传的逻辑完全不同。在抖音上打造一个创始人 IP，人设要以真人为主，只能适度包装，绝不能过度包装。把一个企业的领导包装成超凡脱俗的圣人，赋予高大上的人设，不仅不会受广大抖音用户的喜欢，往往会带来更多的挑剔。另外，一旦人设崩塌，就会给企业整体形象带来难以弥补的伤害。

创始人 IP 常常具备一般账号无法比拟的巨大收益，其真实性成为打造领导形象的关键所在。要做好创始人 IP 的人设防火墙，可以在加强领导专业段位的同时，不妨做个俗人，把高大上的领导人设通过稀松平常的方式表达出来，或者把创始人包装成为大家特别是年轻人喜闻乐见的段子手。把非常专业的人设刻意打造成非常接地气的普通人，这也是许多人想做也做不到的事。

对于大多数企业创始人来说，口播和专题访问以及日常 VLOG 是不错的内容形式。

二、员工形象

每一位员工在特定的场合都有机会代表一个企业的形象。员工言谈举止大方得体还是粗俗不堪，对企业充满自豪、满怀信心还是消极倦怠、怨天尤人，无时无刻不在影响着社会公众对企业的观感和企业的整体形象。

一般而言，员工形象主要分为仪容仪表、员工素质与道德情操三个方面。仪容仪表是员工自我形象展示的首要途径，也是传递企业形象的直接通道。着装干净得体、行为举止得当是对员工形象的一般要求。当代的年轻人更讲究个性自由与自我精神展示，对年轻人仪容仪表的要求越来越宽泛，在尊重个人自由个性的同时，年轻人还需要讲究礼仪。在日常生活中，特别是在社交场合，尽量去尊重企业明确的要求和规定；在企业工作场所，严格遵守企业对员工标准化的形象要求。

员工的文化知识、业务技能与服务态度是体现员工素质的重要内容，也是一个企业与社会公众进行服务沟通的基础。企业要做好生产规范与服务流程设计与培训，员工要做好自我教育与成长。

在抖音上展现员工形象，一方面是通过企业号宣传，另一方面通过员工自己个人的抖音号实现。因为员工本身就有多样性，对员工的人设不追求整齐划一，通常是要考虑专业和阳光两个概念。

你努力工作的样子真美。员工形象可以通过企业账号进行系列表达，也可以通过员工个人号或者矩阵号来实现。在表达员工形象中，最好带入个人才艺的场景。当联通小姐姐的舞蹈出现在抖音平台之后，邮政、移动、各大银行纷纷跟上，让人耳目一新。特别是新冠疫情防控期间，大白在医院或方舱的舞蹈，给人们压抑的心情带来了舒缓和希望。

三、产品形象

产品形象是为实现企业市场目标的细化工作之一。产品形象建设是以产品设计为起点开展的系统形象建设。产品形象设计，是把产品本身作为载体，对产品的功能、结构、形态、色彩、材质以及依附在产品上的标志、图文等展开创新与创意设计，能客观、准确地传达企业产品精神、品牌思想与价值理念。

随着信息技术的发展，在互联网平台上，产品形象更多地通过短视频和大数据等信息技术手段，及时达成与目标客户的互动。抖音上有一种沉浸式直播间，大多数时候是在展示产品的设计、生产和使用过程。产品是商业短视频和直播间唯一的主角，而设计师、工人和客户甚至于主播在直播间成了配角。这种方式对许多生产本身就新奇特或者使用场景特殊的产品，会有不错的宣传效果。

每一款产品都有它的灵魂。每一款产品从市场调研、产品研发与设计、生产销售与服务甚至顾客使用的全过程，通过短视频做好系列的记录，本身就是良好的企业文化资料和品牌营销资料。

在没有抖音这样的短视频平台之前，产品形象的创意一般是从设计师的思想出发，去架构一个新的产品世界。而有了抖音平台之后，我们会发现，产品形象的建设有了十分强烈的参照对象，几乎所有的行业和产品在抖音平台上都可以找到相同或者相近的类目与产品，也能够从这些表达的产品形象的短视频数据中分析出浏览者的喜好。换句话说，对新产品的设计，大概率是要依靠对对标账号内容的数据分析，而不是依靠天马行空的设计师的自由发挥。从某种意义上讲是有点遗憾，因为大部分设计师有了偷懒的空间，然而对创业者而言，无疑是增加了产品畅销的可能性。

从抖音个人逻辑的角度上讲，在短视频和直播间，一个产品最好的表现形式还是和创始人 IP、网红达人以及产品品牌联系在一起，和产品的设计师人设、意见领袖等一起。这也是抖音商业时代形成的一种共生共享的商品品牌逻辑。

产品 IP 是什么？我们一般可以把产品 IP 理解成为产品形象建设的一个高级阶段。在抖音平台上，通过短视频和直播间对产品进行角色化、拟人化和场景化表达，并以此吸引更多的粉丝。在消费品牌时代，可口可乐就是一个经典的产品 IP，是通过消费者口碑打造的。而在人工智能时代，阿尔法狗是一个不错的产品 IP，是通过几场围棋人机大赛成功打造的。

四、服务形象

在产品同质化的今天，服务竞争成为企业竞争的关键手段。众多企业都在服务上下功夫，旨在通过服务差异化赢取企业的生存空间，并希望通过这样的方式在市场竞争中取胜。

企业可以通过短视频的方式展现团队服务形象，记录和宣传企业星级服务标准，明确企业服务板块和规范服务流程，讲解完善企业服务考核评估系统。

企业直播间也将成为许多企业标配的服务中心。在直播间，通过企业和客户实时的在线互动，及时地解决客户疑问，对产品的使用细节进行在线讲解，让用户有身临其境的在线体验。在直播间解决问题时，企业面对的不是一两个客户，而是同时在面对一群客户，也可以把直播间为客户解决问题的片段做成短视频，转发给更多的客户观看，在降低服务成本的同时，把服务做到极致。

顾客见证是服务形象展示的最佳路径。对于一些生产资料，用户反馈的效果是关键；对于一般消费品和大众使用的商品，客户真实体验是关键。

五、品牌形象

品牌是一种识别标志，是产品与服务的专用属性，是企业的无形资产。消费者通过品牌产品的购买与使用，形成品牌消费体验，并且成为分享传播的动力和下一次购买的依据。

品牌不是吹出来的，是企业全体员工身体力行干出来的，是企业用心经营的结果。人们喜欢什么商品，习惯于购买什么商品，有什么具体的用户体验，往往通过品牌来进行识别。在此基础上，品牌一般会拥有稳定的代理和分销渠道。

在抖音平台上，品牌价值主要体现在三个方面，一是流量，也就是粉丝；二是口碑，也就是用户；三是私域，也就是企业 IP、创始人 IP、网红产品。所以，在抖音上宣传品牌，关键是根据用户的粉丝画像去制定品牌的宣传内容，去吸引更大的垂直人群，往往事半功倍。

传统电商平台往往是以流量为王，平台的商业逻辑是全网最低价和流量付费逻辑。在这种情况下，品牌往往被主播拿到直播间用来吸引粉丝或者低价促销，一边用来讨好粉丝，一边用来吸引更大的流量。与此同时，作为比价标的，不断消耗品牌的势能，解构品牌的价值。对这种传统品牌而言，更多的是一种伤害。

而在抖音平台完全不同，抖音平台的内容逻辑与去中心的推流逻辑，让企业品牌获得了更多的曝光机会。无论是短视频还是直播间，都有可能为企业品牌加分。

六、企业荣誉

企业荣誉是指企业在经营过程中获得的来自社会、同行和公众的奖项与赞许，包括政府组织机构评选颁发的各类奖励，媒体和研究机构的奖项，公众通过特定渠道对企业的赞许。

企业荣誉是社会公众对企业产品、服务和企业团队的整体认同。企业荣誉对外可以扩大企业品牌的知名度和美誉度，也是企业产品与服务的信用载体，提升企业产品与服务的市场竞争力。企业荣誉对内可以增强员工的荣誉感和自豪感，增加员工的自信心，激发员工的工作热情。

当我们看到企业荣誉时，往往只是一个证书或者一块牌子，这就需要我们通过短视频对企业荣誉进行再加工。一方面，在日常工作中，企宣人员或者抖音运营者一定要关注企业的重要活动，及时记录和搜集企业的先进人物与优秀案例；另一方面，企业的各种活动要注重仪式感，把企业荣誉的内容或者获得荣誉的过程记录好。

七、商务外联形象

企业商务形象是企业的名片。人们可以通过企业员工所表达出来的商务形象，判断企业的性质、经营实力与经营风格。在企业员工形象之外，商务形象还包括企业自身的商务礼仪与商务环境。企业商务外联工作具备运营的特殊性、活动的重要性。外联工作有着自身的特点，如临时性强、覆盖面大、流动性强等。

面对复杂的商务交往与外联工作，我们要坚守商务外联的基本原则：双赢、多赢、长期联系与部门之间信息共享。建立创始人 VIP 和员工人设，是通过抖音提高商务外联效率的捷径。

八、门店形象

门店或者旗舰店是指企业根据业务发展需要建立的重点区域销售场所。以业务开展为中心，精心设计，用心布置。企业文化宣传到位，企业品牌标识清晰。门店形象建设的一般要求：品牌主题明确、商品陈列清晰、管理规范；店内干净整洁，温馨大方，功能区域划分明确；活动和参观流程与店内路线清晰；宣传展示区域与展示手册完善；店员着装整洁得体，知识专业，态度积极，沟通具备亲和力。

九、企业技术形象

技术创新是企业竞争成功的关键也是企业发展的关键因素。随着市场竞争的日趋成熟，信息化社会企业的存在模式逐渐向尖端技术与服务平台两个方向发展，传统的资本经济模式已经开始被知识经济模式取代。

技术形象是企业形象的组成部分，也是企业品牌的价值支撑。一个企业的技术形象，通常通过以下几个方面反映和展示。

1. 企业拥有的在行业内领先的科技产品与服务。

2. 企业技术人才、专家团队与研发平台、企业合作的研究机构、科研带头人。

3. 企业技术交流，企业专利和知识产权，企业科技创新的有关荣誉和证书。

4. 企业自身或合作的实验室与实验基地，技术和知识管理平台。

十、总部形象

首先，要做好总部整体形象规划。根据总部的整体布局和集团公司的功能，进行外部环境与设施、活动场所的规划，做好生产区域、办公区域、生活休息区域、对外接洽区域等功能区域的划分与设计，力争做到简单、时尚、大气、规范。同时，要在总部认真推行7S管理。

所谓7S就是整理(Seiri)、整顿(Seiton)、清扫(Seiso)、清洁(Seikeetsu)、素养(Shitsuke)、安全(Safety)、节约(Saving)。

1. 整理：增加作业面积，物流畅通，防止误用等。

2. 整顿：工作场所整洁明亮，一目了然，减少取放物品的时间，提高工作效率，保持井井有条的工作秩序区。

3. 清扫：清除现场内的脏污，清除作业区域的物料垃圾。

4. 清洁：使整理、整顿和清扫工作成为一种惯例和制度，是标准化的基础，也是一个企业形成企业文化的开始。

5. 素养：通过素养让员工成为一个遵守规章制度，并具有良好工作素养习惯的人。

6. 安全：保障员工的人身安全，保证生产连续安全正常地进行，同时减少因安全事故而带来的经济损失。

7. 节约：对时间、空间、能源等进行合理利用，以发挥它们的最大效能，从而创造一个高效率的、物尽其用的工作场所。

企业形象建设不是一蹴而就的事情，需要在日常的生产和销售以及团队建设的过程中不断积累。建议先做加法，再做减法，最后做乘法。做加法就是通过智能相机等拍摄工具，尽可能地积累与企业文化相关的资源，不断完善精神层面、制度层面与物质层面的企业文化资料，尽可能地把企业生产生活中的理念识别、行为识别和形象识别充分地展示出来；在此基础上做减法，剪辑留下关键内容，编辑有序有效的场景，在宣传、培训等实际工作中检验优化；最后通过抖音平台等自媒体宣传企业品牌，传播企业文化，赢得更多的用户支持。

有些事情看起来烦琐，有了短视频工具和抖音平台之后，实则做起来简单。对中小企业来说，通过短视频的形式将抖音平台和企业文化结合起来，简简单单去操作，在很短的时间内，企业团队的精神状态和企业的面貌就会焕然一新。

有了短视频和直播间之后，几乎所有企业文化的应用场景都能够得到生动活泼的记录与再现，信息衰减越来越慢和信息失真的地方更少。这样一来，对企业文化的形成、记录、传播、培训与养成，有百利而无一害。

本章导读

在抖音的商业世界，群星璀璨，而你在你所在的星空，是最为闪亮的一颗。

当全世界都购买我们义乌小商品的时候，其中却没有我们的商业 IP，那是我们设计者的悲哀。

与有 IP 的人相处，你会得到双份的荣耀，甚至因此拥有双份的资产。

看到平台上很多网红、达人由于各种原因沉寂下去，感到非常可惜。并不是所有人都有机会走到那一个台阶的，你只管继续努力就好了。无论你以什么形象出现，不要忘记自己的个人 IP。

做一个有名有利的企业，做一个有血有肉的企业家。

Chapter Thirteen

商业 IP

当现代意义的企业出现之后，知识产权在经济发展中的作用越来越重要，知识产权往往代表一个国家的现代科技水平与知识能力，逐渐成为一个现代国家的战略性资源。人们常说美国在世界上行使霸权的三大支柱是美元、军事和科技，而行使科技霸权的主要形式是对各种知识产权的占有、保护和应用。

随着平台型企业的兴起，我们发现商业 IP 与现代商业平台有很多类似的地方，比如粉丝或者用户的规模大、社会影响力强、商业价值突出、可利用的资源丰富等，同时又在存在方式、运营模式和作用机理上有很大不同。商业 IP 存在的历史远比现代平台型企业早，甚至可以说在现代信息化之前就存在着普遍的商业 IP 现象。

商业 IP 和现代意义上的品牌不完全相同。很多时候，品牌常常是指一个企业法律意义上的无形资产，是企业行为或者商业行为的结果，而商业 IP 一般是与社会大众认知相关的文化或者知识类资产，大多的时候是社会文化和社会大众认同的结果。虽然有的商业 IP 可能是某个企业独立打造出来的或者单独属于某个企业，但影响商业 IP 价值的更多的是它的文化属性与社会属性。一般而言，商业 IP 具备极强的角色和开放场景的特点，所以我们探讨商业 IP 的时候，很少像对待品牌一样去探讨其作为知识产权的法律意义本身。

20 世纪 80 年代后，VIP 这个概念在许多服务行业和服务场所出现。

我们知道 VIP 是指非常重要的人，也称大客户。当我们和技术人员沟通互联网传输技术与传输协议时，IP 这个概念又经常被提及。IP 是互联网上的地址的意思。而作为新媒体领域的 IP 概念又是什么呢？我们这里讲的 IP 是指基于某个固定主体的知识产权。比如，奥运会、迪士尼、长城等，这些都是品牌 IP，而刘德华、罗永浩、武大郎等，这些都是个人 IP，个人 IP 的形象越鲜明，他获得的粉丝就越精准。

新媒体的 IP 是基于一定主体的一种知识产权。新媒体意义上的 IP 一般是指一些有名的同时具备一定影响力的文创作品，比如某项发明、电影、文学、游戏、动漫等。能称得上 IP 的一般有三个层面意义：一是能体现一定的文化和价值观；二是凝结在作品上的知识产权，包括经过二次或多次开发而形成的系列衍生品；三是具备庞大的粉丝或者用户群体。

在日常生活中，大家理解的 IP 是指具有一定文化价值属性、受众多、用户喜闻乐见的人、事、物和作品。根据其社会属性和行业分类的不同，一般有军事 IP、文化 IP、历史 IP、旅游 IP、科技 IP、游戏 IP 与商业 IP 等。这些 IP 中有人物、事物，也有作品，文化属性是其基础属性，也是 IP 代表的知识产权的存在的前提。由于目前社会是商业社会，除了极少数 IP 外，几乎所有的 IP 都可以看成具备一定市场价值的商业 IP 现象。在大众理解的 IP 中，知识产权只是它在法律意义上的产权属性，大众心目中的 IP 已经远远不只知识产权那么简单了，还表达了更多的社会文化内容和商业价值。

场所、角色、场景与活动等，也常常是一个 IP 形成的标志性因素。从旅游景点到动漫人物，从历史名人到现代明星，从大型活动到时尚品牌，凡是具备一定的精神内涵并且和用户建立一定连接的相对稳定的人、事、物，都可以成为一个 IP。因为精神内涵是一种文化或者体验上的吸引力，当这种吸引力聚集了一群用户时，知识产权附着在用户上的价值就出现了。法律上的知识产权是基于创造和工商登记的一种权利，主要包括著作权、专利权和商标权，其本质是一种独占属性。而我们这里探讨的 IP 的知识产权，与现代法律意义上的知识产权略有不同，主要是指一类具备知识产权价值的商业现象。

为什么要把商业 IP 作为一个章节单独论述？因为这种现象值得分析研究。

一是在抖音商业生态之下，个人时代来临，个人获得流量的能力和平台型企业获得流量的能力几乎是一致的，甚至在底层逻辑上个人略胜一筹。

二是商业 IP 的存在，前提是知识、文化和一个相对稳定的粉丝群，虽然和平台型企业的系统逻辑不同，却能从不同纬度缔造并维护一个又一个和平台型企业类似的商业帝国。

三是无论是各类 IP 还是平台型企业，他们都是以超量用户为生存和发展的前提，只是他们吸引和聚集用户的手段、方法和逻辑不同。同时，在抖音平台的发展过程中，众多创始人 IP、网红 IP 和企业 IP 脱颖而出，已经成为抖音平台上一种共同存在的商业现象。通过对商业 IP 的深入研究，结合抖音上的各种 IP 现象，相信会为个人到抖音上创业或者企业做抖音提供更多的参考。我们希望在全球商业竞争中，有更多的中国企业取得超级 IP 战略性优势和平台型企业一道，成为我国企业在国际商业竞争中的一股重要力量。

◆ 第一节　我们身边能够感知的 IP 现象

《论语》有曰："取乎其上，得乎其中；取乎其中，得乎其下；取乎其下，则无所得矣。"为了弄清楚商业 IP 的一些本质性的东西，我们分析一些国内外影响较大的 IP 现象，也是大家常提到的一些 IP，不希望受到网络上商业宣传的影响。

在网络上搜索一下十大 IP，结果大多是关于游戏 IP 市场价值的宣传和一些商业宣传的文章，这些多多少少会混淆搜索者的认知。还有一些文章是讲简单的 IP 现象，很少对其内在的规律进行深入的探讨。在这种情况下，知识和玄学之间只有一步之遥，大多数的时候人们是分不清的。然而，出于人们常常希望走捷径的想法，玄学往往大行其道，而真知灼见往往被冷落。于是很多有经验的创业者会说，成功的道路上并不拥挤，其实这是一个认知的问题。

“网感”这个词在这两年经常被提起，在赢家通吃的互联网逻辑下，传统商业理论几乎摸不到互联网商业成功的门在哪里，更为有趣的是，一些学者总结了一套理论不久，就会有一两个新的平台崛起，好像故意捉弄这些研究人员一样，让所有通过归纳演绎来解释的理论变得此路不通。大家又想办法去寻找新的理论，来解释新的平台现象。当理论跟在商业现象后面跑的时候，理论队伍中就会出现很多玄学。可以肯定地讲，在唯物主义研究者那里，网感是没有真正弄清新商业逻辑的一种玄学。至少，是一种被包装成为玄学的科学。想了解更多的商业 IP 知识，不妨先了解一下大家耳熟能详的 IP 现象，看看能不能从中看出什么端倪，是否能受到一些启发。

一、故宫

北京故宫是中国明清两代的皇家宫殿，旧称紫禁城。北京故宫以三大殿为中心，占地面积约 72 万平方米，建筑面积约 15 万平方米，有大小宫殿 70 多座，房屋 9000 余间。

故宫是我们著名的历史文化景点，年接待国内外参观人士接近 2000 万人。1987 年，北京故宫被列入《世界遗产名录》。

近年来，故宫文创团队在故宫大 IP 的基础上进行二次创新和开发，相继推出了“宫里的世界”“十殿下”“喵堂之上”“遇见九公主”“妙物宫廷”等知名 IP，一系列高颜值、高品质文创产品在众多国潮艺术品中脱颖而出，让人耳目一新。

我们可以看到，从故宫的几大 IP 角度看，它是一个文化 IP，同时又是一个历史 IP、一个旅游 IP 和一个建筑 IP。它不仅有着丰富的历史沉淀，还有着深刻的文化内涵。它不仅是世界著名的旅游胜地，同时也是建筑业的艺术瑰宝。

一个文化 IP 和现代商业相结合，就变成了一个大的现代商业 IP，并且能够开发出一系列的子类 IP。这些新的子类 IP 把故宫历史的沧桑感和现代商业时尚完美地结合起来，成为现代人赏美、文旅和商业生活的亮丽风景。

二、长城

万里长城，是中国古代建设的军事防御工事，主要用于阻隔来自北方游牧民族铁骑的行动。史料记载，长城西起嘉峪关，东到山海关，绵延 6700 公里，是人类文明史上最大的建筑工程。八达岭长城、雁门关、山海关、嘉峪关等都是著名的长城景点。1987 年 12 月，长城被列入《世界遗产名录》。

长城是人类文明的标志之一。长城文化体现了中华民族坚韧刚毅、勇敢睿智的品质，凝聚着炎黄子孙不屈不挠的精神。“不到长城非好汉”，一句话鼓舞了多少努力奋斗的创业者坚持到底，直至成功。

长城是一个文化 IP、一个军事 IP、一个历史 IP、一个旅游 IP 和一个建筑 IP。长城几乎在所有中国人心中蕴藏着一种特殊的情感和饱含着一份无形的力量。除了作为旅游景点，“长城”二字还成为国内众多行业企业名称中的字或者行业品牌。

三、金字塔

埃及的金字塔建于 4500 年前，是古埃及法老和王后的陵墓。陵墓是用巨大石块修砌成的方锥形建筑，因形似汉字“金”，故译作“金字塔”。埃及迄今已发现大小的金字塔 110 座，大多建于埃及古王朝时期。金字塔是世界七大奇迹之一。

金字塔是文化 IP，同时已经成为全球旅游景点之一，所以是旅游 IP，金字塔也是世界建筑史上的一大奇迹，所以也是建筑 IP。

从故宫、长城、金字塔三个 IP 看，它们都有着长期的历史沉淀和深厚的文化积累，更重要的是，它们受到不同时代、不同区域的人们的广泛认同，也是当今世界游客向往的去处。在现实世界，它们都不约而同地成了现代社会的商业 IP，具备极强的商业能力与商业开发价值。

我们相信，一定有许多伟大的历史建筑在时光的流逝中已经消失殆尽，而这些能保留下来的，已经能够穿越千年的时光隧道，让现代人和过去实现零距离的接触。毫无疑问，这本身就是一种能够征服现代人心智的历史连接，让我们能够背上文化的行囊，匆匆地迈向未来。

四、孙悟空

孙悟空又称齐天大圣、孙行者、斗战胜佛，是《西游记》中的主要角色之一。孙悟空生性聪明、活泼、忠诚、疾恶如仇，在民间文化中代表了机智、勇敢。

一个虚拟的神话人物，为什么会有那么多人喜爱？它真实地反映了广大民众的喜好。孙悟空是一个文化 IP，更是典型的文创 IP。作为一个神话人物，寄托了一代又一代人内心的坚强与勇敢、智慧与力量。孙悟空是道家文化与释家文化联袂的经典形象，是与天斗其乐无穷、与地斗其乐无穷和与人斗其乐无穷的代表，同时也是目标明确，走过千山万水，历经九九八十一难最终修成正果的斗战胜佛。孩子们喜欢，成年人喜欢，老年人也喜欢，它在日常生活中已经成为无所不能的能人的代名词，成为团队中战斗力爆表的有结果的优胜者。

从孙悟空的 IP 上，我们可以看出孙悟空的 IP 属性和故宫、长城以及金字塔的区别，如果说前面三个连接了历史，那么孙悟空就连接了人心，是民众内心渴望与优秀人格的自我反映。

孙悟空具备商业 IP 典型的人格化的特点。无论是长城、故宫还是金字塔，人们面对这些文化 IP 的时候，和 IP 之间已经有了情感的交流，人们仿佛洞穿千年的时光隧道，在和沉甸甸的历史对话。

五、奥运会

第一次古代奥运会是公元前 776 年，在古希腊奥林匹亚举行。

奥林匹克运动会，是国际奥林匹克委员会主办的世界规模最大的综合性运动会。截至 2022 年 6 月，已有 23 个国家、41 个城市举办过夏季与冬季奥林匹克运动会。

奥运会是人类史上一个宏大的延续千年的活动 IP。在人类的历史上，有太多的瘟疫和战争，人与人之间、民族与民族之间、国与国之间，为了抢夺生存资源充满了争斗和杀戮。而体育竞技活动直接把竞争置于规则之下，也是置于人类文明之下。在规则之下，充满人性的竞争、交流与融合，是人类对理想的和平世界的一种演练。

奥运会是一个体育 IP，是一个历史和文化 IP，也是一个活动 IP。将奥运会与故宫、长城、金字塔、孙悟空放在一起分析，它们都是历史文化的沉淀，体现了极强的 IP 故事属性。

美国人比特·尤伯罗斯筹划了第 23 届洛杉矶奥运会，开了奥运会商业化运营的先河，奥运会从一个亏钱的活动变成了赚钱的项目。从此之后，奥运会成为一个合格的典型的商业 IP。这对我们理解商业 IP 和打造商业 IP 会有很大的启发。

六、迪士尼

迪士尼乐园是世界上最具知名度和人气的主题公园。世界上第一家迪士尼乐园于 1955 年 7 月开园。2016 年 6 月，上海迪士尼乐园正式开园。

华特迪士尼旗下的电影发行品牌有华特迪士尼影片、试金石影片、好莱坞影片、米拉麦克斯影片、二十世纪电影公司等。

目前，全世界总共开设了 6 个迪士尼乐园。主题乐园是传统的游玩与休闲场所，在给更多的人带去欢乐的同时，也留下了深刻的记忆。迪士尼在主题乐园的基础上，打造了一系列子 IP。迪士尼的动漫形象有米奇、米妮、唐老鸭、星黛露、迪士尼小熊、黛西、布鲁托、高飞、辛巴等。这些形象受到了游客和观众的广泛喜爱。

要么第一，要么唯一。和前面5个IP不同的是，迪士尼从诞生的那一天起，就是一个典型的商业IP。半个多世纪下来，迪士尼及其子IP系列在全球广为传播，也是美国文化与美国商业对外传播的一个过程。

虽然迪士尼是一个主题乐园，然而在人们心中的迪士尼才是它的商业IP。快乐的体验与美好的记忆是IP典型的娱乐属性，这一点值得引起商业IP的创作者和运营者思考。

七、奥特曼

奥特曼是日本奥特曼系列中的巨大变身英雄。1966年7月17日，首次登场于日本特摄电视剧《奥特曼》第1话《奥特作战第一号》。

奥特曼历时56年而不衰，至今仍是世界上最有名的IP之一。无论游戏、卡牌或其他衍生品形态，都验证了奥特曼IP的商业价值和生命力。

奥特曼之所以深受孩子们的欢迎，一是科幻的视觉冲击，迅速吸引孩子们的关注的同时，对新世界充满了想象；二是人类的温情，奥特曼和人类一样的温情，是对新时代的一种期待；三是英雄主义，从倡导和平、保护地球的使命出发，奥特曼以超越空间的节奏，体现了一种正能量。

奥特曼这样的作品和"二战"以后人类的反思是分不开的，保护环境、拯救地球已经成为大众意识的一部分。奥特曼于20世纪90年代传播到中国大陆后风靡一时，可以说远比日本还火。

奥特曼是一个典型的文创IP，一是这样的IP是有一定的时代背景和代表一定的时代精神，二是这样的IP有时代的创新元素，三是这样的IP总是被一批人喜欢。同样，和其他商业IP一样，奥特曼经过半个世纪的演化，创造性地开发了一系列子IP产品。从某种意义上讲，商业IP也是一个不断丰富与完善的过程。

在抖音上，出现了一些元宇宙的直播间和典型虚拟人物，真的希望这些元宇宙的创作者能够深悟时代真谛，创造出属于这个时代的新的商业IP。

八、芭比娃娃

1959 年 3 月 9 日，芭比娃娃在美国国际玩具展览会上首次曝光，这个介于小女孩和成年女子之间的美国少女，是世界玩具市场上最畅销的玩具，也是很多人的心爱之物。芭比的成功为美泰公司带来了大量财富。

最近的外貌是以美国著名的华裔运动员关颖珊为原型的。从第一个诞生之日起，芭比的外形历经 500 次以上的修正与改良。而芭比已经远远超越了玩具的定义，成为一个不朽的文化符号。

我们从上面的 IP 可以看出，无论是旅游 IP、文化 IP，还是建筑 IP，都有明显的人格特征。现在我们可以得出这样一个结论，对于个人 IP 不存在这个问题，因为个人 IP 天然具备人设前提，而对于事物 IP，无论像奥运会这样的活动，还是像芭比娃娃这样的玩具，在日常生活中，都成为人们文化表达与情感寄托的一个载体，是人们交流的一种形式与交流的一个对象。

到这里我们会发现，IP 和品牌是有明显区别的，品牌往往是以某种商品和服务为载体的，是消费的对象，包含人们认同的品质与细分市场。而 IP 除了品牌商品之外，更多的是具有影响力的人和事物，更加注重人设建设与交流，是交流的对象。在交流对象这个环节上，IP 更加大众化与角色化，具备极强的广谱性。而品牌在与人的关系上，往往是细分的，是一部分人的选择。因此，我们可以说个人 IP 是个人品牌，但对于企业 IP 或者其他事物 IP，往往比品牌对人的影响更深，拥有的粉丝或者用户群体更加广泛。在自媒体社交时代，商业 IP 的价值因为人与人之间的社交手段充分而显得更加突出。

九、香奈儿

香奈儿（Chanel）是法国奢侈品品牌，于 1910 年创立，拥有配饰、香水、彩妆、护肤品、腕表、高级珠宝等品类的产品。

起初，香奈儿是一个典型的品牌，香奈儿追求自由、独树一帜的风格，永远高雅、简洁、精美。随着时光的流逝，在香奈儿这个品牌上开始寄托更多人对时尚的理解。

经过一个世纪的沉淀，香奈儿的 IP 属性开始显现，但和强人设的 IP 如孙悟空、奥特曼、芭比娃娃比较起来，香奈儿的人设属性还是弱了许多。在 20 世纪 90 年代，许多品牌开始 IP 化，如海尔兄弟等品牌形象的出现。为了把商品的 IP 与其他强人设的 IP 区分开来，我们通常把商品 IP 称为品牌 IP。

十、罗永浩

罗永浩，绰号老罗、罗胖子，原北京新东方学校英语培训课教师，中国网络名人。罗永浩是典型的个人 IP，是自媒体时代个人品牌崛起的代表人物。

2016 年年底，锤子科技的资金链断裂，46 岁的罗永浩欠下了 6 亿债务。2020 年 4 月 1 日，那个只愿体面赚钱，做生意只为“交个朋友”的罗永浩，开启直播首秀。罗永浩的抖音首场直播累计观看人数达到了 4800 万，交易额 1.7 亿元，订单量 84 万。

2020 年 9 月，罗永浩在《脱口秀大会》的脱口秀表演中透露，原先 6 个亿的债务，已经还了 4 个亿。他还给自己这段诡异的人生旅程起了个响亮的名字：真还传！

从罗永浩的个人 IP 形成，我们也可以得出一些结论。一是人物的故事性。要打造一个具有影响力的个人 IP，最好是从故事开始。从创业到失败到再创业，一连串的故事叠加丰富了人物的内涵，增加了个人 IP 的话题属性。二是娱乐属性。罗永浩语言能力非常强，简直是一个天生的段子手，东方甄选的董宇辉之所以能够在直播间大火，与他的语言能力也是分不开的。三是持续的内容输出能力。要想在大众之间形成一个稳定的人设，要具备长期的内容输出能力。

据蝉妈妈数据显示，2021 年度抖音达人带货榜 TOP50 中，超过 22 位达人的销售破 10 亿量级，达人的最高销售额突破 50 亿。

◆ 第二节　商业 IP 的属性和价值

我们把所有具备商业价值的 IP 统称为商业 IP。事实上，无论文化 IP、建筑 IP、旅游 IP、历史 IP，还是娱乐 IP 和个人 IP，在商业化时代背景之下，一般都具备商业开发的可能性与可行性。

在自媒体时代，一个品牌要转化成强的商业 IP，关键是要注重产品或者品牌的场景化与角色化，导入更多的文化识别与人的情感因素。从故事性入手，表达一种精神或者一类文化现象。

商业 IP 的属性往往也代表某种功能，或者一种来自用户的识别。在现代商业社会，理论上从事社会活动和为社会提供产品与服务的人，都具有个人 IP 的属性，比如豆腐西施、修车的张麻子等。但在现实生活中，只有具备一定影响力之后才会为大家所关注，比如老干妈、小沈阳等。

虽然我们可以把所有具备商业价值的 IP 称为商业 IP，但当说起商业 IP 的时候，人们首先想到一些商业领域的超级 IP 现象。在平台型企业逻辑之下，我们认为中小企业发展的方向是一个又一个相对类似平台型企业的一种存在，这种存在除了拥有平台的用户属性和系统性，是否也会像商业 IP 一样，具备某种天生地吸引一批用户的能力呢？随着个人 IP、创始人 IP 和网红 IP 越来越火，而这背后又有团队、产品与服务的支撑，实现了巨大的商业价值的转化，引起了太多人的关注。

一、商业 IP 的四大属性

（一）文化属性

一个商业 IP 通过长期宣传推广，经过一定历史阶段的沉淀，自然而然就具备了一定的文化属性。这个很好理解，昔日的时尚成了今天怀旧的时光。

还有许多本身就是历史长河中形成的文化 IP 现象，在新时代被赋予新的商业价值。中国是一个具备深厚文化底蕴的国家，随着中国在全球经济上的影响力越来越大，中国文化因素也广为传播，并且受到世界上许多民众的喜爱。所以，对传统文化的开发并且商业化，已经引起许多文创团队的重视。加之短视频平台对内容的强烈需求，文化元素的再一次兴起已经成为商业的必然。

还有一些 IP 本身就是一种文化传播的结果。比如，日韩动漫的流行、二次元的出现等。当这些流行因素存在一个阶段后，社会的审美眼光和生活消费多多少少都会受到一定的影响。在一个具备超量用户的短视频平台之上，一个小众的文化元素的传播，也会形成一类惊人的人群。

迪士尼、奥特曼和芭比娃娃产生的年代非常接近，都是在 20 世纪五六十年代。随着战后经济得到恢复，社会文化的发展与创新也进入快车道，文化和商业的联手才创造出具备时代影响力的商业 IP。一个商业 IP 的成长与成熟，往往是商业时代与商业推广的结果，然而决定一个商业 IP 走多远和走多久，是不是受到大多数人喜爱，是和它底层的文化属性密切相关的。

商业 IP 的精神内涵往往是文化属性的一种内在体现。

（二）用户属性

商业 IP 和平台型企业一样，用户属性是它的基础属性。离开用户属性，无论是平台型企业还是商业 IP，都无从谈起。但我们又知道，商业 IP 和平台型企业又明显不是同一个商业现象，背后有着各自的商业逻辑，这正是我们今天研究商业 IP 的意义所在。

无论是长城、故宫还是迪士尼，都拥有庞大的用户群体，而这种用户群体往往是以一种文化的形式根植在人们的内心。和这些具备极强文化属性与情感需求的商业 IP 不同，平台型企业的用户与平台之间往往是基于某种共同的商业需求和消费习惯而形成的关联。

商业 IP 的价值往往与用户的属性有关，不仅和用户的多少有关，还和用户的类型有关。

（三）连接属性

文化的连接是无形的，平台连接用户的能力往往是有形的。一个大型商业 IP 的用户在哪，他是谁，正在做什么，这些很难事先知道。而对于平台型企业的一个用户，在平台的后台看得一目了然。

虽然商业 IP 的连接常常类似文化 IP 一样是无形的，然而它的连接能力或者黏性一点也不比平台型企业连接用户的能力差。如何把这种连接建立起来，是打造个人 IP 或者企业 IP 的一个难点。很多人出于对建立这种连接困难的思考，得出的结论是普通人无法打造个人 IP。然而事实的真相是当你能吸引到粉丝关注你，并且主动购买你推广的产品的时候，这种连接已经形成了。所以，打造 IP 的困难，本质上最后还是商业交易的困难。也就是说，一个好的 IP 最后还是要通过好的产品与服务进行加持。

（四）产品属性

商业 IP 不是空中楼阁，也不会是一个单纯的文化现象，商业 IP 的背后往往是优秀的产品与服务，以及这些产品与服务带来的用户体验。

产品与服务和商业 IP 之间是相辅相成的一种关系。很多时候，产品与服务本身就是商业 IP 上附着的一个元素。例如，八达岭就是长城的一个景点，迪士尼是一个游乐场所，而米妮又是它的一个动漫形象等。在这些产品、服务与 IP 之间，是一种不可分割的关系，因为这些产品与服务是 IP 的一部分。但是作为一种商业 IP 现象，我们常常会基于 IP 开发更多的产品系列，有的以子 IP 的形式出现，有的直接以产品或者品牌的形式出现。在这个时候，所开发的产品在形象气质与底层文化上，就需要和主体的 IP 保持一致。

个人 IP 和网红 IP 连接商品的属性非常重要，因为这往往是一个个人 IP 或者网红 IP 变现能力的基础。在 IP 商业化的过程中，如果连接的产品与服务是一流的，并且能够给粉丝和用户带来良好的体验，反过来会强化 IP 的商业价值。因为在这个时候，普通的粉丝消费者开始变成忠实的用户。

马云与阿里、雷军与小米、董明珠与格力这种双IP的逻辑，已经成为现代企业品牌发展的一个重要形式。

二、四大价值

（一）知识价值

我们知道，一个优秀的商业IP往往代表某种文化、历史与时尚元素，而在这些元素背后，往往是知识的价值。

特别是在抖音平台上形成的新的商业IP，知识属性更加明显。因为抖音是一个内容平台，一个网红或者达人IP的形成，需要有持续而大量的内容输出。我们看一些主播在直播间简直就像一个段子手，在给粉丝带来快乐的同时，讲解产品并形成销售。

除了一些大型的商业IP本身在文化价值之外，基于新媒体的IP的形成，几乎都与知识价值的输出有关。

对于有一技之长的人而言，在抖音上通过知识付费的方式来赚钱，不仅仅容易打造一个知识IP，同时还是变现的一种捷径。知识博主是一个利润非常高的赛道，一般通过课程、咨询和直播间付费的方式实现变现转化。

其实，对于很多行业人士做抖音，把自己打造成一个知识IP是一个不错的选择。讲解行业的知识，以此吸引合作伙伴和忠诚的用户，在确立自己行业江湖地位的同时，把可以合作的伙伴找出来，把渠道建立起来的同时，把企业的产品与服务推广出去。

（二）流量价值

商业IP存在的底层逻辑是用户，没有用户就没有IP，IP价值是通过用户体现出来的。根据商业IP的影响力大小和赛道大小，决定在某个IP之下用户的多少。

商业IP的流量价值和平台型企业的流量价值不同，当商业IP的用户和IP之下的产品与服务产生连接的时候，流量就形成了，同时一般情况下也实现了流量到商业价值的转换。而平台上的流量只有通过电商或者其他形式进行交易，才可能产生商业变现的转换。

（三）品牌价值

很多时候，商业 IP 和品牌之间的边界是模糊的，个人 IP 和个人品牌，几乎可以画一个等号。对于非个人 IP 而言，IP 更多的是角色与场景，品牌更多的是消费者对某种产品与服务的认同。当我们知道商业 IP 往往连接某个产品或者服务时，IP 往往也体现了品牌的价值，也就是我们经常说的产品与服务的知名度、美誉度和忠诚度。品牌就是回头客，品牌在降低营销成本的同时，增加回头客，带来更多的复购。

从某种意义上讲，品牌价值也是信任的价值，品牌就是私域，因为喜欢某个产品而到平台上搜索某个产品。然而在产品竞争非常激烈的今天，我们往往在刷直播间时，不再刻意去搜索某个品牌，而是因为喜欢某个主播直播购买主播推荐的产品。在这个时候，主播的 IP 也就起到了品牌的作用。

（四）情感价值

和 IP 打交道，更像和一个人打交道，而打造一个好的 IP，也要创造更多的情感人设内容。

无论是故宫、长城还是金字塔，都充满了对文化的尊重与对历史的敬畏。而每个人和 IP 之间，都是一次又一次内心沟通的过程；无论是奥运会还是迪士尼，这背后充满了激情和快乐；无论是孙悟空还是奥特曼，这里面充满了勇敢、正义与向上的正能量。用户把众多的情感汇聚在某一个 IP 上，甚至能做到代代相传。

我们从罗永浩的 IP 形成的过程看，情感甚至情绪因素贯穿了 IP 形成的全过程。他对创业和人生超级鸡汤式的经典语言，以段子手诙谐的形式表达出来，在给人带来快乐的同时，让人思考并留下深刻的印象；他那经典的着装与动作俨然是在表达历经挫折依然自信满满的形象。这一切和他的故事一样，感动着和他同频的人。

◆ 第三节　抖音对商业 IP 的影响

因为抖音平台上的用户是个人逻辑，所以在平台上打造商业 IP 是再自然不过的事情。

商业 IP 的形成过程中，清晰的 IP 定位固然重要，而最重要的是基于某个 IP 的用户的聚集。要有足够多的用户，IP 才会有商业价值。这种价值的体现不像互联网平台一样，平台除了超量的用户外，同时还要具备工具的属性或者系统的属性，也就是说，一般的平台就是没有太多的用户，也可以作为一种工具让人使用。比如，微信的交流功能、抖音的短视频发布功能，等等。

在短视频平台直播进行商业推广，很难达到理想的效果。因为在短视频和商品成交之间，隔着几条沟。首先我们要看短视频是否能够吸引流量，因为平台上的用户来到平台的初衷是娱乐，商业硬广告大概率没有人看；其次要看链接推广的商品是什么，不是所有的商品都可以在短视频平台上直接销售的，只有那些看起来不错又能让人临时起意产生购买欲望的产品，才容易通过短视频和直播间来转化；最后链接的方式和转化的方式是否得当，有的直播间玩了一个晚上，带货只是几分钟的时间，有的直播间全场带货，它们背后都有不同的运营逻辑。

一、抖音平台的个人 IP 逻辑

抖音平台的个人逻辑是由抖音平台首先是娱乐平台这个基本的属性决定的。2016 年抖音平台上线以来，成就了众多个人 IP 和商业 IP。虽然这些 IP 在原来的线下或者行业已有一席之地，然而通过抖音平台的短视频和直播间，这些商业 IP 变得更加活跃。更为重要的是，在抖音平台上出现了大量的草根网红和行业达人，这些网红和达人具有明确的商业 IP 的属性。

为什么会出现这样的现象呢？我们看一下网红或者达人形成的过程，

就可以从中发现一些端倪。首先，网红之所以成为网红，要有一个明确的人设，并且具备娱乐用户的能力，通过一系列的内容表演，建立了属于自己的粉丝群；其次，通过短视频和直播间，网红与用户之间形成了某种交付，要么是与网红关联的产品与服务的交付，要么是通过打赏来实现粉丝交易；最后，无论是短视频还是直播间，最能够吸引粉丝与流量的还是主播个人的形象与表演的内容，往往和这个主播卖什么产品无关。达人和网红略有不同，达人往往是某个行业的专业人士或者意见领袖，但是达人在抖音上获得粉丝的逻辑和网红是一致的，也是个人逻辑。

了解了抖音的个人逻辑之后，我们就会明白，个人到抖音上创业或者企业到抖音上做营销，关键是打造好自己的个人 IP 和找到与自己企业产品与服务气质相关的主播。个人做抖音关键是事情做对，做对了事情，把自己的人设打造好，再选择和自己粉丝对应的产品，就可以赚到钱了。

企业做抖音关键在于选择合适的人，人对了，事情就对了一大半。

二、抖音助力商业 IP 的人设

一流的角色定位，长期的内容输出，在给粉丝带来快乐的同时，产生用户的连接和信任的建立。在抖音平台上，许多个人 IP 的建设往往是一气呵成的。

抖音为什么对商业 IP 的建立非常有价值呢？除了抖音本身就是个人逻辑外，抖音是一个以娱乐为中心的内容平台，商业 IP 的内容属性在抖音上是非常有价值的，长期的相对稳定的某个赛道的内容输出，由这个内容来吸引粉丝，把这些粉丝又和主播连接起来，正是商业 IP 的起点。另外，在抖音平台上，在人以群分的同时，抖音的内容推送逻辑是小众的，是根据用户标签和粉丝画像来推送短视频内容和直播间给可能需要的人群的。在这种机制之下，免去了通过商业广告大海捞针地获得用户的过程，达到了精准投放目标人群的效果。

对于主播和短视频内容而言，抖音在传播的同时，也算是一个放大器。与此同时，抖音上的海量用户也会在不同的主播之间比较，在为不同的直播间或者主播贴标签的同时，选择自己喜欢的主播。

三、抖音最容易发挥商业 IP 的社交价值

我们在前面说过，商业 IP 往往具备角色与场景的特征，在粉丝与 IP 之间，存在着沟通的逻辑。有些文化旅游或者地理历史类的 IP，只有在不同的场景之下人们才出现在商业 IP 的场景之内，或者和商业 IP 相对的产品与服务建立连接。抖音平台的出现，使这种现象发生了巨大的改变。在抖音平台上，用户或者粉丝与商业 IP 之间的互动几乎是随时随地的，打开抖音，你就可以进入某个商业 IP 的线上账号或者直接进入他的直播间。

商业竞争本来就十分激烈，商业 IP 自然要加强与粉丝的互动，并且不断地输出相关的内容，也就会常常甚至固定地开启直播或者线下活动。

在直播间或者线下活动中，主播和用户之间发生互动的同时，粉丝之间也会发生各种互动。从某种意义上讲，在平台型企业阶段，大平台往往是公域流量的代表，而中小企业想获得更多的商业流量，一般要从公域中去购买，另外就是要建立自己的私域。而私域的本质是优质内容带来的流量，品牌和商业 IP 对中小企业而言，就是自己的私域。

四、抖音是商业 IP 的全景体验

毫无疑问，有了抖音平台之后，短视频和直播这样的形式加上海量的线上用户，让商业 IP 比过去更有活力。更可贵的是，在抖音平台，将会有更多的商业 IP 脱颖而出，成为抖音商业的焦点。

在 App 上看故宫，通过 VR 游金字塔，元宇宙直播间，这些都在抖音平台上有了更加直观、更加简单和更加高效的展现形式。

在直播间，不仅商业 IP 变得更加生动形象，超越了空间和时间的限制，同时也让浏览者都能充分参与，粉丝与商业 IP 之间，粉丝与粉丝之间，实现了共情与互动。声、光、电、情、景、意，更多的时候超越了人的普通视觉，让人有了更深刻的体验与美好的感受。

◆第四节 个人 IP

什么是个人 IP，个人 IP 是每个人未来最重要的个人资产。个人 IP 是创业者在抖音上的具体形象，而这种形象被粉丝广为接受。个人 IP 是商业 IP 的重要组成部分。在抖音等短视频与直播平台出现以后，个人 IP 已经成为涉及赛道最多、形式最多与数量最多的 IP 形式，它主要由网红、达人和各行各业的短视频创业者与主播组成。

个人到抖音上创业，做个人 IP 是最好的选择。做过销售的人都知道，一个销售人员想把产品卖出去，首先是要把自己推销出去，只有客户信任你了，才会购买你销售的产品。个人做抖音一上来直接去卖货大概率没有人来买，没有长期的内容输出也不会形成粉丝群体。说得直接一点，要么做达人，要么做网红，是个人做抖音的一条捷径。羞羞答答，遮遮掩掩，犹抱琵琶半遮面，肯定做不好抖音。

个人做抖音一上来就是做网红、做达人，在许多人看来这是难以理解的。然而当你好像弄明白这句话，才有可能弄清楚个人在抖音创业的底层逻辑的微妙之处。一是通过流量来达成自己的知名度，二是通过专业知识和才艺来打造自己的美誉度。一旦在抖音上形成个人的特别人设，有了网红或者达人的价值，个人 IP 的价值就会长期存在。当你在东方甄选的直播间感受到主播人才荟萃的同时，发现董宇辉几乎又是无可替代的。这背后的逻辑就有抖音的个人逻辑与一上手就需要做网红的操作思维。企业做抖音，一边要你忘掉流量，忘掉网红，一边又让你做流量、做网红。这就是企业做抖音的辩证法。

个人 IP 有巨大的商业价值，个人 IP 一是可以降低一个人创业启动成本，因为你有粉丝、有影响力、有追随者。二是个人 IP 可以提升自己所在企业的知名度，比如格力的董明珠，小米的雷军。同时，个人 IP 也会带给你更多的资源。个人 IP 也是一种资产，是形象资产、能力资产、信誉资产和信用资产。

一、如何打造一个属于自己的 IP

知人者智，自知者明。一个人最难的事情，就是找到自己准确的定位。个人做抖音最难的事情，就是在抖音上发现自己，在抖音上找到一个能够变现的自己，或者一个可以进步的自己。

你必须向所有人传递你是谁，你在某一方面非常专业，哪怕是个吃货，也要表达出你的与众不同。最好让粉丝想到某个行业或者某件事，就会想到你。比如，教别人做抖音的老师很多，而教企业如何做抖音，大概率会想到抖音上有个卧龙大师，他在帮助企业建立抖音事业部。这就是定位带来的效果。

打造个人 IP，定位又分为身份定位、职业定位和内容定位。在抖音上定位有两个原则，一是要么做第一，要么做唯一；二是会讲故事。个人 IP 比较讲究千人千面，每个人都要突出自己的风格，包括视觉风格、语言风格和内容风格。

打造个人 IP 最后比的是个人 IP 的基本功，基本功是什么？那就是专业。专业的背后是价值，代表你在行业内的竞争力。如何让自己更加专业呢？通常要训练三个能力：一是知识能力，主要是学习汇总的能力；二是表达能力，是指深入浅出，形象生动的输出能力；三是沟通能力，也是和粉丝交往的能力。每个人要做出成绩，必须找到自己的主战场，做好 10000 小时的刻意训练。

想通过抖音打造一个好的个人 IP，要肚里有货，嘴上有功，脚下有路，心中有光。

二、什么样的个人 IP 最赚钱

我们都说，未来最值钱的资产是个人 IP，但是对大多数人而言，打造一个赚钱的 IP 十分困难。个人 IP 赚不赚钱，首先看个人 IP 变现的商业模式是否清晰。一是看有没有独一无二的能够带来流量的人设定位，二是看有没有独特的产品和服务，三是看有没有长期的垂直的有价值的内容输出能力。个人 IP 和品牌一样，都要在细分市场和细分领域占有一席之地。个人 IP 同时还具有商业的渠道属性，通过个人 IP 占领粉丝心智，然后在直播间直接形成商品销售。

个人 IP 想赚钱，往往离不开流量品和利润品，通过流量品在直播间吸引流量，通过利润品来获取利润。而利润品是不是有比较价值或者不可替代性，是能否成为直播间大单品的关键所在。超级 IP 的关键是定位精准与内容丰富，大单品往往是指具备不可替代的网红产品，而超级流量就是短视频或者直播间变现效率高的精准流量。

一手抓内容，因为内容能带来流量，一手抓产品，好的产品会带来好的转化。好的产品能够带来直播间好的成交与转化，精准的流量能够促进成交，这样就会形成叠加流量效应。这些你如果一时搞不明白，需要找主播和运营要对照视频，多看对标的账号和直播间，不断去调整。

有一件事你要相信，你没弄明白，大多数人和你一样，一时半会也弄不明白。等你弄明白了，他们要做，同样还是要交学费，需要花费时间，这也是抖音的魅力所在。在岸上学习游泳肯定学不会，只有跳进水中的人才有机会。

三、打造个人 IP 为什么要做直播

现在做抖音，就是一个以打造个人 IP 为起点，用内容获取用户的一个精准的营销过程。

直播是打造个人 IP 的一个重要渠道。和短视频比起来，直播更加直观，场景丰富，互动更多。用直播的方式，个人 IP 与粉丝之间互动起来，向消费者更加清晰地展示产品。我们同样需要用直播的方式直接面对我们的粉丝，在他们的心智中建立主播的生动而又鲜明的形象。

直播就是内容变现，就是商业闭环。很多有经验的优秀主播，他们在自己的赛道非常敬业，几乎每天在发短视频，长期坚持开直播，所有的工作围绕直播变现来做。你看东方甄选的直播间，主播通过直播展示和介绍商品，让产品销售不受时间和空间的限制，并且可以让用户更加直观地看到产品。用户在看直播时，可以直接挑选自己喜欢的商品。

四、个人 IP 最好关联什么样的产品

大的网红主播为了讨好粉丝，让一些大品牌无底线地降价。结果是网红 IP 黏性在增加，而很多一线品牌价值被消费，品牌价值底层逻辑被解构。当品牌在消费者心中变得廉价、低端和价格多变时，品牌价值也会消失。最后结果只有一个就是不促销无销售，一销售就亏本。

个人 IP 到底要关联一个什么产品呢？这对每一个想打造个人 IP 的抖音创业者，都是一个灵魂拷问。只有能够回答这个问题，你的抖音事业才算真正的开始。很多人不知道为什么一定要做直播，或者不了解直播能给我们带来什么样的好处。只是觉得直播是一个风口，就贸然地加入直播大军。在这种情况下，很容易耗时耗力且没有结果。

个人 IP 关联的产品重点有三个：一是产品好，必须是物美价廉，我们称之为高品质、高颜值；二是客户愿意买，我们称之为强刚需；三是有重复购买，就是高频商品。从选品到销售再到售后直到复购，完全依靠用户体验，只有体验好的产品才能形成复购。

个人 IP 做产品最容易产生的误区：第一就是低价销售，找的产品同质化高，一味比价格。第二就是把线下的产品任意拿到线上卖。

把自己的主打产品打造成一个小众品牌，是打造个人 IP 的核心产品逻辑。而一个小众品牌就是一个三好学生，好记忆，容易一下子被粉丝记住；好联想，让人有好的产品联想；好区别，在市场上拥有独立的商品价值。

个人 IP 关联产品也要进行一个系统的规划，做好测品工作，通过科学的流程去降低个人 IP 关联产品的风险。

五、网红和达人都是个人 IP

网红是指网络红人。抖音平台的短视频和直播间是网红成长最快，也是打造网络红人最多的场所。一般情况下，网络红人会因为才艺、事件或者某个行为在自媒体平台上得以爆发。

有了自媒体之后，平民狂欢与草根崛起是一种时代趋势。特别是短

视频的出现和抖音、快手等平台的发展，基于人们喜闻乐见的下里巴人表演全面超越了社会文化人的阳春白雪，成为才艺表演的主流。在人们的创造力得以全面释放的同时，在网民的审美、审丑、娱乐、刺激甚至偷窥、臆想等各类看客心理的相互作用下，一些主播的短视频及其直播间的表演受到网络世界的追捧，从而成就了一批又一批网络红人。

形形色色网络红人的出现，看似是偶然现象，其实有着深刻的社会背景。在激烈的市场竞争之下，在繁忙的工作之余，人们利用碎片化时间寻求片刻的安闲，严肃文学与经典艺术的审美往往无法占据普通大众的心扉。

你看到的就是你的世界。因为抖音推荐规则的存在，每个人手机上只有 App 的形式是一样的，而每一个人看到的都是不一样的内容。其实你看到的都是你想看到的,你看到的就是你自己的世界。基于这样的认识，我们就会得出这样的结论，网红是大众选择的结果。当然，也不排除一些商业操作的网红现象。

达人和网红比起来，唯一的不同是达人往往是某一行业的精英人士、专业人士或者意见领袖。达人带给粉丝的除了才艺之外，更多的是专业知识。

基于流量逻辑与娱乐平台的内容逻辑，网红又是天然的个人 IP，个人做抖音首先是做网红。这个结论在大多数人看来难以接受，但这的的确确是个人做抖音的正确姿势之一。这种观念一直被许多教人做抖音的大咖老师诟病，然而结果是在抖音上创业的个人成功者，几乎无一例外地走了网红这条路。

个人到抖音上创业，没有网红或者达人思维是做不好抖音的。再讲得直白一点，要有娱乐精神和流量思维，讲你的粉丝喜欢听的，演你的粉丝喜欢看的。即便你有成堆的产品急着你去销售，也要通过某种娱乐的形式，左手拿起你的产品，右手拉着你的粉丝，口中唱起平台上正火爆的神曲，然后再来一段优美的华尔兹。

当然，这里讲的是正确姿势，不是个人做抖音的全部。这是一种内容思维、流量思维与娱乐思维。做抖音贵在坚持。作为一个普通人，做个人 IP 不一定要像那些网红和达人一样，要有太多的才艺或者动辄几十万上百万的粉丝，你只要在你的行业或者身边小圈子里，成为一个做抖音的“小网红”，就会给你带来意想不到的人脉和财富。这也是抖音商业的魅力所在。

如果一个人问我做抖音的诀窍是什么，我会毫不犹豫地对他说是坚持。坚持天天发短视频的同时,天天开直播。做抖音失败的原因只有一个，那就是放弃。面对个位数的直播间与低得可怜的短视频流量，其实你更多需要的不是能力，而是坚持下去的勇气。80% 的人会在坚持中发现秘密或者改善自己。有的人会一天一个变化，有的人会一周一个变化，还有的人会一月甚至更久才会发生变化，而在这种变化中，几乎每个人都在成长，而当你成长的时候，你已经是一个新的自己。也许这个新的自己现在还没有为你带来成功和财富，然而一个更好的自己也是一种不错的结果，因为这个自己离成功与财富更近了一点。

此时此刻请不要对我说去找个工作，继续去搬砖头。在现实中，我已经退到无路可退，就算是不够体面的工作或者低的薪资我都可以接受，然而更多的人在争夺着最底层的工作，而且在许多时候我在事实上被他们淘汰了。我除了成长之外，已经别无选择，退无可退。放弃，就意味着失败，并且离自己人生的梦想越来越远，这不是我在给自己洗脑，这就是现实。

在抖音事业上，我选择重新开始，我选择相信自己，我选择 10000 小时的刻意训练。每天进步一点点，直至成功。

接触抖音以来，看到了太多的放弃，也就是看到了太多的失败，形形色色的都有。其实在抖音上，当你对某种玄学或者信仰绝望的时候，才是一种新的认知的开始。

◆ 第五节　创始人 IP

一个个人 IP 完胜许多上市公司，一天销售千万的，一天销售一个亿的独立 IP 不断涌现。张同学一夜火遍全网，粉丝过千万。如果你还听到老板不适合做个人 IP，劝你的人一定还没弄懂抖音的底层逻辑。其实对一个企业老板说他不适合做个人 IP，和直接说他不适合做企业是一个道理。

我们并不赞同企业盲目地做抖音，或者是看到别的老板在抖音上成功了，就以为这是自己的一条生路。企业本来就举步维艰，用发财梦来支持做抖音的行动，这和自杀没什么两样。企业做抖音关键有两条，一是企业老板要放下身段，切切实实地去了解抖音的商业逻辑与运营规则及技巧。在你不了解之前，找人去做而自己不参与，大概率是要掉到坑里。二是要学会用抖音的思维重新思考自己的企业产品和商业模式。

一、老板要亲自参与

有不少人鼓吹老板不需要亲自参与，下一个决策让团队去做就好了，认为老板还有更重要的事情，比如整合资源什么的。当一个企业核心的产品和渠道创新都不能弄清，还整合什么资源。主要还是一些企业在成长的过程中，太习惯于利用各种手段去整合资源了。一个健康的现代企业，它的方向与价值应该源于市场。从某种意义上讲，创始人 IP 是获得资源的一条捷径。

消费者喜欢看到活生生的人，也喜欢有情怀、有温度的企业老板。在抖音上建立一个有故事、接地气的个人 IP，对所在企业而言，常常会带来巨大的好处。

平台型企业本身就是这个时代的方向，而创始人 IP 往往是平台型企业最好的加持。

雷军是个人 IP 的典范，一个人拉着一家几千亿市值的公司向前冲，自己为小米代言。

董明珠和雷军打赌的时候，对互联网的理解还没有那么深刻。然而董明珠毕竟是营销出身，分分钟让自己成为互联网上的网红大咖。从直播带货到明珠羽童直播间，简直是打造创始人 IP 的经典路线。

雷军为什么这样做？董明珠为什么这样做？很显然，移动互联网已经带来了渠道创新的巨大机会，在这些大的趋势面前，一些具备战略眼光的企业会选择提前行动。这也是你会在很多平台看到很多优秀企业的语录的主要原因。

俞敏洪老师的案例简直是教科书级的。一个上市公司的老板，当 K12 遇冷、企业经营面临转型、企业股价大幅下滑时，俞老师带着新东方的老师转战抖音，不断尝试直播形式和带货内容，直到东方甄选火了以后，还不断约见行业名人与网红大咖，为自己的创始人 IP 加持更大的影响力。

二、创始人 IP 是中小企业最好的私域积累

我们前面说过，在平台型企业发达的社会中，中小企业也需要向平台型企业的逻辑转化，也就是要建立自己的私域用户系统。对于大多数中小企业而言，建立私域并形成大的流量平台还是十分困难的。所以，建设企业产品品牌和打造创始人 IP 是一个出口。

首先几乎只有创始人不会离开公司，更不会背叛公司。传统的销售团队、大型平台的公域流量，在新媒体的各种广告，找个代运营公司或请网红直播，这些人设价值的建立与流量品牌化的积累，都不会留在企业内部，除了创始人 IP，这一切对外的活动，要么成为创始人 IP 的用户和粉丝，要么成为创始人的知名度。

创始人 IP 还有一个好处，就是所有的用户在和企业打交道时，都会知道这个打交道的人是谁。在抖音平台上，各种各样的产品都有，用户为什么会买某个企业的产品呢？往往会与创始人 IP 有关。

通过个人影响力去带动企业品牌的发展或者产品的销售，是创始人 IP 非常牛的一个地方。在工业化时代，人与产品之间的关系是消费关系，买卖之间凭借各自的优势通过市场的议价达成；而在信息化时代，特别是

在抖音平台，用户购买产品往往是以体验为中心，商品交易的行为也是用户与主播交流而达成用户价值的一个过程。在这个过程中，创始人的行业理念、社会情怀、专业知识以及对待合作伙伴与消费者的态度，直接影响企业新营销与新零售的开展，是企业渠道建设的关键。这就是人带货的逻辑，因为相信某个主播而去购买与他相关的产品，或者选择与他的企业合作。

三、创始人与企业产品的关联性强

高僧没有香火气，将军没有刀剑气，文人没有酸腐气，商人没有铜臭气，这是我们偶然看到的商业 IP 的高级人设。然而这种顶级人设与企业在抖音上建立创始人 IP 前期人设略有不同，一般来说创始人 IP 建设要更接地气。创始人 IP 要站在行业和企业产品之间建立流量与变现逻辑。也就是说，创始人的流量要尽可能与本行业或者企业产品有关，这是一个垂直人设和垂直内容与商业 IP 变现之间的正确姿势。

创始人 IP 要想获得更多的流量，做一个类似行业揭秘的主播，提示行业一些不被外人广为知晓的秘密，最容易产生流量。但这种操作也要注意度，不能影响创始人 IP 的整体人设形象。

四、创始人 IP 要与一些大的 IP 之间保持互动

对于网红 IP 之间，才艺主播之间，常常在直播间打赏。而对于创始人 IP，在一些大 IP 之间互动是扩大影响力、增加粉丝与提高人设不错的手段。

在东方甄选的直播间没有火之前，俞敏洪老师就与众多知名的主播连麦。东方甄选直播间火了以后，俞敏洪老师就加快了与各行业名人与知名主播连麦的节奏。从樊登到陈佩斯，再到张朝阳、周鸿祎、张志刚等，涉及商业、生活、小品、物理等众多方面。在这里我们不难理解，俞敏洪老师要带动的是东方甄选，是一个带货的品牌直播间，最终需要的是喜爱东方甄选的泛粉。从某种意义上讲，所有的大咖的直播间粉丝对俞

老师和东方甄选而言，都是精准粉。

五、企业家要学会双 IP 运营

董明珠和雷军打赌时，还没理解互联网发展的威力，而有营销基因的董明珠，立马让自己成为网红。一波操作后，一场抖音带货过百亿。

22 岁的毕业生孟羽童，一夜之间成为格力的董事长秘书，董明珠说要培养第二个董明珠，有说董明珠在找接班人，有说在找儿媳妇。一个月下来，格力羽童精选上线，原来董明珠在培养格力的网红。

董明珠是个独立 IP，但董明珠不能天天去带货，但作为营销出身的老板，应该深知抖音短视频和直播间的价值。于是她以培养第二个董明珠的宣言，为格力打造一个新的独立 IP。相信格力董明珠的这种操作，对我们许多企业老板，应该有很大启发。

无独有偶，俞敏洪老师从一开始，就是以创始人 IP 和东方甄选的直播间双 IP 运营。当东方甄选直播间火了之后，又以东方甄选的名义建立了 N 个子账号，进行了农产品、书单、日常生活等矩阵式账号运营。

◆ 第六节　产品 IP

有 IP 的产品和普通产品的区别在什么地方呢？是角色和场景。一般情况下，在没有人设的事件上建立 IP，就需要有一定的角色和场景来承载。

很多企业在打造产品 IP 时，常常最先想到的是产品吉祥物，这种吉祥物不一定能够体现产品的角色特征，或者根本没有消费场景的体验价值，就很难因此让人们喜欢这个吉祥物而购买这个产品。

由此我们可以看出，产品 IP 打造的关键是构建一定的角色和场景，而这个场景能够体验产品和服务的价值。同时，制作更多的短视频进行宣传，或者布置一个完整的直播间，系统性地打造产品 IP。

当角色、场景和产品统一起来，形成一个相对多的用户群体，这个产品 IP 就开始形成了。基于这个概念，我们首先想到的是不是江小白、钟薛高、三只松鼠？除了大量的销售带来稳定的用户之外，产品的品质产生的粉丝忠诚度也是产品 IP 必不可少的要件。二次元文化产品的兴起，也是类似的逻辑。

当产品 IP 形成后，产品已经具备网红品牌的意义了。从某种意义上讲，产品 IP 是大于网红品牌的，因为网红品牌是指流量品牌、心智品牌和话题品牌，而在 IP 的意义上，又多了角色品牌和场景化品牌。江小白的白酒好喝吗？当一个人独处，或者两个朋友小酌，或者三五个小镇青年相遇，手里拿着一瓶江小白，每一瓶上一个风景，每一个瓶下面一段文字，每一个瓶底一段记忆。喝的不是酒，是青春。这就是产品 IP 的魅力。

在抖音平台上，通过短视频打造产品 IP 是一个不错的想法，也是一个不错的做法。毕竟我们已经进入一个物以类聚、人以群分的视觉消费时代。角色、场景、色彩，无不代表一种情怀、一种生活和一批人。

在抖音平台上通过短视频来卖货，就可以应用产品 IP 原理，通过角色、场景等来带动粉丝的情绪，最好再加上一些情节，最后形成传播、种草和销售。

◆ 第七节　企业 IP

如果未来的企业只有两种类型，那么一种是平台型企业，包括类平台型的中小企业，还有一种是商业 IP 型的企业，包括创始人 IP 型的企业、产品 IP 型的企业或者就是企业 IP。

平台型企业和商业 IP 最大的共性是都拥有超量的用户，而平台型企业更多的是通过信息化平台及其系统应用在不同企业之间和不同用户之间达成某种协同，而商业 IP 往往是通过某种文化角色或者场景形成的商业活动。

从奥特曼、迪士尼、香奈儿、芭比娃娃以及江小白这些商业 IP 看，这里面具备了极强的企业 IP 属性，它们不仅仅隶属于某一个企业，更多的时候是由某个企业打造或者通过某个企业产品 IP 发展变化而来的。

东方甄选这个商业 IP 具备明显的角色属性，有俞敏洪老师的创始人 IP 的加持，也有新东方董宇辉等老师团队人设的存在，更有通过知识讲解与脱口秀般的表演带动直播间产品销售的神奇场景。在它的底层逻辑中，东方甄选依然有电商平台的影子，然而这些都不影响它成为一个新媒体之下的企业 IP。

一、企业 IP 是添加了企业人设和场景的新网红品牌

企业 IP 往往是时代的产物，在 20 世纪五六十年代，一批具有文化特征的企业 IP 在全球兴起，这一切与战后全球经济发展和文化交流是分不开的。

时间来到 21 世纪，95 后主张个性，他们没有经历过商品稀缺时代，没有经历过贫穷与饥饿，更没有经历过传统消费市场品牌的影响。他们往往不看出身背景，他们不喜欢填鸭式的品牌传播。同样的产品，谁更加新奇、有趣、有个性、富于变化，我喜欢哪一个主播，甚至喜欢主播的一句话，我就喜欢谁、认同谁、消费谁。

在这样的市场环境下，品牌需要人格化、情境化，用各种新鲜有趣的玩法让年轻人充分参与和体验。在抖音时代，企业 IP 的概念应运而生。

二、在企业发展的过程中，个人 IP 最容易，产品 IP 比较难，企业 IP 更难

对于企业来说，在短视频和直播时代，打造个人 IP 相对容易一些。毕竟在这个过程中，做好人设定位和内容制作，然后做好与人设定位匹配的关联产品，可以根据需要有条不紊地操作。企业打造产品 IP，也就是在已有的产品上设计角色、建立场景，是具备创造性要求的，无论江小白还是三只松鼠，都是系统创意与长期经营的结果。同样，打造一个合格的企业 IP，要么是由产品 IP 升级为企业 IP，要么从企业经营一开始

就有更多的场景与角色定位，并且在形成强大的粉丝影响力之后，不断地开发产品系列，这是一个宏大而系统的工程。

三、企业创始人 IP，更多的时候也属于创始人个人

从所有权的角度分析，一个企业的创始人 IP、产品 IP 或者品牌 IP，理论上都是属于企业的。传统企业在创立商业 IP 的时候，可以理解为企业经营的 IP 化，也就是通过企业经营决策，制订计划和搭建平台建立企业的创始人 IP、产品 IP，直至企业 IP。

四、个人 IP 与企业 IP 的统一能够产生一种叠加效应

个人 IP 的影响力，几乎是没有边界的。人类进入 21 世纪以后，文化 IP 的商业化过程与企业 IP 化经营的脚步从未停留，在新生的超级 IP 中，影响力最大的还是基于平台创始人的 IP。也就是说，商业 IP 基于人设形成的巨大的私域逻辑与基于工具和系统形成的平台的公域逻辑在现代商业中一直在互相影响。

在对商业 IP 的探讨中，我们完全可以发现许多闪光的东西。因为每个人创业或者每一个企业的境遇不同，因而受到的启发也不会一致。无论是企业出于战术上需要还是战略上的选择，多多少少都可以找到各自的依据。

短视频和直播，不仅仅让一个人或者一个企业在瞬间触达成千上万个目标用户，影响之大、范围之广、节奏之快与互动之深是传统的广告和媒体无法比拟的，更重要的是，单个目标用户触达成本低到几毛钱或者几分钱。线上促销活动与展会类的车马费、人员费用、招待费用、场地费代价之高、流量之少，实在不敢恭维，而许多企业出于经营习惯一直在做。而随着活动结束和投入的减少，品牌的影响力降低，用户也散去。你唯一要做的，是让人记住并且喜欢自己。

商业 IP 将与未来优秀的企业，一同前行。

本章导读

新农人做抖音，和其他人做抖音有着本质的不同，新农人做抖音，第一次把渠道利润留给了农村甚至农民。换句话说，农民第一次有了有话语权的农产品销售渠道，农产品商品化第一次由农民自己说了算。

新农人做抖音，不仅延长了供应链，提高了农产品的品质，还分散了农产品交易，促进了共同富裕。

新农人做抖音，一是要及时开始，二是要不断学习，三是要持之以恒。开始之后，几乎所有的技巧都能够在很短的时间内学会。新农人做抖音，首先考验的是内容能力，其次考验的是耐心，最后考验的才是产品差异与供应链。

新农人做抖音，不是只卖农产品。农村三百六十行，都可以做抖音。

Chapter Fourteen

新农人做抖音

2020 年，是我国全面建成小康社会元年。在各行各业竞争非常激烈的情况下，大家把目光投向了农村。当更多的资本开始介入农村，在促进农业发展的同时，农村资源将会得到更加充分的利用。另外，农村还有过亿的农业劳动力需要升级转化，在一部分人成为新型职业农民的同时，还会有一部分人将从自主性择业走向充分就业。新政策的支持与新技术的发展，农村将迎来一次巨大的成长机会。

新农人创业是近几年来最热门的话题之一。新农人是指具有一定的科学文化、掌握现代农业生产技能和具备一定经营管理能力的新一代农民。新农人以农业生产经营服务为主要职业，以农业及其相关收入为主要生活来源。新农人有的居住在农村，有的居住在城市。

和传统农民相比，新农人不仅掌握了一些现代信息技术和科学知识，同时在筹集资本、市场决策与市场营销等方面，还具有一定的比较优势。发挥新农人的主动性和创新性，保障 14 亿多人口粮食安全，振兴农村经济，促进农民生态安居与幸福生活，是新一代职业农民的历史使命与时代责任。

随着 5G 的发展，抖音开始在农村市场普及，兴起了一大批以农村为背景、农业为主题、农民生活为场景的草根网红。在祖国辽阔的大地上，美丽的乡村，质朴的农民，充满乡土气息的才艺表演，这一切通过短视频和直播间在全社会快速传播，人们的创作热情被彻底地激发出来。乡愁、张同学、潘姥姥、康仔农人、蜀中桃子姐、麦小登、李子柒等，一批与农村生产生活密切相关的网红达人，通过短视频平台快速成长起来。

14 亿多人口几乎还有一半在农村，为了竞争的需要，也为了发展的需要，抖音平台流量一直在向农村倾斜，用大量的流量支持农村网红直播，扶持农村创作者和农副产品销售。农村文化生活的多样性、生活场景的丰富性、乡土节目的新鲜感，都是抖音平台上用户喜闻乐见的内容，这也给很多在抖音上创业的内容创作者提供了广泛的创作素材，同时也为他们带来了巨大的流量。

得农村者得天下，农产品直播是今天农产品营销的热点和风口。对广大新农人而言，毫无疑问，在抖音上创业是一次不可多得的发展机会。和传统的中心化流量电商不一样，抖音电商是去中心化的趣味电商。当城市用户饱和时，在与众多视频平台和电商平台的竞争中，抖音开始进军农村等下沉市场。这一切对于新农人到抖音上创业而言，无疑是一个巨大的商业契机。

◆ 第一节　网络移民成为网购的生力军

在网络上有两种人，一种是网络上的原居民，另一种是网络移民。95 后和 00 后这批人，就是网络原居民，他们生活在互联网繁荣的时代，而 60 后、70 后甚至更早一点的人，他们经历了一个从没有互联网到有互联网的一个阶段，他们从不会用互联网到学会并且广泛使用互联网，我们把这批人称为网络移民。

PC 互联网阶段，人们在电脑上使用互联网，每个人根据自己的喜好选择平台，并且自己决定是否参与线上购物。在这个阶段，农村许多上了年纪的人还是不习惯在电脑上开展网上购物，当时的农民在自动排斥一些网络娱乐和购物行为。当智能手机广泛应用和移动互联网出现以后，特别是 4G 网络和 5G 网络的建设，人们随时随地都可以上网，最早排斥互联网的一批人也开始在移动端上网。

短视频平台出现后，人们随时随地在海量的娱乐内容和资讯中冲浪，还可以拿起自己的手机，随时随地地创作自己的内容，轻松发布。和电脑比起来，一切都变得更加方便、简单。抖音直播间主播和现实商场的售货员一样吆喝着兜售着商品，一些从未网购过的网络移民禁不住这种视觉的冲击，从此开始沦落成为网购的生力军。

抖音平台为什么要进军农村等下沉市场呢？关键还是要增加平台用户。智能手机开始在农村广泛应用的同时，农村用户直接跳过PC互联网进入移动互联网。在这种情形之下，抖音以老百姓喜闻乐见的内容，在县乡村三级市场广为传播，同时吸引农村的创作者广泛参与。反过来，抖音又以创作丰富多彩的具有乡土气息的内容，吸引更多的城市用户在抖音平台上停留。另外，在传统电商的发展过程中，几乎没有打通过农村电商的最后一公里，而抖音挟几亿用户进入农村市场，并且具备开发多种应用场景的可能性，这些都是曾经的BAT平台大佬们梦寐以求却一直办不到的事情。

既然抖音平台发展有这样的需求和趋势，那么对于我们新农人到抖音上创业而言，是不是一个绝佳的战略性机会呢？

◆ 第二节　直播在农村是一种时尚

新冠疫情以来，不少来自农村的创作者或者很多城市人到农村开直播，在宣传农村生产生活的同时，销售具有本地特色的农产品。农村网红的兴起，不仅拓宽了农产品的销售渠道，增加了农户的收入，甚至带动一个镇甚至一个县的发展。网红县长、网红镇长和网红“村官”此起彼伏，层出不穷，已经成为抖音平台上支农、助农、乐农的一道亮丽的风景线。

一、助力“三农”是抖音进军农村市场的战略选择

我们经常看到一些名人和一些地方官员，在抖音平台上为农村做宣

传，在抖音上宣传农村的种植、养殖、康养、乡村旅游、休闲等项目的同时，为具有地域特色的农产品代言，宣传农村特色农产品以及农村文化，有的还直接在直播间直播带货。

新农人想在抖音上创业，抖音平台的态度非常重要。在信息化平台上，新商业的竞争归根结底还是流量的竞争。无论是打造农村网红达人还是宣传网红产品，无论是公域还是私域，最终都要通过流量来实现目标。抖音最初的创作者在一、二线城市，为了增加更多的用户，抖音不断向三、四线城市甚至小镇拓展。在这个过程中，抖音平台的创作内容越来越丰富，用户在平台的浏览时间也越来越长。由此可以看出，抖音平台的发展目标和国家振兴乡村的战略是高度统一的。事实证明，抖音进军农村市场，是一个双赢或者多赢的结果。

长期以来，振兴乡村是抖音服务“三农”的重点。在下沉市场，抖音做了大量的营销工作，借智能手机和移动网络扩张之势，通过老百姓喜闻乐见的短视频娱乐方式，一举拿下了农村市场。

抖音平台上的用户也能感受到，自从农村的山、林、田、湖、水、草与阿哥、阿妹进入抖音平台之后，平台上的内容一下子变得更加丰富多彩。作为想到抖音上创业的新农人，我们会发现，我们身边有取之不尽的素材、讲不完的故事和用之不竭的资源。

美丽的种植环境，心旷神怡的山庄，清澈潺潺的溪水，梨花盛开的原野，蛙声阵阵的稻田，加上主播声情并茂的讲解，地方名优特产的优秀品质呼之欲出。主播通过现场直播的方式，把许多地方知名的特色农产品尽情地展示了出来。在成百上千个农村网红达人的直播间，各种农特产在直播间预售，让粉丝用户能够吃到正宗的土特产的同时，减少因为信息不畅引发的滞销而给农户带来的损失。

“三农”的场景真实而丰富，“三农”的感情纯朴而善良。现在的城里人绝大部分是近三十年从农村走出来，到城市创业安居的。无论是“三农”短视频，还是“三农”直播间，除了抖音平台的扶持外，还具备天然的流量优势。这和前面探讨的抖音流量推荐方式是统一起来的。

二、抖音成功地解决了农产品的时令性与季节性问题

从长安城回头远望，骊山宛如一堆堆锦绣铺在大地上，山顶上华清宫的千重门依次打开。一骑驰来烟尘滚滚，贵妃欢心一笑，只有她知道是南方送了荔枝鲜果来。一骑红尘妃子笑，无人知是荔枝来。千百年来，人类进化的结果是熟食喜欢吃刚出锅的，水果蔬菜喜欢吃刚采摘的，不仅新鲜，而且口味好。长期以来，农副产品的时令性与物流配送的及时性是农副产品品质保障的关键要素。

这两年抖音是如何成为农产品营销最大风口的呢？直播和短视频的出现，把农产品从生长、收获到制作的全过程，一一呈现在消费者面前。消费者在抖音直播间选购农产品和在传统电商上购买是完全不一样的购物体验。第一年十月份就可以预售第二年五月份的樱桃，抖音成功地解决了农产品地域差异以及时令季节问题，抖音已经成为农产品销售的最有效途径之一。

当夜幕降临，人们从繁忙的工作中闲下来，躺在沙发上看看电视，刷刷抖音，去光顾一下自己喜欢的主播的直播间，去享受一番“一骑红尘妃子笑”一样贵妃般待遇。在短视频和直播间，主播最大限度上消除了消费者各种顾虑，甚至一些网红主播在直播间吃播的表现，就让你有直接消费的冲动,很多是直接下单的。江苏连云港海头镇是海鲜直播基地，2021年成交6000万余单,一个临海小镇仅海产品电商销售额超过150亿元。

三、借力抖音发展大势，做一个优秀的“三农”创作者

为了丰富平台的创作内容，丰富农村的生活场景，优化农村生活与带动日常 VLOG 的节奏，张同学账号一夜火爆整个抖音平台。一个个生动形象的农村生活场景，在一段时间几乎天天上热搜。抖音本身就是音乐与短视频的完美结合，一首首神曲与美丽的农村日常生活结合起来，创造了一种简单、质朴而又极其美丽的场景视频。这也是抖音平台对农村账号支持的表现。

我们大多数人都是普通人，很少有什么显贵的家庭背景或者十分殷

实的家底。从某种意义上讲，商业生态越来越成熟，后来者想在商业上取得成功的概率就越来越低，创业的难度也越来越大。而站在互联网进化的角度分析，抖音平台是一个创业的风口，这个风口与农村振兴合二为一，对广大新农人创业而言，无异于一次天赐的良机。

从商业渠道发展角度分析，农村的商业渠道面临一次巨大的变革，传统商业渠道一直剥夺农民农资消费和农产品销售议价权的时代将一去不复返。而这对广大新农人而言，无疑是一个时代赋予的使命与责任。

四、助力一村一品，推动农村新零售的发展

烟台苹果、莱阳梨、武夷岩茶、六安瓜片、五常大米、阳澄湖大闸蟹等，有的地方苹果好吃，有的地方梨好吃，有的地方水蜜桃好吃，有的地方坚果好吃，特色农产品本身就有地区标签。我们国家幅员辽阔，一村一品建设形式多样、内容丰富。

新农人创业，要和打造一村一品的活动有效地结合起来。一方面新农人可以获得农产品独占性的优势；另一方面还可以有效地控制农产品从生产到销售整个环节的费用，形成一体化的利润能力。从某种意义上讲，新农人通过抖音将打造出一条农产品商品化与品牌化的新渠道。一村一品是振兴农业，推动农产品品牌建设的一个重要提法。对新农人来说，抖音是打造一村一品的简单易行的操作工具和十分有效的营销平台。

农产品品牌化离不开现代商业的新零售模式。新零售的本质就是会员的逻辑，同时也是私域的商业思维。私域化、会员化、社区化、社交化、高品质与小众化，都是新零售体现出来的一些重要的商业属性。传统的电商是中心化的流量平台，竞争越激烈，流量成本越高，很多企业和农产品到电商平台上面来，最好的办法就是买流量引导消费者。

企业和商家为了降低营销成本，开始关注私域流量。私域流量对农产品销售有什么好处呢？就是一次营销推广，让客户多次购买，从而最大限度地降低农产品销售过程中的流量成本与获客成本。

特色农产品与喜欢它的粉丝产生长期有效的连接，就是一个典型的

新零售过程。各个地方的特色农产品通过短视频表达出来，通过直播间传播开来，通过抖音的标签与算法把喜欢不同特色农产品的人找出来，并且区分开来，形成各自的粉丝。抖音平台的出现，在整个互联网发生了让人耳目一新的变化。只要是好的内容和好的产品，就能带来巨大的流量。这也是草根网红和网红产品在抖音上火了一批又一批的主要原因。

新零售的逻辑中也包含了人、货、场的逻辑，传统电商的底层是人找货，趣味电商开始了一些货找人的思维。抖音是内容电商，它会比较及时完整地把农产品的特征直接在巨大的流量和人群面前表达出来，还把农产品的各种相关的商业属性也表达出来，抖音平台通过标签和算法，把好的内容和产品及时推送给可能喜欢它的用户和粉丝。

◆ 第三节 直播带来农产品销售的变化

农产品和一般商品不同，大多数的农副产品是非标品，从田间地头到消费者的餐桌，农产品销售链条长，经营风险大。农产品商品化不足是国内的农产品销售市场长期存在的一个问题。在市场经济条件下，一个产品能否成为商品，关键是能否在市场上广泛流通，并且在市场上随时变现。

一、农产品长期面临的销售困境

农产品具有的季节性、区域性、品种的多样性和生产的非标性等特点，一般农产品不容易储藏，往往又难以长途运输。

（一）分散的农户进入市场、市场竞争能力脆弱

农户分散经营，单个的农民在农副产品销售上基本没有话语权。产品价格随行就市，卖得出去卖不出去关键在于农产品销售渠道。从某种意义上讲，在没有农民自己的销售渠道之前，农民从未获得过农产品的定价权。

农产品流通形式相对单一，农产品对保鲜度要求很高，对购买和销售都造成一定难度。农户常常没有自己的农产品销售渠道，农户在赚不了多少钱的同时，消费者常常又觉得市场上的水果、蔬菜贵了。

近年来，资本开始参与到农产品渠道运营与投机中，从“蒜你狠”“豆你玩”到“姜你军”，农产品价格波动巨大，同时也给一些农户和农产品经营者造成了损失。特别是水果、蔬菜类农产品因季节、存储与流通方式等多方面因素的影响，价格涨跌幅度很大，这些不确定性往往增加了农户的经营风险。

随着大农户的增加，家庭农场的大规模出现，农村正在加强合作社建设与村集体经济建设，农村的流通主体与农产品流通能力在不断地增强。

（二）农产品大量依赖传统购销渠道

渠道商和中间商长期在控制着农产品销售的话语权，如果没有这些中间贩子，客商到农村收购农产品就变得十分困难。除了少数品类的大宗农产品和已经拥有一定区域规模的水果蔬菜基地，大多数区域的农产品并没有形成完整的供应链。

批发市场、集贸市场是农产品主要的营销渠道，在农产品销售中发挥了重要作用。无论是批发市场还是集贸市场，一直都不能解决产销环节中存在的小生产与大市场之间的矛盾。

（三）农产品的标准化生产体系缺失

收获季节，农民对农产品并没有养成分类的习惯，收购者常常也不分类收购，农户只能以十分便宜的价格把农产品一股脑地销售出去。一方面，好的农产品如果没有资本的介入，常常也卖不出好的价格；另一方面，一旦资本介入某类农产品，就是进入一个资本割韭菜的过程，整个行业利润的大头往往被资本收割。农民缺少开展市场营销必备的资金、技术、信息与人才等条件，大多数农户仍局限在以个人的主观判断导向的低水平经营。

农产品标准化生产首先面临的是品种问题。在现实生产中，商家推销什么品种，农民就种什么品种。另外，农产品生产出来后往往直接在市场上销售，农产品再加工比例很低，标准化精深加工的更少。

农户普遍没有分级分类的意识，销售季节蔬菜价格不是论斤卖，而是论车卖。农产品初加工形成的收入，恰恰也是行业利润来源之一。一天的加工，有些时候超过一季的生产。仅农产品分类缺失这一项，就会让农户损失一大块收入。

（四）农村快递费用过高

在一些地广人稀的地方，快递网点少，快递也少，这样导致快递的费用比较高，甚至有的时候一件快递的费用比货物本身价格还高。

大部分农产品都是低客户价的产品，消费者买一斤当地的特产，快递费就占了一大半，而农产品本身却给人一种价格高、产地发货还贵一些的印象。

目前在一些重要的农特产品产区，很多物流公司都设立了专门的服务站，并且给予了很大的政策优惠。

二、抖音平台是农产品营销的一次新机会

任何一种商业模式的形成都不是空中楼阁，也不会与生俱来，它需要有一定的市场基础，而市场基础的形成常常要通过消费者习惯来培养。从农户的田间地头到消费者餐桌，每一个环节都可以通过短视频和直播间展示和见证。短视频与直播间不仅把农产品的特点表现得淋漓尽致，还能够通过标签与算法，直接为不同品类的农产品找到喜欢它的消费者。

（一）主播以真实农村生活、纯朴农民形象来圈粉

抖音以记录美好生活、传播知识、娱乐大众为目标。传统商业广告是以明星、品牌等作为传播内容，带有很强的商业目的性。抖音出现以后，这种情况有了巨大的改变，一个抓鱼的现场直播，直播间的场观人数往往会高于一个明星的带货直播间。一个普通网红的带货直播间，销量也常常大于一个二线明星的直播间。

抖音平台上的用户是个人逻辑，每个人都因为自己的喜好到抖音平

台上来。农产品在平台上直播时，针对目标消费者，主播通过各种快乐节奏和欢乐场景，调动直播间氛围，把优秀的农产品介绍给合适的粉丝，形成高效的直播间商业转化。

主播在农产品和消费者之间搭起了一座高效的桥梁。一方面，短视频与直播的内容与直播间产品密切相关，能够清楚表达农产品的特点、优点和卖点。另一方面，直播间的内容又紧扣粉丝的喜好，都是一些粉丝喜闻乐见的才艺和段子。有些农村网红直播间段子手一般的作品和表演看起来、听起来比较野，却正是下里巴人和阳春白雪的区别，在农村广泛的人群中深受大家喜爱。从某种意义上讲，这就是一类流量密码。

（二）农村生活场景往往能够吸引人

农村生活是抖音平台支农、助农的一个重点。直播水果蔬菜等农产品时，短视频就可以从日常种植开始，结合除草、施肥、剪枝、采摘，让粉丝身临其境，激发粉丝的购买欲望。

短视频可以打造菜农、果农等新农人账号人设，长效地、清晰地为新农人网红产品定位，拉近粉丝与农产品甚至与农户的距离。在这一点上，张同学的短视频内容与运镜技巧值得学习，加上一段如同神曲一样的BGM，集自然美感与乐感于一体，让人见了就有很强的代入感。

纯朴的农民形象十分吸引人的眼球，特别是农村不同时代的着装也常常会让人眼前一亮。每当水果收获的季节，邀请一些美女帅哥主播，穿上具有不同地域风情的服装，到山间地头，进行现场试吃水果、制作果汁等。真实纯朴的新农人形象和农村生产生活场景融于一体，增强消费者的视觉体验，从而实现流量转化。

在蓝天和大地之间，在小村院落内外，搭起一个土灶，炖大鱼、炖大鹅、炖牛肉、炖羊肉、炖草鸡、炖排骨，凡是当地的土特产，海鲜、河鲜、湖鲜，红薯、玉米、山药、茄子，凡是你能够想到的，一般都可以在直播间制作，炖、烧、烤、焖等。新农人人设再加上才艺网红的助力，不仅会赢得很多自然流量，还会打造一个不错的新农人人设。

（三）围绕特色农产品打造人设，高效传播农产品知识

人们离农村越来越远，对一直生活在城市的年轻人而言，会产生一种天然的好奇感和新鲜感，对上了年纪的城里人而言，同时又代表了一种魂牵梦绕的乡愁。围绕特色农产品打造人设，不仅可以成为当地特色农产品的形象代言人，还可以包装成为特色农产品种植、销售甚至品鉴方面的农村达人。

网红农产品现象古已有之，如豆腐西施、武大郎烧饼、东坡肘子、万山蹄、宫保鸡丁、麻婆豆腐等，往往有数百年甚至更为久远的传承。现代人在抖音上把这些做法发扬光大，如老干妈、王致和、史猪头等品牌。农产品直播可以根据农产品特性，传播农产品相关方面的知识。在抖音平台上，这些与人设相关的产品和品牌将层出不穷，越来越多。

我们在关注农产品是什么地方出产的产地品牌的同时，也有很多人去关注这个商品是谁在用，或者某个网红、某个明星使用这个产品之后有什么样的评价。如何在众多主播中脱颖而出，产品的风格与主播的气质是否一致也非常重要。长期通过优势的网红产品打造强人设新农人主播，一旦喜欢某个主播或者网红达人，经过他们的介绍而购买产品，是一件再正常不过的事。

北方的人不知道香蕉长在哪里，南方的人不知道土炕是啥样，我国幅员辽阔，不同区域的农村生活和农产品具备强大的信息差，一些新奇特的农产品的养殖、做法和吃法，各个地方的生活习惯与风土人情，本身就具备极强的知识属性与天然的诱惑力。

三、打造新型农产品销售渠道，提高农产品的标准化水平

日本和欧美针对单一经济作物的专业合作社很多，在农产品商品化和品牌营销的过程中，合作社起到了很大的作用。有了大型合作组织和农业服务企业的介入，从选种、植保、品控到营销，到农产品品牌化全程参与，这对提高农产品标准化水平与商品化价值，增加农户的经营利润，具有很大的现实意义。

在短视频和直播间一些好的农产品和农业资源展现出来的同时，许多深藏在大山之后的问题一下子也暴露出来。农产品直播同时也在教育着整个农业产业链条的参与者，知道新型农业生产与农产品商品化的重点是什么，钱要在什么地方赚，在什么点上发力，如何去增加自己的收入。认识一提高，许多问题就会迎刃而解。

市场的问题还是要通过市场来解决。随着国家加大对“三农”的投入，一些地方资本和社会资本紧跟着国家的脚步开始介入农村。与此同时，原来的家庭农场和种田大户也开始有了一些原始积累，各种生产机械与农产品加工装备从无到有，不断完善。在植保技术有了很大的提升的同时，专业的农业服务组织开始出现。在多方参与这种整体力量的推动之下，农产品标准化的水平开始有了明显的提升。

粉丝是用钱来给你投票的，粉丝不买单了，你就失去市场的竞争力了。在相对闭塞的地区，农产品的市场化水平不高，种植户比较分散，缺乏严格的农产品电商指导，产品的质量往往把握不到位，常常给消费者带来不好的购买体验。

无利不起早，短视频和直播间超强的宣传与直播带货能力，对农产品的市场化、品牌化和标准化提出了新的要求。哪里有强烈的需求，哪里就会出现新的市场动力，随着抖音平台上农产品销量的增加，农产品销售系统的成熟，农产品标准化的水平一定会得到大幅度提高。

四、夯实农村电商基础，全面促进农产品供应链建设

消费者对农产品的时令性和时效性要求可以说是越来越高，为了保鲜，经营者需要尽可能减少从田间地头到消费者餐桌的时间。

抖音电商一是拼内容、拼流量，二是比拼供应链。农产品的包装简单，甚至没有包装，农产品冷链、仓储能力不足，专业物流点少，不仅影响了农产品的正常配送，还常常出现农产品腐烂、变质等问题。对于许多农村乡镇，完善农产品供应链管理迫在眉睫，加大农产品初加工、包装、储运基础设施建设，加强冷链基础设施的建设，使农产品发货速度与供

应链同步发展。

农产品供应链是否完善，也是一个市场选择的结果。深加工的工厂和下游企业最喜欢什么？喜欢蔬菜季节性的掉价，因为他们可以用最低价收购蔬菜转过身再高价卖出。

随着电商的快速发展，冷链、物流与快递配送也在飞速进步。在一些农产品主产区，这个问题已经得到解决，而在一些相对分散的山区和边远地区，特别是单品种植规模较小的区域，就需要地方政府和企业的共同支持。

我们国家农业产业价值链短，农产品的加工率远低于发达国家。农产品加工率仅有 55%，远低于发达国家 80% 的水平。其中水果的加工率只有 10%，而发达国家达到了 30%。

在农村目前已经很少见到青壮劳动力，农业生产更像是为了生存。抖音电商在农村的兴起，会让一些区域更加注重特色农业的发展，在规模上、品种上、技术上、人才上和品牌上，会因为下游销售的打开而受到新的重视。这对一些进城的人回流到农村，开展新农人创业，是一个十分有力的促进。

五、全面鼓励新农人创业，培养更多的农民网红

农产品直播前景好，想要有更长远的发展，就必须培养大批农民网红。农民更了解自己的产品，让农民为自己的产品代言，更好地讲解农产品知识，更加具有亲和力。

新农人做抖音有一个天然优势。大山里的潺潺溪水，村落间的鸟语花香，草原上风吹草低见牛羊，平原的一马平川，还剩下少许地方炊烟袅袅，在短视频和直播间呈现各种种植、养殖场景，以及农民的真实生活日常。这些能够直接为我们所带货的农产品进行产地背书，该类型账号的带货能力也会更强。

过去，因为农民掌握不了农产品商品化的渠道，从而失去了农产品商品化中的话语权。只有培养大量的网红，特别是让种田大户、果农、

菜农与合作社社员自己去学习直播，勇敢地争当一方网红，农户就不仅能够得到生产的利润，还可以赢得农产品销售的利润。这对农产品商品化而言，是一次质的飞跃。

让农民变成新型农民，通过教育培训赋能，让更多的农民成为“新农人”，成为乡村振兴的新人才。前两年的新农人网红动辄拥有几百万甚至上千万的粉丝，通过短视频分享农村的生活，宣传当地的农产品，帮助家乡脱贫致富的同时，自己也快速涨粉。这种大网红的现象在抖音成熟期会越来越少，抖音将会把流量通过去中心化的方式分配给更多的网络与达人。

农村第二、第三产业的人才，包括农村创业创新带头人、农村电商人才、传统艺人、乡村手工业者、乡村工匠等，都可以到抖音上来建立自己的新农人 IP，实现自己的商业价值。

◆ 第四节　抖音服务“三农”形式多种多样

作为短视频工具和流量平台，抖音不仅可以做农产品营销、宣传农产品品牌和在直播间销售农产品，而且在农业技术推广、新农人培训、涉农知识传播、农资销售渠道建设与农业服务等方面，具备传统电商平台无法替代的作用。

一、直播带货

农产品长期存在季节性、区域差异、品种的多样性这些传统的劣势，现在却成了新农人做抖音的优势。

对直播带货的主播来说，产品是直播间人、货、场中货的维度，普通的网红和达人在直播间很难找到适合自己的大品牌产品，更难以与机构、品牌方去抗衡。在这种情况下，主播可以通过精选联盟中的优秀产品来丰富自己的直播间，但我们也要知道，一旦某一个产品在精选联盟中成为热销产品，主播之间的竞争也会非常激烈。直播带货要想做得好，直播间的选品非常重要，选品最好坚持一个原则，那就是直播间的产品与服务要么第一，要么唯一。没有生产方的供应链和推广支持，精选联盟选品的方式将会越来越难。

不同区域与不同品类的农产品之间本身就有着很大的差异，所以对于新农人主播而言，一旦在直播间销售某个产地的某个特色农产品品牌，就会很容易被打上与某地特色农产品相关的人设标签。一旦粉丝拿到货后感觉不错，就会对直播间的主播形成信任，从而形成长期的复购。从这种意义上讲，新农人直播，是一个长久的生意。新农人通过抖音创业，对种植、养殖大户及合作社和村集体经济而言，是一个不可多得的赚钱机会。

开展户外直播，直播时深入田间地头，让消费者真实地感受农产品的生长环境，让消费者全面深入了解产品，对于消费者肯定产品具有积极的作用，对于树立农产品品牌形象也十分有价值。

二、农技推广

农技推广工作是一项烦琐而复杂的工作，因为区域不同、气候与环境等外部环境不同，作物在生长的过程中会遇到这样或者那样的问题。有时同一个品种，生长在相邻的两块地里，长势也不一样。

在抖音上出现了一大批农业技术推广账号，常常有几万或几十万的粉丝，这些账号深受广大农户和涉农上下游企业的欢迎。一些具备十几年甚至几十年农业技术经验的专业人士开设了抖音账号，发布农业生产和植保的短视频，很多视频的专业性、可操作性非常强。

这一类专业的短视频，不仅仅会在农业的同频的人群之间传播，更重要的是在同城传播，这对附近的广大的农户来说，指导性强，实用价值非常大。从整地、选种、育种、播种、施肥、打药到病虫草害防治等方面，通过短视频和直播间进行翔实的讲解与务实的指导，一个账号可以服务成百上千个种田大户。

短视频和抖音平台已经成为农业服务组织一流的应用平台与开展日常工作的重要工具。通过短视频和直播间宣传农业技术，直观、简单、成本低、效率高。农业技术服务黏性高，在为专家主播快速吸粉的同时，增加了社会影响力。

长期以来，我们在线下已经有了一个完善的农业服务与植保专家体系，并且在各自区域的垂直领域积累了大量的生产经验，这是一个巨大的群体。很可惜的是，许多专家到年龄后就面临二线或者退休，他们许多实操的经验常常湮灭在含饴弄孙之间。一旦通过抖音把这个专家体系在线上在不同区域和不同作物上激活，对全面提升农业生产技术与提高农产品标准化、高质量生产，意义巨大。

三、农资销售与渠道服务

和其他商品不同，农资是技物一体化的生产资料，农资的好坏直接影响到农户一年的收成。更重要的是，农资使用效果的好坏，常常是与使用方法和使用技术紧密关联的。从某种意义上讲，农资销售就是专家型销售。

直播间把农资和农技服务结合起来，实现厂家、商家和用户之间产品、技术和项目无缝对接。直播间的效率之高，往往远超你的想象。

把种子种到田里，把肥撒到地里，农资销售人员不可能整天盯着庄稼的生长情况。在这个时候短视频的功能就体现出来了，此时此刻，直接要求农户把庄稼生长情况及时录制成视频，进行无缝隙的线上线下跟踪服务，一切操作起来变得简单。现在一些智慧农田已经实行全程 24 小时视频服务了，农田管理发生了巨大的变革。

原来一家一户土地几亩或者十几亩，是自给自足的自然经济，地长得好坏只是面子上事，无伤大雅。现在一般家庭农场都是几十亩地，而种田大户的地有几百亩甚至上千亩，种地是一种投入产出的逻辑，种地往往是家庭农场和种田大户的主要收入。

服务跟得上，技术到位了，农资销售就不是问题，同行也很难来挖墙脚。在日常经营中,农资服务营销的逻辑和新零售的会员逻辑是一致的,农资厂商建立抖音账号,建立线上线下同步的服务系统,具有极强的现实意义。

四、定制农业与商超对接

定制农业与商超对接是现代高品质农业发展的主要出口,也是提升农产品价值的重要方法。在现实中,对下游的厂家来说,想组织规模化的、标准化的大田农业或者标准化的有机蔬菜种植,是一件非常困难的事。一是因为信息不对称与信任的缺失造成的组织上的困难,二是由于商业的逐利性导致生产管理上的困难。当然,长期形成的小农意识也是重要的影响因素。

有了短视频和直播之后,问题有了很好的解决方案。一是通过抖音短视频和直播,发布定制农业的消息,很快就会有大量的种田大户回复,甚至可以在一两个村或者乡镇实现整片整片的统一种植;二是通过短视频和直播,对土地的耕种管收进行全程技术服务与田间管理,讲解种植要求,监督播种与施肥过程和生产过程,实现农作物全程可追溯管理。耳听为虚,眼见为实,从品种的选择到耕种管收储运的标准化,全方位提升农产品的品质。这样生产出来的农产品让下游厂商更放心,让消费者更踏实,也能让农户卖个好价钱,确保农户增产增收。

新农人到抖音上创业,这一条线也是一条非常有价值的长线。这对广大农资企业、农产品公司而言,有没有一种强烈的启发呢?

五、乡村旅游、乡村美食、亲子教育等

和城市比起来,农村拥有得天独厚的自然资源和自然环境。更多的时候,美丽的田水湖草、农村风光掩藏在山地原野之间,常常不被世人关注。传统的图文无法充分表达农村之美、农业之美和农民之美,有了短视频之后,一切宣传起来自然优美。

铁路能到达的地方,特别是高铁与高速能够到达的地方,每一寸土

地都是那么温情，到祖国大好山河去走一走，几乎是每一个中国人的梦想之一。像苏轼一样“日啖荔枝三百颗，不辞长作岭南人”，像李白那样“闲来垂钓碧溪上，忽复乘舟梦日边”，像徐霞客那样“生平只负云小梦，一步能登天下山”，像柳宗元那样“独钓寒江雪”，像陶渊明那样“种豆南山下”，像白居易那样“晚出看田亩，闲行旁村落”，像王维那样“人闲桂花落”，像辛弃疾那样“稻花香里说丰年，听取蛙声一片”。

乡村旅游特别是农业旅游，具备极强的知识性、传播性与体验感，把乡村旅游和乡村地道美食有机结合，短视频不仅能够把这些美丽风光表达清楚，还能把当地的风土人情和消费特色与消费水平讲明白，让游客来得自在，玩得开心，吃得放心。只要玩得好，游客会主动介绍，朋友之间也会互相传播。打造当地网红，通过网红宣传当地的景点与特色，往往事半功倍。

亲子教育是新时代千万个城市家庭的刚需，在学习成长的过程中，生活在城市的孩子们需要接触农村、亲近自然。

六、农资、农机、农服企业渠道建设

一些人认为，农资和农机是一种生产资料与生产工具，不是直接面向终端消费者，而抖音是一个个人玩的平台，在上面卖农资和农机肯定不行。

你的产品的第一客户是谁？你在直播间把产品卖给谁？你所在行业目前是如何销售产品的？你的产品是为了解决客户什么问题？你的产品有哪些优势？和你合作的客户有哪些好处？你想如何通过抖音把你的产品与服务销售出去？比如种子、农药、肥料、农机这些产品，除了在直播间直接找大户，还有什么更好的办法吗？当你能够回答这些问题的时候，基本上可以找到你自己在抖音平台的经营定位与运营的基本思路。同时，在抖音平台上看一下同行在做什么，基本也可以找到自己的赛道风格。对于农资产品，我们一般建议通过抖音直播间做售后客户的同时，也可以用来做渠道招商。

既然做渠道招商，就要把自己的产品与服务包装成完整的项目。通过短视频种草，让更多的人了解你的项目，在直播间说明你的项目，同时讲解项目的盈利模式与盈利能力，最好把真实的客户请进直播间。

◆ 第五节 新农人做抖音的正确姿势

新农人做抖音，和其他行业一样，首先也要从找对标账号开始。抖音上有许多成功的账号是值得学习和借鉴的。新农人做抖音，要在了解抖音规则的基础上，结合“三农”自身的特点，创作更多有价值并且能够吸引粉丝的短视频内容。

新农人同样离不开正确的商业定位。新农人要分析市场，寻找对标账号，学习同行的操作手段与经营方法，在竞争中不断总结经验，以取得自身的经营优势。

有了明确的项目之后，在抖音上宣传项目，形成稳定的人设，或者同时成为网红，这才是新农人做抖音的正确姿势。教人种菜、教人养花、教人做饭、教人种地、教人健身、直播带货、好物分享等，都是新农人做抖音不错的选择。

明确自己的商业定位后，先找到 10 个到 20 个对标账号，有头部的，也有一般但有流量变现能力的，拿过来分析这些账号的短视频内容，分析每一个账号文案的核心与拍摄的技巧，分析这些账号的变现思路与变现方法。

一般刚火过的内容在平台上大概率有机会再火，凡是在抖音上短期内正火，并且拥有很强的变现能力的账号，说明这个账号的商业逻辑当下在抖音上还是成立的。学习这些正在赚钱账号的内容输出和变现模式，对许多人而言，会少走很多弯路。

很多人做抖音，最容易犯的错误是一上来就想要做网红，认为流量是万能的，有流量就可以赚到钱。搞流量与做网红的想法本身没有问题，然而更重要的是事先规划好变现的逻辑。流量非常重要，但流量怎么来？流量从内容中来，流量从才艺中来，流量从快乐中来，流量从价值中来。

一、抓住区域特色产品与农产品源头

农产品因其拥有独特的生长环境，包括土壤、光照、降雨量等，每个地方常常有各自的地域特色产品，就是我们俗称的“土特产”。以我们长期的经验，在市场中，优质的农产品一般不会滞销。

在寻找农产品特色资源上，选择大于努力。这里值得注意的是，很多地方的土特产有的是显性的，大家都知道，优点让人一看就明白，一吃就喜欢的。还有一种是隐性的，就是资源非常多，交易量也大，也有很多粉丝，在当地却习以为常，没有引起多少人的重视。这两种类型都得去寻找，去关注。

充分利用农产品的地域优势和产品特点来分析定位目标人群，抓住产品的目标消费者,少走弯路。要么第一,要么唯一,没有第一也没有唯一，就找个第一或者找个唯一。如果找都找不出来，就去包装和制造出一个区域第一或者唯一来。

二、制作优质的涉农文案

故乡是人们魂牵梦绕的地方，乡村是自然安详、恬淡自足的象征。团结身边具备一定才艺的农民与本土文化人，一起创作“三农”短视频。有很多拍摄技巧和内容玩法，新农人可以根据一些流量高的对标账号，边模仿边超越。

优质的文案和才艺一样，是做抖音的一种基础能力。抖音上的文案是写给浏览者看的，不像传统的广告脚本，在给大众看的同时，还要符合领导的口味。在抖音上创作文案，第一关要过的是粉丝。只有粉丝通过了，粉丝喜欢了才有下一步，否则一切的工作在当前视频逻辑下都会归零。

留守老人是一个时代的记忆，留守儿童是一个时代的牵挂，对于在外打工的人而言，这些场景都会让更多的人感同身受。老人的沧桑，儿童的坚强，真实、简单的生活与农村自然场景融为一体，具有天然的感染力。类似留守老人、留守儿童的人设与话题会引起很多的人关注。

文案内容在源于生活的同时要高于生活。打好文化牌、情感牌、时尚牌与网红牌，利用好农村生产、生活场景，采用活泼生动、具有视觉冲击力的形式，结合美图设计等工具，做好丰富多彩的内容。结合节假日，各种抽奖、打折优惠和开展宠粉活动的同时，还可以蹭热点，利用当地网红达人、名人，不断推出专题。

涉农文案还可以利用人们的认知差，打造爆款短视频。例如，“如何让你一眼识别公鸭子和母鸭子”“教你识别真假土鸡蛋的三个方法”“北方人不能吃的南方的一种水果”“一招让梨树上面结出苹果来”等。

大多数人是在工作之余到抖音上来休闲的，利用碎片化的时间刷一下抖音，打发一下时间的同时，娱乐一下心情。所以在抖音上，往往是情绪大于理性，一上来就非常明显地商业化，或者做些企业宣传类的硬广告，效果往往不理想。

三、农村文化是新农人创作的源泉

农村文化的内容非常丰富，有当地的人文风俗、名人轶事，有丰收庆典、求雨祈福、清明祭祖的古老仪式等，有赛龙舟、对山歌、唱大戏、舞龙舞狮等娱乐活动，还有剪纸、刺绣、木雕、石刻等民间艺术传承。这一切都值得去了解、学习和推广。

农业文明是人类历史最悠久的瑰宝。二十四节气是我国古代订立的一种用来指导农事的补充历法。新农人在创作抖音文案的时候，可以把二十四节气文化与健康养生、出行旅游、节日习俗等结合起来，这样的文案往往含金量极高，既高雅又接地气。

同样，对于一些民风民俗的歌谣，甚至一些家族文化的传承，都是能够给短视频带来流量且给直播间带来人气的素材和内容。

四、建立乡村直播娱乐中心

近年来，村集体经济的发展再一次被提上日程。为了培养村集体，很多地方开始加强村集体经济建设培训，开展形式多样的村集体经济试点，加强对村集体经济的考核。在这些情形之下，因势利导、因陋就简，做好村级直播基地的建设，是利用信息化手段和发掘农村才艺主播，打造农村新型营销渠道的一个不错的选择。

一些专业合作社也需要进行系统的经营辅导。村级直播基地，也是支持新农人，落地农业应用技术的一个优秀的场所。利用当前自媒体，积极打造村级品牌与线上销售渠道。

◆ 第六节　打造农产品网红品牌

农产品品牌有地标品牌、地产品牌、小众品牌、定制品牌、非遗品牌等多种形式。由于农产品的多样化、季节性、区域性、非标化与储运困难等原因，在传统商业环境中，很少有人冒着巨大风险去打造农产品品牌。

一般情况下，真正的优质农产品是不愁销路的。我们经常看到的农产品滞销，往往是规模大一些的常规农产品。大规模种植的常规农产品，一旦遇到市场或气候环境变坏等特殊情况，就会出现经营风险。农产品商品化难，打造农产品品牌难上加难。近些年来，有不少企业花巨资想打造农产品品牌或者建立高端农产品销售渠道，成功的寥寥无几。

有一个有趣的现象，无论是短视频种草还是直播间带货，原来农产品在传统商业上的缺点，往往成了一个又一个涉农直播间的产品唯一性的基础。正因为农产品的时效性、非标化以及区域性特点，才在一些直播间做到“我有的产品你没有”的产品稀缺性。这也是我们经常听到某某销售农产品的主播赚钱的主要原因之一。农产品商品化过程中的一些缺点与不利因素，在抖音直播间瞬间成了优势。这是新农人到抖音上创业一个非常关键的机会点，必须加以重视和利用。

通过几年或者十几年农产品销售市场的品牌变化来看，产品品质是决定性因素。我们常常也会遇到某些品牌火爆推广的场面，两三年之后销声匿迹了。归根结底是产品品质没有让用户留下记忆，难以形成品牌意义上的复购。

一、把农产品的劣势转化成直播间产品品类优势

各个地方的农产品品种区别、土壤、气候与种植方式的差异，导致品质差异大,口味也各不相同。同一品类的农产品在我国不同的地方种植，这些农产品也往往只在一个小的区域销售。虽然地方一些机构对农产品也进行各种认证，实际上这些认证的公信力不强。在这种情况下，企业、商家和农户对外开展农产品的宣传推广工作，往往推广成本大，收效却很差。

在抖音直播间销售农产品，情况就发生了一个根本性的变化。由于人们口味的不同，萝卜青菜各有所爱，产品的差异化却成了品牌的一种区隔。一些粉丝通过主播购买某个品类的农产品后，由于对某个主播的认同，往往会喜欢上某种口味。

农产品品种多，区域差异大，加上各个地方消费者的口味不同。通过直播间主播的介绍，一些独特的外形与口味的农产品品类往往会吸引来固定的粉丝群体，形成一个农产品的小众品牌。

在抖音上，通过标签和算法，一个小众的产品往往也会形成一个较大的消费群体。抖音对内容考核与分配流量的节奏和农产品的差异化非常接近，新农人一旦能找到其中的微妙的操作逻辑，在农产品全程生产与上市销售的过程中产生内容与粉丝的共振，往往会打造出时令爆品。

虽然我国地大物博，特色农产品品类众多，但想打造一些有特色的新品，并非一件容易的事情。由中国农业大学张军教授牵头，与安阳全丰联合成立的攻关团队，经过十多年的探索实践，创新性地突破了早熟、抗倒、促进灌浆等关键技术，将垦香稻 08-169 在第三积温带下限虎林市

虎头镇成功种植，创造了超级优质稻越区种植的奇迹。乌苏里江水灌溉，万年黑土地滋养，东方的第一缕阳光洒在仅有的几百亩高品质稻田上，这一款米被命名为“虎林边米”。新米一上市，边米以其独特的适口性和非常高的食味值，在网络上一夜走红。因为其是小众产品，身边几乎没有多少人知道这个品牌，但产品已经售罄，想买只有等到下一年。

在抖音短视频和直播间，像这种类似的小众品牌往往可遇而不可求。换句话说，真正高品质的农产品，从来不缺买家。在国内很多地方，不缺少虎林边米这样的案例，但是需要从产品研发、品牌定位与直播间等角度系统策划。新农人做抖音的过程中，更多是要做个有心人，能够有一双慧眼，及时发现自己周边的机会。

二、打造农产品品牌，降低企业销售成本

电商时代，品牌逻辑长期让位给流量思维，谁获得商业流量，谁就有销售，这种唯流量的玩法一直持续了近 20 年。

短视频和直播的来临，品牌体验再一次成为农产品营销的一个选择。在流量时代，要想进一步降低流量的成本，最好的出路是私域，有品牌才有复购，品牌就是私域。在产品同质化与产能过剩的时代，通过品牌占据人心也变得十分困难，然而在流量成本居高不下的情况下，企业和商家又不得不回到品牌建设上来。

在抖音等自媒体上，粉丝的记忆只有 3 秒，所以粉丝大多时候只是流量。只有网红品牌才是私域，才会形成重复购买。在抖音平台上吸引客户，通过新农人或者农村网红锁定客户，通过小程序等系统在私域中不断成交客户。

三、克服农产品市场逆选现象，提高品牌建设的积极性

什么是逆选现象？就是因为消费者也不是产品专家，消费者购买产品没有统一标准，往往只能接受市场上掌握流量的平台与商家的引导，最后导致在市场上发生劣币驱逐良币的现象。逆选现象往往对应的是全

网最低价逻辑。

农产品是一般消费品，消费者往往有多次购买的需求。农产品之所以能够从同类产品中脱颖而出，不仅仅是宣传的结果，更重要的是真实的消费口碑。好的口碑体验是怎么形成的呢？要么是特殊的品种，要么是特殊的成长环境，要么是特殊的种植技术，保证农产品具有一定差异化与良好的消费体验，才能够保证企业、合作社或者农户长期收益。

受到育种、栽培、养殖等农业技术水平以及土壤、水质等自然条件的限制，优质农产品的种植面积、养殖数量常常不能够满足消费者对高质量农产品的需求。把好的农产品打造成品牌销售出去，自然会增加整个农业产业链条的利润，从而增加农户的收入。

电商人通过大量资金烧钱的方式取得大量的流量，并且在电商平台推广自己认为不错的农产品。然而在传统电商全网最低价与付费流量竞争的逻辑之下，复购太低，电商人常常收不回营销成本。流量平台不会容忍你用它的流量打造你的品牌，因为品牌本质上还是一种私域，大家都有了品牌，离开流量平台去做销售，谁还会去为平台上的流量付费呢？

有了品质这个前提，就容易形成消费口碑，不断形成一个稳定的消费群体，这同时也是一个农产品品牌形成的过程。有了更多的粉丝或者用户后，优质农产品开始拥有了品牌的溢价能力，降低了渠道销售的成本，从而逐步减少了农业经营者的市场风险。

本章导读

人们常常说开卷有益。

数字是一种智慧语言，从记录物理现象的符号开始，表达物量的关系，再到这些符号自身形成的规律。非常神奇的是，通过人类思辨在这些数字世界形成的数字结论，往往在现实世界能够找到对应的存在。从这个意义上大胆地讲，世界就是一个算法的结果。

企业信息化、平台化直至数字化，是一个循序渐进的过程。这个过程并没有超越人类生产生活所需要的材料、工具与组织等条件。但是，其中影响财富形成速度与规模的因素在发生变化，人类生产活动的算力与算法都在发生变化。

数字化经营，新时代匠人精神的表现。

知其然，知其所以然。不乱其心，不改其志，不厌其烦。

Chapter Fifteen

企业数字化经营

企业数字化转型，是在互联网平台思维的基础上，通过新一代数字化技术（大数据、云计算和人工智能等），构建一个企业智能化经营场景和数字化的经营生态。企业数字化升级一方面是对传统业务的优化和再造，另一方面是对传统管理模式、商业模式进行智能化创新和重塑。当前，以数字化、网络化、智能化为主要特征的新一轮科技革命和产业变革正在重塑全球竞争格局。

2022 年 1 月 12 日《“十四五”数字经济发展规划》全面系统推动企业研发设计、生产加工、经营管理、销售服务等业务数字化转型。“十四五”规划提出以数字化转型整体驱动生产方式、生活方式和治理方式变革。

一、企业数字化经营是企业信息化的深水区

企业数字化经营是企业信息化的深水区，也是企业信息化发展的高级阶段。企业数字化经营主要包括四个方面，一是企业经营信息的数据化，二是企业经营管理的系统化，三是企业生产的自动化，四是企业经营决策的智能化。

企业经营信息的数据化是企业数字化经营的前提和基础。企业数字化经营和企业做抖音一样，不是一个部门的任务，也不是一个独立的项目操作，而是需要企业从自身发展现状和实际需求出发，进行整体规划。

企业做抖音不是发布短视频，或者直播带货那么简单，从成立企业

的抖音事业部，到抖音化人力资源，再到通过抖音平台促进企业文化的发展落地，它更像是一个企业信息化全面升级中的一个系统工程。从平台型企业的一般原理到中小企业平台化经营的整体思路，再到短视频时代中小企业的可视化管理，利用抖音思维重塑企业的核心竞争力等，这些观念和方法最终汇聚到了一个焦点上，那就是企业的数字化经营。

二、企业数字化经营是企业老板的一把手工程

企业数字化和企业做抖音一样，都是企业的一把手工程。对大多数中小企业来说，无论是做抖音还是推动企业数字化建设，关键是企业老板的认知问题。这样一来，老板不但要懂，而且还要亲自抓。做抖音可以说是小试牛刀，而数字化却是未来企业的长期经营模式。

本着学习的心态，积极参与和大胆尝试，是信息化时代对创业者的一种素质要求。中小微企业想做好数字化经营升级，对于行业中已有的数字化平台和系统，要保有持续的热情。企业规模再小，经营思想与经营方法也要与时俱进，这样才能跟得上这个时代商业发展的节奏。

在信息化时代，企业之间的竞争往往是一种商业模式甚至商业业态的竞争，而商业模式的迭代时时都会发生。在企业竞争中，先行先试者在承担先行的风险的同时，也往往会获得巨大的先发优势。

企业数字化经营升级和企业做抖音一样，归根结底是企业经营思想的一场变革，是一个企业利用新工具、新平台与新算法为企业经营赋能的战略问题。有人认为，企业的数字化经营转型，关键是企业的技术问题，这是对企业信息化建设和数字化经营的一个误解。技术在整个过程中有两种作用，一是提升企业经营效率，就像种地要多打粮食；二是提高企业经营决策能力，为企业提供源源不断的发展动力，说白了就是增加土地的肥力。新兴技术用不用，如何用与何时用，以及用到什么程度，归根结底是企业老板说了算。在企业战略目标定下来之后，没有技术可以发展技术，一般技术可以在实践中提升到较高的技术。

三、抖音为企业开展数字化经营创造了更多的条件

2020 年后，短视频在企业信息化的过程中，开始扮演一个越来越重要的角色。短视频不仅为企业数字化准备了更多的数据材料，还在为企业数字化经营梳理思路、完善板块、规范系统。另外，从信息搜集、数据整理到数字化经营的全过程，短视频都可以参与。从中心化流量获取到去中心化私域的建设，从平台型企业高效运营子系统的搭建与企业私域用户的长期积累，都充满了短视频工具和抖音平台的影子。

如果说没有抖音平台，在现有的传统电商体系之下谈企业的数字化转型，对大多数中小微企业而言，几乎是一件不可能完成的事情。在中心化流量平台之上，商业流量都被平台型企业控制，主要的应用系统与数据分析工具为平台型企业所有，几乎所有的信息化人才都在为中心化的平台大厂服务。在这种情形之下谈企业的数字化升级，对大多数中小微企业而言，只能是空中楼阁。

数据在企业内部不同部门之间传递，并且在不同的系统应用中发挥作用。在这个过程中，不仅需要有一个统一的识别和交互标准，同时还需要有一个稳定的识别与交互流程。如何让参与者及时知晓这些数据的规则和意义，短视频及时演示无疑是最直接的方法。

一方面，短视频的记录和演示让整个数据传播和交付流程变得清晰明了；另一方面，还可以在短视频中对这些数据的标准和内容进行归纳、复制和深入阐述。在企业的日常经营中，你不可能要求所有的岗位人员同时具备很强的跨专业技能或者数据分析能力，因此，短视频在这个过程中，就像同步粘贴的说明书一样，让数据在不同的部门之间特别是人机之间实现无障碍实时传递并发挥对应作用。

对于一些从来没有接触过网络和管理系统的企业，开展抖音运营工作，也是对企业进行了一次全面系统的信息化改造。企业在做抖音的过程中，为企业经营积累了大量的数据资源，接触行业数据分析平台和分析工具，更重要的是，为企业培养了一批能看得懂报表、弄得清楚流程

和掌握行业数据的IT人才。同时,企业做抖音不是一个企业单打独斗的事,而是在抖音及相关电商平台上,众多参与者之间可以相互学习、共生共享。学习和模仿,这一点在企业数字化经营中的重要性不言而喻。

数字化不仅要把企业的信息资源进行数字化处理,达成系统运算与智能化想要的结果,同时还把处理过的语言、图像和视频,通过N次计算之后,最后还要把处理的结果,以人们更加清晰、一目了然的图文和视频形式再一次表达出来。把原来复杂的报表通过简单的可视化的视图体现出来,或者直接实现人机有效沟通。我国的国际空间站的中文系统与中文界面,就是一个十分典型的例子,让中国人在骄傲和自豪的同时,空间站操作平台的识别与使用就显得更加自然和简单。

四、中小企业开展数字化经营要实事求是,懂得因地制宜

企业的数字化经营同样不是一蹴而就的,而是一个相对复杂的系统工程。中小企业数字化经营可以从一个业务部门出发,也可以从不同业务片段出发,一步一步达成企业的数字化整体目标。一般而言,中小企业特别是小微企业开展数字化经营有两个路径,一是在企业原有信息化建设的基础上,不断积累基础数据,养成数字化经营的习惯;二是可以从最容易实现的现实需求着手,以需求为导向进行数据化建设,由简入繁地开展工作。

很多专业从事数字化项目辅导的老师会对你说,企业数字化首先要进行全面规划。在实际操作中,企业可以根据自己的实际情况选择不同的数字化策略,在企业发展的不同阶段选择数字化的重点内容,然后在经营中一步一步去完善。一般来说,企业根据自己的需求来开展数字化经营,在起步阶段有四种类型。

1. 财务带动型。有些企业数字化建设可以选择财务先行,特别是财务部门比较完善而且财务软件应用比较成熟,这样操作起来更加容易,毕竟财务是企业重要数据的生产中心。

2. 智能制造型。有些企业的数字化建设是生产先行,比如有的制造

型企业已经有了比较好的智能化生产系统。

3. 数字管理型。有的企业可以管理先行，很多企业已经有了相对成熟的管理软件，并具备比较强的内外拓展能力。

4. 数字营销型。对于大多数销售类企业而言，可以选择市场先行。因为利用各种数据分析软件和数据平台，开展数字化营销，往往会达到立竿见影的效果。

在企业数字化决策的过程中，决策者无须纠结，更不能一直处于讨论状态，在发展趋势面前，关键是要因地制宜地开始。在企业数字化升级的过程中，相信总有一个思路适合自己的企业，并且能够在实践中让你的企业由小变大、由弱变强。

同行有参照的可以拿来做一下对标，在别人的经验上升级，同行没有先例的可以寻找类似行业的案例，弄清楚他们数字化建设关键解决了什么问题。大的方向明确之后工作就可以开始，并且在行动的过程中不断地学习完善，在积累经验和锻炼队伍的同时发现新的商业机会。

五、中小企业数字化经营是大势所趋

企业的经营现状千差万别，在企业数字化经营转型的过程中，我们常常会遇到不想转、不会转或者不敢转的情形。在这种情况之下，我们首先要问的是，企业是否一定要开展数字化经营？答案是肯定的，在信息化时代，数字化经营将成为一个企业生存与发展的标配。就像一个人或者一个企业做抖音，学会分析短视频数据和直播数据是一种必备的运营能力。如果没有业务数据的分析能力，从选品、测品、短视频投流到直播间运营，每一步走起来都非常困难。

我们在前面探讨过，中小企业的系统化、平台化经营是信息化发展到今天的一个必然的趋势，从某种意义上讲，数字化经营是企业信息化、系统化和平台化经营的高级形式。当大多数中小企业都具备数字化经营能力和形成数字化生态的时候，如果某个或者少数企业脱离大的发展生态，依然在传统的思维下经营，那么最终会在市场竞争中被淘汰出局。

无论是过去的企业信息化、互联网化，还是今天的企业数字化转型，在这个过程中，我们经常会遇到这样一个观念，就是说企业不做等死，做了找死。而且太多的真实案例已让这种观念几乎成了一种规律性的东西。这背后的原因主要有两个，一是很多决策者一直拖到企业在激烈的市场竞争中难以为继的时刻，才想到了数字化，或者想到抖音上搏一把，把数字化等创新经营作为挽救企业的救命稻草。殊不知过去的信息化和未来的数字化的本质是一个商业效率工具，无法为企业整体的经营结果和错误的产品战略去买单。二是企业把信息化或者数字化当作一种策略与手段，不仅没有弄清信息化的内在机制与长期价值，同时也没有为企业系统规划和发展预留空间，从而在执行的过程中往往出现部门之间冲突严重，最后常常成了半拉子工程。经过近三十年的发展，几乎替换了两代员工，企业 ERP 管理、OA 系统和各种表格的应用在一个企业已经成为再正常不过的事情。

由此我们可以得出的结论是，企业在数字化转型的工作中要有长线计划。从数字化转型规划到流程安排，从企业数字化经营人才的准备到数字化经营习惯的培养，既要意志坚定，又要不慌不忙。企业一把手和领导层要统一思想，协调一致，以不额外增加企业经营费用为原则，从企业发展战略的高度推动企业的数字化建设。以长期学习为基础，以提高日常工作效率为导向，发扬日拱一卒的精神，实现企业管理系统的升级与企业经营的数字化蜕变。

◆ 第一节　企业数字化经营的应用背景

2020 年，我国数字经济核心产业增加值占国内生产总值 GDP 比重达到 7.8%，而且逐年在快速增加。信息化的发展是一个信息爆炸的过程，从信息化到数据化是一个企业数据积累的重要阶段，而从数据化到数字化则是企业平台化经营、系统化运行的必然结果。

随着互联网、大数据与云计算的发展，基于平台的发展和各种专业系统的广泛应用，每一个企业都产生了大量的应用数据，而对这些企业或者行业数据的数字化分析、数字化处理以及智能化应用，不断地推动了企业数字化经营的进程。

人类商业从来没有像今天这样接近理性，基于资本对传统资源的占有在商业上体现的优势，也开始一步一步让位给人类理性本身。甚至有些人认为可以通过互联网和数字化技术，建立金钱和道德之间的某种必然联系。我们在前面探讨过人类体验对商业的影响,同时也得出一个结论，由于受每一个个体追逐利润与逃避风险的习惯及其情绪的影响，就是在信息完全对称和人们对商业结果完全可以预测的情况下，商业冒险行为依然会存在，这让大多的商业行为变得不可完全预测和难以数字化管理。换句话说，商业行为特别是投机行为可以被影响，却不能被理性地管理。

在生产计划、生产与仓储、运输等众多领域，数字化的能力必然成为经济组织的第一能力。这些数据与数字背后，对应的是真实的资源、产品与服务。如果说在价格机制中，价格在围绕价值波动的同时，也在随着供需关系变化，那么在数字与商业之间，真实的企业生产与商业交易都会围绕中心数据展开波动。

信息化以现代通信、网络、数据技术为基础，对企业信息进行系统采集与处理，以提升企业管理效率和辅助企业经营决策。我们发现，传统的企业信息化并没有离开企业原有的业务逻辑，企业信息化的对象往往是企业经营过程中的局部和片段的信息数据。而企业数字化经营显然超越了传统经营中的信息化逻辑，通过系统的数据处理与数据分析模型，将生产、管理、销售等环节与互联网、物联网、云计算和大数据等数字技术相结合，不断促进企业研发、生产、管理与销售的数字化与智能化。

数字化对企业经营来说，已经不是停留在传统信息化的系统管理与辅助决策上，而是通过数字化实现企业经营的智能决策，同时通过一定的数据模型和算法实现企业全业务数字化管理。

智能化与自动化是企业数字化经营的重要内容。智能化一般分为企业决策的智能化与企业生产的智能化与自动化。

对于一个企业而言，一方面数字化要将传统资产变为线上的数字资产；另一方面是将传统企业的生产流程和其他业务流程都变成线上线下同步的智能化、自动化流程，同时将企业的传统决策转化成数字化与智能化决策的全部过程。简单地说，信息化往往是一个企业从业务到数据的过程，而数字化更多的是从数据再一次回到业务的过程。

一、资产数字化

资产是指一切由企业控制并拥有的能够给企业带来效益的经济资源。一般情况下，一个企业的资产可以在会计上通过货币进行计量。根据存在的形态不同，一个企业的资产可以分为金融资产与非金融资产、有形资产与无形资产。资产按照流动性还可以分为流动资产、长期投资、固定资产、无形资产和其他资产。在一个企业，资产不仅具备特定的所有者属性，同时还具备交换和增值的能力，常常表现为资产的流动性与盈利性。通俗地讲，一是要为企业所有，并且能够促进企业生产和商业交易；二是要在值钱的同时能够为企业赚钱。

资产数字化是企业数字化经营的重要组成部分，是企业数据归集的核心内容。对于一个企业而言，只有先从资产数字化着手，才能建立起线上线下业务融合的数字化基础能力。资产数字化不是把企业资产简单地变成一串串数字，它要有一个前提，就是要建立一个企业经营的数字指标和数字化模型，也可以说是要先行考虑一个与企业数字化经营对应的最基本商业模型。将数字化之后的资产放到模型中，新的经营结果和企业价值会显现出来。离开企业经营的数字指标和数字模型，资产数字化只会沦落为一种简单的会计形式。

企业经营的数字化指标是可以评估并且设定的，这和企业经营的战略目标以及年度目标类似。企业数字化的经营模型指的是什么呢？企业原有的业务模型、功能板块以及经营系统与数字化的融合。目前市场上只能看到许多企业功能系统的集成，还没有看到一个完全超越企业功能划分的全功能或者全智能的数字化系统。随着市场的变化，企业的数据来源与业务模式也会发生变化，换句话说，一切业务数字化和一切数据业务化，对某一个数字化经营的企业而言，永远是进行时。

企业数字化经营最好以企业资产数字化为中心，通过各种业务模块的数字化联动，回到增加企业总资产的路径上来，最终达成企业的经营目标。如果把企业经营当作一个人财物运动的大型游戏，在对人财物量化的同时，只要了解整个游戏投入的规则，就能把游戏玩下去。这是企业数字化经营的一种理想状态，而现实是企业经营的过程具备太多的偶然性和不确定性。

另外，我们会发现，资产数字化在企业数字化经营中还有一个经济学上的意义，那就是企业固定资产可以在一定程度上被转化为可流通的流动资产。企业资产数字化以后，资产存在状态与使用形式往往会突破原有的企业边界，让资产在不同企业之间流动和共享而实现更大价值。我们也可以这样理解，数字化让资产突破所有者和其存在空间的限制，通过算法与合约等新功能产生了更大的社会价值。比如，资产租赁、流水线代工与贴牌等形式会更自由，操作更简单。增加资产的流动性，也是供给侧结构性改革的战略需求，甚至可以成为一定时期社会经济发展的关键动力。资产数字化，从社会经济生活角度看，也可以让人们对生活资源与环境资源有更多的选择，从而进一步改善人们的生活质量。相信有一天，我国在基础设施和公共物品上的百万亿级的战略投资，会通过资产数字化发挥更大的社会效能。

基于成熟的财务系统开展企业数字化应用时，有一种观点认为，企业资产数字化解决方案，应该是立足于资产全生命周期管理的一种应用。在这个过程中我们很快会认识到，凭借资产生命周期管理这一基础想达成企业所有资产不同项之间的协同是非常困难的，在企业各类资产和各种项目资产应用之间，目前市场上并没有成形的基于资产生命周期的决策理论和应用模型。不同行业不同的应用系统对这个问题的实际操作也是有巨大差异的，目前整个社会的数字化实践还处于初级阶段，很难将这个问题统一在一个系统之中去解决。

在这个问题上，不仅涉及企业管理逻辑之下的价值协同，同时还涉及企业在数字化经营模型之下的价值共生。我们通过分析传统企业很难理解这个意义，但是分析平台型企业时就会让人一目了然。比如，当我们了解互联网制造这个概念时，我们就十分容易理解通过互联网平台资源和特定系统代替某一个传统型生产企业来创造产品的现象，我们也可以把这个看作是一个平台型企业的数字化能力。

基于以上认识，我们在企业数字化转型这个问题上的一般观念是，除了少数能力非常强的大中型企业外，中小企业开展数字化经营，重要的是要从一个企业现实需求的点上开始，甚至从用好一个管理系统开始。在有了一定的信息化的数据资源和团队数字化素养的基础上，不断尝试拓宽企业数字化经营的领地，直至实现企业全面的数字化经营。中小企业在成长过程中，要以中小企业平台化经营的底层逻辑为基础，想办法让一些大型平台和互联网上的成熟的子系统为我所用。

我们可以把一个企业资产数字化的结果直接看成某个企业的数据型资产。企业的数据型资产和网络上的数字资产是两个完全不同的概念，企业资产数字化更多的是基于信息化、系统化在企业运营和决策层面形成的一种资产能力。简单地说，数字化后的资产经过系统和算法以及算力处理之后，企业经营效率和盈利能力会有很大的提升。无论这个数据型资产的数据如何变化，都会与一个企业的实际资产之间相对应。无论是有形的资产还是无形的资产,都无法逃离这种资产数据的孪生属性。比如，企业的品牌、动漫等文创作品、平台及其用户，甚至一个企业独有的系统与数据本身，其本质都是企业资产的一部分。这种资产不仅可以用来换钱,还可以通过企业经营为企业增值服务。以目前会计学的原理来分析，资产数字化的对象并没有脱离现有的会计学计量而独立存在。

目前网络上的数字资产往往是比特币一类的东西，是基于算法、合约与共识而存在的一种虚拟的资产形式，大多具有记账、加密、中介等功能，并且通过传播和炒作，拥有或者实现某种功能而形成了一部分共识价值。目前的数字资产拥有一定的货币功能，但它不是货币，无论在流通性、稳定性和信用价值上，和传统货币相比还是不可同日而语。数字资产的问题不仅争论很大，而且学术性非常强，各国对待数字资产的态度也不一样，这些不是本文探讨的重点。

企业在数字化转型的过程中，一定要把企业资产数字化和网络间传播的数字资产分开去理解。目前有人把数字资产定义为企业拥有的、在日常生活中持有的且在生产活动中存在的非货币资产，这种说法是非常不严谨的。它混淆了企业数字化资产或者企业数据资产与社会上的数字资产的概念。造成这种混乱，会让一些虚拟货币的发行者夸大数字资产的作用与规模，便于其讲故事。

当然，也有一些具备核心技术的公司，试图通过区块链等技术，把资产数字化的数据资产和社会上的数字资产结合起来，让资产发挥超越企业传统经营边界的尝试。一旦这种做法达成效率或者效果，就会进化成前面提到的企业数字化经营的前提——企业数字化经营的一种新模型。我们在对此保持乐观的同时，还是应该从已有的相对成熟的系统应用着手，把企业数字化经营做得更加扎实。

二、产业互联网

产业互联网是利用互联网技术，对一个垂直产业的产业链及其内部价值链进行改造和重塑，从而形成新的产业生态。互联网和传统产业深度融合，在提高产业效率的同时，也会促进产业结构全面发生变化。产业互联网一是要对一个产业的生产要素进行重新配置，二是对一个产业的生产流程进行系统集成与智能优化。因工业互联网与产业互联网交叉较多，本章节对企业数字化经营中涉及工业互联网方面的内容不再重复论述。

形象地说，产业互联网也是互联网发展史上的一个半拉子工程，产业互联网从一开始是少数学者一厢情愿的总结。在一个平台型企业能取代 N 个行业的商业逻辑之下，去谈论一个垂直产业的价值链重塑和产业结构的优化改造，以应对平台型企业的发展对某个行业的冲击，想法无疑是幼稚的。当一个企业或者一个平台获得某种信息化特别是互联网能力之后，寻求的往往不是同行或者异业的联盟，而是要与资本一道，去确立自己更加强大的商业生态。就像百度造车、阿里做芯片一样，反过来百度通过人工智能技术寻求与传统车企合作，几乎是一件无法完成的任务。因为新的车企在互联网造车开始的那一天，已经被定义为软件企业而不是硬件工程。虽然造车离不开整个行业生态。

在某个大型平台之下的二级联盟往往可以存活，而与某个大型平台型企业对抗的一级联盟往往不会长久。同样，二十多年的行业互联网发展史上，很少出现成功的垂直行业性质的互联网平台。这也从另外一个角度说明，在一个行业内部，一个完整的产业互联网链条也难以固化成一个开放的行业平台。

现实中我们也常常发现，有一些行业在产业互联网的建设过程中，产业互联网平台往往会沦落为一个企业控制整个行业资源的一种工具或者手段。这种产业互联网平台建设对平台之下的一些中小企业而言，无疑是不公平的。那么为什么又有许多产业人士乐此不疲地倡导和推动这样的事情呢？主要还是因为大型平台通过平台优势对众多行业的资源、数据与用户形成绝对占有与侵略，而且这种垄断往往是跨界的，形成了一种超越了多个行业的存在。然而传统的行业在没有弄清楚平台型企业的商业基因之前，只能以产业互联网的思维进行习惯上的应对。比如，在金融上，云闪付一类的产品对应微支付和支付宝，就是类似的底层逻辑。

如果没有枪尖，就没有商业的穿透力，没有新商业的头部效率，想通过某些概念引领一个产业一起对抗一个或者几个社会大型商业平台的发展，不仅是烧钱的事情，往往也是没有结果的事情。国内也有一些企业和平台借产业互联网的名，做新营销与新零售的工作。其实在产业互联网的思维之下，传统企业第一个可以考虑的出口是智能制造。智能制造是产业互联网的重要组成部分，也是我们常常说的工业互联网的核心部分。一是制造技术的数字化，甚至可以包括制造成果也就是产品的智能化和数字化；二是制造系统的数字化与智能化。然而，要实现智能制造，必须以数字化经营为前提。一直到今天，智能制造对许多传统行业来说，依然是行业门槛。只有当产业互联网无法尽快改造一个行业的生产流程时，才可以退而求其次，一直退守到行业现有的渠道营销和销售环节。

互联网商业发展几十年，最大的浪费是 B 端思维，是站在传统企业和传统商业的概念去思考平台和数字化的工作。当一个企业去开展信息化的时候，首先想到的不是利用信息化去提高自己企业的效率，而是直接去对标 BAT，想成为第二个阿里和百度，在他们看来，互联网企业的成功十分简单，然而在数以十万甚至百万计的企业或者项目无一成功之后，大家还是不愿意去理解信息化时代商业的根本规律，而把所有的失败推给了趋势。

与此同时，租不起房子雇用不起员工的店主却在大赚特赚，微商悄然兴起，这些充满 C 端投机与把 C 端转化成私域的逻辑在大行其道，在许多大企业老板的不屑中悄悄地赚钱。

有一种互联网的划分形式认为，第一代互联网是内容互联网，解决资讯与传播问题；第二代互联网是商业互联网，解决交易问题；第三代互联网是产业互联网，解决生产系统效率与市场用户问题。这种划分非常有价值，从中我们可以判断产业互联网是信息化与数字化的一个中间状态。我们不要去全面否定产业互联网，而是要根据每个行业自身的特点，去分析产业互联网的一些提法。更重要的是，作为单个的企业，还是要更多地思考如何向平台型企业和向数字化经营转型。

那么，我们在论述数字化经营时，为什么又要重点讨论产业互联网呢？是因为产业互联网逻辑中有一个主要环节与企业数字化经营的一个关键环节是重叠的。那就是当互联网和传统行业深度融合之后，就会针对生产要素进行重新配置，并对生产流程进行重组、优化和再集成。而这一切，恰恰也是企业数字化经营的规定动作。

目前辅导企业开展数字化经营的软件公司主要有两种类型，一种是与财务软件相关的公司，另一种是以智能制造软件为主的公司。当然，还有其他的比如云应用、营销系统推广、互联网以及软件转型过来的服务一类的公司。财务类的辅导公司大多从资产数字化开始，智能制造类的和云应用类的辅导公司往往注重产业互联网的逻辑。我们在选择数字化专业公司为自己的企业开展数字化辅导时，首先要弄清楚我们自己是哪种类型企业，目前信息化处在什么阶段，现在企业最重要的是加强哪一部分业务。

三、数字化决策

数字化决策是企业数字化经营的关键内容。数字化决策是企业决策层的事吗？不是。数字化决策是一个企业包含管理层在内的经营层甚至员工参与的整体工作。数字化决策是一个单独的企业的事吗？也不是。数字化决策更多地像是一个开放型平台的事情，或者至少说是平台型企业的事情。当然，数字化决策也包括更多的中小微企业利用大型商业平台生态开展系统化决策的行为。

一个企业很难只根据企业内部数据资料开展数字化决策。在介入一个大型商业平台或者一个商业生态之前，一般企业不仅难以看到行业的整体数据，也很难获得其生存环境的外部数据。当然，更多的是经营团队也不会有这样的想法和做法。一个企业一旦介入大型商业平台，或者介入一个商业数据生态，一切就会跟着发生改变。例如，当一个企业到抖音平台上推广产品或者做直播，几个小时之内就可以获得独立的自身经营数据，同时也会得到在同行中的比较数据。所以说，离开一个大型的商业平台或者一个相对开放的数字化生态，企业往往是无法开展数字化决策的。

国内一些传统的大型企业很早就养成了数据化决策的习惯。数据决策是企业数字化决策的一种原始状态，因为数据决策和传统决策一样，最终决策者还是人，而不是数字和智能数据模型。数字化决策是要以行业的智能化决策模型作为决策基础的，这种模型至少涉及同一个行业的两个经营主体的数据对比。在信息化时代，一个影响决策的数据因子，一旦成为一个公开的市场信息，在市场上的反馈会非常迅速，往往是以小时甚至以分秒计算。就好像一个股市的利好消息，当被股民听到之后，这个利好的消息在市面上的决策价值已经被耗光，成为新一轮数据决策的无效信息或者风险因子。然而当一个操盘手有一定的数据模型，无论信息如何变化，他都会在自身的机制与节奏中做出动作，从而确立某种经营上的安全底线。

在一定程度上，数据决策依然处在经验决策阶段。当内外信息对称或者相对透明时，同行在市场竞争中会针对某个企业畅销产品和运营经验不断地制造陷阱，这也能说明为什么现在很多行业已经失去了以往一招鲜吃遍天的优势。

数字化决策要求要远比传统的数据决策更加敏感，从某种意义上说是快速的微决策和智能决策。让听得见炮声的人来做决策，是现代企业经营决策的主要逻辑之一，这背后也有把企业当作一个平台和系统的观念。当一个企业多个微决策系统同步生效时，你看到的也许是这个企业错过了很多机会，但随着决策系统的智能化，从长期看，数字化决策一定会让一个企业走得更远。

企业能否通过数字化构建企业新的核心竞争力？我们知道，超量用户是企业形成大量数据和跨界、共享等商业价值的基础，这些价值已经被不同类型的平台在实际操作中一再证明。在平台型企业和中小企业平台化的底层逻辑之下，数字化决策无疑拓宽了企业管理者的眼界，增加了管理决策的穿透力，更重要的是能够在日趋复杂的生产环境与烦琐的生产要素中，找出一条化繁为简的数字化决策路径。算法大于玩法，玩法大于做法，算法就是未来平台型企业或者中小企业平台化之后的企业战略。而企业数字化经营，恰恰是一个未来平台型企业战略落地的专用跑道。

数字化决策模型越成熟，经营决策的智能化就越强，反之亦然。如果容易达成对某些商业事件的智能化决策，那么对企业生产管理的数字化就会变得十分容易。为什么呢？毕竟生产管理决策距离人与人的情绪因素相对遥远，参与的决策因子更加简单。社会很简单，复杂的是人。

数字化经营中的数据决策还涉及一些更深层面的商业伦理问题，比如平台型企业能否直接利用数据优势为自己非平台的产品服务，或者通过大数据打标签杀熟等问题，亟待解决。

四、人工智能

人工智能是数字经济创新发展的前沿和焦点，人工智能不仅是企业数字化经营的高级阶段，也是企业生产智能化的高级形式。从信息化到数字化再到智能化，是信息化发展的三个自然阶段。数字化为人工智能的发展提供了大量的基础数据，同时也是一个不断增加和完善系统模型、提高算力的过程；智能化的发展，从知识、应用系统与算法的维度提高了数据处理和生产中数据执行的能力，从而能够从深层次发掘企业数据资产更大的商业价值。

数字化是对基础信息资源的一种再处理，以便于系统和算力进一步参与企业的生产组织和业务经营。人工智能更多是在人们已有的知识结构的基础上形成的算法和算力系统，其中也包括与数据处理相关的运算方法、运算能力以及解决运营问题的智能模型。随着人工智能的快速发展，人工智能为企业数字化经营创造了更多的空间应用场景。一般大型制造企业的数字化进程和智能制造是同步的，同时也是智能机器人在工业应用中不断升级迭代的一个结果。

人工智能的本质是一种以人类智能相似的方式做出反应的智能综合系统或机器，从语言识别、图像识别、自然语言思维处理和专家系统出发，研究和开发与各种应用场景相关的智能机器人。人机对话和机器深度学习是人工智能发展的基础。

一方面，海量的数据和大量应用系统的出现，为智能化的发展提供了基础材料和资源环境；另一方面，数字化与语言识别、图像识别等技术的发展应用，让拟人化的智能应用成为可能。短视频特别是抖音的出现，是人工智能发展的一大契机。量变是质变的基础，大量的以人的活动和创作为中心内容的视频资料的出现，让视频识别与机器阅读成为人工智能快速成长训练的一个重点环节。

在抖音平台上，对短视频和直播间的评价与监控初始阶段是由机器人展开的，机器人通过标签与算法参与平台规则的应用与管理。我们在抖音平台的体验中也会发现，抖音平台上管理用户的机器人很多时候让人哭笑不得，一方面对语言语境的理解还是比较僵化，有点错杀一千也不漏网一人的味道；另一方面在很多细节上也会让我们对其智能识别的能力感到惊叹。在抖音平台上，还出现一些虚拟的机器人主播，在人机互动、人机协同等方面有了进一步探索。

为什么我们会把企业数字化经营技术发展的希望寄托在像抖音一类的平台上？一方面是基于平台上海量的数据资源，另一方面是基于平台的集成技术应用。当然，还有的就是这些大型平台拥有超级的赚钱能力，这种能力反过来能够聚集更多的资本与资源，参与到人工智能的研发与应用中来。同样的道理，离开阿里生态的支撑，阿里云的研发与发展也是难以想象的。

◆ 第二节　数据驱动

如果我们把一个企业看作是一个正在运行的平台，而这个平台是由数据、系统和各种算法或者系统指令来支撑的，我们就很容易理解数据驱动企业的内在含义。一个由数据驱动的企业会以一种类似平台系统的方式获取数据、处理数据并且与企业运营相结合地使用数据，从而创造企业效益。数据驱动在企业运营中落地的方式有产品优化、数据决策、智能制造、自动化管理和市场促进等。

在这个时候，除少数纯数据型公司外，对于大多数传统生产制造型企业，我们会把厂房、机器、流水线、原料、采购、管理团队和技术甚至外部市场以及用户需求等，同步编译成企业平台上各类数据，并制订与生产经营系统相对应的数据指标和数据计划。当企业数字化运营的时候，一切数据业务化。这对大多数企业而言，可以说是一种十分理想的状态。企业的数据驱动本身离不开企业日常的行动，我们可以通过数据归集、指标梳理、系统规划等手段，在业务运营中逐一实现经营目标，同时还可以通过数字化管理系统来进行全面支撑。

一、丰富企业数据

无论是大企业还是中小企业，在数字化建设过程中，首先就是要丰富企业的数据信息。企业的数据信息从哪里来？一是企业资产数据，二是企业的业务数据，三是企业的财务数据 ，四是其他数据。比如，通过中介获得的企业外部数据等。企业要本着一切业务数据化的思路开始数据整理和搜集工作。

目前国内很多中小微企业信息化依然处在初级阶段，企业的数据不仅分部门存储，而且常常分部门使用。一般企业的财务数据、生产数据和市场数据之间相互独立，也没有形成完整的业务链和价值链，也谈不上数据链。同样，对于大多数企业特别是中小微企业而言，更不会有数据平台和数据分析软件。甚至可以说，90% 以上的中小微企业连普通的管理软件都没有。

中小企业开展数字化经营有以下五个步骤。一是要树立企业数字化经营意识，特别是领导层要全力支持，身先士卒；二是员工要做好数据搜集，特别是数字化经营的习惯培养；三是要及时向同行中数字化经营好的企业学习，以获得更多的成熟的数字化经验；四是多接触行业数据分析工具，有意识地培养管理层的数据经营能力；五是设置企业数据官岗位，专门负责企业与数据相关的工作。

二、生产数据在线

企业数字化经营，要经历一个从线下到线上，实现生产数据在线化的一个过程。生产数据在线化，也将伴随企业经营行为在线化。

一要实现生产数据全部线上查询：主要包括产能数据、质量数据、成本数据与进度数据等。二要实现生产数据资源共享：企业在线数据要从主要生产实际情况与各项经营指标出发，要实现人机工序界面能够衔接企业数字化经营的关键指标。三要同步服务协同：前期要对各类生产数据进行梳理，实现数据优化整合，确保后台数据自动读取。通过对上线数据的持续跟踪，不断优化改进，使生产数据、信息资源得到真正共享，增强数据的时效性、实用性，更好地为生产提供数据支持。

三、市场数据在线

从 2020 年开始，数字化营销成为国内营销界的一个热门话题。主要原因有三个方面：一是新媒体与电商平台的发展与成熟，线上销售的比例越来越高，很多企业和商家在电商平台销售自己产品的同时，还通过自媒体营销自己的品牌；二是在线消费者越来越多，线上消费已经成为一种成熟的商业生态，物流、支付、供应链的发展，线上消费体验越来越好；三是基于以用户为中心的营销与服务系统，特别是一些微商、社区电商的新零售系统越来越多，也越来越成熟，并且为厂商和消费者共同接受。数字化营销的过程，也是一个不断完善市场数据在线化的过程。短视频特别是抖音平台的发展，为企业市场数据在线提供了新的发展契机。

一是产品在线。无论是在电商平台，还是在抖音直播间，分析产品在线数据是非常重要的工作。在企业私域平台，产品在线是企业营销的重点之一，让产品和消费者随时随地产生有效的连接，让消费者在需要的时候第一时间找到你的产品。

二是交易在线。通过电商平台和直播间，直接实现供求双方交易。支付在线是交易在线的重要组成部分。

三是用户在线。用户在线也是粉丝在线，这也是目前开展企业数字化经营过程中企业营销的关键所在。通过粉丝画像或者内容引导，找出更多的在线的潜在消费者，并且通过私域工具将其转化成为粉丝、会员和用户。

四是物流在线。经过多年的电商发展，物流和快递非常成熟。无论是线上的物流系统还是线下的物流网点，效率越来越高。不同的物流公司在不同区域和不同行业的收费标准是不同的，中小企业在选择物流服务平台时要做好调查和规划，找好长期的合作单位。

五是服务在线。在线开展售后服务，做好与粉丝和用户或者上下游产业链的沟通服务工作。针对市场服务，可以在使用小程序等私域平台的同时，开通抖音直播间、视频号等直播服务。

另外，市场数据在线还涉及行业大数据分析、企业流量成本测算、渠道会员管理等多个环节的数据应用。归根结底，市场数据在线一要企业涉及经营功能板块的应用系统在线，二要配合应用系统发挥功能的企业数据在线，三要使用这些数据的各方当事人在线。在企业利用抖音的方法论的章节中，提到做抖音的四个在线，已经为企业经营的数字化做了充分的准备。

四、完善数据决策系统

我们前面分析过，数据决策分为两种，一种是传统的数据决策方式，由数据辅助人来开展决策工作，最终还是由人来决策；另一种是通过数字化模型来开展决策工作，人在决策过程中起到辅助的作用。数字化经营越成熟，数据决策模型越智能，数据决策越偏向后者。

一是信息呈现。把企业的各种生产要素和环境要素通过信息的方式，最后通过数字的方式呈现出来。就像预报天气温度时，明确的天气温度预报比人的身体感知更精准。

二是数据预警。在数字化的过程中,企业会建立一整套数据指标系统，里面有财务指标、生产指标、市场指标、风控指标等。企业生产经营活动中的数据往往是动态的、变化的，在这个过程中，对照企业经营的数字指标系统，数据就会起到一定的预警作用。

三是管理建议。管理建议也是数据参考价值的一种表现，在更加复杂的商业竞争系统中，数据可以帮助经营者尽可能地减少管理的主观性，通过数据找出行业特别是对标企业的细微的竞争差异与优势，从而不断地完善自己的管理行为。特别是企业在做抖音的过程中，分析短视频数据和直播间数据是日常工作的关键动作。当企业开展数据化管理时，无论外部参与市场竞争，还是企业内部生产管理，数据分析在管理方面的价值会越来越清晰。

四是经营决策。经营决策是数据决策的核心内容。在一切可以量化的数字化经营思路之下，经营决策需要建立系统的决策模型，这也是企业数字化经营的重点与难点。数字决策模型主要看数据分析能否预测未来趋势，帮助公司创造新的业务机会；数据管理看能否优化当前的运营状况，让企业获得更多收入，并且提出可操作的经营见解。

五是改善计划。改善计划是数据决策的重要组成部分。市场日新月异，企业内外环境也在不断变化，任何一个数字化模型都不是万能的工具，需要管理者及时参与协同和调整。

在企业经营管理的过程中，数据报表化、数据仪表化、智能推荐与决策自动化等，都是与企业数据数字化应用息息相关的内容。

◆ 第三节　企业数字化建设的战略思路

中小微企业在建立企业数字化经营中心时，可以不打散原来的企业经营结构和运营系统，在原有的岗位职责上，先行添加企业数字化经营的部门职责，循序渐进地开展企业数字化升级转型工作。

一、建立企业数字化中心组织

这里的建立数字化中心组织不是指企业在技术意义上的数据中心，而是企业数字化经营组织层面的概念。

企业数字化中心由企业负责人、高管、中层与基层管理者和重要岗位员工共同组成。一般由企业负责人担任中心主任，负责中心的全面工作。

数据技术部门的负责人最好由既懂运营又懂技术的复合型人才负责。企业数字化中心根据数字化经营模型或者企业信息化系统部署设置经营部门，并且协同领导和员工岗位分工。

企业数字化中心全面负责企业数字化经营的市场调查、战略分析与整体规划，制定企业中长期数字化经营方案。企业数字化中心要选择并设计一切业务数据化的数据搜集与传输渠道，以及一切数据业务化的经营模型。在经营中不断完善数据处理、智能生产、数字化营销、智能决策等数字化经营模块，促进企业战略发展。

在建立企业数字化中心组织的基础上，企业可以试着把各板块系统集成化，打造一个企业数字化经营的管理中台。在企业的数字化管理中台上，更容易对企业数字化部门进行流程化和规范化。现在的表格和文档功能都很强大，甚至有的时候，通过开放的表格或者文档系统，就可以替代一部分企业数字化中台的管理功能。

二、向平台型企业发展

企业平台化经营是数字化的前提和基础。向平台型企业优化，不仅是大中型企业的事情，也是中小微企业必须开展的重点工作，中小微企业平台化不仅是企业数字化的要求，也是信息化时代企业发展或者商业模式进化的必然结果。我们在前面的章节中，重点论述了信息化时代的各种平台发展的历史和内在关系，揭示了平台型企业的发展规律，同时也为中小微企业对抗大型平台、分享信息化红利找到了一条出路——中小企业也要学会像平台型企业一样，在建立自己的经营系统的同时，建立自己的私域用户。无论是网红品牌还是商业 IP，一直到最新的企业数字化经营转型升级，这种商业的底层逻辑是一脉相承的。

还有人认为未来企业除了直接向平台型企业发展，更加智能化的生产也是企业发展的一个方向。这种现象肯定会存在，而且会存在相当长的一段时间。但我们有理由相信，随着企业数字化经营的深入和全社会企业平台化的发展，这一类生产智能化的企业和社会平台之间的界限也会越来越模糊。

目前，许多行业的财务软件、管理软件、生产软件、市场营销和客户关系管理软件都比较成熟，这是中小微企业数字化的重要起点。对许多中小微企业而言，信息化的课要补。希望本书能够让企业经营者和管理者从常识上厘清信息化的脉络，看到短视频特别是抖音平台的商业机会。更重要的是，结合自己行业特点和企业实际情况，及时完善企业的信息化经营，确保在新一轮的抖音商业生态竞争和数字化经营中，占据绝对的优势。

三、建立数字化生态

数字化生态一般是指数字化生态系统，是数字化企业之间和所处的数字化环境之间已经形成的一种相互关系和相对平衡的状态。它主要包括硬件、软件、数字化设备和服务等内容。

企业数字化生态涉及内部生态和外部生态两大部分。企业内部生态由企业数字化组织、内部环境和系统共同组成，外部生态由行业数字化生态、社会化平台和公共系统等外部环境与能力共同组成。企业数字化生态系统建设，往往要经历一个由外而内的学习过程和由内而外的应用过程。从长期看，对外部数据资源的占有与使用，是提升企业数字化经营能力的关键所在。

企业在数字化建设中，要及时跟踪与观测同行或者相近行业的数字化发展动态，特别是对行业正在发挥核心价值的系统应用软件和关键硬件，一定要充分了解与及时应用。

在企业数字化前期，一般不建议企业单独开发新的数据中心和应用系统，特别是不能一味以企业领导喜好去建设所谓的数字化经营系统。换句话说，企业开展数字化经营，一是要用好成熟的系统工具，二是要参考已经成熟的企业与行业数字化经营的应用。

◆ 第四节　企业数字化转型的主要内容

中小微企业数字化转型有两个原则，一是一切数据业务化，二是从企业重点需求入手。我们把企业资产数字化的同时，在企业的战略目标之下针对不同的经营模块建立企业经营的数字化指标，选择合适的生产系统、财务系统、营销系统和管理系统。规范企业数字化标准和经营流程，在此基础上企业要做三件事，一是对岗位人员进行数字化经营培训，让所有的参与者知道企业数字化经营的底层逻辑、参与方式与注意事项，熟悉企业数字化经营的软硬件工具；二是要熟悉企业数字化经营模型，也就是在多个业务板块和业务系统之间，建立起企业经营数据分析和数据应用的基础架构，最好能形成一张可视化的数字化经营报表；三是建立以各部门为中心的数字化应用改善小组，通过小组的业务改善带动企业数字化经营的整体进步。

一切数据业务化，不仅是对企业搜集和整理的数据的价值判断，也是对企业数字化经营模型建设与数据开发应用能力的一种识别。在这种思维指导下，企业会在自觉地减少或者淘汰企业无效数据的同时，不断地优化数字化经营的关键环节和重点部门，集中企业的资源能力参与关键部门的竞争，以取得企业市场竞争的优势。

我们知道，不同规模的企业在不同的发展阶段，企业发展的重点需求是不同的。企业数字化经营不可能一蹴而就，要从企业发展的阶段性重点需求入手，开展企业数字化经营。比如，生产制造业在新流水线上线的过程中，或者企业生产智能化改造中；企业在成立抖音事业部的过程中，或者建立企业新零售的环节中。这些环节恰好是企业数字化经营的一些关键点。在这种状态下开始企业的数字化经营，目标明确就会在短期内形成相对明确的阶段性结果，从而带动各部门的广泛参与。

一、用户在线

企业数字化经营具备连接、在线、智能与共享四大特征。我们在前面也论述过，其中连接、在线与共享是一个平台型企业的基础特征，而智能是在平台型企业系统化之上的升级。所以，我们可以得出一个结论，那就是企业数字化转型的过程，也是一个企业平台化经营的过程。

而企业平台化经营之所以成为可能与必需，是因为平台的一个特点——超量用户的存在。用户在线不仅提高了商业的系统化效率，同时也是用户私域和共享的基础。系统能力提升了平台型企业的组织效率，用户在线与私域的逻辑降低了企业经营的沟通成本与营销成本。

而在实际操作中，中小微企业是很难让用户随时在线的，最好的办法有四种：一是实现即时链接，通过企业各种内外互通的系统进行用户链接；二是利用好微信、抖音与通知类的实时链接；三是做好系统私域用户直播间互动建设；四是培养用户习惯，如社区团购设置按时定点取货规则。

传统电商为什么搞“6·18”和“双十一”这样的购物节，其实也是在引导用户在线和培养用户习惯。传统电商平台的活动运营逻辑是值得数字化经营的企业学习的。一直到今天，还有很多行业在搞线下活动，虽然效果不理想，传统商家在线下活动的过程中，要学会把用户归集到一个企业的私域中去，甚至可以直接引导进直播间，这样才会有长期价值。

二、交易在线

交易在线是传统电商兴起的关键环节，也是企业数字化经营的重点之一。企业交易在线是企业数字化过程中财务在线和业务在线的中心环节。抖音的出现，为很多企业交易在线提供了直观、可视化的交流与交易空间，加上一些交易小程序的应用，完全可以达成大多数企业的交易在线。

在企业支付结算的过程中，要符合一些交易法律法规和财务规则，做好线上合约文本，确保企业在线资金与数字资产的安全。

三、业务在线

对很多企业来说，数字化和信息化的主要区别是能否实现业务在线的问题。一个企业有不同业务板块，业务在线对生产来讲，要生产组织在线和生产系统在线，原料、仓储、设备和流水线等生产要素，要通过数字化的计划与数据形式，通过系统的相对固定程式，完成生产任务与产品品质保障。对销售而言，业务在线的前提是用户在线和销售人员在线，以及企业的产品在线和交易系统在线。所以，企业的业务在线往往是指企业经营的全板块在线，企业内部板块之间、企业内部与外部上下游之间通过数据中心有效传输与协调。

目前，企业经营全程在线对大多数中小微企业而言还是比较困难的，所以中小微企业数字化经营前期力争一两个重要板块和关键需求实现在线化经营。

四、管理在线

管理在线是企业数字化经营的一个基础需求和应用。管理在线在数字化经营中有两层意义，一是将原来的企业管理通过数字化和系统化在线实现；二是建立企业数字化经营的管理模块，以支撑企业的数字化经营。

在谈到管理在线时，有一个数据孪生的概念必须谈到。数字孪生是管理数字化转型的一个底层逻辑，也是企业管理数字化转型的一种前置的思维。数字孪生和企业资产数字化类似，把企业管理行为通过数字化进行描述，同时通过一定的系统模型输入输出，实现企业管理的系统性升级。企业管理实现数字孪生同样并不是一件简单的事情，主要还是和企业管理的高度流程化、信息化与自动化密切相关。

五、组织在线

组织在线不仅仅是企业数字化经营的重要组成部分，甚至是未来所有企业经营的核心组织形式。

组织在线是企业业务在线的前提和保障。一旦组织打破传统企业经营的线上线下的时空概念，企业数字化经营的效率会成倍地提高。从某种意义上讲，上班的概念会被改变，甚至转化成某种相对碎片化的社交形式。

企业数字化中心组织和企业数据中心，共同形成类似企业数据中台一样的平台。企业管理、人力资源组织和企业数字化经营在企业数据中台的平台之上呈现交汇状态。在这个时候，我们可以肯定地说，未来的企业或者 90% 以上的企业形态应该是平台型企业。

六、系统在线

企业数字化经营系统有两种部署方式，一种是企业独立部署，另一种是企业上云。这两种形式，都要确保企业数字化经营和各类系统在线。

从数据查询到业务经营、从生产管理到销售服务，系统在线是企业数字化经营的前提条件。企业数字化经营的系统在线是一个完整的多用户在线状态，不是哪一个板块或者哪一个部门在线。通过一个完整的在线系统状态，实现企业各个部门业务软硬件之间、管理者与员工之间、企业与用户之间、功能系统与管理系统之间，都处于一种无缝连接的状态。可以说，没有系统在线，就没有企业的数字化经营。

◆ 第五节 企业数字化过程中系统的选择

中小微企业的现状是大多数还处在信息化初期，数字化意识不强。了解成熟的信息化行业应用系统，熟练使用一两个管理系统，并且在此基础上应用更多的系统，然后进行企业的数字化经营升级。这个路径对于大多数中小微企业来说比较实际。中小微企业建立企业数字化经营规划一般以 2—3 年为限。一是不能期望所有的应用系统之间实现完全协同，二是不要希望一个系统解决所有的问题。选择系统的关键是适合当前需求和能落地应用，切忌高大上与假大空，企业领导拍脑袋定功能。最后钱花了，系统应用不了。

由于管理者的信息化特别是数字化的素质是参差不齐的，甚至许多中小企业从未接触和使用过有关的企业业务和管理系统。我们不妨对一些常用系统做一个简单的介绍。熟悉这些常用系统，是中小企业数字化经营的必由之路，同时也是对现代企业经营者信息化、数字化经营素质的一个基本要求。

一、OA 系统

OA 系统是企业办公自动化系统。国内企业的 OA 系统应用和企业信息化应用几乎是同步的。从 20 世纪 90 年代开始，OA 系统在企业中主要起到两个作用，一个是企业信息的记录、管理与共享，二是针对企业管理特别是审批流程开展无纸化办公。

从无纸化办公到多部门协同办公，再到公司知识应用型办公，最后到智能化办公，OA 系统的功能越来越强大，也越来越实用，并且被企业广泛应用。OA 系统应用对企业管理的功能主要有三个方面，一是促进企业管理事务处理的流程化和自动化，二是文件资料的部门流动和及时处理，三是通过 OA 系统和企业管理决策机制相结合促进企业自动化和智能化决策。

移动端应用出现以后，OA 系统变得更加成熟和便捷，系统开始向平台化、网络化、智能化和人性化方向发展。很多企业开始打通 OA 系统和企业内外部系统功能，实现多系统协同应用。

OA 系统十分成熟。因此，中小企业数字化经营，可以从 OA 系统入手。

二、ERP 系统

ERP 系统俗称企业资源管理计划，由美国在 1990 年提出。ERP 是一个以管理会计为中心的跨部门甚至跨企业的资源管理应用，是企业物流、资金流与信息流一体化的信息管理系统。前期的 ERP 主要涉及企业的生产管理、物流管理和财务管理，随着信息化和数字化的发展，越来越多的企业把人力资源管理也纳入 ERP 的应用系统内。

从企业的进销存管理到现代的供应链管理，经过 20 多年的发展，ERP 在各行各业的发展应用越来越成熟，应用价值也更加清晰。同时，国内出现了大量的 ERP 系统供应商。

随着中小企业平台化发展和数字化经营的需要，ERP 本身也开始向智能化、虚拟应用、SaaS 等方向拓展。

目前市场上的 ERP 系统应用比较多，中小微企业定制成本较高，可以根据企业自身需求，从一些云上版本开始应用。

三、CRM 系统

CRM 系统是指企业的客户关系管理系统。随着市场竞争的加剧，企业经营不仅仅注重生产与管理的效率，同时也开始重点关注企业与客户之间的关系。ERP 系统对于客户关系的管理一时跟不上企业经营的需要，CRM 系统才得到了快速的发展。

CRM 系统的发展，实际上也是和信息化以及互联网发展是同步的。一开始人们只为方便与客户沟通，在和客户建立稳定的关系的同时，做好客户的长期服务。随着平台化企业的发展，我们才发现 CRM 系统本身的私域价值，它也是中小企业对抗中心化平台对中小企业客户掠夺的一种有效手段。CRM 系统不仅具备互联网的连接属性，后来还被赋予沟通的社交属性与共享属性，随着移动端接口的出现，CRM 系统被市场合作商家和企业销售人员与产品售后服务广泛应用。从 20 世纪 90 年代末开始，CRM 系统的市场需求一直处于一种爆炸性增长的状态。

对于销售型公司来讲，CRM 系统是必不可少的市场工具。CRM 系统不仅可以管理企业的客户资源，同时还可以不断优化市场业务流程，在提升销售效率的同时，提高客户满意度。

市场上成熟的 CRM 系统足以满足大多数中小微企业的需求。企业独立开发 CRM 系统将耗费大量的人力、物力、财力与时间成本，不可控因素很多，往往得不偿失。除少数特大型企业和保密单位，不建议企业独立开发 CRM 系统。

四、PLM 系统

PLM 表示产品生命周期管理，PLM 包含了原来的 PDM 产品数据管理。准确地讲，PLM 是一种产品全周期的集成式解决方案，涉及产品的技术与标准，产品生产与设计的系统与工具，产品设计与生产相关的数据与文档，产品生产及其系统相关的配置、配件与配方等。对于生产制造型企业，特别是相对复杂的产品制造企业而言，PLM 系统是必不可少的生产促进系统与辅助工具。凡与产品设计、制造、维修相关的产品设计工具类软件、产品设计与生产的管理类软件以及产品信息的协同类软件，都是 PLM 系统的组成部分。

目前，PLM 系统在国内企业应用还处于起步阶段，随着企业数字化经营与智能制造提上日程，国内的一些大型制造企业，会越来越多地关注 PLM 系统。以企业资源规划为出发点组成的 PLM 系统相对简单实用，可以作为一般制造型企业系统集成应用的一个入口。

五、MRP 系统

MRP 系统是指企业物资需求计划系统。理论上讲 MRP 系统是 ERP 系统企业资源管理的一个核心部分，但两者主导的思维不同，MRP 系统是生产制造型企业通用的生产资源要素思维，而 ERP 系统是基于企业会计效益的管理思维。所以 MRP 系统是国内大多数制造型企业普遍适用的系统工具，而 ERP 系统往往由规模较大的企业选用。

六、MES 系统

MES 系统是一套企业生产信息化管理系统，直接面向制造车间。同时，也是一个制造企业内部协同的管理平台。它包括制造数据管理、计划排程管理、生产调度管理、库存管理、质量管理、人力资源管理、工作中心 / 设备管理、工具工装管理、采购管理、成本管理、项目看板管理、生产过程控制、底层数据集成分析、上层数据集成分解等管理模块。

随着企业数字化经营升级与智能制造的兴起，MES 系统将进入快速发展的窗口期。

以上几个应用系统已经比较成熟，从不同角度解决了大多数企业生产与管理的系统应用问题，也是许多企业在数字化升级过程的主要选择。在用好成熟系统的基础上，建立企业数据中心和数字化中心组织，开展企业数字化运营，是水到渠成的事情。

◆ 第六节　中小企业上云

云计算又叫网络计算，是互联网时代的一种数据资源、系统资源与算力在网际之间的一种存在形式，有公有云、私有云、混合云、专业云等分类。国内在云平台建设上，有阿里云、腾讯云、华为云、百度云等。与云有关的应用有 LaaS 应用网络基础设施服务，PaaS 应用平台即服务，以及 SaaS 应用软件即服务三大类。毫无疑问，对大多数中小微企业来说，企业上云是最好的选择。

中小企业数字化经营上云有哪些好处呢？一是成本低，功能强大，安全性高。云部署的数字化应用系统丰富、功能强大，而且中小企业可以根据自己的实际情况进行订单式选择，不仅不需要巨额的开发成本，维护成本也相对较低。二是及时利用先进技术，企业数字化对先进技术的依赖度是比较高的，系统好不好用，数字化模型是否合适，云平台一定比一个中小企业开发能力强。三是可以学习共享同行优秀案例，上云的企业不是一两个，是成千上万个，谁用得好用得不好在同行中很快会传播开来，这对新进来的企业而言，是很好的参考机会。

当然，企业上云也有一些缺点，一是要交付一定的年费，二是企业很难培养专业化的技术人才，三是企业经营数据存放在云空间。对企业经营来讲总是一个令人担心的问题，虽然大多数的时候是多虑的。

数字化企业也是数字经济的基础设施建设单位。对于一些大型企业，可以根据云部署的底层逻辑，建立属于自己的私有云，也可以通过一定的方式对外开放一些服务。

◆ 第七节　大型企业数字化转型

大型企业数字化转型的本质是什么？大型企业的数字化转型是一次企业重塑的过程，它不是几个系统的集成游戏，也不是抢占商机的窗口，大型企业的数字化经营的本质是在信息化、数字化时代建立一个平台型企业。它将和大型的互联网平台型企业一样，在自己的行业充分享有信息化资源红利的同时，重塑企业的战略经营模式。

大型企业在数字化转型的过程中，企业类型不同，数字化转型的战略思路还是略有区别的。有数字化资产和财务管理逻辑，有精细化管理逻辑，也有智能制造逻辑，同时也有多板块协同逻辑。企业可以根据自己的实际情况，尽量参照一些成功案例，创新开发。

大型企业的数字化转型，有两个基本思路，一是从正在使用的成熟系统逻辑开始，组织团队渐进开始，架构先行，功能分块分类分步进行，开发成功之日也是最后集成之日，同时也是良性运营之时。二是选择同行或者成熟的数字化平台，先行学习，甚至派人去试用，在成熟的数字化平台和系统上，结合自己的业务模型进行优化。

大型企业的数字化建设，一是切忌外行指导内行，不能单独由技术型服务人员来决策；二是切忌领导拍脑袋决定，想到哪里做到哪里。脱离实际应用开发一大堆无效的系统，一旦导入不但没有提高企业经营效率和决策能力，反而制约了企业的发展。

◆ 第八节　从抖音开始

当下，抖音是继资讯平台、电商平台与社交平台之后的短视频平台，可以说是一个娱乐平台，也是一个资讯平台和社交平台，正在成为一个电商平台。短视频和直播间悄悄地把娱乐属性、社交属性、自媒体属性融合在一起，并且开始在搜索和电商的逻辑上发力。

以往二十多年的信息化特别是互联网发展史告诉我们，每一次平台的迁移，都会给无数人带来巨大的商业机会，而这一次自然也不例外。这一次不仅仅在汇集过去存在过的资讯形式与商业模式，甚至可以预见在不远的未来，区块链、大数据和元宇宙都可能在抖音未来的道路上等着我们，或者也将成就我们，我们是后来者，还有更多的后来者。数字化经营和智能制造等都刚刚开始，一切，正是时候。

抖音平台是个人逻辑，这种信息化终将为每一个人赋能，与让每个人在未来成为一个超人的逻辑惊人地一致。也许在此后的某一天，人们见面聊天的时候，不再会问你在哪一个单位上班，而是会问，你是哪一个平台，或者属于哪一个系统。甚至这些都不需要说，见面之前，你的智能秘书早就把你介绍得一清二楚。